祭壇上的
聖女

——林昭傳

趙銳 著

這是一個過於痛苦和黑暗的歷史故事。
我之所以堅持寫它，
是因為我還相信溫暖和光明。

——作者

> 1929 年《吳縣日報》上刊登的林昭父親彭國彥照片，當時他還沒有成婚

> 林昭全家攝於蘇州，右起：其妹彭令範，其弟彭恩華，母親許憲民，林昭

> 林昭 1946 年攝於蘇州

> 1951 年林昭（中）參加土改時攝

➤ 1951 年的林昭參加土改時攝

➤ 1951 年林昭參加土改時

➤ 1954 年林昭（左三）與同學攝於北京大學校門口

➤ 1955 年 11 月，林昭攝於頤和園大門外之銅獅座上，照片背面有同班同學呂凌柯題字：「貓與獅」

➤ 1955 年林昭攝於北京大學

➤ 林昭（右）與北大同學攝於 1956 年

➤ 北大 1957 年時的林昭

➤ 1958 年林昭與甘粹在北京景山公園留影。當時敢於穿旗袍的女性已經不多，林昭的
這件旗袍顏色鮮豔、做工考察，是因為賣不出去低價處理的

➤林昭（左五）與北大同學於 1957 年遊覽頤
和園時的合影

➤1958 年林昭（右上）
與右派同學李雪琴
的合影

➤ 1958 年，林昭在北京西郊蘇聯展覽館前留

➤ 1958 年林昭在鐵一號大院留影

➤ 1959 年與甘粹在北京分別時，林昭
將這張照片送給甘粹，背面題有：「同
是天涯淪落人，相逢何必曾相識。」

➤1959 年，甘粹及二哥甘大頤和林昭在天安
門獅子前留影

> 林昭之墓

> 林昭墓背面詩

> 1980 年 12 月 21 日，在北京為林昭舉行的悼念會上，張元勳展示 1966 年在上海監獄探望林昭時林昭所贈之「帆船」。

> 2008 年 8 月 20 作者與沈澤宜先生

> 上海提籃橋監獄

> 2008 年 8 月 26 日作者與倪競雄女士

> 2008 年 11 月 9 日作者與甘粹先生

自序
讓我們共同完成

趙銳

　　太陽之所以偉大，是因為它毋需外力，自己就能發出永恆的光明。面對太陽，無論什麼樣的黑暗都只能匆忙逃遁，因為光明是戰勝黑暗的終極力量！

　　毫無疑問，黑暗也是一種力量，而且是一種無比強大的力量。大至茫茫宇宙，小至我們自身，黑暗無處不在。就像撒旦無時不在挑戰上帝的權威一樣，黑暗事實上就是一個與光明相抗衡的絕對存在。漫漫人生中，我們的心靈常常成為黑暗和光明博弈的戰場，一方面我們對光明是如此地饑渴，另一方面我們又常常因為脆弱、因為恐懼、因為這樣那樣的理由，一次又一次地讓自己飽受黑暗的折磨。那麼，我們該如何自救？我想最好的辦法莫過於培育屬於自己的太陽。如果我們每人心中有輪太陽，我們有足夠的力量發出自己的光和熱，那還有什麼黑暗驅散不了呢？

　　——之所以生發如上感想，是因為我在寫作《林昭傳》的過程，被黑暗傷害得無比痛苦和絕望。當我最終戰勝黑暗，終於平靜地奉獻出作品時，我覺得自己非常幸運！

　　2008 年 2 月，《林昭傳》初稿完成。記得當時有一個強烈的願望：必須馬上寫一部美好的東西溫暖自己，否則我真吃不消了！所以那段時間，我經常去看昆曲，經常帶孩子遊戲玩耍，甚至準備為江蘇省昆劇院或者再為女兒寫一部書。初稿在一、二十位師友中流傳後，當然得到了一些意見：大家普遍反映我是在以林昭的方式寫林昭，言下之意就是感情色彩濃烈了些，仍然沒有與歷史拉開距離。更有人建議我重新採訪，因為我的初稿只是根據二手資料梳理的，而這些資料顯然還不夠豐富。但當時我實在太累太苦，明知這些意

見十分珍貴,卻就是心有餘而力不足。休整將近半年,其間我閱讀了大量心理學和社會學書籍,對人性的黑暗有了更深入的認識,這才於當年8月重新恢復面對《林昭傳》的能力。

首先是豐富資料,我在中國第二歷史檔案館、南京圖書館對林昭父母的生平進行了求證,並在黃惲先生的幫助下,得到蘇州圖書館的相關原始文獻;其次是補充採訪,從8月至11月,我先後前往湖州、上海、蘇州、北京,採訪了沈澤宜、倪競雄、張學群、朱紅、甘粹5位前輩,得到大量新鮮資料和感受;然後是閱讀和交流,通過對林昭和那個時代多角度、多層面的討論和思考,我開始努力跳出自我的局限,進一步調整《林昭傳》的結構和視角。與許多沒有經歷過那個年代的人一樣,我當初對林昭的瞭解也是支離破碎的。有感於林昭精神的純粹和崇高,同時也是出於對「聖女」形象的巨大好奇,我決定走近林昭為其立傳。可經過一系列的採訪和研究,我越來越明白林昭是人不是神,她的殉難是她個人性格、氣質、價值取向,尤其是獨特行為方式的必然結果。這既是一個時代的悲劇,更是一個個人和家庭的悲劇,具有相當的個案特徵。她堅持求真的精神的確讓人高山仰止,但除了誓死抗爭,是否還有其他堅持真理的可能?林昭已意識到近代革命讓中國人流了太多的血淚,可她恰恰還是選擇了以血為祭的道路,儘管她的選擇有這樣那樣的原因,但畢竟還是她自覺的選擇。基督教提倡愛、提倡寬恕,耶穌在被釘死前仍然請求上帝赦免兇手,「因為他們所做的,他們不曉得」。可林昭呢?林昭從來沒有憐惜過自己的父母,林昭總是不顧後果咄咄逼人,林昭的偏激、執著與那個時代互為因果,於是最終只能魚死網破!

正因為林昭的性格是如此地真實和鮮明,所以,熟悉林昭的故舊們都很難準確還原林昭,雖然他們不少人是文章高手。這也就是為什麼彭令昭女士一再感慨:熟悉林昭的都不願再面對,關注林昭的卻總是一無所知的年輕人。對這一現象,我現在已十分理解。我想並不是前輩們不願意面對林昭,據我所知,他們中不少人已經為林昭奉獻很多,但由於一來他們自己屬於那個年代,二來林昭的「聖

女」形象已經在民間形成，他們無法再為自己和林昭確立合適的座標。是的，近一、二十年來，林昭形象「符號化」、「概念化」問題已日漸顯現，各色人等都習慣於把林昭樹為幌子。這是十分危險的現象，有必要提高警惕。之所以會出現這種情形，完全是言論不夠自由的結果。如果林昭檔案完全解密，如果林昭研究毫無障礙，我相信現在也用不著我在這兒說三道四了。

我在後記裏使用了〈劃不上的句號〉這一標題，後記是我完成初稿時草擬的，反映了彼時彼地的心情。現在我要聲明，句號是否該劃和如何劃是需要分別對待的。面對過於沉重和黑暗的歷史，以政府為代表的集體力量，有必要以事實為依據、以法律為準繩，逐一解決歷史遺案，該劃的句號不劃不行。但對於我們每個個人，我以為大家可以遵循「寬恕」的原則，讓良心做主，給黑暗的歷史劃上句號。過去我們常說：要把某某「釘在歷史的恥辱架上」。千百年來我們是否懲罰得太多、寬恕得太少？在採寫《林昭傳》的過程中，不僅我個人遭遇黑暗的傷害，我也從許多當事人身上感受到歷史的沉重和陰冷。由己及人，我想還有多少人的靈魂備受煎熬呢？除了寬恕，還有讓心靈安寧的其他法門嗎？彭令昭女士多次表示要向姐姐說再見——是啊，如果我們始終不能和林昭說再見，我們這個國家、我們這個民族也許將始終陷於歷史的泥潭無法自拔。但是如何再見呢？這仍需要大家探討。

經過修訂，現在呈現給大家的《林昭傳》有一個完全開放的結構，它將由三部分組成：一是四章正文，由作者主筆介紹，涉及林昭的家庭、人生、詩文以及世人對林昭的認識等；二是附件後記，仍由作者提供資料和視角，內容包括林昭年譜、林昭長詩、數篇採訪記等，林昭親友當下的生存狀態也是本傳的重要內容，值得我們細細品味；第三部分是本人最看重的，那就是讀者您對林昭及本書的評價。我認為我們整個社會對林昭的理解和評價仍將是一個長期的過程，如果沒有您的參與，《林昭傳》永遠是不完整的，它的價值也註定是有限的。相信您會贊同並一同完成這部作品！謝謝！

完成這部作品，我也準備與林昭說再見了。我是一個熱愛文學的單身母親，今生別無他求，唯有兩大願望：撫育女兒健康成長；留一、二部經得住淘汰的作品。如果第二個願望能否實現將由上天決定，那麼做稱職的母親將是我唯一的使命。承蒙蔡登山先生不棄，現在拙作將由臺灣秀威出版，我的任務就此完成。下面我將依舊繼續自己平靜而平凡的生活：努力工作認真掙錢，照顧孩子享受生命，儘快寫作下一部作品……

我們的生活充滿了問題，時間長了，我們難免會抱怨、會指責、會憎惡、會逃避。可哪兒有完美的生活？哪兒有完美的人性？我們自己又何嘗不是缺點多多的凡夫俗子？接受殘缺的生活，堅守自我的良知，就這樣陪著女兒慢慢變老吧。

——這樣想著，我不禁雙手合十，默默祈求林昭保佑我和女兒平安！

2008 年 11 月 23 日星期日

目次

引子
五分錢子彈費

關於 1968 年 5 月 1 日的情形，彭令範在當年的日記中曾有詳細記錄。彭令範是林昭唯一的妹妹，比林昭年幼 7 歲。身陷「反革命」家庭，彭令範以優異成績從上海第二醫學院畢業後，只能在上海山海關路張家宅地段醫院當一名內科醫生。當天下午 2 點多鐘，兩名公安來到上海茂名南路 159 弄 11 號大院：

「許憲民有嗎？林昭家屬！」

樓下傳來響亮的吆喝聲，接著房門上一陣急促的敲打。

「發生了什麼事？」躺在藤椅上的母親聞聲立即警覺地坐了起來。

我剛從農村巡迴醫療回來休假，正坐在書桌旁看書。

「妞，開門去。」

我默默地將門打開。

「誰是許憲民？」進來一位公安人員，一面問一面用目光向室內一掃。

「我就是，你是什麼地方來的⋯⋯」媽媽有些顫抖地站了起來，她的聲音同樣地顫抖。

「我們公安局的。你是林昭的母親嗎？你女兒已鎮壓了，付五分子彈費！」公安人員不耐煩地說。

「什麼？」母親怎麼也聽不懂他所講的話。

我的臉色刷一下子變得慘白，但我鎮靜得毫無表情。

那公安人員接著講：「快付五分子彈費，你女兒被槍決了。」

我慌忙地拉開抽屜，在幾張角票中找出一枚五分鎳幣遞了過去。

母親一直像石膏一樣呆立著，突然地倒在地上，昏了過去。我手忙腳亂地將她扶起，一面叫著：「媽媽，媽媽，你醒醒，我現在只有你了啊！」

那公安人員不知什麼時候走了。

「天啊，上帝哪，我的女兒，我的蘋！」媽媽悠悠醒來喃喃地念道，眼睛發直，可沒有流淚。

「媽媽你哭呀，你哭出來吧，否則你會受不了的！」

「妞，完了。我早知道最後會是這個下場，但是我總安慰自己，不會的，不可能的，果真如此，是誰殺死了她？不是敵人殺了她，而是我幾十年緊緊追隨的理想的化身，是我害了她，我真是後悔莫及呀，我為什麼從小灌輸給她那麼多的正義感，那麼多的為自由、民主、真理獻身的理念？罪魁禍首是我，我害死了自己的親生女兒，我的蘋。」

「你不要講了，休息一會兒吧。」我不知道該講些什麼。

「我不要休息，我要我的女兒，我的蘋，我的一切都跟她去了，這殘存的軀體，我還要作什麼？今天我才真正瞭解一個母親的心。當我哥哥在『四‧一二』事變罹難後，我一直將實情瞞著你外婆，對她說你大舅舅去蘇聯學習，她有些懷疑，但一直盼望著。他們這些兇手也沒有上門來向她要子彈費呀！子彈費，哈哈哈！這是最大諷刺，這個政權竟向我要子彈費，讓子彈穿過我親愛的大女兒的胸腔，上帝懲罰我也未免太過分了！世界上難道真的沒有天理、人道和法律了嗎？！」她聲嘶力竭地嚎叫著。

「媽媽你別說了，是沒有的，是沒有的。」我有些受不了了。

「他們怎麼這樣狠心，事先也不通知我。我已經快半年沒見到她了，封建時代犯殺罪還允許家屬相見，吃一頓斷頭酒的。我的蘋，她受了多少苦啊！」

暴風雨後死一般的寂靜是那麼難以忍受，或許麻木不仁是一種最廉價的解脫吧。

當天夜裏 12 點鐘左右，作家馮英子夫婦已經就寢，一陣急促的敲門聲忽然將他們驚醒。

「誰？！」他們警惕萬分地問。

「許憲民。」

馮英子把來客讓進屋。屋裏太狹小了，他們只能請客人坐在床上。好在許憲民也不是外人，況且半夜來訪，肯定是發生了什麼事。

「怎麼了？深更半夜的，把鄰居吵醒可不得了。」馮英子夫人嚴倩麗挨著許憲民坐下，小心翼翼地詢問道。因為馮英子亦為「戴罪之身」，這些年他們夫婦一直分外謹慎。

許憲民呆呆地坐在那兒，好半天，一句話也不說。

「到底怎麼了？你倒是說句話啊！」馮英子夫婦再三追問。

終於，許憲民開口了：「蘋男被槍斃了。」

馮英子夫婦目瞪口呆。

這時候，許憲民忽然間失聲痛哭。

馮英子與許憲民相識於 1934 年，數十年間無論遭遇什麼困苦，他從未見許憲民哭過。眼前這個涕淚滂沱的女人似乎與往日堅強幹練的許憲民大相徑庭，馮英子夫婦明白：這個女人的心徹底碎了！

同樣是 1968 年 5 月 1 日深夜，遠在新疆焉耆（現為庫爾勒地區）勞改的林昭戀人甘粹做了一個不可思議的噩夢：「我夢見林昭穿了一身白衣服，扶著一口紅棺材，面帶微笑向我走來。我嚇了一跳，正想上前問個究竟。林昭卻不言不語，微笑著慢慢離我越來越遠。我想追上去，可不一會兒，林昭已經不見了……我從噩夢中猛然驚醒，嚇出一身冷汗。」

這個夢是什麼意思？甘粹心裏有不祥的念頭，但又不敢相信。第二天，百思不得其解的他急忙找到勞改營一個會解夢的人。此人原為四川峨嵋山的和尚，因為眼看老母饑餓難奈，他悄悄買了一升穀子送給母親，被抓後獲刑十年，轉到新疆勞動改造。這個和尚對甘粹說：「夢是反的！你不要亂想，林昭結婚了！棺材代表喜事！」甘粹半信半疑，可又不得不儘量找理由讓自己釋懷。他想：與林昭

分別至今已經八、九年了，自己遠在新疆，不能陪伴照顧她，她若是真嫁了人，那該替她高興才是，祝願她終於找到了幸福！甘粹萬沒想到，林昭已經在 1968 年 4 月 29 日殞命，她的靈魂走了三天到新疆向他告別了！

沒過幾天，彭令範意外接到母親好友朱阿姨的電話。朱阿姨要求彭令範抽空到她家去一趟，並再三叮囑不要讓許憲民知道。

見面沒等寒暄，朱阿姨就迫不及待地問：「最近有你姐姐的消息嗎？」

彭令範就把 5 月 1 日公安上門收取五分錢子彈費的事說了。

朱阿姨一聽臉色立馬變得慘白，她喃喃低語道：「看來是真的了……」

彭令範不解：「什麼真的？」

朱阿姨猶豫了一下，才下決心道：「這事還是告訴你吧，不過你千萬得瞞著你媽媽。祥祥前兩天看見了……」

原來，朱阿姨的大兒子祥祥每週兩次在龍華飛機場勤工儉學。4 月 29 日傍晚，祥祥由同學送回家時面無人色，神情呆滯，半晌講不出話來。朱阿姨追問發生了什麼事，護送的同學說：「我們今天在龍華看到槍斃人，是個女的，祥祥看了立即變色，說是認識她的。」等那同學走後，祥祥突然哭了起來，說：「大姐姐被殺害了！」朱阿姨看兒子精神受了刺激，只得盡量安慰他，並照顧他好生休息。第二天，感覺祥祥情緒平穩了些，朱阿姨才敢向他問個究竟。祥祥告訴媽媽，他們一幫勤工儉學的學生在機場做雜務工，每天下午 3 點左右結束。那天結束後，在機場內多玩了一會兒。到下午 3 點半左右，突然望見有兩輛軍用小吉普飛快開來，停在機場的第三跑道。接著由兩個武裝人員架出一反綁著的女子，女子的口中似乎塞著東西。他們向她腰後踢了一腳，她就跪倒了。這時，走出另外兩個武裝人員對準她開了一槍。她先倒下，然後又慢慢強行爬起來。於是他們又向她開了兩槍，看她躺下不再動彈時，將她拖入另一輛吉普車疾馳而去。

「祥祥說,他當時幾乎叫出大姐姐來。我再三追問他會不會看錯?祥祥說:『絕對不會錯!大姐姐有她的特點,只是更瘦了!身上穿的像是醫院裏的衣服。』」朱阿姨說著長歎一聲,「沒想到令昭最後竟這麼慘!令範,你姐姐一死,你媽的魂也快沒了!你可得好好守護她啊!」

彭令範無聲地點點頭。

又過了幾天,彭令範和母親接到通知:可以到提籃橋監獄去取林昭的遺物。於是,許憲民神情恍惚地跟著二女兒又一次來到那個讓她不忍目睹的地方。在門房遞上通知單,所有警衛都以奇特的眼神看著她們。彭令範知道他們為什麼會如此好奇,因為姐姐林昭在獄中實在是太出名了,恐怕他們誰也沒見過這麼硬骨頭的囚犯,而且還是個柔弱女子。不過,彭令範對他們的眼神無動於衷,她目不斜視、面無表情,只是機械地按照他們的指令行事。許憲民則是一進大門就哽咽不止,她已經不知道自己為什麼要到這個可怕而傷心的地方。她像一個空洞的影子無力地尾隨著彭令範,二女兒走到哪兒,她就飄到哪兒。

「林昭?」看到這個名字,獄警把許憲民母女上上下下好好打量了一番,彷彿已經把她們的樣子記在心裏了,這才不動聲色地扔出一隻破包裹。

彭令範接過包裹,面無表情地當場打開:裏面有一捲舊棉襖,邊邊角角已完全拆碎檢查過,還有一些血跡斑駁的白被單和白布條,不少白布條上留有模糊的血書,剩下的就是幾件舊衣服。許憲民一見血書更加無法自持,她怕血!這是女兒的血啊!可憐的孩子,她的血流盡了嗎?⋯⋯彭令範不怕血,她是醫生,她可以保持冷靜。彭令範反覆翻檢著這個包裹,試圖找出姐姐的遺稿或其他更有紀念意義的遺物,因為她知道姐姐在獄中留有大量文稿,這些文稿是瞭解姐姐獄中經歷的重要資料。結果彭令範沒有找到一片紙。她抬頭想問獄警,可是當她的眼光與獄警的眼光相遇時,她又習慣地低下頭,一句話也沒有說——說什麼呢?還有什麼好說的呢?捆

好包裹，彭令範扶著母親艱難地走出提籃橋監獄。在邁出鐵門之後，她恨恨地發下鐵誓：「從今往後，再也不到這個鬼地方來了！」

半個月後，母親的學生黃雪文又悄悄聯繫了彭令範。黃雪文家住上海虹口區，離提籃橋監獄不遠。彭令範到黃雪文家後，黃雪文立刻關上房門告訴她：「前兩天在附近一條街的電線桿看到你姐姐的判決書了。你要想去看的話，等天黑了帶一隻手電筒去，不過千萬得小心！」彭令範感激不已。為了看這張判決書，彭令範在黃家緊張而焦急地等待著。夜幕總算降臨了，起身望去，窗外的路燈昏黃昏黃的，看不清過往行人的臉。黃雪文拿出準備好的手電筒遞給彭令範，彭令範一聲不吭，揣著手電筒悄悄往黃雪文指示的那條街道走去。

遠遠地，她看到那根電線桿上果然貼著一張醒目的白紙。稍稍走近一些，一個碩大的紅勾赫然映入眼簾，彭令範只覺得腳下有股寒氣直躥腦門，她不得不停下來喘息一下。環顧四周，彭令範發現路人行色匆匆，並沒有一個人注意她。可即便如此，彭令範仍然覺得自己心懷鬼胎，她尋思再往前一步沒準就會有人衝過來大喊：「打倒反革命！把反革命家屬打翻在地！」她好害怕遭遇他們的拳腳！她假裝鎮靜地故意往另一個方向走了走。

到了街角，她折回身。再三確定無人關注時，她才深吸一口氣，鼓足勇氣頭也不回地直往那根貼有佈告的電線桿去。來到電線桿下，她打開電筒對準那張佈告。「林昭」兩個字一下子跳進她眼裏，彷彿兩顆火星讓她感覺到灼傷的疼痛。好半天，彭令範才看清那是一張打印不清的佈告，那些生硬的文字就像米飯裏的砂石，讀起來是那麼吃力。

在幽暗的電筒光下，彭令範默默背下那張判決書。

她的心沉沉的，正如死一般寂靜的夜晚。

第一章　青春（1931–1954 年）

一、儒父俠母

提起蘇州，人們會想起精美的刺繡、溫婉的評彈、袖珍的園林、甜膩的糕點、狹窄的街巷，以及鶯聲燕語、膚如凝脂的江南少女……總之，這個地方給人的印象是典雅的、舒適的、物質的、感官的。

一方水土養一方人，蘇州人的性格中陰柔成份的確占了上風。

然而，如果我們就此以為蘇州人生性綿軟不剛，那又大錯特錯了。因為在這個有著 2500 多年歷史的名城，寧為玉碎不為瓦全的耿介之士實在是代有其人，不甘屈服、拒絕奴役的熱血從古到今一直奔流在蘇州人的脈管裏。遠的不說，近 300 年來耳熟能詳的就有明代張溥在《五人墓碑記》中褒揚的五位布衣以及清代的金聖歎等。許多人以為，林昭爽直、率真、剛烈、純粹，似乎一點都不「蘇州」，其實這只能是我們對蘇州的理解不夠全面罷了。更何況林昭的父親彭國彥一生堅持君子操守，頗有伯夷叔齊之風，而母親許憲民又是一位熱情俠義、抱定救國使命決不放棄的非凡女性。所以，林昭生來就不可能是一個蘇州的小女子。

據林昭妹妹彭令範回憶，父親彭國彥（1901-1960 年）生於 1901 年 4 月 22 日，祖上數代都是翰林、御史等高官，彭家是個地道的書香門第，祖父從事政法工作，曾擔任審判廳廳長、檢察長等職。據紀庸〈清史世家略記〉載，南昌彭氏是個世家，清乾嘉時期，南昌彭元瑞官至太子太保工部尚書，諡號文勤公；其子彭邦疇官至侍讀學士。彭國彥出生在江蘇揚州，因父親在多省市教學謀生，他中學時曾就讀南昌、長沙等地，1922 年考入國立東南大學。許憲民後來告訴林昭，彭國彥童年沒有得到家庭溫暖，以至於從小養成孤僻、內向、清高的性格。彭國彥有個弟弟叫彭國珩，當年曾在清華大學從事學生運動，20 世紀 30 年代隨聶榮臻南下時犧牲。

　　現存中國第二歷史檔案館的國立東南大學入學志願書等資料顯示，彭國彥字雋丞，江西吉安人，民國十一年（1922 年）9 月 22 歲時，為東南大學政治經濟系錄取，當時的通訊位址為南昌省城磨子巷掃葉山房。1926 年彭國彥大學畢業，並留校擔任助教。當年，政治經濟系畢業生共 31 人，東南大學全校畢業生共 201 人。據說彭國彥的畢業論文是《愛爾蘭自由邦憲法述評》，現未見流傳。國立東南大學系南京第一所建制齊備的大學。1920 年 4 月，曾任南京高等師範專科學校校務主任的郭秉文先生提出：「就南京高等師範學校校址及南洋勸業會舊址，建立南京大學。」張謇、蔡元培、蔣夢麟、江謙、黃炎培等九人十分贊同，十人遂聯名上書教育部，倡議建立南京大學。1920 年 12 月，北洋政府國務會議通過建立東南大學案，東南大學正式誕生，當時設有 23 個系科，分別是：國文系、英文系、哲學系、歷史系、地學系、政法系、經濟系、數學系、物理系、化學系、生物系、心理系、教育系、體育系、農藝系、機械工程系、會計系、銀行系、工商管理系，這些系科以後均有調整。1921 年 6 月東南大學校董會成立，首任校長為郭秉文先生。1921 年 12 月，南高師併入東大。1928 年 5 月，國立東南大學更名國立中央大學。

　　1927 年 3 月，北伐軍攻佔南京，東南大學被迫停課。從那以後，彭國彥就離開了東南大學。當年年底，彭國彥生了一場重病，幾乎喪命。病癒後，他經過一番慎重考慮，選擇投奔馮玉祥將軍。從彭國彥一生的價值取向來看，他一直傾向於英美的民主憲政，對主導中國的國、共兩派勢力都不認可，而馮玉祥將軍以廉潔奉公聞名，似乎對他更有感召力。1928 年 4 月，他來到河南鄭州投奔馮玉祥的國民聯軍，在馮軍司令部任上校科長。

　　國民黨定都南京後，奉行文官選拔制度。1928 年 9 月，江蘇省政府第一屆文官選試在南京舉行，彭國彥聞訊前來應試。時任典試委員的蘇州著名文人、「南社」領袖葉楚傖（1887-1946 年）對彭國彥十分賞識，將風華正茂的彭國彥選為頭名狀元。也正因這一關係，彭國彥與葉楚傖有了千絲萬縷的聯繫，彭國彥後來沒少受葉楚傖政

敵的攻擊，也沒少受葉楚傖的關照。彭國彥應試時，江蘇省政府主席為鈕永建（1870-1965 年）。1930 年 3 月，葉楚傖繼任江蘇省政府主席。

1928 年 10 月，「狀元郎」當仁不讓就任一等縣──蘇州吳縣縣長。彭國彥是國民黨的第二任吳縣縣長，首任王納善（引才），繼任黃蘊生。據《蘇州市志》記載，蘇州府城清末轄城區及城廂附郭，城外其餘地域均屬吳縣、長洲縣、元和縣。民國元年（1912 年）1 月，將清蘇州府三縣合併為吳縣；11 月吳縣城廂自治，改稱蘇州市；民國十七年（1928 年）11 月，江蘇省政府決定成立蘇州市；次年 12 月開始劃分蘇州市和吳縣的分界；民國十九年（1930 年）3 月 27 日，撤銷蘇州市併入吳縣；同年 5 月 16 日縣市合併。由此可見，吳縣與蘇州城區在歷史上分分合合，有時甚至就是主城區的概念。所以，吳縣縣長的地位是十分重要的。

民國二十一年（1932 年）7 月，由胡瀚、何子競編述的《吳縣縣政》在談到江蘇縣長之任用時這樣說：「江蘇各縣縣長之任用，設有甄用委員會，該會由省政府全體委員組織之，開會時以省政府主席為主席。」具有下列資格之一、經江蘇甄用委員會甄用存記者，可以遴選為縣長：「在國內外大學或專門學校修習法律、政治、經濟、社會、文、哲等學科三年上畢業得有證書者；兼理行政事務三年以上，有薦任以上之資格者；中國國民黨員，具有政治學識經驗者。」《吳縣縣政》還記述當時江蘇省縣長分三等，薪水均 400 元／月，特別辦公費則分為 360 元／月、300 元／月、200 元／月。民國十八年（1929 年）11 月至十九年（1930 年）6 月由吳縣縣政府社會調查處編印的《吳縣》記載，時任縣長的黃蘊生每月經費為 2290 元。二者之所以有差異，可能前者說的是私人薪金，後者說的是職務許可權。但即便是月均 400 元的收入，在當時也是極其豐厚的。

《蘇州市志》記載，彭國彥就任吳縣縣長始於 1928 年 10 月 30 日，終於 1929 年 7 月 26 日，任期總共 9 個月。志書沒有記載他離任的原因，據林昭妹妹彭令範回憶，其父因為無法適應官場的遊戲

規則，被人從富庶的江南一路北擠。先遷任無錫江陰（二等縣），再北上徐州邳縣（三等縣），最後乾脆兩袖清風掛靴回家。1995 年版的《邳縣誌》對彭國彥只有一句簡短的記錄，證明彭國彥擔任該縣縣長的時間是民國二十年（1931 年）11 月，最後是「因案免職」。到底是因為什麼案呢？

原來，彭國彥書生氣很足，為人清高嚴謹，到任後一不拜見鄉紳名流，二不順從世風舊俗。而蘇州向來又是一個地方勢力盤根錯結的地方，他我行我素的作風很快就得罪了以公安局長鄭誠元為首的一股力量。尤其複雜的是，這鄭誠元係江蘇省民政廳長繆斌（1902-1946 年）的私人，鄭、繆二人有很深的利益糾葛。有記載，清末民初官員出行一率乘轎，後來即便改良，縣太爺府上也不能沒有專門的黃包車。可彭國彥年輕氣盛，一心倡導新風氣，居然不是走路便是騎自行車出行，讓保守勢力為之側目。彭縣長關心民生，雷厲風行，身上又沒有一點官僚氣息，蘇州百姓對他評價甚高，當時的蘇州各類報紙隔三差五都有對他積極改革政務的報導。有報導稱，蘇州某街半夜失火，彭縣長夢中驚醒，立刻衝出門親自救火，一時傳為美談。

然而，老百姓的口碑卻不能挽救彭國彥的政治前途。自 1927 年「四‧一二」事變之後，國民黨對共產黨大開殺戒，時任縣長的彭國彥經常接到上級發佈的逮捕命令，他對這種不符合法律程序、隨意抓捕的做法極其反感，所以常常陽奉陰為，甚至故意打草驚蛇。1929 年，上級有令要求逮捕蘇州共青團員、著名的「左傾」人士金家鳳。彭國彥知道時任國民黨吳縣黨部秘書的許憲民女士「左傾」，就故意趁許憲民前來公幹時抽身離開，讓許憲民伺機看到案頭的密令。於是，許憲民把消息透露給蘇州租界小報的記者，金家鳳等人看到報紙消息後，頓時逃得無影無蹤。與此同時，彭國彥執行上級的「禁煙禁賭」命令卻十分認真。別的縣長唯恐得罪黑社會，「禁煙禁賭」都是走過場，彭國彥卻親自帶隊下鄉。一旦發現地方警察與黑社會勾結為害，彭國彥當即架空了公安局長鄭誠元，宣佈蘇州警

察歸縣長調度。此舉讓鄭誠元無路可逃，也觸犯了省民政廳長繆斌的權威。繆斌，無錫人，綽號「小道士」，北伐時擔任過第一軍副黨代表，1928 年 11 月就任江蘇省政府委員兼民政廳長等職務。此人為人圓滑，官場上很有一套。當時的民政廳負責官員任免，權力很大，相當於現在的組織部，可謂省府第一廳。因此，繆斌連省主席鈕永建也未必放在眼裏。當時按照舊例，官員就任都要給上司奉送錢財以求關照。彭國彥考取「狀元」後，繆斌也曾暗示他按例送錢，被彭國彥斷然拒絕。由於彭國彥是首次公開選拔考試的「狀元」，繆斌不能不放他出任，但從此視他為冤家對頭。忍耐了大半年，繆斌終於以彭國彥行為不檢為由，將其就地免職、押解鎮江。這繆斌買官賣官貪婪成性，不久終於被撤了職，但吳縣縣長卻再也不屬於彭國彥了。

1929 年 7 月 29 日《吳縣日報》載：「縣長彭國彥突然拿解進省／鄭誠元說：彭縣長有某種嫌疑／繆廳長說：行為不檢違抗命令／第一說事無佐證第二說別有原因／縣長彭國彥，自上年十一月一日蒞任以來，譽之者固眾，而毀之者亦多，昨由省廳密令市縣兩公安局，旋於下午由鄭局長將彭拘捕解省，抵鎮江後，即解民廳，發押看守所，分記詳情於後。

先是彭縣長於前日（念七），曾奉民廳電召，原文略謂『有事面詢，速來鎮』，彭奉電後，因是日適患時疫，未能啟行，遂即覆以一電，謂『感電敬悉，本定當夜啟程，因患疫惡劇，改定明晨來鎮』。至昨（念八）日上午，至車站，又因到站略遲，十時五十六分之特別快車業已開出，於是再由車站折回縣府，至下午二時四十分，再往車站，擬乘三時一分之杭青聯運快車啟程。

本報得訊後之調查

昨日（念八）星期日，各機關循例停止辦公，本報記者於下午五時得到此項消息後，即驅車馳往車站，詎至則五時十三分之特快車，已於十分鐘前開出，記者所欲面晤而與作簡單談話之彭縣長，

已於車塵絕跡中，離蘇西去，乃急借用車站電話，通知駐錫特約記者，先告以彭縣長拿解進省，車於五時十三分開出，彭身穿紡綢學生裝，手挾皮包，所乘之車，為頭等車後面一節，二等與三各半之二等車中，請其往無錫車站，候車抵站時，上車見彭，詢問二點：1.問彭本人亦知此事原因果屬何在；2.問彭被捕解省，有何感想。電畢，已近傍晚六時，遂再雇乘街車，進平門至縣公安局，其時鄭局長正召見警察第一中隊長周惠民，面諭第二中隊事件，同時市公安局閶區署長許寶光，亦在旁與鄭談話，記者見鄭忙碌異常，因暫行退出，至縣政府調查後，再至縣公安局。

曾奉電召因病中止

縣公安局長前日應召晉省，業志本報，旋於昨（念八）晨返蘇，至是鄭既隨帶警隊數名，會同閶區警佐張南村，及便衣飛行隊多名，跟蹤掩捕，其時彭已購就鎮江票一紙，登車待發，鄭當示以繆廳長之密電，彭至是即俯首無詞，隨鄭等折回閶區，至樓上署長會客室小坐。

跟蹤掩捕暫住閶區

縣公安局長前日應召晉省，業志本報，旋於昨（念八）晨返蘇，至是鄭既隨帶警隊數名，會同閶區警佐張南村，及便衣飛行隊多名，跟蹤掩捕，其時彭已購就鎮江票一紙，登車待發，鄭當示以繆廳長之密電，彭至是即俯首無詞，隨鄭等折回閶區，至樓上署長會客室小坐。

九時登車張徐偕行

嗣於四時三十分，許署長等雇得馬車三輛，將彭押往車站登車，彭與張警佐乘一輛，前行，縣公安局看守所長徐衡伯乘一輛居中，許寶光自乘一輛，殿後，另有便衣飛行隊十名，隨護馬車之前後左右，抵站時為四時五十分，乃先至酒排間小事憩息，嗣五時十三分杭青聯運特快（即十七號車）於五時零五分進站，徐所長，張警佐第三飛行隊士，購二等票二，三等票四，押同彭氏，乘坐第七節愛

字七十五號二等車中，逕往鎮江，許署長則率同其餘飛行隊士七名，返至區署。

電告民廳謂已照辦

火車在站待常州交車，稍有耽擱。鄭局長於扣住彭縣長後，當即進城，因手續尚有未了，急致電話於曹站長，請求遲開三十分鐘，未邀允准，當火車在站等候交車時，縣府第三科長管運京，警察大隊長劉英，曾上車見彭，談話五分鐘，其時閽三巡官李承斌，亦預奉區署電令，率警到場照料云。鄭局長在城內，得到車已開駛消息後，隨即用長途電話，報告鎮江繆廳長，略謂「頃奉密令，已照辦」云云。

鄭局長述嫌疑二點

繆廳長密令內容，大致謂即將彭拘解來省，並接收警察大隊。至此事原因，據鄭局長告語記者，縣警察大隊，例應由公安局管轄，其鈐記應由省廳頒發，乃彭非特硬將警察局收歸縣府，且竟由縣府頒發大隊部鈐記，其嫌疑一，近更擬將大隊部移駐城外，其嫌疑二。

省廳會議獨彭缺席

少頃，鄭復繼謂，本人前日進省，係奉繆廳長召集開會，當時各縣公安局長均到，即係討論防備八月一日共黨暴動之事，嗣後各縣公安局長，以警察隊已歸縣政府管轄，縣公安局已無實力，繆廳長乃再分電召集各縣縣長至省開會，詎各縣縣長都到，獨彭一人不到，事前繆廳長，本已接到密報，彭有某種嫌疑，至是懷疑更甚，遂有電令本人將彭拘捕解省之舉云。

接收印信電文未到

六時一刻，鄭局長至縣政府，聲言奉繆廳長長途電話關照，縣長印信，著令本人暫行保管，言訖，即向管科長索取印信，而管科

長則以彭縣長既已解省，縣府職員，當然不致逃走，但印信則手續方面，須有省方正式公事，始可移交，請鄭局長向省廳要得『著何人將印信交於何人』之正式訓令，或縣府方面，接到同樣之訓令，自當遵令交出，鄭局長乃再長途電話，請繆廳長頒佈上項電令，至今晨一時止，省方此項電令，尚未到蘇，故縣長印信，昨夜仍在縣府。

接收警察隊與訓話

七時正，鄭局長再至警察大隊部，實行接收。先與大隊長劉英談話，由劉大隊長，將一切文件，當場點交完畢，鄭返局後，隨於十時許，召集水巡隊正副隊長第一第二兩中隊長至局訓話，略謂此次奉繆廳長命令，接收大隊部，言時並即宣讀接收公文報告，計接收大小關防各一顆，洋鐵盒一隻，並謂此次晉省謁見繆廳長後，繆廳長告以方今國際間時局緊張，各地如吳江江陰無錫等處，亦將為此間防務會議，有所佈置，彭縣長現已晉省。在新縣長未蒞任前，警察大隊，奉令由本局長負責維持，望各位為系統上著想，遵守紀律，各位盡請安心供職，人員只有局部的變動，並請各位轉戒各警，遵守紀律，仍努力於工作云。

車過無錫態度鎮靜

十一時，本報得無錫特約員電話報告，謂十七號杭青聯運特快車於六點八分到達錫站，本人抵車站時，火車方進外揚旗，車停後，即依照所示，上車找尋，見彭態度鎮靜，乃先詢問旁坐隨同押送之閭區警佐張南村，張即偕本人下車，在月臺談話五分鐘，方將再謁彭氏，而車即開發，致未及與彭接談云。

八時抵省管押民廳

本報念八日下午十一時鎮江專電彭縣長於八時餘抵鎮，隨即管押民政廳看守所，記者得訊，即至民政廳請謁繆廳長，知繆係在私

寓，乃再電話詢繆，據答，拿辦原因，為彭『行為不檢，違抗命令』。
再問有無其他，繆不肯說。繼又詢當夜訊問否，答尚未定。至押解
彭氏晉省之張徐二人，因繆尚須問話，十時許尚在民廳，預定晤繆
後即返，當夜住城內旅館中。又彭氏在押，並不優待。

拘捕解省另另碎碎

　　市公安局司法科長張一新，於下午四時許，亦曾率保安隊，擬
往車站拘捕彭氏，嗣知彭已扣住，始止，又彭當在閻區臨行時，擬
電話某處，未許，而鄭局長方面，又於今晨一時，將奉令拘解彭氏，
及接收大隊部情形，電覆民廳云，此外另有一事，則有警察第二
中隊班長數名，前為縣政府拘押公安局看守所，昨日已有鄭局長
釋出。」

　　彭國彥被捕後，《吳縣日報》記者為探究竟，7 月 29 日專程前
往鎮江拜見省政府主席鈕永建。鈕永建答：「鄙人此事事前絕對未
知，即現在亦並不完全明瞭。此事係民政廳辦理，可直接向民廳辦
理。」並親寫會客單，介紹記者往民政廳。繆斌則對記者解釋說：「彭
縣長逮捕之原因，為違抗命令，即私頒警察大隊鈐記，大隊部成立
後，不呈報。均屬違抗命令之中。初，彭縣長以縣長考試第一名來
長吳縣，頗肯做事，不畏難，不苟安，斌（廳長自稱）亦能知之。
顧妒忌狹嫌者甚多，時有不利彭之語，傳入予耳。如彭縣長年少氣
盛，彭縣長國家主義派也，予亦不過一度詢查，不予深究，以逞反
對彭氏之願，但亦所以愛護考試人才。夫肯做事之縣長，最近華省
委視報告後，彭氏竟勾結當地土豪劣紳，群起反對，要求撤銷，對
於省方令並不執行。玩物至此，且聯絡地方人士，破壞縣政府威信，
餘如反動嫌疑一項，則尚需派員調查。雖曰，警察大隊之收歸縣政
府指揮，及隊部遷移城外，至少總有些微嫌疑，但此種事件，謂之
為反動嫌疑，未免故入人罪。」繆斌不承認彭國彥被捕與彭鄭交惡
有關，卻再三強調彭「行動乖謬，違抗命令」，他說：「如最近本廳

長根據華視察員之報告，記已一過，渠竟運動了許多人來反對，初以彭能辦事，所有與鄭衝突事件，調查雙方，各有是處，我以為均係好官，故亦並不注意，以前有人告發彭為國家主義派，現竟思想不潔，當此時局緊張之時，為官不能如此，行政系統猶如軍隊組織，工作固宜勇敢，命令亦宜服從，渠之使氣，一至於此，非但我廳長不能做，即革命亦將不能進行，為整頓行政紀律計，不得不如此。至此次彭縣長奉令拘解來省，外間竟啟疑慮，須知事極平常。江北各縣縣長，且多命令通緝，而撤換蕭、周兩中隊長，渠竟如是不服，擅頒印信更是目無官長，反動嫌疑，據人告密，現待偵查。」

　　7月30日，省政府會議討論彭國彥之事。因查無實據，彭國彥被囚兩日即獲無罪釋放，但他卻再也當不了吳縣縣長了。8月2日，繆斌任命黃蘊生為吳縣新縣長。沒過幾天，彭國彥從南京回到蘇州。1929年，蘇州名紳吳子深赴日本考察美術，彭國彥與吳子深頗有交情，卸任後可能受其資助同遊日本，亦可能遊學英國。8月1日，《吳縣日報》記者採訪彭國彥後報導：「彭向記者表示，不因挫折而頹唐，不因環境而消極，今後一切朝氣及浩然之氣，當保守；虛驕浮躁氣當革除。並謂在蘇數月，愧無建樹。此次事件，地方上許多人之關心，頗感謝。大概暫時決脫離政治生活，研究學術，或先往山西鄉考察鄉政，然後再放洋，目的預擬歐美方面云。彭氏昨遊焦山，夜間仍住旅社，定今晨離鎮，赴京或上海未定，總之彭雖經此事變，但精神甚好，對客一無牢騷云。」

　　1930年7月28日，彭國彥和許憲民的婚禮在閶門外蘇州飯店舉行。來賓數百人，蘇州地方名流濟濟一堂，主婚人即為當地富紳吳子深。新郎在答謝詞中回顧了二人相愛的經過，他說：「在彼患難中間，固與憲民女士認識，進而至於訂婚，所以擇期今日行禮者，志紀念也。際茲時局多故，國難未已，國彥與憲民當各秉素志，不獨共同家庭生活，更將一致奮鬥，努力革命。」彭國彥與許憲民是如何相識相愛的？許憲民是怎樣不尋常的女性？這裏且待我們再把目前投向許憲民。

林昭母親許憲民（1911-1975 年）從小就有兼濟天下之志。她敢作敢為、積極進取，是蘇州 20 世紀三、四十年代政治舞臺上一位不容忽視的新女性。林昭的外公在蘇州閶門外山塘街開有一家名為「兩宜軒」的箋扇莊，他知書達理，能畫國畫。林昭外婆華氏出身無錫農家，她淳樸忠厚，心地善良，明辨是非，正直無私，通情達理，不敬神不怕鬼，對童年的林昭姐妹影響深遠。許公與華氏育有二子一女：長子許金元，幼子許潤元（後在中央稅務局工作，1949 年前去臺灣），女兒許憲民。林昭母親許憲民生於 1911 年陰曆十月初五，屬豬。

許憲民原名鑄元，曾名徐菁。因為家境小康，許憲民得以接受教育，早年就讀於蘇州樂益女子中學，後轉入上海教會學校景賢女中，1927 年大革命中還曾短期就讀武漢大學。不少人說，許憲民是第一個穿上軍裝的蘇州姑娘。少女時代，大哥許金元是許憲民的偶像。在哥哥的感染下，許憲民 1926 年即參加中國共產主義青年團，後又加入中國共產黨、中國國民黨，成為革命的追隨者。有一次，蘇州人力車工人舉行罷工，許憲民在哥哥的帶領下拿著喇叭走上街頭。她穿著一身紅衣在隊伍間穿梭來往，喊啞了嗓子跑斷了腿，成了世人矚目的「紅衣女郎」。多年後回憶這個場景，許憲民還神情激動地對友人說：「那時候真像瘋了似的！其實我當時並不真懂革命，只知道跟著金元大哥搖旗吶喊！」

據《蘇州市志》記載，許金元（1906-1927 年）又名肖羊，8 歲喪父，1923 年在蘇州萃英中學畢業後，考入杭州之江大學。不久，由惲代英、侯紹裘介紹，加入中國國民黨和社會主義青年團。這一期間，許金元用「警予」等筆名在上海《民國日報》由邵力子主編的《覺悟》副刊及一些學生雜誌上發表很多文章，針砭時弊，提倡革命文學。1924 年夏，他離校返蘇，在博文中學任教。同時，他協助侯紹裘在蘇州開展籌備國民黨市黨部的工作，成立了一個區分部。他還聯絡一批青年成立悟悟社蘇州支部，編輯出版《悟悟》雜誌，宣傳革命文學。這年 7 月，中國社會主義青年團發起人之一、

中共黨員葉天底應聘到蘇州樂益女中任教。這時，在中國社會主義青年團發動領導下，以上海為中心展開了遍及全國的非基督教運動。當年年底，許金元協同葉天底在蘇州發起成立非基督教大同盟蘇州支部，二人被推為執行委員。11月底，孫中山北上經過上海，許金元等專程趕往參加歡迎活動。返蘇後，許金元等宣傳孫中山先生關於廢除不平等條約和召開國民會議的主張，成立蘇州國民會議促進籌備會，他與葉天底等9人被選為委員。1925年孫中山逝世後，許金元、葉天底等以國民會議促進會名義，聯合各進步團體在蘇州舉行一系列追悼活動。通過活動，吸引了一批青年加入國民黨，1925年「五卅」前後，成立了由許金元為負責人的蘇州國民黨第一區黨部。

　　1925年9月，中共蘇州獨立支部在蘇州私立樂益女子中學成立，許金元由團員轉為中共黨員，當時蘇州約有中共黨員20人。11月24日，國民黨蘇州市黨部成立，許金元當選為常務執行委員。1926年初，侯紹裘、葉天底迫於壓力相繼離開蘇州，許金元接任中共蘇州獨立支部書記。他一面繼續撰寫富有戰鬥性的文章，一面領導和組織蘇州的工農革命運動，並在工人、學生、教員中培養積極分子，吸收為國民黨員和共產黨員。1926年8月，許金元調任國民黨江蘇省黨部委員，離蘇赴滬，不久又被派往廣州中山大學學習。1927年，蔣介石北伐勝利，在南京就任民國政府中央主席。很快，「四‧一二」、「七‧一五」事變相繼爆發，一度如膠似漆的國共合作宣告破裂。1927年4月，許金元接到侯紹裘電報，要他立即返回江蘇，協助主持省黨部工作。許金元回到南京後，擔任省黨部委員兼青年部長，和侯紹裘等一起發動群眾，揭露國民黨「右派」背叛革命的罪行，組織力量武力反擊，並積極參加籌備中共江蘇省政府的工作。4月10日晚，在中共南京地委召開緊急會議時，遭偵緝隊包圍，許金元、侯紹裘等均被逮捕。幾天後，他們即被秘密殺害，並被沉屍秦淮河，可憐許金元年僅21歲！今天人們如若參觀位於南京城南的雨花臺烈士陵園，還能在陳列館裏看到許金元烈士的照片和生平介紹。

　　《蘇州市志》第十三卷記載，許憲民於 1927 年 11 月為共青團蘇州市（縣）委員，1928 年後脫離中共黨團組織。出版於民國十九年（1930 年）12 月的《吳縣黨務沿革史略》證實，1929 年 5 月 28 日至 1930 年 2 月 13 日期間，在樂益女子中學就讀的許憲民當選國民黨吳縣黨部執監委員會委員。需要說明的是，許金元兄妹 1927 年前無論參加共產黨還是國民黨，都是要冒生命危險的。而且根據國共合作的需要，他們和許多黨員一樣，同時加入了國共兩黨。國民黨人編輯的《吳縣黨務沿革史略》中這樣說：「自十三年（1924 年）四月十三日開始秘密活動，至十六年（1927 年）三月二十一日黨軍光復蘇地，黨務活動遂以公開，經歷時凡三載。」1927 年國民政府成立後，許憲民以國民黨員身份繼續發展，而許金元卻為共產黨員身份付出了生命的代價。

　　大哥的犧牲給許憲民沉重打擊，她從此與國民黨有了家仇血恨。面對含辛茹苦的寡母，許憲民心如刀絞，她不得不哄騙媽媽說大哥到蘇聯學習去了，以後總有一天會回來看望全家。可憐的母親將信將疑，但心裏一直在默默地盼子早歸。1928 年至 1929 年，為報仇血恨，許憲民在鎮江參加了國民黨改組派，並擔任該派常熟縣行動委員會主任，策劃一系列反蔣活動，一心奪取政權。無奈暴動尚未實施就露出了馬腳，該派負責人遭撤職查辦，並很快妥協投降。一時間，許憲民苦悶徘徊，不知道該往何處去。

　　1929 年，許憲民擔任國民黨吳縣黨部秘書。就在這個時候，擔任吳縣縣長的彭國彥因涉嫌「瀆職」，被當局押往鎮江。7 月 28 日下午 5 點 13 分，一列特快火車從蘇州駛出，二等車廂裏正坐著由 6 名警員押解著的彭國彥。許憲民聞訊，趕緊搭乘同一列火車一路隨行。《吳縣日報》這樣報導：「其時有某女士，亦因事乘車晉省，但係乘三等車內，聞訊擬上彭之二等車中，輒為押解彭之徐衡伯等所阻。直至車抵無錫，本報駐錫記者上車謁彭，某女士始得乘機隨入，與彭晤面。相對有頃，始由彭發問：『本人今日解省事，女士亦早有聞否？』答：『未。』至是徐所長即讒言曰：『止。女士此行，是否

為彼？』隨言隨以手指彭，某女士曰：『否，我固有事赴鎮，不期而與君等相值者。』彭慨然曰：『女士毋憂，我心滋寬，此等滋味，不易嚐，亦非我投考縣長，以至作宰吳邑，歷來努力施政時所預料者。但亦可得到一種不易得之經驗與教訓。我年殊少，此次遭遇，在個人方面，實為一極大之良好教訓也。』言訖，微笑。顧其笑態，非通常之笑，若睥睨伴坐者之情形。伴坐之徐衡伯等似覺，乃又叱某女士曰：『止休，我等奉局長命，停止彭國彥與人談話，且不得聽令彭書寫隻字，及自由發出一言。』某女士亦微嗔曰：『若何言，我不犯法，若輩又將奈何我，須知我亦非易欺者。』雙方呶呶，幾使其他無關係之乘客不耐，而向徐等干涉。嗣天色垂暮，遂由徐喚每客一元二十五分之大菜八客，團坐而食。畢，徐付值。彭謂：『我與女士之兩客，可由我自償，不勞破鈔。』但其時已由徐將款付訖矣。車抵鎮江，彭等下車，某女士再擬在站與彭作簡單談話，乞徐少留，不許，而徐一面即令先時派往鎮車站守候之飛行隊士李廣勝胡金華，共喚街車九輛，簇擁彭氏，逕往民廳，某女士佇望有頃，怏怏他去，總之彭一路在車受監視極嚴，上述僅及萬一耳。」

這是一段難以忘懷的旅程！儘管他們相識已久，但似乎直到今天才真正互相瞭解。車到鎮江，彭國彥被押往看守所，許憲民一直目送他消失在大牆背後，才依依不捨地轉身離開，並立刻多方疏通關係解救彭國彥。彭國彥獲釋返蘇後，二人交往越發頻繁而密切，並最終結為秦晉。許憲民後來告訴林昭，當初與彭國彥定情提出的唯一結婚條件，就是要求彭國彥不為國民黨摧殘進步人士。

1930 年 3 月 15 日，葉楚傖就任江蘇省主席，彭國彥很快出任省政府秘書。3 月 20 日的《蘇州明報》有報導稱：「前吳縣縣長彭國彥氏，在位以崖岸廉政著稱，自於去歲七月間，橫遭前民政廳長繆斌橫加逮捕褫職後即出國東遊扶桑養晦。旋復佽裝言旋，息影蘇滬，以詩酒自娛，屏絕時事。而葉省委楚傖素重其才，間者葉氏主席省府後，即函召彭氏至省，畀以秘書職務。士為知己者用，故彭氏又重入宦海，將來或有擢遷外放希望云。」果然 1931 年 5 月，彭

國彥外放就任二等縣江陰縣縣長。但僅僅 5 個月，他又被貶到蘇北的三等縣邳縣，原因是江陰要塞楊司令指控彭國彥包庇共產黨。據悉，彭國彥也的確釋放了五、六個關押三年多的共產黨員，1949 年後曾任吳縣縣長的徐炎、曾任常州專區專員的張志強，都表示是彭國彥釋放了自己。楊司令以包庇共產黨為由上告，葉楚傖也沒有予以深究，只是將彭國彥調至條件更差的邳縣。

　　然而 1931 年 12 月，顧祝同接任葉楚傖成為江蘇省主席，彭國彥梗直、清廉的秉性又為顧祝同不容。彭國彥要搞鄉村自治，與國民黨邳縣黨部關係不和，與當地鄉紳的矛盾也很大，有人向顧祝同控告彭國彥貪污瀆職。1932 年 5 月，顧祝同不由分說將彭國彥抓捕入獄，還指示手下人要「好好查，查一條算一條」。就這樣，彭國彥再次遭遇莫名其妙的牢獄之災。在鎮江的監獄中，他一待就是 28 個月，直到 1933 年陳果夫就任江蘇省主席。多虧陳果夫的秘書長羅時實在彭國彥遊學英國時尚有舊交，經羅時實幫忙，彭國彥的案子才得以移交檢察機關正式立案。1934 年 9 月，彭國彥再次無罪釋放。經歷這一坎坷，彭國彥脾氣變得十分暴躁，許憲民說他「神經完全變了」。之後，彭國彥遠離政治，居家翻譯英美政治經濟學著作，包括凱恩斯、拉斯基等。彭國彥精通英語、俄語，粗通日語，文化修養很深，許憲民曾對林昭說：「你們幾個（指兒女）加起來也抵不過你父親。」

　　彭國彥與許憲民新婚的日子還算安逸。他們在蘇州郊區（今留園附近）的湖田上，建造了自己價廉物美的兩層小樓。1931 年 12 月 16 日，他們的第一個孩子出生在蘇州，父親給這個漂亮的女嬰取名彭令昭。令昭者，效學班昭也。在彭國彥心目中，東漢班昭是古往今來難得的一個完美女子：班昭出生世家，父親班彪位居太史公，與長兄班固合著了傳世之作《漢書》，另一位兄長班超出使西域聲名遠播，班昭自己是皇帝寵倖的婕妤，她寫的《女誡》流傳甚廣，是一部經得住推敲的女性修身教材。彭國彥覺得班昭方方面面都十分光彩，他希望女兒今後能像班昭一樣文采斐然、光照青史並且平安

幸福。這個彭令昭就是我們今天的傳主林昭，她乳名蘋男，又名許蘋。林昭是她長大後自取的筆名，概因蘇州方言中「令」、「林」同音，日長天久，她就把「令昭」改成「林昭」了。在林昭之後，許憲民曾生育過一男孩，不幸很快夭折。後來，彭國彥夫婦又為林昭增添了妹妹彭令範、弟弟彭恩華。

現在流行的說法是林昭生於 1932 年，林昭墓碑上的生年也是1932 年，但林昭密友倪競雄女士及林昭戀人甘粹先生均稱，林昭原本屬羊，母親許憲民根據傳統習慣，覺得女孩子屬羊不吉利，硬將林昭改小了一歲。1932 年 8 月 4 日，蘇州報紙曾報導許憲民帶著母親，抱著出生半年多的女兒前往鎮江探監，結果被拒。當時母親生病，女兒又染了風寒，許憲民一時急得昏倒在地。這一報導也為林昭生於 1931 年增加了憑證。可憐許憲民與彭國彥婚後沒過兩天安生日子，丈夫被捕後，他們的家就被封了。總算盼到丈夫出獄，彭國彥變異的性格又讓許憲民苦不堪言。

因家中長期只有令昭一個孩子，令昭自小便被「寵壞」了。她天資聰慧又嬌弱多病，是外婆的掌上明珠，媽媽說令昭就是要月亮，外婆也會想方設法摘給她。父親在仕途上心灰意冷，很自然地，他把一腔熱情和滿腹學識都寄託到孩子身上。在父親的精心栽培下，令昭從小就飽讀詩書，對《紅樓夢》可以倒背如流。她很小就在報刊上發表文章，在當地有「神童」之謂。長大以後，令昭和妹妹都越發喜愛文學藝術，但姐妹倆的喜好又有所不同：令昭喜愛杜甫，令範喜愛李白；令昭喜愛魯迅，令範喜愛巴金；令昭喜愛馬雅可夫斯基，令範喜愛萊蒙托夫；令昭喜愛狄更斯的《雙城記》，令範喜愛羅曼・羅蘭的《約翰・克利斯朵夫》；令昭喜愛瞎子阿炳的〈二泉映月〉，令範喜愛貝多芬的《命運交響曲》。

令昭兒時就以伶牙利齒著稱，妹妹記得母親曾說過：「蘋男小時候和小舅舅吵架，能把小舅舅氣得只會哭！」妹妹印象中姐姐比較好哭，她的哭是撒嬌，是發洩，並不一定是悲哀。姐姐還喜歡出頭露面，當英雄、充好漢，有時候也很矯枉過正。在任何場合下，姐

姐永遠是主角。姐姐有強烈的正義感、鬥爭心，胸中燃燒著熾烈的愛或許過分的恨，這是革命者的英雄人物的性格。姐姐也是革命極端主義者，沒有中間道路，沒有妥協，沒有調和。姐姐的文章和她的性格一樣，偏激、辛辣、一針見血，被她嘲弄過的人會感到哭笑不得，當然也有不少人會因此恨她，甚至非要置她於死地不可。姐姐還是個超級浪漫主義者，永遠追求愛情，或者說她永遠需要被人愛。

令昭幼年對母親最深刻的印象是，母親將自己和妹妹寄放在蘇州濂溪坊 31 號外婆家，自己常常半夜才回來或者當夜又走了。她知道母親和那些婆婆媽媽的女人們不一樣，但她並不知道母親到底在忙什麼。原來，許憲民婚後沒有走一般女人相夫教子的老路，她心憂天下不捨民生，1931 年「九・一八」事變後，更是積極投身抗日救亡運動。彭國彥對妻子熱心政治雖然不以為然，但從不干涉她的人生取捨，於是許憲民婚後繼續從事社會事務。另外，許憲民我行我素、風風火火的性格恐怕也遠非彭國彥能影響得了。有件不知發生在何時的逸事典型反映了許憲民的為人：有一次，許憲民找某人辦事，這人不肯竟躲進了男浴室。許憲民一氣之下逕自闖進男浴室，將該人赤身裸體地從浴床上拖起來，周圍人無不大驚小怪側目而視！許憲民卻毫不在乎，直到該人乖乖跟她走才罷休。

關於彭氏夫婦早期的生活狀況，作家馮英子亦留有回憶資料：

1934 年，20 歲的昆山人馮英子來到蘇州《早報》當記者，並第一次來到山塘街彭家作客。那可能正是彭國彥出獄不久，在家當寓公的階段。因為聽說彭公當過縣太爺，馮英子滿心以為彭府是一處深宅大院，有著裏裏外外的僕役。及至找到門牌號碼，才發現彭宅不過是一幢縮在一家雜貨店後面的普通平房。「我進去的時候，彭國彥拿著一本書坐在竹椅上，許憲民手裏抱了一個孩子在餵奶，完全是一對生活中常見的夫婦。」通過這次訪問，馮英子覺得彭國彥「是一個道道地地的書生，有一點威斯敏斯特式的民主思想，但卻更多是中國書生的迂，也有點正直。而許憲民呢？她白白胖胖，從表面上看起來，像蘇州的市民，然而她熱情、豪爽、正直，她關心國家

大事。」那時，蘇州有一日本租界，在蘇州閶門外的日本浪人無不趾高氣揚，隨時都在製造一些不大不小的糾紛。許憲民當時就對馮英子說：「你們作記者的，要多多注意這方面的情形啊！」時隔不久，許憲民就同項堅白、謝玉如等發起成立「蘇州婦女會」，吸收大量女青年參加，進行救亡的宣傳和戰地救護訓練。抗日戰爭時期，馮英子走遍西南各地，碰到不少人都是許憲民當年的學生，她們極大多數穿上了戎裝，站在抗日戰爭的前線。

抗戰最初的二、三年，令昭隨同父母一起流亡內地，親身感受到國破家亡的滋味。在長沙，他們住的地方有一個怪名字「平地一聲雷」。有一次一顆炸彈穿過他們的屋頂，打穿樓板，落到地上，竟然沒有爆炸。1938 年春夏之交，彭國彥曾希望在長沙辦一家報紙，後來因條件不成熟沒有辦成。這一年，他們的二女兒彭令範出生，彭令範比姐姐年幼 7 歲。長沙大火後，夫婦倆帶著兩個孩子退到常德，一家四口行動艱難。這期間，彭國彥的暴躁脾氣大概也時有發作，夫妻爭吵成了家常便飯。1939 年底抵達貴州時，許憲民又懷上了身孕，夫妻商量後決定分道揚鑣：彭國彥孤身前往四川投奔葉楚傖，許憲民則帶著兩個女兒經雲南昆明、越南海防然後乘船抵達上海，並於 1940 年春返回蘇州，在娘家暫時落下腳。

1939 年，彭國彥來到重慶，就任國民黨宣傳部編輯專員。此時，葉楚傖官居國民黨宣傳部長，彭國彥負責為葉楚傖處理往來文書。不久，葉楚傖轉任國民黨黨部秘書長，彭國彥又跟著他來到國民黨黨部，就任文書科長。因為直接進入國民黨黨部工作，按照國民黨的規則，彭國彥不得不於 1939 年 7 月加入國民黨。對此，他是一百個不情願，他說過：「在黨部，不做黨棍就做黨混，我兩個都不要做。」可迫於謀生等方面的需要，他只能委曲求全。與此同時，許憲民一回蘇州即被汪偽特務逮捕，關押於蘇州祥符寺巷 90 號偽特工站。嚴刑拷打之下，她腹中三個月的胎兒流產。萬幸的是因證據不足，不久她就被釋放了。1940 年至 1944 年間，許憲民擔任總部在興化的國民黨江蘇省黨部視察，來往蘇南各縣工作。為工作需要，1940 年，

許憲民於蘇北重新加入了國民黨。1942 年起，她兼任江蘇省三區黨員辦事處督導，指導上海、松江等八縣工作。在被日偽追查的同時，她還受到國民黨方面的陷害，因為她與中共地下黨來往密切，國民黨三戰區負責人冷欣認定她是共產黨，下令逮捕她。許憲民只好在淪陷區四處躲藏，有時深夜才能回家匆忙探望一下老母和幼女。

在外婆的呵護下，令昭姐妹的童年不能不說是溫馨。因為淪陷於日寇鐵蹄之下，她們的生活遠遠談不上富足，但卻沒有缺衣少食之憂。彭令範回憶，濂溪坊 31 號外婆家是一所典型的蘇州平房，前臨街道，背倚小河。「整個房屋由左右兩邊統廂房臥室和中間客廳組成。大廳前後有兩個小天井：前天井前有門房；後天井後面是柴房和灶間，灶間旁有臺階，可拾級到河灘。外婆有時下去洗衣服，我們小孩子則是決不允許的。」

當時，許憲民難得暗地裏回家看望親人，有時幾個月不能寄生活費，因此祖孫三人的生活很艱難。但外婆寧願讓妹妹令範受些委屈，也要千方百計買雞魚蝦蛋給令昭，理由是令昭小時候出麻疹併發肺炎，身體一直不好。外婆常常用麵粉調成糊狀，在小菜場討一些鹹菜滷加在麵糊裏，在飯鍋上蒸熟了給令範吃，還美其名曰「蟹粉」。令範實在吃膩了，對外婆說：「外婆，既然你沒有錢，為什麼要每天買蟹粉，又不好吃。」外婆遲疑了一下說：「妞，這不是真蟹粉，這是『外婆蟹粉』，我知道不好吃，所以給它取了個好聽的名稱。乖孩子，你姊姊生病要好營養，我們現在只能苦一些，等你母親寄錢來，我們就可以不吃蟹粉了。」

許憲民一直把哥哥許金元犧牲的消息瞞著母親，可憐老人家一閒下來就會與令範念叨：「不知你大舅舅幾時回來？你母親講他到蘇聯學習是秘密的，他們會不會騙我，你說呢？」年僅五、六歲的令範不禁回答：「我不知道。我曉得你最喜歡大舅舅，其次是我姊姊，然後是小舅舅，再下面或許是我，最後是媽媽，媽媽最沒人喜歡。」外婆瞪了令範一眼：「誰說的，你外公最喜歡你母親，4 歲了還經常讓她騎在背上玩，還教她在青磚上寫大楷，總是誇她如何聰明，將

來有出息。」然後又歎了一口氣說：「你外公臨死前拉著我的手叮囑，『宜囡媽，手心是肉，手背也是肉，我去後，你千萬不要虧待她。』」

令昭比妹妹年長 7 歲，但恐怕是從小恃寵而驕的緣故，她謙讓妹妹的時候不多。令範曾問母親，外婆為什麼這樣喜歡姐姐？許憲民回答：「外婆很寂寞，我們都在外面工作，所以當你姊姊和她一起生活一段時間後，外婆就把所有的愛都傾注到你姊姊身上了。你姊姊身體不好，很驕，而且有時你姊姊也會講一些討好你外婆的話。」令範從不記得姊姊對別人說過任何討好的話，她覺得或許正是外婆的過分寵愛，造就了姊姊任性、偏執、不容易變通的個性。「客觀現實不可能再會有肯替她上天摘月亮的外婆亦步亦趨跟著她，因此遇到變遷，姊姊就難以忍受，最終導致悲劇的極端。」

令範與姐姐真正共同生活的時間並不太長，而且期間還總是交織著非常複雜的政治、家庭和感情的矛盾，因此她對令昭童年的回憶是零星散亂的。她記得姐妹倆一起偷偷養蠶，每天結伴去採桑葉，將「醜小鴨」似的蠶種養成白白胖胖的蠶寶寶。當區中鋪上一層厚厚的桑葉時，她們高興地一起傾聽蠶吃桑葉時的「沙沙」聲。等到蠶織出或紅或黃或白的繭子，她們興奮得歡呼雀躍。令範還記得，有一次與姐姐下象棋，眼看自己的老將已無路可逃，令範就是舉棋不下。姐姐耐心地等了好多時候，甚至拿起一本書來看了，令範還是僵持在那裏，生氣得簡直要哭出聲來。最後，還是令昭發揚了姐姐的謙讓精神，說：「好，就算和棋吧。」令範記憶中，這似乎是姐姐唯一「讓」她的故事。令昭愛貓成癖。在蘇州濂溪坊時，姐妹倆有一隻白腳花狸貓，令昭經常讓它晚上睡在床上。後來這貓不慎落入井裏淹死，令昭撫屍大哭不已。母親有時候叫令昭「野貓」，令昭也不生氣。令昭的散漫也是有口皆碑的，小時候她的東西攤了一桌子，亂七八糟的，從來找不到，非要令範妹妹幫她找，還要氣勢洶洶地說：「限你半小時找到，否則⋯⋯」一般，嫻雅的令範總能找到，不與她囉嗦。有一次令範氣得「罷工」不幹了，兩人就哭著找媽媽告狀。

　　珍珠港事件後，日軍進駐租界。1943 年，許憲民以上海貧兒工藝院院務主任的職務為掩護，依然出沒於敵人眼皮下。後因不堪日寇糾纏，不得不潛逃離職。許憲民還曾參加抗日游擊隊，任國民黨松滬戰區三區特派員。解放後供職國務院的高祖文是許憲民當年的戰友，他對令昭特別鍾愛，一方面從小看她長大，喜歡她能說會道，又寫得一手好文章；另一方面則是對令昭抗戰期間的機警表現印象深刻。他回憶說，有段時間許憲民在上海工作時將令昭帶在身邊，令昭生病住院，她的病房就成了地下工作的聯絡點，高祖文等經常在那裏與許憲民會面。不料後來有人當了叛徒，令昭的病房立刻被便衣監控，令昭本人甚至也成了人質，由日本憲兵和漢奸看管。有一天，渾然不覺的高祖文一腳闖進病房，等他覺察情況不妙時已無法脫身。這時，病床上的令昭居然鎮靜地對高祖文說：「您怎麼從來不來看我啊？」這話既暗示高祖文不必回答在此遇到什麼人，又想讓便衣以為高不是母親的同黨。這時令昭年僅十一、二歲，她的聰明伶俐、機警靈活，連敵人也覺得這丫頭不同尋常。雖然高祖文還是被捕了，這個細節他卻一輩子也忘不掉。

　　1944 年，許憲民又落入了日本憲兵司令部的虎口，令昭陪同母親先後兩次住過著名的「七十六號」監獄。幸運的是，日偽並沒有掌握更多的證據，許憲民的牢獄之災雖然也吃了不少苦頭，但到底有驚無險。出獄後，許憲民被稱為「義民」。她孤身前往重慶，多次公開演講，讓後方瞭解淪陷區民眾的苦難，她還接受了中央訓練團的集訓——這個訓練團的校長是蔣介石。1945 年再返敵後，許憲民在浙江淳安縣王艮仲（解放後任國務院參事）主持的「中國建設服務社」工作。妹妹彭令範回憶，有一陣子她與姐姐逃難淳安郊區一巨大花園宅第中，年幼的彭令範被這遠近聞名的「鬼屋」嚇得魂不附體，每到夜晚似乎總能聽到幽靈們在大廳裏歡宴，觥籌交錯有聲。這時候，只要姐姐令昭向她投來保護性的一瞥，表示「我在這裏」，令範頓時便會感到安全，漸漸擁著姐姐沉入夢鄉。

抗戰分居期間，彭國彥、許憲民夫婦書信往來頗多。1944 年前後，彭國彥從後方返回蘇州。1945 年上半年，他們的獨子彭恩華出生。抗戰末期，彭國彥對國民黨黨部的差事忍無可忍，終於調到糧食部田賦管理處工作，後又任中央銀行設計專員。1945 年日本投降後，彭國彥跟隨中央銀行先後來到南京、上海，這段時間，他與許憲民的夫妻關係再次惡化。彭令範回憶，在上海工作期間，中央銀行有不公開的福利規定，員工皆可定期分得小金條一塊，轉手即可獲利豐厚。眾人求之惟恐不得，彭國彥卻認為這是不義之財，斷然予以拒絕。

抗戰後國民黨進行黨員登記，彭國彥和許憲民都沒有登記，從此「自動離黨」與國民黨無關。但這並沒有影響許憲民的發展，她在蘇州倡建公交運輸、銀行、報刊，歷任吳縣婦女教養所主任、吳縣銀行董事、吳縣救濟院副院長、蘇州新蘇長途汽車公司經理、《大華報》總經理，還辦了許多私人事業，一時間成為蘇州名流。1948 年，蘇州有個叫常東娥的小學教師，被兩個有軍統背景的人強姦之後殺死，常媽媽奔走呼號毫無結果。許憲民得知後挺身而出，堅決要為常東娥申冤。特務們寫信恐嚇許憲民，信中還附了一顆子彈。許憲民不為所動，她把這封信在她所辦的《大華報》上發表了，輿論一片譁然。在許憲民的鼎力幫助下，常媽媽終於贏得了訴訟。1946 年，許憲民出任《大華報》社長，並成功競選國民代表大會代表。1947 年春，由史良、李宜文等介紹，許憲民參加了中國民主同盟地下組織，任民盟蘇州臨時工委委員。

1948 年秋，中共中央華中局江南工委派遣陳偉斯到蘇州建立情報關係，準備迎接解放軍解放。經人介紹，陳偉斯找到了許憲民。許憲民不僅熱情接待，還拿出自己積存的 200 美元為陳偉斯配備了兩架電臺。這兩架電臺一架由陳偉斯安放於上海楓林橋，另一架由蘇北派來的石云和其妻小範負責，通過許憲民的關係，這架電臺被藏在國民黨吳江縣長沈鵬的蘇州太太公館裏。許憲民通過在淪陷區做地下工作時認識的張一聲（日偽時曾任江陰縣縣長）、謝燮生（日

偽時封鎖管理所長）等關係，將當年汪偽江蘇省長李士群手下的一批幹將幾乎都網羅來為中共地下情報所用，甚至將國民黨軍統江蘇情報站的特工頭目王文虎也拉了過來。當時，這些職業特工頭目常與陳偉斯、石雲等見面。許憲民又通過因刺殺孫傳芳而名揚天下的施劍翹關係得到許多重要情報，施的弟弟在國民黨上海警備司令陳大慶手下當高參，陳大慶做夢也不會想到他內部有這樣一個暗道！這期間，許憲民又在蘇州創辦了民盟報紙《光明報》，她通過國民黨一個電訊局局長竊聽國民黨來往電訊交陳偉斯使用，還從工商自衛隊裏為地下黨搞來八、九枝槍……因其為革命立功頗多，1949 年共和國成立後，許憲民擔任了蘇州汽車公司副經理，民盟蘇州市委會、民革蘇州市委會委員，市人大代表，市政協委員。

　　1949 年上海解放，中央銀行留滬人員被收編。彭國彥參加整頓學習後沒被留用，他再次失業回到蘇州當寓公。許憲民曾經逼他找工作，他說去找過，沒人要他。他後來就講：「伯夷、叔齊不食周粟。」許憲民氣道：「伯夷、叔齊，他們都只是一個人，你有一家子人，你要我們都餓死在首陽山嗎？」1952 年，彭國彥與許憲民協議離婚，彭國彥住丁家巷，許憲民帶著孩子住在喬司空巷。1955 年，彭國彥因「歷史反革命」被判刑，他上訴聲辯曰：1、歷來擔任文職，從無反黨言論，且公開批評過陳立夫等國民黨；2、曾釋放過徐炎、張志強等一批共產黨員，為黨做過貢獻；3、解放後一直老老實實，曾經偷聽敵臺（被林昭舉報），現在已改過自新……1956 年政治氣候轉暖，彭國彥僥倖被宣佈無罪釋放。1958 年前後，他再次落網成為「歷史反革命」，被判社會管制 5 年，監外執行。他被趕出原來丁家巷的小洋樓，棲身於一條臭水溝邊的毛坯房裏。居委會安排他在街道工廠敲松子、糊火柴盒，蘇州老人亦曾看過他給人拖煤基、做佛事甚至乞討為生。彭國彥晚年吃不飽，穿不暖，動輒得咎，了無生趣。1960 年 11 月 30 日，彭國彥於林昭被捕一個月後，吞食老鼠藥自殺身亡。

二、投奔革命

1949 年 6 月底，江南的夏天已經頗為炎熱了。這天深夜，彭令範恍惚間在躁熱中睜開眼睛，忽然發現窗前有一個黑影！

只見這個黑影拎著包裹，正摩拳擦掌地準備鑽窗而逃。

彭令範驚醒了，她一個激靈坐起身。

定睛一看，原來黑影竟是同屋的姐姐彭令昭。

「你做什麼？」令範忍不住衝著姐姐大喊一聲。

「噓──！不許響！」

果然是彭令昭，她發現自己暴露了，趕緊試圖阻止妹妹。

「你半夜三更不睡覺，想幹什麼？」令範不依不饒。

「不關你事，你睡你的覺！」令昭低聲喝道。說著，她把包裹扔到窗外，並努力縮著身子往窗格的柵欄外鑽。

令範明白了，姐姐是想離家出走！18 歲的姐姐不久前剛從蘇州景海中學畢業，因為成績優異，父母理所當然希望她報考大學繼續深造。只要姐姐願意，直接出國留學也未嘗不可，反正景海本就是教會學校，學校原也有意送學業優異的她出國深造。可出乎大家的意料，姐姐根本不聽父母的勸告，她暗暗報考了蘇南新聞專科學校，為只為進入這所學校可以很快投身革命！白天家裏已經天翻地覆過一次，當姐姐拿著新專的錄取通知書向母親辭行時，母親急得大叫：「不許去！北大、清華、復旦……什麼大學都隨你挑，就是不准你上什麼專科學校！蘋男啊，你知道不知道，你這是自毀前程啊！」

姐姐當時就和母親吵了：「革命形勢如火如荼，我可不願躲進大學的象牙塔，讀那些不死不活的文字！我要投入生活！我要參加革命！蘇南新專並不容易考，上千人報名才錄取 200 個，不少人還是從聖約翰這樣的大學退學轉考的。蘇南新專學制靈活，學以致用，我很快就可以成為出色的記者，這樣的學校怎麼就比不上大學？」

　　母親聽了不屑一顧：「什麼革命不革命！你才 18 歲，你現在最重要的是學習！一個不上大學的人，還談什麼革命？你懂什麼叫革命嗎？！」

　　姐姐急得臉都紅了：「你這是『只許州官放火，不許百姓點燈』！書什麼時候都可以讀，革命卻時不我待。請你們尊重我的決定，上不上大學是我自己的事，我的事情我做主！」

　　母親勃然大怒：「你做什麼主！翅膀長硬了是吧？馬上回你房間！哪兒也不許去！」

　　家裏的事從來都是母親說了算，令範本來以為這件事既然母親已經徹底否定，姐姐就算不服氣、不甘心也無力回天。令範怎麼也不敢相信，姐姐居然會深更半夜離家出走！她嚇壞了，她聲音有些顫抖地對著黑影道：「你不能走！媽媽要是知道可不得了！你趕快下來，我什麼也不說！」

　　這時，只見窗臺上的彭令昭已經花了九牛二虎之力鑽出半個身子。她根本不理會妹妹的招呼，繼續拼命往外掙著。令範趕緊跳下床趕到窗邊拽姐姐。令昭急了，她一攢勁，竟在令範伸手之前鑽出了窗子！隨即，她輕快地跳下窗臺，在黑暗中摸索著找到地上的包裹。懷抱包裹她轉身對令範悄聲說：「你回去睡覺！明天媽媽問起，你就說自己睡著了，什麼也不知道！不准現在告訴媽媽，否則我會恨死你的，知道嗎？好，再見，我到蘇南新專會給你寫信的！」說完這話，她貓腰潛身鑽進臥室與庭院間的夾弄，小心翼翼地摸著黑往大門去。

　　這可不是兒戲！儘管姐姐的威脅讓令範十分為難，但考慮到問題的嚴重性，令範還是決定向大人彙報！令範趕緊去叫睡在外房的老保姆王媽。王媽當時已經醒了，令範對王媽說：「你去告訴母親，否則明天她會非常生氣的。」於是王媽立刻跑去向許憲民彙報。許憲民三步兩步跑到院子裏，這時候令昭還未打開大門，母親一把捉住女兒。

「放開我！讓我走！我走了大家清爽！」彭令昭掙扎著，差一點就從許憲民懷裏掙脫。

許憲民氣壞了：「蘋男你瘋了！有什麼事天亮再說，你不覺得這樣很丟人嗎！」

論力氣，18 歲的女兒還遠不如母親。因為女兒自小體弱多病，手無縛雞之力，而母親卻是豐滿強健經歷過人生風雨的。所以二人爭鬥了一會，彭令昭終於敵不過許憲民，她只得漸漸放棄了掙扎，最終被母親束手就擒。無可奈何地回到剛剛逃離的房間，令昭一眼看到縮在床上的妹妹，頓時咬牙切齒道：「哼，你這個叛徒！奸細！我不會原諒你！」

令範和王媽都一聲不吭，假裝睡著了不理她。

天氣很熱，許憲民的心裏更熱。她焦慮地躺在床上扇著蒲扇，腦海裏盤桓著女兒令昭的身影。許憲民很後悔這些年自己忙於所謂的「大事」，竟沒有認真關注過孩子們的所思所想。令昭這些年到底發生了什麼？在她文靜的外表後面到底隱藏著什麼？……非常遺憾，許憲民從來沒有與兒女探討過革命。她總以為孩子們還小，做父母的只要讓他們衣食無憂並接受良好的教育就可以了。至於認識社會、理解社會，完全沒必要揠苗助長，許憲民以為等他們長大了他們自然會明白。尤其是革命的話題，甚至還不僅是客觀忽視，更是主觀回避。因為許憲民吃過頭腦發熱的虧，她不捨得讓兒女們重複自己的錯誤——是啊，假如青春年少時能靜心讀書，能走進大學校園，她的天空還不知道會有多寬廣呢！許憲民從小便是個求知慾極強的人啊，她愛讀書，也愛讀書的人，當年之所以嫁給彭國彥，不正是喜歡他是個中西合璧、融會貫通的書生嗎？

只可惜，她與彭國彥的緣分已盡。經過這些年的風雨，他們已經失去了反蔣的共同點，彭國彥曾指著許憲民說：「你還是回到共產黨中去吧，你頭腦中一向沒有忘記它！」然而，重回中共卻不是許憲民的願望。這些年彭國彥發展得一直不如妻子，這讓自視甚高的他隱隱作痛。長期鬱鬱不得志，他的脾氣日漸暴躁。而許憲民也生

就爭強好勝的性子，兩人的衝突因此越發不可收拾。抗戰期間彭國彥未能給予妻兒更多的支持和保護，這恐怕也是許憲民心中無法消解的塊壘，許憲民有一次寫信給朋友抱怨丈夫：「我對他痛恨到了極點，我一連串從抗戰到勝利，度過了不少死亡和苦難，總之全要歸罪於他！」後來彭國彥雖然回到了妻兒身邊，但妻兒對他已經陌生。許憲民後來還是與丈夫正式分居了，令昭準備離家出走時，父親並不在她身邊。解放後彭國彥淪為「反動官僚」，而許憲民好歹還算統戰對象，為了兒女的前途，也因為感情已沒有維繫的必要，他們於1952 年冬協議離婚。

　　當然，這些都是後話。此時此刻，許憲民憂心的還是如何勸說令昭回心轉意。作為一個飽經風霜的革命者，她深深明白，革命當然重要，但這應該是成年人的事。成年人有責任、有義務為國家和民族的未來殫精竭慮。如果一個時代、一個社會的成年人不能挺直自己的脊樑，如果這個時代、這個社會非要把成年人必須承擔的重量轉嫁給孩子，那麼，這個時代、這個社會不僅是可悲的、可怕的，更是罪惡的！令昭是母親特別的驕傲，許憲民曾多次在朋友面前誇耀女兒能詩能文。令昭追求革命許憲民也不是沒有覺察，記得中共地下黨員陳偉斯每次來家裏來辦事，令昭都興奮異常地跟前跟後。有一次，令昭向陳偉斯打聽解放區的事。陳偉斯繪聲繪色地向她描述了一番，並表示解放軍勢如破竹，解放區的陽光很快便會照遍全國。令昭聽得眼睛發亮，她一臉憧憬地說：「我要是能參軍就好了！我將用我的筆見證這劃時代的歷史轉折！」聽了這話，許憲民只是莞爾一笑，以為孩子的戲言根本不足掛齒。陳偉斯當時也沒往心裏去，他笑著回答：「我們來了，不是天快要亮了？要革命有的是機會。」現在回想起這些細節，許憲民總算明白女兒一直都是認真的，她的心其實早已經飛向了理想國。女兒是一隻渴望飛翔的小鷹，當媽的明知孩子羽翼尚未豐滿且外面正雷雨交加，卻怎麼也攔不住她……許憲民在床上輾轉反側地想著想著，不知東方既白。

　　與此同時，彭令昭正熱血沸騰地回想著自己近年來的突飛猛進，她恨不得自豪地向全天下宣佈：看哪，我是中國最最充滿希望的新生代啊！

　　因為戰亂，令昭幾乎沒有讀過小學，她的啟蒙教育絕大部分是在家裏完成的。1946年，15歲的彭令昭在蘇州華關中學（一說萃英中學）高中部就讀。父親的東方浪漫主義和母親的革命理想主義開始作用於這個剛剛進入青春期的少女。那時候，彭令昭已經常使用「林昭」這個筆名。她正在學習使用大腦，儘管這個腦子未必都能提供正確的意見，但她仍然固執地堅持自己的判斷，全然聽不進不同更不用說相反的聲音。這是一種我們每個人都會遭遇的成長病，對於這種正常的生理現象，我們習慣地稱作「青春叛逆」。

　　青春期孩子難得向父母開啟心靈之門，能為其成長作證的只有他們的夥伴。時任班長的同學陸震華對彭令昭的印象是：「她是女生中較小的一個，坐在第一排。座位是一種一人一座的鐵木扶手椅，我是近視眼，人雖高一些，也坐第一排，這樣和彭令昭相隔不遠，成了『鄰居』。突出的印象是常看到她獨自坐在那裏低頭寫東西，而且用的紙都很小，一方塊一方塊的，大概是節約用紙。因而知道她善於寫作。不過，寫什麼內容，往哪裏投稿，我不知道，她也不讓人看。直到第二學期，她與我〈代和代〉、〈黃昏之淚〉那兩篇稿子後，我才看到寫的是很有思想內容的東西，內心產生了驚異。還有的印象是穿著十分樸素。白皙的臉龐，梳著兩根辮子，瘦小的身材，常穿著一件淺紫色方格子的線呢旗袍，腳上一雙搭襻布鞋，即使有時穿一雙淺口皮革鞋，也是灰不溜秋、皺巴巴的樣子。和班裏別的講究穿著的女生，毫無共同之處。看不出她家裏是有錢人家或是什麼達官顯貴之流，談吐細聲細氣，很平和，讓人感到易接近，沒有傲氣。不過，非常敏銳，三言兩語就能使人感到語中有芒刺，如果缺乏友善之人，就不大敢去領教。也讓我感到她人雖小，思想見解卻敢說敢為，無人可比。」

15 歲的彭令昭在思什麼想什麼呢？噢，天哪，她居然在費勁地思考五千歲中華老人的命運！在母親的言傳身教下，她已經走得比母親更遠！她渴望更多的暴風驟雨，因為她天真地相信只有毀滅一個舊世界，才能創造一個新世界！但如何毀滅舊世界？如何創造新世界呢？彭令昭懵懵懂懂，她還需要費勁地思考。

彭令昭中學時的故事現今只有陸震華的一些記錄，陸震華是因為「大地圖書館」才慢慢與彭令昭熟悉的。那時候，陸震華、陸咸、楊彥蘋和彭令昭等人都特別愛看課外書，也都一齊為沒那麼多書可看而苦惱。當時，陸咸是文心圖書館的幹事，他常常帶同學進城到護龍街（現人民路）看書。但來來回回太耽誤功夫了，時間一長，陸咸乾脆提議：「咱們自己辦一個圖書館吧！」1946 年底，也是「文心」幹事的蘇高中同學張文英將城外樂安坊的一間小屋提供出來。大家四面八方湊集了一批書，1947 年初，大地圖書館正式開張了。為解決購書經費問題，大家還排練了《十字街頭》話劇義演籌款。慢慢地，大地圖書館漸漸發展成一批「進步青年」的活動中心。與此同時，林寶銓與程伯皋等成立了一文藝團體「文青聯誼會」，創辦了《初生》月刊，開始向大地同人約稿。彭令昭很快成為月刊的主力，1947 年《初生》二、三期上，她以「歐陽英」為筆名發表了文章。

1947 年暑假，許憲民發現女兒激進左傾，甚至有投奔蘇北革命隊伍的念頭，當即將她轉往有名的教會學校景海女中就讀。而彭國彥與景海女中校長江貴雲也有交往，自然希望學校對長女有所關照。在景海時，令昭是語言老師陳旭的得意門生，她與另外兩位陳姓與鮑姓同學的作文經常得到陳老師的表揚。三位學生為此「明爭暗鬥」，都希望自己成為老師的「唯一」。令昭特別好強，經常為作文的分數低了一、二分耿耿於懷。陳老師覺察後不禁大笑，開導她說：「你們爭什麼呀，你們的文章完全屬於不同的風格，你是雜文，陳是散文，鮑是詩，你們是我這許多年來最好的學生，而且都在同一班級。」因為從小缺乏系統的學校教育，令昭的數學基礎較差，她對數學又不感興趣，據說陳旭先生不得不常到數學老師處通融，

請求數學老師讓令昭數學及格。此外，令昭的英文課也得到過獎勵，景海明知她的名字上了國民黨的「黑名單」，還是暗中保護了她，並有意送她到美國讀大學。

在景海就讀期間，令昭星期天仍回大地圖書館參加活動，但圖書館的管理服務工作就不排她了。1947 年，張嵩發起組織「蘇州文藝社」，彭令昭報名參加。這一年，一些文人攻擊新文學是「最下流的普羅文學」，是「禍國殃民的文學」，其中一個署名「江南屠夫」的最為起勁。彭令昭以「慕容貞」為筆名在《大江南報》上發表了一篇〈我的「諷刺」──「禍國殃民」乎？「福國利民」乎？〉的文章對「江南屠夫」進行了反擊：「屠夫們在磨刀霍霍，朗朗批評道：『禍國殃民的文藝！』一面就返身寫出『三角地帶』，以最腥臭最猙獰的聲音和手勢兜售女人的『秘密』。然而，我們原諒他的──難道他這種『福國利民』的『文藝』，不正是從特等的土地上所開出來的『禍國殃民』（此處疑有脫字）女人的秘密的確值得兜售的嗎？難道這樣的一種『花朵』能夠在事先不得到地底、事後不得到天空而成為現在這樣的『豔若桃花，美如乳酪』的嗎？……」

1948 年初，文青聯誼會及《初生》雜誌正式與大地合併，成立「群聯互學會」的團體。《初生》改名《文聯》繼續出刊。當年春天，吳縣中學（今蘇州高中）學生唐崇侃等組織了一個「大眾讀書會」，經常以爬山、郊遊等活動為掩護，跑到蘇州天平山、獅子山一帶去閱讀馬列毛著作，彭令昭是這個讀書會的積極參加者。因影響日益擴大，這個學生團體漸漸引發當局注意。為不惹禍端，當年 8 月，陸震華等決定縮小規模，不再搞出版物。9 月 5 日，大家開會討論這個意見，那天彭令昭積極發言，完全贊同加強圖書館工作，不辦刊物，提倡多學習、多讀書、多交流。這個意見其實是在中共地下黨的指導下作出的，主要目的是要保全大地這塊陣地。陸震華本人當然心知肚明，因而對這一意見堅決擁護，但他沒想到性格倔強的彭令昭居然也心領神會投了贊成票。後來他才知道，原來彭令昭署

假轉學景海後，就在該校教師、中共地下黨員陳邦幸的介紹下，在蘇女師支部楊願老師處加入了中國共產黨。

陸震華對此有詳細的記載，他說 1948 年 9 月的一個週末，也就是開過大地改組的館員大會之後約半個月，彭令昭忽然跑到了陸震華家。他們雖然住得很近，但之前從未往來過。不等陸震華招呼，彭令昭就說有事要告訴他。陸震華問她什麼事？彭令昭靠在房門旁，邊笑邊輕聲說：「我已經參加了組織。」那天彭令昭顯得特別興奮也特別清秀，她的頭髮細細梳理過，髮辮上紮著紅綢帶，她上身穿著雪白的府綢襯衫，下面是一條藍底白點的裙子，一雙皮鞋也很光潔。說話時，她的眼睛異常光亮，嘴角露出一個小酒窩，臉頰上泛起紅暈，整個人像換了個樣子。陸震華高興地回答彭令昭：「我也參加了組織！」她沒有講自己「已入了黨」，陸震華也沒有明說他參加的是什麼組織，兩個人就那麼心照不宣地相視而笑，互相分享著革命同志的快樂。彭令昭的母親許憲民在競選國大代表時，曾有人到學校來宣傳、拉選票，同學們都知道彭令昭是名門之女。而陸震華記得早在 1947 年，彭令昭就曾在文章裏講自己的上一代是「腐爛了的木頭」，他們在做的是「撈錢，刮地皮」的勾當，他們對青年是「使用最卑鄙的手段」，在青年前進的道路上「安上各式各樣的絆腳石」。彭令昭認為自己在政治上已不屬於「那個營壘」的人，她的入黨表明她已經叛離了她出身的那個「階級」，而屬於「勞動人民」。她之所以冒冒失失主動跑到陸家向陸震華洩露這個天大的「機密」，一來自然是她通過與陸震華的相處，認定陸是一個值得信任且與自己志趣相投的人，二來也深刻地反映了她內心深處的孤獨和躁動：她身邊幾乎沒有可交流的人，而她又是那麼地渴望交流！

然而，組織到底是什麼？加入組織又意味著什麼？不滿 17 周歲的彭令昭顯然並沒有理解到位。1949 年，彭令昭與女友李璧瑩因過於活躍，上了國民黨蘇州城防指揮部的「黑名單」。為了她倆的安全，組織通知她們必須撤離蘇州。李璧瑩奉命於次日撤往上海，而彭令

昭卻認為母親是「國大代表」，自己在蘇州是安全的，完全沒有必要撤離。彭令昭此舉一來嚴重違反了共產黨的紀律，二來根據中共秘密工作的規則，在這種情況下也不可能再與其發生關係。就這樣，這個年輕的黨員忽然間失去了黨籍，而且這件事還成為她後來繼續投身革命的「污點」。這個天真純潔的大孩子是多麼地悔恨和自責啊！她恨不得把鮮紅的心掏給組織，還唯恐組織不要！現在，好不容易機會又來了，蘇南新專接納了她，她還能一錯再錯地與革命失之交臂嗎？不，她必須堅決投入革命的懷抱！在黎明前的黑暗裏，彭令昭彷彿聽到了強勁的號角聲，她下定決心：到了非與父母決裂不可的時候了！

天亮了，許憲民一臉疲倦地剛剛走出臥室，沒想到大女兒已經英姿颯爽地守候在門口。只見她的兩條髮辮繞成了環狀，烏亮亮地垂在肩頭，上面飛舞著兩隻紅綢的蝴蝶結。一件白色的短袖襯衫，一條藏青色的工裝褲，都是剪裁得體、做工精良，襯托得她越發婷婷玉立。一夜無眠，她的眼睛卻是灼灼地亮。她幾乎是挑釁地望著母親，似乎在問：「還要說什麼？」

許憲民心想：唉，這個要人命的孩子啊！

無可奈何，母親與女兒開始了艱難的談判。

母親說：「蘋男，媽媽是過來人，媽媽什麼都懂！想當年媽媽像你這麼大時什麼夢沒做過？那時候媽媽和你金元舅舅走街串巷，到處演講，到處發動，不比你更革命？那時候為了革命啊，別說讀書，連性命都捨得丟掉！你金元舅舅的屍骨不是到現在還找不到嗎？我們革命的目的是什麼？不就是為了讓你們這一代能過上好日子嗎？我們這個家從來倡導民主。身為母親，我一向非常尊重你們的意見，鼓勵你們選擇自己的人生道路。但同時父母也有責任和義務保護你們，因為你們是未成年人，是涉世未深的孩子。蘋男，我不想干涉你的自由，我只是希望你眼光放長一點，多想想未來……蘋男，你聰明伶俐，天生就是讀書的料！你不是想當作家嗎？那就到名牌大

學好好深造幾年，你將受益終生！這蘇南新專草創沒幾天，還不知道有沒有課桌，你能指望在哪兒學什麼？」

女兒說：「謝謝媽媽的苦口婆心！我知道你是為我好，但我這樣做是經過深思熟慮的。如果不是身處這樣的時代，我想我一定會去讀大學，因為我本來也喜歡讀書。我們正經歷偉大的變革不是嗎？面對如火如荼的革命形勢，如果僅僅滿足於旁觀，我想我這輩子都會後悔的！我是想當作家，我投入生活就是要為以後的寫作積累素材。書什麼時候都可以讀，革命的機會卻是稍縱即逝！」

母親說：「蘋男，年輕人是應該不怕苦、多闖蕩，但決不是不聽人言、自討苦吃！追求光明我們支持，不過你千萬不要以為到了蘇南新專就是到了伊甸園。讀大學不是目的，但讀大學一定能增強你的思考能力。我和你爸之所以都強調上大學，是因為對一個心智尚未成熟的孩子來說，除了繼續接受教育，最好不要輕易做什麼輕率的決定。蘋男，這樣好不好？你權且聽我們一回，再讀一年書。等形勢穩定了，我們一定聽你的，行嗎？還有，蘋男，不是我潑你冷水，就憑你這又直又愣的脾氣，你出門在外非吃苦頭不可！你以為解放區的人都是聖人啊？錯！他們大多出身低微、家境貧寒，沒幾個受過系統教育，稍微識字的就算人才了！你和這樣的人為伍……嘖嘖嘖，你想過細節嗎？一起吃飯，一起睡覺，一起學習，一起工作。簡陋的行軍床，瘋狂的蚊蟲跳蚤，沒遮沒攔的臭糞坑，個把星期洗不到澡……你想過這些嗎？你受得了嗎？這蘇南新專據說是半軍事化管理，經常下鄉，居無定所，還不知道吃什麼雜燴的大鍋飯！你這身體，平時在家一日三餐地照顧著還三天一小病、兩天一大病，要是就這麼著放到外面去折騰，誰知道會出什麼事情？你是想讓媽媽為你操心死啊！」

女兒說：「哼，我就知道你們骨子裏和他們根本是一樣的！你們考慮的從來就是你們自己！是的，他們出身低微，他們言談舉止粗魯，他們有這樣那樣的局限。但這是誰的錯？還不是這個不公平的社會的錯！是啊，我們真有幸，我們衣食無憂，我們想讀什麼書就讀什麼書，我們還有權利討論要不要上大學……面對他們的苦難，

我們慚愧還來不及，還有什麼值得得意的嗎？非常抱歉，以前在你
們的羽翼下享受得太多太多，現在是到了我自苦自救的時候了。睡
大通鋪、吃大鍋飯、與蚊蟲共舞，這都是我應得的！至於讓你們操
心，那真是對不住了，你們就當沒生這個女兒吧，生病、死亡都由
她去！」

話說至此，許憲民只覺得熱血上湧，她條件反射地「呼」地一
下站起身，條件反射地伸手就是一巴掌。「啪」的一聲脆響，許憲民
似乎這才明白自己幹了什麼。她忽然感到疲憊至極，像一件舊衣服
似的堆到了椅子上。這時，只見彭令昭異常平靜地微笑著，什麼話
也不說，臉上的指痕清晰可見。

不知道過了多久，彭令昭驀地擦乾眼淚站起身來。

就在她要跑出門時，許憲民喝道：「回來！」

彭令昭停住了腳步。

許憲民傷感而無力地說：「蘋男，如果你真的要走的話，以後就
不要回來了。」

「好，我就不回來好了。」

「好，你口說無憑，立下字據，今日一去，恩斷義絕，活不來
往，死不弔孝。」

「我就寫！」

說著，她一蹴而就，迅速完成一張作品交給母親。接著她拿起
包裹揚長而去，只留下母親拿著那張字據，呆呆的，一連好幾天沒
講幾句話。

從那天起，彭令昭就消失了。後來還是蘇南新專教務長羅列親
自上門拜訪，許憲民才稍許瞭解一些大女兒的近況。得知令昭在學
校以「林昭」自稱，並將家庭成分填為「反動官僚」，許憲民大光其
火。在許多人做了許多工作後，這對母女後來總算「講和」了，但
林昭給母親的第一封信就是要錢——也許是遺傳了許憲民豪爽大
方、不善理財的基因，林昭和妹妹也都花錢如流水。

三、冷酷的痛快

　　無錫惠山是一個鍾靈毓秀的所在，它的美是典型的江南式的：草木蔥蘢，山石嶙峋，清澈甘甜的泉水擇地而出，有「天下第二泉」之美譽。有那麼一天，月朗星稀，青山空靈，「天下第二泉」邊蹣跚走來一位孤獨的盲樂師。沐浴著凄冷的月色，諦聽著叮咚的泉水，感受著濕潤的山風，盲樂師懷抱二胡靜坐成一尊雕塑。想起自己不幸的身世和坎坷的遭遇，盲樂師乾枯的眼裏忽然盈滿淚水。混濁的淚珠從他飽經風霜的臉頰上滾落下來，跌跌撞撞地掉進泉水裏。此情此景，懷中的二胡都看見了。感同身受，相伴多年的二胡通靈般引領著盲樂師彈奏出一曲千古絕唱。從此，〈二泉映月〉那蒼涼哀婉、悠遠醇厚的旋律響徹了惠山，響徹了無錫，響徹了全國，響徹了世界……

　　然而，1949 年的彭令昭哪裡聽得懂〈二泉映月〉？她之所以渴望惠山，僅僅因為那裏有蘇南新專，而當時的蘇南新專對於她簡直不亞於延安。奔波在朝聖途中，彭令昭恰如出籠的鳥兒，只覺得滿眼新鮮、滿腔激情。父母和家庭早已被拋在了腦後，她壓根不會想到自己的離家出走給親人造成了怎樣的傷害！一路走來，她不停地對自己說：「從現在起，那個具有小資情調的舊彭令昭已經不存在了，現在只有一個脫胎換骨的新彭令昭！這個彭令昭已經同過去決裂，她擺脫了腐朽的家庭、落後的父母，她正在按照革命者的要求重新塑造自己！」想著想著，她忽然覺得應該從現在改姓更名，因為如果繼續再叫彭令昭，實在跟以前沒有區別。乾脆就自稱「林昭」吧，這個筆名是她根據「令昭」的吳語發音轉換過來的，不僅簡潔清新，而且頗有一點特立獨行的意味。過去發表文章時她曾多次署名「林昭」，同學朋友們都認為此名甚雅，她自己也十分喜歡。於是從這天起，彭令昭自稱林昭的機會多了起來，但她的大名仍然在正式場合保留著。

　　雖然掩映在綠樹叢中，蘇南新專卻並不是個世外桃源。林昭一入校門就接到一張政審表格，她必須按照要求把出身、履歷等一一向黨彙報清楚。為表現革命決心，她自作主張將家庭成份填為「反動官僚」。6 月 30 日晚，學員分組座談紀念「七一」、「七七」。7 月 1 日正式開學，先學政治經濟學，再學中國革命的基本問題，林昭被分配在三班三組。8 月 1 日重新分配，林昭被分配在三班二組，班主任是人高馬大、耿直厚道的漢子胡子衡。

　　蘇南新專的前身是華中新專。1945 年 8 月 15 日，抗戰勝利後，范長江等一批新聞工作者從原中共中央華中局和新四軍軍部駐地淮南，向蘇北重鎮淮陰進軍。9 月，淮陰解放後的第二天，范長江便帶領大家接收敵偽印刷廠，立即重建華中新華社，著手籌備《新華日報》（華中版）的出版和籌建華中新聞專科學校。新專的籌畫工作由謝冰岩具體負責。1946 年 1 月 24 日，在《新華日報》（華中版）上登出了華中新聞專科學校的招生簡章。同年 2 月 15 日新專在淮陰開學，校長、副校長和教育長分別由華中新華社社長范長江、副社長包之靜和秘書長謝冰岩兼任。不久，范長江奉命調到中共南京辦事處任新聞發言人，新專校長職務便由惲逸群接任。華中新聞專科學校是中共在解放區創辦較早、時間延續較長的一所「抗大」式的新聞幹部學校。

　　華中新聞專科學校連同由它改名的蘇南新聞專科學校共辦了 4 期：第一期（1946 年 2 月至同年 5 月）在淮陰市區；第二期（復校後第一期，1948 年 6 月至同年 11 月），大部分時間在射陽縣合德鎮附近；第三期（復校後第二期，1948 年 12 月至 1949 年 6 月），大部分時間在淮安市楚州區板閘鎮；第四期（復校後第三期，1949 年 7 月至 1950 年 3 月）改名為蘇南新聞專科學校，在無錫市惠山。蘇南新專校長、副校長分別由中共蘇南區黨委宣傳部長汪海粟、副部長徐進兼任，教育長為羅列。蘇南新專有學員 220 人，設三個班、一個隊（電訊隊）。三個班每個班 60 多人，分為七、八個小組。第四期是人數最多，機構和人員最為整齊的一期。1950 年 3 月，遵照

新聞總署的通知精神，學校停辦。在現在的無錫惠山公園內，有蘇南新聞學校舊址的紀念碑。

「華中──蘇南新專」後來湧現出不少出類拔萃的人物，新華社高級記者徐熊、陸拂為，高級編輯尹崇涇，《人民日報》原副總編輯范榮康、原記者部主任林鋼，新華日報社高級編輯金靖中、高羽，全國作協文藝評論家、《晚年周揚》一書作者顧驤，作家鄭秀章（阿章）、林斤瀾、高曉聲、陳椿年，翻譯家梅汝愷，中國原駐斯里蘭卡大使高鍔，中宣部原對外宣傳局局長田丹，中共江蘇省南通市市委書記吳榕等，都曾是華中新專或蘇南新專的學員。據瞭解，當時蘇南新專網羅了不少年輕才俊，有一些人甚至放棄了原有的大學。按林昭密友、蘇南新專同學倪競雄老人的說法，就是「新專人的鼻子是朝天的」！蘇南新專的教育方式與眾不同，校領導大概是出於革命理想主義的考慮，安排 8 名男生與 2 名女生同住一個宿舍。倪競雄老人回憶說，大家都沒覺得有什麼不方便，男女同學相處得很好。

林昭可能是全校年紀最小的女生，因為才貌出眾、性格獨特，不少同學對她過目不忘。谷天當時在一班，與林昭平時極少接觸，但在一些集體場合中，「她那光彩照人的風度，清晰敏銳的思維，以及她那發表在校報《新記者》上的一篇篇清閑的散文、詩歌，總是極強地吸引著我和同學們」，谷天簡直覺得她是同學中待時展翅的金鳳凰。

李虹崗當年與林昭同在三班，他記得林昭飽滿而寬廣的前額下，有一雙深邃而略帶傷感的眼睛，時不時閃爍著難以名狀的憂思，隱約含有一種不可言喻的超俗氣質。林昭兩頰雖有淺淺的笑靨，卻常常含有一種漠然、不屑甚至譏諷的笑意。她愛好文學，年少而聰穎，是班裏三位「小詩人」之一，人稱「才女」。李虹崗記得，為慶祝「八一」建軍節，三班組織了一場文藝演出，林昭和女同學們拆下自己的被面縫成舞裙，編排了新疆舞蹈「雅薩松」。在四名演員中，林昭個頭最小，她披了件紅綢被面，在鼓笛聲中唱著舞著，眼神裏總流露著淡淡的憂思。當唱到了愛情寧願以死相殉的歌詞：「你不

答應我要求，我從克薩喀河跳下去！」林昭的神情越發低沉哀怨，舞姿也變得恍恍惚惚，不由得讓人產生「只恐雙溪舴艋舟，載不動，許多愁」的戚戚之情。當時李虹崗想：「她可能成為詩人，但成不了演員。」

同學陳叔方回憶：「林昭思維敏捷，常常發表一些獨到的見解，容易引起爭論。爭論起來，她輕易不肯饒人。因為她待人誠懇、熱情，年紀又小，大家也樂意同她爭論問題。」有一次學完一個單元後，每人都要作個小結，然後全組人人發言開展批評，最後集中起來形成小組意見。對陳叔方的意見由林昭執筆。只見她一邊聽大家發言，一邊在一個小本子上劃槓槓，大家說完了，林昭歸納。林昭寫的小組意見文字不多，但說的很多。她聯繫陳叔方的家庭出身、個人經歷和參加革命的動機，著重批評陳叔方的生活態度「玩世不恭」。說完這四個字，還抬頭看了陳叔方一眼，那意思是：「難道不是這樣嗎？你不服氣嗎？」像是等著與陳叔方開展爭論似的。陳叔方本來對林昭印象一般，至此才對她刮目相看：「感到這位女同學很有點辣椒味，蠻厲害的」。

革命學校的首要任務是革命而不是學習，或者說是在學習中革命、在革命中學習。學習新聞學概念、採訪與寫作、報紙編輯、文藝政策、報業管理、通訊社工作等專業知識僅六、七個月，下鄉時間就達四個月。這正對林昭的胃口，因為她以前讀的書太多了，現在要的就是直面生活。當年 8 月底，為土改作前期準備，林昭所在的三班學生由胡子衡帶隊到無錫塘頭鎮搞反霸、秋徵工作，一齊編入蘇南土改第五隊。時任指導員的李茂章對她的印象是：「人生得清麗，風度飄逸，一口吳語普通話，善談。話語風趣而又往往尖刻犀利。頭上紮著兩條和她的人一樣清麗的而且非常相配的辮子。與人交談時，偶爾也在開會時，她會把原本無須再編紮的辮子在末端附近弄開來，再慢慢地編紮起來。微歪著頭，紮了這邊的又紮那邊的。」

同班同學龔振夏回憶，在無錫期間形勢還有點緊張，因為當時夜裏偶爾還有土匪向我駐地打黑槍。當時他與林昭、周永華三人組

成嚴埭小小組，就住在沿河邊的農民家裏。農家有位老人，因此早早準備了一口漆黑的棺材豎在牆角。龔振夏是無錫本地人，周永華是武進人，林昭是蘇州市人，於是龔振夏自覺應該照護他們二人。然而，他們二人的膽氣似乎都比較大，尤其是林昭。上半天，她總是在村頭巷上轉悠，上身披著龔振夏的一件褪了色的紗卡其中山裝，小本本和筆都是捏在手裏的。她總是笑瞇瞇的，問貧訪苦，自我改造誠心誠意，不避陌生，男女老少都談得來，老鄉們喊她「小妹妹」或者「蘇州姑娘」。12 月底返校，評選農村工作模範及思想檢查學習，林昭被重新分配在四組。後來一直到畢業，她都在四組。

　　一連好幾個月，林昭沒有給家裏寫一封信。進入農村工作後，儘管林昭深為自己與「反動官僚家庭」一刀兩斷的壯舉得意，但隊委和一些師生幾次三番聽林昭介紹情況後，都不得不認為這個家庭遠非劣跡昭彰，林昭如此決絕恐怕會引起壞影響。在他們多次勸說下，林昭終於寫了一封家信報告平安，並順便在信中向父母承認了部分態度、措詞的錯誤。許憲民收到信後總算鬆了一口氣。但是，當發現女兒居然給他們烙上了「反動官僚」的紅字時，許憲民真是又氣又急。更讓許憲民不解的是，女兒居然都不叫「彭令昭」了。林昭？難道她姓林嗎？！許憲民徹夜未眠，她嚴肅認真而又真摯誠懇地給女兒回了一封長長的信，林昭第一次瞭解到：原來父親早年是學貫中西的狀元，他是因為拒絕同流合污才辭官的；原來母親多年來一直熱心國事，她為抗日救國捨生忘死，她還為蘇州解放殫精竭慮。那麼，父母到底是革命的還是反革命的？如果說他們是革命的，他們為什麼要為國民黨賣命，而且母親還是「可恥」的國大代表？如果說他們是反革命的，又該如何解釋他們為革命付出的一切？……林昭想不明白，父母的形象在她眼裏既模糊又矛盾，她不理解他們為什麼不能像許多革命者一樣，做一個忠實於理想的純粹的人。儘管不明白，父母的寬厚、慈愛和正直還是讓這個敏感叛逆的女孩感到溫暖，林昭與父母之間的堅冰開始慢慢鬆動。

　　經過幾個月的速成訓練，林昭完成了蘇南新專的學業面臨畢業。擺在面前的有兩條路：一條是進新聞單位當編輯記者，另一條是深入農村參加土改運動。前一條路既體面又順理成章，不少同學都做出了明智的選擇，林昭卻自告奮勇要去土改。1950 年 5 月中旬，林昭與蘇南新專一行 26 人來到蘇州吳縣報到。留在《蘇南日報》工作的同學李虹崗記得，一個星期日的上午，大家在無錫西河頭北岸一幢老式洋樓裏，為即將下鄉的林昭他們送行。林昭那天意氣風發、喜形於色，讓李虹崗不敢相認：「不僅能大口飲酒，而且其性格之豪放，抱負之殷切，大有『乘風破萬里浪』之巾幗氣概。她一路侃侃而談，表示通過工作實踐、深入生活，希望寫出一部反映中國土地革命全過程的文藝作品。我幾乎不敢相信眼前的彭令昭會是我們三班的那個女孩子。」

　　就在土改下鄉途中，林昭與同學倪競雄女士成了摯友。倪競雄回憶說，她年長林昭一些，之前二人的宿舍相鄰。因為互相看不慣，她們之前從來沒有什麼交往：「我覺得她為人有些做作，好出風頭。經常在外面不知道忙什麼，總之是很晚才回宿舍。一個大姑娘家也不注意個人衛生，因為回來太晚來不及換洗衣服，她就把汗津津的衣服隨便一搭，先找件乾的衣服穿了，第二天再把身上這件換下來，又穿起前天晾乾了的髒衣服……她愛哭，講話尖刻，常以諷刺別人為樂；她愛喝酒，自己買酒喝，曾經深更半夜一個人醉倒在田埂上；她嘴饞，自己沒錢會向別人借錢買東西吃……」倪競雄介紹說，當時的土改隊伍主要由三部分人組成：一是來自蘇北、山東地區的同志，他們年齡稍長一些；二是蘇南工學的學生，他們占大多數；三是他們這些蘇南新專的畢業生。土改工作隊總共數十人，被分成無錫、蘇州兩個團。林昭和倪競雄都在蘇州團，他們被發往吳縣，由當地縣委負責接收。到達的當天，大家被帶到一間鋪著稻草的大房子，有人告訴他們說當晚就住在這裏。大家面面相覷，只得各自打開鋪蓋睡在稻草上。碰巧，倪競雄的地鋪與林昭的地鋪緊挨著。兩人面對面躺下後，先是禮貌性地寒暄了幾句，隨後卻越聊越投機，

大有相識恨晚之意！倪競雄向林昭透露，自己之所以投身土改運動，是因為心裏有一個作家夢，想像丁玲一樣寫一部《太陽照在桑乾河上》。林昭大喜過望說：「我也是啊，如此難得的一個體驗生活的機會，怎麼能輕易放過呢？我要寫一部《中國土改史》呢！」從那天起，二人開始無話不談，倪競雄漸漸成了林昭的莫逆之交。

下鄉後，林昭所在的十一隊被分配到吳縣澔關區，參加新合鄉重點土改工作。倪競雄的八隊則來到了甪直，她與林昭開始書信頻頻，雙方毫無顧忌，暢所欲言。因為林昭經常咳嗽，有一次倪競雄弄了點魚肝油，就夾在普通信封裏寄給她，林昭收到後大為感動。因為出身「反動官僚」家庭且平時為人犀利尖刻，林昭投身革命以來始終屬於另類人物，但這一次主動參加土改似乎大大增加了她的分值。6 月份全團進行整風運動，林昭順利轉正為團員，她似乎在革命的道路上又前進了一步。

事實上，林昭的自我改造遠比人們想像的更認真、更執著。良好的家庭出身和良好的教育背景成了她的原罪，為縮短自己與革命群眾的距離，她每一天都在洗心革面重新做人。土改工作隊的任務繁重，開始是一個人負責一個組，後來一個人要負責一個村一百多戶。晚上常常要忙到十一點鐘以後才能睡覺，有時甚至得拖到凌晨一、二點鐘。生活上也十分艱苦，飲食非常粗糙，但林昭從來沒叫過苦，甚至像苦行僧一樣甘之如飴。她寫信告訴高中同學陸震華說：「下鄉後學會了燒菜煮飯，只是我們也沒有什麼菜可煮，天天青菜秈米飯，吃膩了就把菜和在米裡煮菜飯、菜粥。東西貴，難得打牙祭，往往連湯都倒乾。這種生活我也過得了。每到夏天，老百姓整天吃玉米、青南瓜，我覺得還是過這樣日子好。因為心裏平安，不覺得內疚或愧對人民了。」在下農工隊之前，她說：「我現在只是沒有病倒過而已，身體也不算太好，咳嗽、牙痛現在仍有，有時發發小寒熱。但只要我不病倒在床上，這些我是不算病的。」

工作之餘，林昭再苦再累也不忘練筆。土改期間，她在《蘇南日報》、《蘇南大眾》上發表了不少通訊報導和詩歌散文等。她的心

裏一直藏著個作家夢，連土改工作也被她當成了一次難得的生活體驗。林昭的才思敏捷是有口皆碑的，她下筆又快又流暢，而且從來不受什麼題材、體例的限制。1950 年 8 月，林昭與同學萱如在吳縣木瀆創作了一首反映農民翻身的長詩〈望穿眼睛到今朝〉，信天遊般朗朗上口的韻律和旗幟鮮明的歌頌主題使得此詩很快流傳開來，林昭也成了人所共知的才女：

> 向日葵向著太陽開，千萬家種田人望土改。
> 田是倔種田人半條命，沒田沒地翻不透身。
> 一聽土改法出來了，我心花大開瞇瞇笑。
> 三十年浸在黃蓮裏，今朝剛聞著糖味道。
> 腳踏人家地，頭頂人家天，我客田裏種了三十年。
> 年年勿剩一粒隔年糧，年年做得腰痛筋骨酸。
> 兩間破房子像豬圈，黃牛進門身也回不轉。
> 雨天屋裏落小雨，好天也不見太陽面。
> 只因吃了剝削苦，舊社會種田人世世窮！
> 記得民國三十二年春，大兒子水生發了傷寒症。
> 雪上加霜難加難，哪弄來銅錢看毛病。
> 明知是砒霜也只好咬牙吞下肚，借了地主郁四福三斗糧。
> 湊湊當當買藥請醫生，好不容易撿回他的命。
> 年關底邊算盤響，逼債比逼命逼得緊。
> 「窮人全是賤骨頭，不還債我就把地抽！」
> 一聽抽田一家老小愁，沒田種沒有活路走。
> 我房沒一間地又沒一畝，石頭實在逼勿出油。
> 好話說爛嘴唇皮，讓水生做郁家長工去。
> 明說是工錢抵他債，利錢年年比工錢大。
> 兩年在郁家當牛馬，水生像是賣給了他。
> 輕重生活樣樣身上堆，一年裏難得有天回家來。
> 生活要做肚皮吃勿飽，郁家裏的狗也比水生吃得好。

總想讓水生走出郁家門，還不清債說不進話。

鐵鋤硬碰也要壞，水生到底不是鐵打漢。

別人家動動藥罐准歇工，水生有病還要下田去勞動。

大暑天帶病去捉麥，一陣發昏倒在麥田裏。

吐血吐了二三日，沒人關心沒人理。

等到我得信趕了去看，水生已經斷了一口氣！

哪家兒子不是爺娘養？水生娘哭得昏死過去。

郁四福老賊黃狼叼小雞：「你的債就折了棺材費。」

夜裏死黑死，日裏死白死，衝天的怨氣咽在肚裏！

水生進郁家時十九，年輕力壯像隻牛。

死辰光你去摸摸看，滿身骨頭碰痛手。

三斗米斷送了一條命，水生死得不閉眼睛。

早曉得寧可他早死的好，省得他白白地做了二年牛和馬。

三十年苦水倒不完，一提起水生我心裏酸。

鳥沒翅膀飛不動，種田人沒田樣樣空。

扒來扒去把地主吃，兒子也像是替地主生。

走到橫頭就歎氣，提著鋤頭手裏沒勁。

瓦片也有翻身日，望穿眼睛到今朝。

千言萬語並做一句說：親爺娘沒有共產黨好！

三十年苦頭吃穿了，毛主席恩惠比天高。

　　說起毛澤東，那時候的林昭和絕大多數百姓一樣，對這位偉大領袖實在是崇拜備至。1950 年 6 月 7 日，林昭偶然在蘇州一家新華書店看到一張四、五寸寬，八、九寸高的毛主席彩色像。她當即想買，不曾想店裏卻缺貨，只有樣張。於是她只得懇請蘇州好友李璧瑩代買一張。當時，林昭在心裏稱毛澤東為親愛的「父親」。後來林昭在常州工作，有一次，她在給倪競雄的信裏深情款款地說：「我心中只有一顆紅星。我知道我在這裏，它卻在北京或莫斯科（不從地理上來說），但它並不拒絕將它的光輝指引我。每一想起它，我便感

到激動，我常使自己從它取得力量。五反運動開始時我便在心裏默念著我們偉大領袖——親愛的父親的名字，而寫下了我的誓言。」然而，誰能想到，若干年後這位「父親」卻成了林昭最憎惡、最不屑的「獨夫」！

1950 年 10 月，參加區典型鄉金塢鄉土改。11 月離濟關轉赴太倉，參加城廂鎮土改，後又調至典型鄉土改並搞土地證典型實驗工作，發動群眾批鬥地主，打擊海盜驅除教會。在太倉八里鄉工作時，林昭當了一個時期團小組長。在城廂鎮工作時，近 28 人分成 4 個小組，林昭為小組長之一。時任林昭領導的工作組副組長李茂章回憶說，八里鄉是太倉的近郊鄉，鄉的河對岸是昆山縣境內的一個海匪窩點，當地信奉天主教的人很多，土改初期老百姓很難發動。1951年三、四月間，土改已進入劃分階級成分的關鍵階段，有一天，神父乘著小船來做禮拜了。工作組平時就住在教堂裏，可神父一來，老百姓立馬把最好吃的東西供奉給他，對著神父頂禮膜拜，根本不聽工作組的指揮。幾個部隊轉來的工作組成員沉不住氣了，端著槍站在教堂走廊裏對著天空「乒乒乓乓」亂打一氣，試圖攪亂禮拜活動。沒想到教徒們在神父的帶領下我自歸然不動。他們又指桑罵槐地亂吼一氣，卻依舊無人搭理。最後，禮拜結束，神父不卑不亢、不溫不火地走了出來：「對不起，你們剛才的行為不僅是不禮貌的，而且是違反《共同綱領》的。《共同綱領》是你們共產黨和各方人士共同制訂的大法，上面明確規定人民有宗教信仰的自由。因此，我們今天的禮拜是受《共同綱領》保護的。」

神父的幾句話竟然說得現場鴉雀無聲。敢於端槍掃射的幾名武夫懵了，他們根本不懂《共同綱領》講了什麼，更不懂什麼叫做宗教信仰自由。李茂章當時也接不上話來，因為他只學過《共同綱領》的政治、政權和經濟政策等方面，對宗教政策卻拿捏不準。就在大家面面相覷的時候，林昭站了出來：「神父先生，您說的很對，《共同綱領》的確保證了人民的宗教信仰自由。但是您只知其一不知其二，您大概還不知道中央最近又發佈了新的通知？為保證土地改革

運動的順利進行，中央規定凡是正在進行土改工作的地區，一般宗教活動應該停止。而現在你們的宗教活動已經嚴重影響了我們的土改工作，神父先生，此等後果對你們來說，將意味著什麼？！」

這完全出乎神父的意料。他默默地望著林昭遲疑了一下，什麼話也沒說就走了。直到八里鄉土改結束，神父再也沒有出現過。李茂章因此對林昭留下了深刻的印象，他認為林昭對工作高度負責，平時說話得理不饒人，但又剛柔相濟、風趣幽默，是一個見多識廣、有著大智大勇的姑娘。

的確，那時候的林昭幾乎就是完美的革命小將了。變化尤其大的是，過去她還情不自禁地覺得地主可憐、農民粗暴，飽受革命教育之後，她漸漸可以像秋風掃落葉一般對「敵人」殘酷無情了。比如在太倉城廂鎮追繳地主隱藏的米糧時，林昭工作一段時間後便能啟發群眾說：「政策範圍內應拿出來的，一粒米也不能少！」看到地主在人民面前的狼狽相，她心裏再也不會有惻隱之情，有的只是冷酷的痛快。秋徵工作中，有同志感到「向人家要東西，有理也沒理」。林昭不這樣看，她說：「群眾主動找我去開會，中心談秋徵。我強調『政府是自己的政府』，強調『取之於民，用之於民』，說明『合理負擔和照顧貧戶』，又大略算了算賬，要他們村上自評，比比看誰應減免，問題就解決了，我覺得這個沒有什麼有理也沒理。」當時工作隊都發了槍，那年中秋，一男同學因為好奇試放了一槍。林昭嚴厲地批評他：「這是用來消滅階級敵人的子彈，浪費了就是犯罪！」對方聽了不以為然，林昭急得直哭。

有人說林昭他們冬天逼地主待在水缸裏，凍得地主徹夜嚎叫。這一說法目前尚無資料證實，但從林昭當時的其他做法推測，此事應該極有可能發生。林昭對「階級敵人」冷酷無情在給陸震華的信中亦有反映，有一次林昭在信中提到「鎮反」，她說：「前些日子在（太倉）城鎮，『五一』槍決了十多人，其中一個是我負責的街上的漢奸惡霸地主，我從收集材料，組織控訴，直到提起公審，是我出了一分力送了他的命。槍決後有些人不敢看，我是敢的，我是一個

個看那些伏了法的敵人，特別是那個惡霸，看到他們這樣死了，心裏和直接受害的人民一樣揚眉吐氣。」

愛恨分明、立場堅定的另一特徵是，林昭對革命群眾懷有很深的感情，在對陸震華談到當年收成時她說：「颱風綜合年的農作物多少造成了一些損害，但還不算太厲害，棉、稻的豐收還是有望的。當第一次看到農民歡歡喜喜地把雪白的棉花提回家來的時候，我心裏也覺得有說不出的高興。因為，我們雖沒有參加生產過程，但卻參加了領導生產的過程，從號召擴大棉田，翻掉薄荷，條播，脫草，拔稀，摘頭，打葉……一路下來，每一步都曾經過我們的鼓動、教育和組織，現在已經豐收在望，雪白的棉花收到屋裏來了，怎不叫人高興呢！尤其當想到這些棉花將保證千萬枚紗錠運轉時，更禁不得從心裏歡喜出來！」她還無比覺悟地表示：「一個革命工作者，最高興的事，應該是完成任務，而一個群眾工作者，在對待群眾的教育中起了作用，推動了工作之後，那應該是更高興的。」

倪競雄女士保留了一批林昭土改期間的信件，這批珍貴資料清晰地顯現了林昭的純真和熱情。全身心地投入是林昭的性格特點，當初獻身革命是這樣，後來反抗極權也是這樣。敢愛敢恨，義無反顧，全力以赴──這就是林昭，從不妥協的林昭，從不折中的林昭，從不放棄的林昭。下面的內容摘自林昭當年給倪競雄女士的部分信件，當時的客觀背景是：1951 年春，林昭與倪競雄互相鞭策，積極爭取入黨。當年 3 月中旬體檢，林昭被發現肺部有陰影，確診為第一期肺病。

1951 年 2 月 10 日的信：「客觀環境不能不使我們不向前，我相信你並沒有自甘落後。但如更為爭上游一些，我絕對相信你會有更大進步，有時候我會這樣想的。我們出來工作八、九個月了，八、九個月中，我們有所得。但，當我們一旦回去的時候，這些所得是否值得這八、九個月的光陰？抑或辜負了？在我想著這些的時候，我心中像燒著一團火。有時候，我深願過去的日子再回來，讓我重過一下過得好些……當然，這只是幻想。」「競雄，我覺得真正的好

朋友，是也開玩笑也談正經。談正經訴心事無妨披肝瀝膽，暴露不怕深，批評不怕重。以為如何？——望你舉手同意。」

3月8日的信：「對你有些心情，我可以說是比較瞭解的。不為別的，只為我自己也曾有過相類似的心情。大約我們這類人參加革命，不著著實實碰幾下釘子不會好。一旦投入這大洪爐不經烈火，不成器材。碰幾下簡直是必然的，早不碰遲也要碰。既碰了，就當它個教訓接受下來罷。我想你如果能放下包袱生活和工作，你一定比現在走得更快，這是必然的。」「我要向上，我要向上！但舊社會的遺毒、小資產階級的劣根性，如石塊般拖住我的腳向下沉……到什麼時候才能戰勝它們！」「家的溫情把我抓住了，我想回家……我有一種逃避的心情。回家吧，至少在家裏，我可以安定那麼幾天，讓心上的創口結起來。」「此地有位同志有個怪論，認為人是沒有感情的。我當然不同意這樣的講法，你怕也不會同意……競雄，我希望你從此能一步步走出來，不要自己把自己關在圈子裏頭。你不用懷疑走了出來又如何？外面有無數火熱的同志的手與同志的心在等著你！人是有感情的。階級弟兄，革命戰友，更是有感情的。」「對於自暴自棄，我想你是指文學事業而談的。大凡一個人喜歡了什麼，不大容易改變。我自15歲開始寫稿投稿，至今更堅定獻身文化事業的決心。你說心中像燃燒著一堆火。雖然時大時小、時強時弱，但一直沒有熄滅過。我也和你一樣，當想起對我所確立的志願沒有更多努力時，是我最痛苦的時候。不過我有決心繼續努力，以後無論在什麼崗位上，我永不放棄我的筆。我深深體會到在哪裡都不會沒材料的，生活本身就是一個豐盛的用之不竭的材料源泉。我宣誓，只要我活著一天，我就不息地為人民的文學事業服務——盡我一點一滴力量。這不是漂亮話，真的，你想一想：個人的名利得失，比之我們整個的事業，是何等渺小不足道！」「我最近調城廂鎮工作。近28人分成4個小組。我忝為小組長之一，任重道遠曷勝惶悚。在八里鄉時當了一個時期團小組長，是第一次幹這工作，但對我很有幫助。身體則這晌較壞，咳嗽甚劇，有時發熱，胸痛與眼的黑影更

使人害怕。真的，我決不願意讓青春消磨在病床上。即使我真病了，我也要工作到最後一刻。也許我比別人活得要短些，但只要生命能被充分利用，早死也不為憾。」「我敢說，我們心中的目標是一致的。我們的眼睛仰望著同一指標，而且更重要的是，我們都在向這方面努力，好嗎？我們這挑戰不是大吹大擂的，不是患得患失的。我們明確方向後，就竭力向這方面努力。如果做不到，讓我們在見面時總結總結，檢查檢查，爭取在 1951 年入黨。好同志，請你伸出應戰的手來！」

　　3 月 29 日的信：「關於愛國主義，我也有你同樣的感覺，事實上可說是今日每個中國人的感覺。確實在我心底深處蘊藏著對祖國的熱愛，以及同樣多的對敵人的仇恨。你不這樣覺得嗎？要以什麼去教育群眾？教育者自己本身先得懂它。不僅要懂它，還得感受它。懂，只能保證你不說錯，感受才可以使你以自己的熱情去煽動起別人的熱情來。對地主的仇恨是這樣，對這愛國主義也一樣。這種愛與恨，也同樣是推動我前進的力量。當我看到了志願軍的英勇戰鬥故事，從紙上的戰雲中探出頭來，望一望窗外的恬靜美麗的春天的田野，我就更加重一些對工作的責任心。這樣的祖國，決不能讓它受難。」「（土改）是我們鞏固祖國的一個重要環節，我們的崗位是戰鬥的崗位。這樣一想，工作不努力，怎麼對得起黨和人民？當然我相信你，一定同樣有這種感覺，別的人也會有的。怎麼不？我們不都是新中國的兒女嗎？」「身體問題──我不想告訴你，但亦沒法不告訴你。最近已去檢查過，透視結果有陰影，是第一期。領導上叫我休養去，我婉謝了，並提出等到城廂鎮土改結束時（4 月中）再說。你不要責備我不顧身體，事實是，我非到不得已決不願休息。我們的戰士在前線作戰負傷不下火線，我認為自己身體尚未到需要馬上離開工作去休養的程度。我們這也是戰鬥崗位啊！……在這生命的春天，季節的春天，要去躺在病床上，那究竟不是件有趣的事。」「對入黨問題，我思想上並無太大的包袱，一面我認定目標，為它努力，另一面我並不求速成。如果我今天不能入黨，這說明我做得

不夠，我只有明天更加努力。你對我的評語我誠懇接受。事實上，上次和你挑戰的那些話，確也是針對我自己的毛病說的。首先是我應該時刻引為警惕，不要說過即忘。更希望你常常提醒我注意，好嗎？只有互相幫助才能共同進步啊。」

4 月 14 日的信：「告訴你，在一起工作的同志，都認為我是堅強而快活的，有時他們驚訝我的勁頭。而當我是做到了堅強和愉快之後，病的存在似乎更沒關係。我覺得自己現在是比過去堅強了，最具體的表現便是不再哭。告訴你，我一九五一年以來只哭了三次，有一次是在醉後。這話也許聽起來有些叫人好笑，但你從記憶裏找一下我在新專時候的情形吧，我是不是進步了呢？」「競雄啊，思想上的潔淨真使人心情輕鬆，彷彿靈魂都充滿了光明。你會笑我言不由衷嗎？那我分析給你聽，家庭包袱我不背的，他們拖腿不能影響我的，戀愛問題我不鬧，也不預備鬧。即或有時候碰到些孽障，我也能很好掌握自己。我有時候心想（你不要笑），誰要得到我愛是不會太容易了。我不計較級別與薪給，我工作得很快活。我還是熱愛著文藝，當寫出來的東西受到稱讚時，我也高興，但沒有嚴重的成名思想來苦惱我，我相信——只要自己努力。」「我已經聽到入黨的要求提高了，條件不同了。如果根據我聽到的一些來看，農工團能解決這問題的人就很少。是的，在最初聽到的時候，我也有些怨意（只是「意」）。但我為什麼要為此發愁、情緒不定呢？這樣豈不是只能使我離開黨更遠一些嗎？決不，我只有更積極地工作，為黨的事業努力，黨不會看不見的，你同意我這樣說不？」「你也會有這樣的經歷的罷：獨自走在田野裏，看著那藍藍的天，輕輕軟軟的雲花慢慢飄過，太陽柔和地照著，微風把青青的麥子掀起一陣陣波浪。那竹林、牛車、茅舍、小河……全都顯得那麼欣悅而豐富，令你禁不住要喊，啊！春天！」「真的，競雄，在這季節的春天，生命的春天，有什麼理由不讓我們歡唱美好的生活？也許生活不如理想那樣美好，但只要你有著一顆快樂的心，生活就會增加光彩的。我們會有一個無限豐富、無限光彩、無限美好的春天，而現在還只是開始。」

......

　　1950 年 5 月至 1951 年 5 月，林昭共參加四次土改，一次徵秋，兩次動員參加志願軍，三次發放土地證。1951 年 10 月，蘇南區黨委通知土改工作團回無錫集中，全體團員進行思想總結後另行分配工作。林昭為期一年半的土改經歷告一段落，等待她的將是什麼呢？

四、流淚的良知

　　1951 年 12 月 21 日。無錫東郊工人幹校。

　　當天下午，林昭和好友倪競雄邊走邊聊，有說有笑地向聽大報告的會場走去。

　　她們是 10 月份隨土改工作隊一齊回到無錫的。之後，林昭回蘇州家中小住，11 月份又奉命歸隊集中學習。一轉眼，離開惠山已經一年半了。這一年半間，惠山的景物常會在林昭腦海裏回映。現在終於回來了，她和倪競雄在學習間隙徐步在黃公澗畔，吟嘯於三茅峰頂，看錫山龍光塔上一抹金黃的殘照，聽山澗流水低唱淙淙，望太湖水天一色，錦繡江山風光如畫。她們重過昔日的山徑，重溫昔日的長夢，攜手度過了好一段快樂悠閒的時光。

　　更難忘的還有一個難得的休息日。那一天，林昭與倪競雄相約進城。

　　「今天可要好好吃個痛快！」林昭說。

　　「錢呢？」倪競雄自覺囊中羞澀。

　　林昭指指手中的一件毛料絲棉背心，簇新的，是媽媽剛寄來的：「賣了它不就有錢了嗎？」

　　林昭當真把背心賣了。她們先到崇安寺，一個個小吃攤挨著吃過去，糖芋頭、雞蛋餅、梅花糕、海棠糕、藕粥……最後到王興記小籠包、大餛飩。背心換的錢統統吃光，傍晚回來一路上可真開心。

　　倪競雄忽然感到有些不安，她問林昭：「要是你媽媽知道這背心的下落，不要氣壞了嗎？」

林昭笑笑，扮了個鬼臉。

唉，可惜美好的日子總是如此短暫。今天開完土改總結大會，大家就將各奔東西，蘇南新專將只能永遠留在記憶裏了。

林昭和倪競雄一路聊著正在合作的劇本《翻身樂》，林昭還講了「原野」的故事，二人很快來到大會場。林昭在十一隊，倪競雄在八隊，她們各自入座。不一會兒，報告開始了。蘇南區黨委組織部陳部長專程趕到現場作學習總結，這無疑顯示了會議規格之高。陳部長宣佈土改結束要另行分配工作，他說：「兩年來，同志們經過土改運動的鍛煉，有不少人入了黨，不少人入了團，可也有少數個別人的思想改造成問題……一部分長期病假一時不能好的同志，請他回家休養。還有少數實在不接受教育、思想作風惡劣、兩年來進步不多的人，我們要他到另外的地方去改造，進城市工作幫助不了他們。比如大名鼎鼎的彭令昭！她一貫思想作風惡劣……」

倪競雄腦子「轟」的一聲，一片空白。她看見周圍坐著的八隊隊員「唰」地一下全轉過頭來，目光箭一般射向自己——人人皆知倪競雄是彭令昭的鐵桿啊。而倪競雄呢，臉熱心跳，如坐針氈，彷彿自己被亮了相。散會後走出會場，八隊隊長看到倪競雄還意味深長地說：「你啊，跟彭令昭差不多，危險！」

晚飯後，倪競雄只有一個念頭，去看林昭！可當時八隊管得嚴，即使自由活動也要集體出行，休息散步根本不准走過西邊那座大橋，而林昭所在的十一隊偏偏正在大橋的西邊。請假沒有獲准，倪競雄一夜沒睡好，始終想著林昭如何經受得住這個打擊。倪競雄想起11月8日林昭曾告訴她：「小組裏窮追我的歷史問題，實是沒有什麼好說的，只好割開手指用血寫保證書給隊長。」當時林昭又流著淚說：「我有時想法很危險，走過小橋時，我如一腳滑下河去，人家也不知道我是故意的。我是心高氣傲的人，我活著總不會脫離革命。但一個失去了別人對你信任的人，前途是可悲的。」倪競雄聽了這話心裏直發怵。又想起12月12日中午，林昭叫倪競雄來剪辮子。握著兩條又長又粗、又黑又亮的辮子倪競雄下不了手，林昭卻

嚷嚷著要斬斷三千煩惱絲，逼著倪競雄動了手。旁觀的兩個小姑娘急得要哭，直罵倪競雄是個壞傢伙。回想起這一幕幕，倪競雄心慌不已：天！在上千人的大會上被部長點名批評，別說心高氣傲的林昭，就是一般人也受不了啊！萬一林昭想不開……

第二天雖然休息，隊裏卻規定不許外出。好不容易上面說可以出去了，倪競雄馬上向十一隊飛奔。宿舍裏找不到林昭，浴室裏也沒有。有人塞給倪競雄一張紙條，說林昭在這裏等過她，現在集體看電影去了，林昭要倪競雄到影院打燈片叫她。倪競雄心想：你剛被大會點名，現在哪能再這麼高調啊！她不敢到影院找林昭，只得快快回隊。晚飯一過，倪競雄也不請假就急忙奔到大橋上，想看看是否能發現林昭的身影。夜霧茫茫，什麼也看不見。倪競雄又奔回去，轉彎抹角地向組長請了假，再次趕到十一隊去找林昭。寢室空空如也。總算有人告訴倪競雄，十一隊全都在飯廳開會。倪競雄躡手躡腳走到飯廳向裏面張望，黑壓壓的人，不知道林昭在哪裡。一個聲音卻清晰地傳來：「本來報社要調你去，聽到你這樣的材料，就不要啦，彭令昭同志……」

倪競雄在飯廳門外急得團團亂轉。終於從裏面出來一個人，倪競雄趕緊叫住他，請他給林昭帶個條子，讓林昭到橋頭找她。寒氣逼人的黑夜中，倪競雄在大橋邊徘徊良久，卻始終不見林昭前來。唯恐受到組長的責難，倪競雄不敢再等，只得深一腳淺一腳地往回趕。一回到隊裏就聽見一群人正在談論林昭，倪競雄什麼也不想聽，什麼也聽不下去。這一夜倪競雄依舊失眠，她反覆問著一個問題：林昭究竟犯了什麼錯？！

第三天是星期天，中午聚餐前聽說十一隊就要開拔離開無錫。倪競雄想放棄午休趕去送行，可組長不許。正焦急無措，兩個小鬼給倪競雄帶來了一張林昭的紙條：「競，終於緣慳一面，真是遺恨千古。這樣分手也好，也許會有很多人（包括新專人）會勸你不必和我接近。不過我相信你的決斷，信任你對我的瞭解。馬上就走了，我還能說什麼呢？語言在這些時候是多麼無力啊！我只有衷心地祝

福你，祝你過得好，附一張照片，聊當一面。希望我們的友誼由此得到新生，在這轉捩點，別為我難過，我會改好的……知即（作者注：意為『知己即日』）。」

淚水奪眶而出，打濕了紙條。倪競雄端詳著林昭的照片，不知為什麼，忽然間竟萌發出生離死別的感覺。

林昭究竟犯了什麼錯？

她不是已經把心都掏給革命了嗎？

為了革命，她幾乎拋棄了一切，還需要她怎樣呢？

……

許多年後，當古稀之年的倪競雄重新面對林昭遺像時，她總算想明白了：林昭啊林昭，你想成為毛澤東時代的好青年，心不可謂不誠，志不可謂不堅。你追求進步之願唯天可表！你對自己要求那麼高，總覺自己改造世界觀方面做得不夠好，為此你常常自責、苦惱。可你知道嗎？你的問題不在於別的，正在於你始終沒有放棄自我，始終堅持獨立思考。你的自我是什麼？是嫉惡如仇，是敢愛敢恨，是從善如流，是寧為玉碎、不為瓦全。革命要求的又是什麼？是唯命是從，是統一思想，是完全交付，是成王敗寇、順昌逆亡。你與革命其實從一開始就南轅北轍！況且，你是那麼一個感情豐富、思維活躍的純真女子，而革命卻是那麼一架簡單生硬、冷酷果敢的暴力機器，不把你磨平碾碎才怪呢！

的確是這樣。和所有熱血青年一樣，林昭最初也不過是一個滿腦子烏托邦幻想的盲目革命者。她之所以最終成為英勇悲壯的反抗者、殉道者，雖然有主動捨生取義的成份，但歸根到底，還是因為她的性情、理念以及為人處事的方式方法，都與主流意識形態和傳統社會習俗格格不入。

讓我們再次把目光聚焦到 1951 年。

當時，土改運動正如火如荼地席捲全國每一個村落，鎮壓反革命運動又轟轟烈烈地撞擊著每一個人的心靈。組織上特別強調黨團員要在認識上、行動上站穩階級立場，林昭所在的農村工作團十一

隊動不動就洗腦子、開會議，而林昭因為給父母寫信、未劃清界線，成了全隊的焦點。6月6日，土改隊隊委、團支部書記等特地趕到十一隊所在地「重點」幫助林昭。面對一個接一個的嚴厲批評，林昭百口莫辯。

有人率先發難：「彭令昭！眾所周知，你父親曾任國民黨縣太爺，你母親是國大代表，你家是徹頭徹尾的反動官僚家庭！你到現在還與這樣的家庭藕斷絲連，這說明了什麼？！」

林昭解釋：「1949年我離家出走投奔革命。為此，我與家庭斷絕了一切聯繫！可是後來隨新專同學參加農村工作，當時的隊委和同志們都認為，我如此決裂地對待一個並不是劣跡昭彰的家庭怕影響不好。在他們的勸說下，我才第一次給家裏寫了一封信，與父母打通思想。如果不是同志們的勸說，我那次是根本連信也不願意寫的。」

有人步步緊逼：「有了第一次就有第二次，你難道沒有被反動官僚父母重新拉下水？」

林昭申辯：「不是這樣！後來父母給我回信，告訴我許多我從來不知道的事情。其實他們一直在暗中為革命做事，我父母始終是支持革命、嚮往光明的！我媽解放後被選為蘇州市政協委員，這充分證明黨和政府是肯定她、信任她的！至於我父親，雖然他表現不夠積極，但他也是從來不做壞事的，平時就喜歡待在家裏讀書，深居簡出……」

有人意味深長：「看來你十分理解和同情你的父母嘛，難怪你捨不得與他們劃清界限！彭令昭同志，你是革命團員，你可得站穩立場啊！」

林昭反駁：「我不明白，站穩立場就一定要與家庭斷絕關係嗎？革命團員難道是從石頭裏蹦出來的，連爹媽都不要？！」

有人大義凜然：「彭令昭，你放肆！誰說革命團員不要爹媽？我們要的是不拖革命後腿的父母！是不給革命抹黑的父母！你比誰都清楚，與反動父母保持聯繫就不可能不受他們影響。你一邊參加革命一邊接受反動資訊，你到底居心何在？！」

林昭委屈莫名：「我寫信回家是教育他們好好改造，轉變立場，難道這也不對嗎？」

說著說著，她「哇」地一聲大哭起來。

四座當即震驚，炮轟林昭的人不得不停了嘴。

這樣的事情已經發生過多次，差不多每次開會洗腦，林昭都會被大家口誅筆伐。其實這能怪誰呢，誰讓你的家庭如此引人注目呢？誰讓你的父母如此出類拔萃呢？頻繁的政治運動需要大家不停地尋找靶子，不把你當靶子，大家就得朝自己開槍。所以，不攻擊你攻擊誰呢？再說，攻擊你也是為了幫助你，正所謂「良藥苦口利於病」，大家不能見死不救啊。然而，林昭卻無法招架同志們的「幫助」。這樣的「幫助」不斷地傷害著她脆弱的身心，每一次都讓她痛苦不已，但已經沒有退路了。

經過同志們苦口婆心的「幫助」，林昭後來總算「認識到」：父母確係反革命一類，而母親只是在表現「進步」罷了。6月19日，她給倪競雄寫信道：「最近為對家庭看法問題，亦曾一度與同志們有過意見分歧，但現在解決了。本來我只單純地看父母有沒有被捕，且近日來信，一改過去落後論調，甚為『進步』。因此就肯定他們不是反革命分子。經過同志們的幫助啟發，才使人認識到為反動派做事且又做得不低，這本身就是一種罪惡，對人民是絕對沒有利的，應該屬於反革命分子一類。經過這次的事情，更使我認識到自己的政治水平、階級意識、立場觀點離開黨的標準還很遠，我需要更好地鍛煉自己……一個人的改造過程是一個長期而艱苦的過程，尤其是我們這些人舊的尾巴太長了，但生長在毛澤東時代的青年人，黨不斷教育我們（要）成為新中國的好兒女。」

除了家庭出身這一陰影，林昭耿直率真、豪爽熱情、不拘小節的個性也無數次讓她遭遇坎坷。事實上她在總結大會上被當眾點名，就是沒與頭頭腦腦「搞好關係」，以至被打擊報復的直接結果。關於林昭思維和語言的鋒利，不少人都印象深刻。作家林斤瀾評價當年的林昭說：「那樣十七、八小小年紀，那樣新解放的蓬勃氣氛裏，就叫『一根直腸子，一根熱腸子』，弄得不合『革命世故』，總有些

憤世嫉俗的樣子，彷彿書本上讀引過的，在『五四』前後，叫做『叛逆的女性』。」正因為如此，當年新專畢業，上下左右臨別贈言，曾把一個舊詞「反諷」林昭，叫做「生不逢辰」。指導員李茂章說：「林昭很善於和人交談，在交談中又往往會發生不同意見的爭論，可從未見過發生面紅耳赤的情況，總是在爭論中伴隨著陣陣笑聲。這種爭論不分對象，她和我、她和胡子衡都有過。她從不隱瞞自己的觀點，從不說違心話，從不隨聲附和。」這種性格李茂章、胡子衡能接受欣賞，其他人卻未必了，靈敏的嗅覺、世故的頭腦讓他們不由分說就把林昭歸入另冊，而心底坦蕩的林昭對這一切還渾然不覺。是啊，對陳部長們來說，革命也不過是一種生存方式罷了，除了投機還是投機，與理想無關。而那些革命隊伍裏的理想主義者呢？經歷過一次次「洗腦」、一次次「碰壁」，他們不得不或否定、或放棄、或修正、或沉默。只有林昭，不願意成為那沉默妥協的大多數！林昭的良知在流淚！

　　林昭也知道自己長了一張「刀子嘴」。1950 年 8 月 19 日，在給好友倪競雄的信中，林昭對此曾作過自嘲，並表示無能為力：「敝隊隊委（即整風時在農運報上檢查過命令主義的）最近雙喜臨門——一是奉調去黨校學習，二是已決定與原籍之黃臉婆及親生小兒脫離，另娶本隊一位身材長長的女同志為妻——你或許又將怪我口角尖刻，但不知怎的，我每提及此輩老兄作的這些孽事，口角就恁怎的也厚道不起來。」「貴隊長之『戀愛條件論』確有些幽默感，當然，若以春秋筆法來批判之，則拆穿了講也不過只是為自己之娶娘子找充分的理論根據耳。」又一次她竟忍不住大罵「他媽的」：「此地村小，大者七、八十戶，小者三、四十戶。敝組負責兩個鄉，敝人負責一個村。另外，又接到支部委任，要我擔負八里鄉（敝鄉）青年工作之職，我最初當然不勝驚異，堅辭不就。後來支書無奈，只好說了實話：『你瞧我難呢，沒人哪。』我回頭一瞧，真的，剛好我們組幾位團員同志都分派到另一個鄉去了，八里工作組內團員只我一

人，別無分出。我笑接受了任務，心裏可沒作起勁打算。他媽的，原來你們是因為沒有人了才用我的！」

下鄉土改的這段時間，林昭正值妙齡，風華絕代。相貌脫俗、才情出眾的她走到哪裡都是風景，招引得不少男人為她坐臥不寧。而林昭和一般女孩子不同，她熱情大方、感情豐富，喜歡結交朋友，不管這人是男是女。林昭有一條「哲學」，她說：「舊社會裏認為異性之間無友誼，但這句話肯定的不適用於新社會，更不適用於革命隊伍。」1951 年，在給中學同學陸震華的最後一封信裏她說：「我們驕傲的稱呼是同志，有什麼感情是比同志感情更崇高而又廣闊無垠的呢？」然而，並不是所有人都瞭解林昭的「哲學」，更不是所有人都能理解。恐怕這些「軟問題」也是林昭遭人嫉恨、惹人非議的因素之一。

真正深入林昭內心的仍然只有女友倪競雄。1950 年 6 月 26 日，林昭在給倪競雄的信中提及感情問題：「我自到太倉來後，一向情緒比較平靜，心情愉快，但自五月初起，疊遭風波，情緒上又難免起了波動。這事是感情上的孽障，有位同志（比我們高些）三月以來常關心接近我，他的關心較誠摯而不令人作嘔，我自亦很感激，當然在感激之餘不免有些懷疑。後來他告訴我，在蘇州初見我時就對我留意，因為我很像他十多年前病故的愛人。這像一個典型的小資產階級故事，我當時也諒解他這種感情，因之，雖然他是已婚十餘年的人，我仍在感情上給他一些慰安──當然這個人亦自有可取，否則，你可以想見，如我之心高氣傲，當不肯隨便施捨自己的愛情──後來他調離此地，此事在分（組織）合（夫人）交迫之下，就到了結束的階段。我雖早知這故事總不會有什麼結果，但人在感情問題上，我也吃了很多虧了。但對他動了真感情的人，往往說不起來（這種人也不多，不過二、三人而已）。另外也確有為我動情的人，但我又往往不取他們。看你來信，我有一點共鳴，我本來也有此想。一方面覺得在這問題上已冷心到底，另方面女同志結了婚，總妨礙些工作，我曾以調侃口吻稱她們為『太太』一級幹部，自己當然對

此有大躊躇。最後，我素來體弱，又患 TB，結婚對我殊非所宜。由此種種，我與你想法相同，但這些話我們之間說可以，你不要和別人說，只怕引他人冷語，又何苦來？」

1951 年 1 月 11 日給倪競雄信，提及一男士來信表示好感，但林昭對其較反感。這一系列情感波折讓林昭對婚姻顧慮重重，為此她曾奉勸過倪競雄：「所以我倒忠告閣下將來也要三思而行，即使在革命隊伍裏不會有太不成話的事，但所偶非人倒也事關終身。在這一方面，我至今尚未看見過太好太令人羨慕的典型。這是相當使人寒心的。至此，順便答復閣下的疑問：你為我後代憂，謝謝，我一輩子沒愛人沒兒女也決不引為人生遺憾，尤其小孩子，除了畫圖上的小孩子之外，我不喜歡任何小孩子……」寫此信時林昭年方 20 歲，這些話也算得上是青春少女的「小牢騷」吧。

1951 年 10 月 14 日，在農村給倪競雄的最後一信：「競，我親愛的：我謹以情書規格來寫這封信。晴天霹靂：統統調走……此時我也無暇問別的，但急問：吳江隊調了沒有？他們說：也在數。哈哈！雀躍三百。旁人說：莫非你有什麼親愛的在吳江八隊，我笑道：正是我有一位怪動人的親愛的在那裏。」「說真話，集中並使我怎麼愉快。我不想見新專同志，因為心裏覺得羞見江東父老（作者注：指沒有入黨）。唯一安慰，便是可以和你重見。真的，我挺想你的呢。料閣下人非草木，總也不無同感。然而相見在即，快何如之。」「今年 2 月 26 日，我與兩參土改的軍區同志打了個賭，賭得很特別，值得告你一笑。賭的內容是，我五年內是不是會結婚？如果結婚，我就輸了；否則他們輸了。誰輸了，罰二石米的代價請客。彼此約定於 1956 年 2 月 26 日大家碰了頭再說——你看好玩嗎？我之所以和人家賭，也就是為了心中不以情慾為念。」

其實那個時候，林昭還沒有把大多數話講出來。那個時候林昭對革命還充滿幻想，儘管現實一再讓她流淚不已，但當時的她還無法理清這千頭萬緒，她只能私下裏反思自己、折磨自己。1950 年 11 月 20 日，她在給倪競雄的信中坦陳：「確實，有些話，很多很多話，

對於想瞭解我的人是很豐富的材料。但誰也不會得到它，它們深深地埋在我心裏了。」「在我的日記上，滿紙不祥之話。沒法，似乎一拿起日記，就不禁不由的要發發牢騷，發洩一下落後情緒。反正這東西是不見人的，沒人給我戴大帽子。於是日記成了我靈魂的小天地，誰要看到我的日記，他就進入我的心了。」

在土改總結大會上被點名批評後，林昭與一系列好工作失之交臂。1952 年初，她與同學錢惕明、葉強、陳叔方一起，被分配到常州一家民營小報《常州民報》工作。又過了好幾個月，在一次全隊的集中檢查上，林昭的隊長才痛哭流涕地承認，對林昭一直以來有打擊報復的成份。1952 年 3 月 13 日，林昭為此痛苦地致信倪競雄說：「多少次，在旁人只聽到我低聲吟唱著什麼的時候，我的淚水流向心房。在我腦中常有一個東西梗著：怎麼？我真已到了這麼不堪救的地步了嗎？是的，我對不起黨，可是，我也總懷疑是不是有人對不起我。那時的思想之苦痛，不能言矣。我錄下了自作的一聯聯句給你看吧：『惡名素著／壞事齊歸／百身莫贖／百口何辯／誰知清夜泣血／衷心更比黃蓮苦真言難說／善行無錄／求生不能／求死無術／唯歉罪孽深重／回頭已是百年身。」

好一個「百身莫贖，百口何辨」！好一個「求生不能，求死無術」！難道林昭真的已經對革命心灰意冷嗎？不，她和那些心地純善的人一樣，只要組織說一句寬慰的話，便立刻把曾經的屈辱拋到了爪窪國，以為那些屈辱都是個別惡劣人的惡意所為。林昭是這樣向倪競雄描述領導對她的關心的：「現在我們的直接領導──紡織黨委書記──名何希敬，我為請假問題與他談了好幾次。他在百忙中抽出兩小時和我詳細談，他問我有什麼思想問題，我當然不願暴露。後來禁不住他誠懇地一問再問……我感於他的誠意，把思想情況都對他暴露了。他說：『過去對你的問題，領導上是該負責的……而這回你所以想回家，我們應負責任。沒能在你病中很好照顧你，所以使你感不到革命隊伍的溫暖……』你想我說什麼呢？競，我當時是

哭了的。當然和隊長檢查時的哭不同（何還說：我不是某隊長），我像是又看到了胡子衡。」

就這樣，幾句稍微溫暖一點的話就讓林昭感激涕零精神煥發，她迅速抱病重投組織的懷抱：「我假也沒有請，休息兩天，就去工作了。自從那天以後，我思想一直平靜而且愉快，腦子裏再也不想到其他東西，只有工作。我主動的搞工作、作彙報，我的喜樂隨工作開展而增加。真的，我很愉快而且安靜。我想，在黨的教育和幫助下和親愛的同志們的鼓勵下的三五反運動，你知道，親愛的同志，一個人在複雜尖銳而又艱苦的鬥爭中，是會有新的發展的——政治上和思想上。」

倪競雄女士後來證實，林昭土改前後至少有過兩次感情波折：其一發生在蘇南新專，林昭暗戀為人沉穩的組長，組長則堅持他與林昭只是同學之誼，二人不了了之後，林昭有一段時間相當受傷；其二發生在土改期間，與林昭同隊的陳女士若干年後告訴倪競雄，林昭當時愛上一位大報記者站的負責人，當得知上級要把他調離吳縣時，林昭抱著他大哭。此外，也有一些男士主動示愛，卻被林昭戲弄。林昭有一次對倪競雄說，有一男士對她大獻殷勤，還留下很多郵票，希望以後多多通信。「你猜怎麼著？我就想寫一封信，把所有郵票全都貼上，還給他！後來我想樂得留下自己用，一封信也沒有寄給他。」說罷林昭得意得大笑不止。至於在上千人的會議上被當眾點名批評，倪競雄表示是林昭得罪了頂頭上司的緣故。原來，林昭的頂頭上司看中一位姑娘，他不顧姑娘已有戀愛對象，橫刀奪愛。林昭對這類「霸王」作風向來十分反感，沒少當面背後地冷嘲熱諷，而該上司心胸狹隘，竟在決定林昭命運的時刻送上了一把尖刀。倪競雄至今堅信，土改被當眾點名批評對林昭的傷害，決不遜於1957年的「反右」運動。

關於林昭的情感，妹妹彭令範在1998年有過相當中肯的評價：「姊姊永遠追求愛情或者是她需要被人愛，姊姊是浪漫主義者，有許多『男朋友』。或者他們告訴我，他們是她的男朋友。或者人們告

訴我，他們是她的男朋友。或許她所愛的人並不能給予她同等的愛
以回報。或許瘋狂愛她的人，她只是淡淡地說：『我並不愛你。』或
許愛她的覺得在熱戀中，而她卻留下心靈的一角，深深地愛著另一
個人。或許在特定的環境條件下，她和某些人能成為親密的朋友、
戰鬥的伴侶、生命道路上暫時的同行者，或者甚至可以結婚。或許
她只是嚮往那些得不到的愛情，她永遠需要有人愛她。她也有那麼
豐富的感情，在不同時期愛不同的人。但我不知道她是否得到過真
正的愛情……」

五、記者生涯

　　1950 年 3 月，中共發出《關於剿滅土匪建立革命新秩序的指示》
和《關於鎮壓反革命活動的指示》，開始了「鎮壓反革命」運動。從
1951 年底逐漸讓位於「三反」、「五反」運動，但是一直持續到 1953
年才逐漸結束。由於缺乏明確的量刑標準和法律審判程序，加之地
方政府為了完成中央的殺人指標，造成「鎮反」運動不可避免地擴
大化，出現大量冤假錯案和草菅人命的現象。毛澤東後來有過一個
說法，叫「殺了 70 萬，關了 120 萬，管了 120 萬」。毛的這個說法
是根據公安部副部長徐子榮 1954 年 1 月的一份報告，徐當時報告
稱：「鎮反運動以來，全國共捕了 262 萬餘名，其中共殺反革命分子
71.2 萬餘名，關了 129 萬餘名，先後管制了 120 萬。捕後因罪惡不
大，教育釋放了 38 萬餘名。」以被處決 71.2 萬這個數字來計算，
它已經達到當時全國 5 億人口的千分之一點二四，大大高於毛澤東
當初設想的千分之一的水平。另有估計，「鎮反」運動實際處決人數
高達一、二百萬。

　　1950 年 6 月 30 日，中共頒佈《土地改革法》，它規定廢除地主
階級封建剝削的土地所有制，實行農民的土地所有制。同年冬天起，
沒收地主的土地，分給無地或少地的農民耕種。土改時鎮壓了一大
批「地主」，批准殺人的權力在區一級，二十來歲的區長或區委書記

掌握著全區十多萬人的生殺大權。某位鄉幹部要殺誰，甚至因私仇某位貧雇農要求殺誰，跟區委書記說一聲，少有不批准的。到 1953 年春，全國除新疆、西藏等少數民族地區以及臺灣外，基本上完成了土地改革任務。整個土改，全國據統計有 200 多萬「地主」人頭落地。

1950 年 10 月 8 日，毛澤東將東北邊防軍改為中國人民志願軍，任命彭德懷為中國人民志願軍司令員兼政治委員。10 月 19 日黃昏，中國人民志願軍秘密渡過鴨綠江入朝參戰，朝鮮戰爭因此升級。戰爭期間，中國先後出兵 240 萬人，戰場上志願軍數量始終維持在 70 萬人。到 1953 年 7 月戰爭結束，據官方公佈的數字，中國戰鬥傷亡 36 萬人，非戰鬥傷亡 41 萬人，消耗戰略物資 560 萬噸，加上被炸毀的總共消耗要達到上千萬噸。據準確估計，抗美援朝期間中國總花費高達 500 至 600 億美元。為維持這場戰爭，中國政府壓縮一切開支，把國民收入的 50%用在朝鮮戰場上，並向蘇聯借了巨額外債，一直到 1960 年還沒還完。

1951 年 5 月 20 日，《人民日報》發表毛澤東撰寫的社論《應當重視電影〈武訓傳〉的討論》。電影《武訓傳》上映於 1951 年初，反映了清末「義丐」武訓行乞興學的故事。毛澤東認為，電影《武訓傳》宣傳了反歷史唯物主義的反動思想，必須嚴肅批判。他嚴厲地指出：《武訓傳》所提出的問題帶有根本的性質。承認或者容忍對它的歌頌，「就是承認或者容忍污蔑農民革命鬥爭，污蔑中國歷史，污蔑中國民族的反動宣傳為正當的宣傳」。他說「一些號稱學好了馬克思主義的共產黨員……竟至向這種反動思想投降」，並由此得出「資產階級思想侵入了戰鬥的共產黨」的嚴重結論。7 月 23 日，《人民日報》又公佈了經毛澤東親筆修改的〈武訓歷史調查記〉，說武訓是一個「大流氓、大債主和大地主」。這場大批判整整持續一年多，給新中國電影藝術帶來毀滅性打擊。據統計，1950 年，我國拍攝國產故事片 29 部，1951 年僅有 1 部。1951 年至 1954 年四年中，全國共計拍攝電影 16 部。

　　1951 年底到 1952 年 10 月，中央在黨政機關工作人員中開展了「反貪污、反浪費、反官僚主義」運動，並在私營工商業者中開展了「反行賄、反偷稅漏稅、反盜騙國家財產、反偷工減料、反盜竊國家經濟情報」鬥爭，合稱「三反」、「五反」運動。中共要求各單位限期發動群眾開展鬥爭，開了人與人之間互相揭發、互相陷害和謾罵的先河。在「三反」運動中，一些單位揭發出私人工商業者的貪污、行賄偷稅漏稅等違法行為。為此，中共中央於 1 月 5 日發出了《關於在「三反」鬥爭中懲辦犯法的私人工商業者和堅決擊退資產階級倡狂進攻的指示》。3 月 11 日，政務院公佈了《關於處理貪污、浪費及克服官僚主義錯誤的若干規定》。3 月 28 日，政務院通過了《中華人民共和國懲治貪污條例》。文件根據「嚴肅與寬大相結合、改造與懲治相結合」的方針，規定了對貪污分子的處理辦法。

　　——結合這樣的時代大背景回頭再看，林昭當時所受的委屈確乎小了點。然而，個人的委屈即便再小，也絕不是微不足道的，因為時代的大悲劇往往皆由個人的小委屈滙聚而成。如果我們無視一個人的小委屈，則所有人遭遇大委屈的日子就不遠了。況且，每個人的心靈是如此獨特，當哈姆萊特在琢磨「生存還是死亡」時，高爾基在高呼「讓暴風雨來得更猛烈些吧」，林黛玉卻在低吟「他日葬儂知是誰」。所以，這些「小委屈」到底對林昭造成了怎樣的傷害？我們真的永遠無法準確探知。

　　1952 年初，21 歲的林昭是被組織派遣到常州工作的。新中國剛剛成立，各方面急需大量人才。儘管在組織眼裏，像林昭這樣的知識青年還有著這樣那樣的問題，但他們畢竟是主動投奔組織並接受過教育的，屬於「可塑之才」。於是，林昭和蘇南新專學生一起，當仁不讓成了搶佔吳中宣傳高地的生力軍。

　　《常州民報》是家規模不大的私營報紙，林昭初來乍到，卻始終牢記組織的教導：「我們是黨派來的，要宣傳好黨的主張。」林昭的筆鋒向來很健，她很快成了民報的活躍記者，以林昭、小昭、高翔等筆名，在副刊、新聞等版塊發表了通訊、詩歌、相聲等幾十篇

作品,如:〈在總路線的陽光照耀下前進〉、〈走上社會主義光明大道〉。林昭採寫這樣的文章興致勃勃,她和千千萬萬正直善良的中國知識份子一樣,是那麼地渴望民族振興、期待國家富強。當眼前這個新政黨承諾要帶領飽受患難的中國人民走向美好未來時,她有什麼理由不相信這個黨、不愛戴這個黨?當自己與黨的一些人發生磨擦時,那也只是這些人的問題,是自己的問題,而絕不是黨的問題。即便對黨的一些政策不夠理解,她也仍然相信那只是黨在某一階段、某一背景下不得已而為之的權宜之計。所以,儘管這一時期林昭還會經常忍受這樣那樣的個人委屈,她對黨、對革命的信念卻從來沒有動搖過,以至於經常抱病工作。

　　林昭自幼體弱多病。離家以後,一方面生活條件有所下降,吃穿住行經常十分簡陋,另一方面林昭自己也抱定「苦行僧」思想,妄圖以艱苦的生活、忘我的工作來洗刷家庭出身優越的「原罪」,於是她的身體狀況越發糟糕,經常日以繼夜地咳嗽。期間母親多次勸說她回家休養,可她總是病剛見好轉,就又撲到繁瑣的工作上。1952年5月,她在給好友倪競雄的信中說:「最近一、二十天來,很少在半夜以前休息過,有時搞材料直到清晨,白天還得工作或開會。我在睡得最少時不過睡二、三小時一天,不過我很愉快。在看到同志們或黨國旗和毛主席像的時候,我可以不致如以前那麼不敢抬頭了。」

　　林昭誠然是喜愛報紙工作的,她從中學起就參與辦報、寫稿,對採編可謂是駕輕就熟。但如果這時把她安排到其他工作崗位上,她也一定會熱情似火,因為工作在她眼裏已得到昇華。倪競雄因怕做財經工作苦悶,林昭為此還專門寫信勸她:「姐姐同志,要說幹了財經工作就終結了文藝生命,我怎麼說不敢同意……就是算盤或商人,行情或業務,也總離不了生活,離不了鬥爭,離不了群眾。既然有生活……都是生活在鬥爭和群眾中,創作的源泉永遠無枯竭之理。我覺得在最近一晌我確實是在儘量向『忘我地工作』努力。如果真是全心全意考慮如何地把工作做得更好,個人是絕對忘得掉

的。而真正從心底熱愛你的工作，自己也就得到了最大的愉快和安慰。」

通過工作，林昭還覺得靈魂得到了淨化：「我這會思想上比以前乾淨些了，因為以前想的是『我』怎麼樣，而現在我想得最多的是工作。我熱衷於工作的出發點，在最初只是為了贖罪和忘卻，之後工作本身的興味大大鼓勵了我，之後我又把個人愛好結合了進去。你知道我的，我一直深愛藝術並且願意做一個藝術家。我驚喜地感到群眾工作是一門最完整而精緻複雜的藝術。這裏面有壯麗的畫面，有輝煌的文字，有動人的詩篇，有動聽的樂曲──有時代的脈搏。我感到做一個這類藝術家的光榮。我衷心的熱愛了我的工作。」在民報當記者的日子，民豐紗廠（常州國棉二廠）是林昭經常去採訪的基點。第一次接觸民族工業，第一次接觸產業工人，她覺得哪兒都十分新鮮。工人也喜歡這個漂亮記者的率真勤快，她與工人們結下了深厚情誼，並率先全面介紹了全國勞動模範徐建華的事蹟。

蘇南新專的幾位同學畢業後又成了林昭的同事，他們回憶林昭當時嘴角常常帶著微笑，她嘴巴不饒人，好與人爭論，輕易不放過別人的缺點錯誤。但因為尖銳的批評總是伴著微笑進行，所以給人以坦率、純真之感。1953年5月史達林逝世後，林昭有段時間一直在髮辮上紮著兩朵白花以示紀念。那時候她身穿花格布上衣，又常常肩披外衣，輕聲細步地踱來踱去。同學陳叔方對林昭的三件小事印象深刻。有一次，陳叔方和林昭一同參加一個處理小業主虐待學徒的會議。那時解放伊始，會還開得比較民主。於是出現了一方面小業主巧言善辯、八面玲瓏地為自己掩飾，而另一方面學徒工卻緊張窘迫、表達不清的可笑場面。眼看會場秩序有些混亂，林昭很著急，她當即從筆記本上撕下一張紙，寫了個條子逕自跑到主席臺上交給主持人，意思是要他站穩立場。主持的領導看了條子後點了點頭，很快調整了氣氛，扭轉了會議的局面。陳叔方對林昭處事果斷大方的做法十分讚賞。

還有一次，大家在辦公室裏議論解放軍坦克經過市區的事──

「已經解放了，城裏又沒有敵軍，解放軍不應該把坦克開進市區。」

「讀者反映坦克把路面都壓壞了！」

「是啊，幾次三番進城，轟隆轟隆的，攪得人心神不寧。」

大家七嘴八舌正說著，林昭路過辦公室聽見了，她當即停下腳步反駁道：「你們這麼說真是對解放軍的大不敬！我們的和平是解放軍換來的。現在解放軍進城，我們歡迎還來不及，怎麼還說這些怪話？」

這時，窗外忽然又傳來「隆隆」的馬達轟鳴聲。

「來了！來了！解放軍又來了！」有人喊了起來。

林昭聞聲迅速來到窗前，她全神貫注觀察著一隊解放軍軍車拖著大炮經過街面，一群孩子歡叫著跟在後面跑，車上的解放軍戰士也揮著手向孩子們打招呼。看著看著，林昭忽然掏出小本子，飛快地寫了一首詩。還沒等陳叔方反應過來，林昭已經把小本子塞到陳叔方手中。這是一首歌頌解放軍、歌頌和平的詩，寫到了戰爭與和平，軍人與孩子。後來這首詩發表在民報副刊上，陳叔方為此十分佩服林昭才思敏捷。

第三件事讓陳叔方無言以對。

盛夏的一天，天氣很熱，飯後尚未上班，陳叔方一個人在辦公室休息。

這時，林昭來了，穿了件白底藍花的連衣裙。

陳叔方笑道：「你這件裙子很別致啊！」

林昭淡淡一笑說：「我自己裁剪的。」

說完，她臉色陰暗起來，忿忿不平地對陳叔方說：「難道領導就不能批評嗎？他們怎麼像法西斯一樣蠻橫粗暴呢？！」

然後就把新近發生的一件事告訴了陳叔方。原來在一次開會時，林昭對工作提出了一些不同的意見，主持會議的領導當即對她橫加指責。林昭不服，爭論了一番，領導遂發動大家對她進行現場

批判。林昭一氣之下退出了會場。沒想到領導氣極敗壞，竟然下令叫幾名男同志強行把她架回會場，繼續批判！

林昭說著說著，忍不住放聲大哭。

陳叔方一時間實在找不到什麼言語能夠安慰她，只能絞了一把毛巾給林昭擦眼淚，默默地聽她講。

後來陳叔方歎息道：「唉，別哭了，別哭了！哭傷了身子不值得。你就把這作為一種社會現象吧，不必過於認真。」

哭了半天，林昭發現自己已經讓陳叔方十分不安，遂慢慢止住了哭聲平靜下來。她紅腫著一雙眼睛抽泣著說：「沒有關係的，我說過就算了，自己會處理的。」

陳叔方知道，也許明天林昭又會奮不顧身地投入工作，但她內心的傷痕絕不會就此輕易消失。這樣的事件為什麼會發生？沒人說得清。只是大家都知道，這樣的事情經常會發生。

2 月初，林昭在常州病倒。原準備請假回家休養，後來又放棄了。1952 年這一年，林昭極其虛弱，肺病經常發作。直到 6 月 25 日，她在給倪競雄的信中透露：「本月初為著咳嗽利害，我上醫院去檢查了一次。我也料得到這回可能會有點兒什麼的，因為我咳得很凶，並且胸口常常痛。透視結果，當真是稍微有了些什麼，小意思。自經那一天後，我心緒更不寧靜了。有時我也會很平靜地等待著，感覺『死』未始不是一種解脫。但在另外一些時候，生的意志強烈地扭住了我，想到自己的生命還那麼年輕，想到自己有些才能，我不甘心就這麼死去。但是，棣，我得承認，有許多時候我是在糟踏自己，緊張的工作，很少的休息（現在還好些了），反正，肉體的一切痛苦都比心靈的痛苦容易忍受。你記得麼，沒有薔薇的春天……活在這沒有愛的人間……」面對病痛，林昭表現得是如此坦然。與心靈的痛苦相比，工作之累、肺病之咳似乎都不足掛齒了。

10 月 2 日給倪競雄信：「我不曉得該怎麼說才好，心情很凌亂而離奇，主因是為了與一位同志鬧了一頓，事情很小，但他竟大罵了我一頓，甚至說我『壓迫』、『統治』他云云。真令人啼笑皆非，

頗有『人間何世』之感。因此,棣,殊不痛快。也許這些都不大值得,很可付之一笑,可是我還沒有那份兒政治修養(或曰玩世天才)。」

在這封信的後面,林昭抄錄了三首自己創作的詩詞與倪競雄分享,從中我們不難感受到她那難遣的苦悶和憂鬱:

(一)

昨夜幾番驚夢,夢裏頻傳鄉音,孤鴻遊子意,秋雲故人情。
覺來枕邊猶溫,斜月照徹夢痕。江南無限好,何時是歸程?

(二)

更深憑闌悄立,萬恨千愁牽心。有淚皆成血,無淚更吞聲。
今宵歸夢何處,故園芳草青青。秋風深巷裏,寂寞起三更。

(三)

二十年,一夢過,宿孽重,折磨多。
心中更比黃蓮苦,徘徊悵望在歧途。
寒風刺骨日又暮,雲裏天涯路。

到了秋冬季節,林昭的肺病更嚴重了,甚至時不時咳出血來。12月10日在給倪競雄的信中,她說:「十二月一日,我吐了血。起先較厲害,後來少些,吐了一天多,直到二日下午,痰中還有血點。這次吐的全是一點點一絲絲的,好像記得說這比滿口血還壞。我休息了兩天光景,事實上血還沒全止的時候就起床了。」

之所以突變如此,主要是心情的因素:「這一次的吐血,除了身體衰弱,心情憂悒影響很大。在吐血前一晌(約七至十天),我差不多每天都長歌當哭或是背人流淚,感情幽塞得了不得。我對一切都少興趣,也恨自己……眼看到別人在前進,自己落後,自然也很苦痛。最苦的就是連哭的地方都沒有。我只好常常唱一些悲涼的歌以發洩感情。有同志說我的歌聲不健康『像哭一樣』,事實上歌聲已經混合了我的眼淚。這次吐血好像也並不算意外。棣,你知道嗎,那些血,鮮紅鮮紅的,我就不知道它應當是苦的還是酸的,也許都有在裏面。」

　　這樣的淒慘光景除了對好友，就不能對第二個人說了。父母如若知曉，非得奔到常州把她扛回去不可：「病起後，胃口更壞，一直很少好好吃些東西過，飯總是一碗了事，有時一碗也吃不完。有一次到一家麵館裏去吃東西，無意間在鏡子裏看到了自己的臉，憔悴無神，臉色慘白像死人一樣，一絲血色也沒有。以後，每聽到別人說我臉色不好，我就會想起自己那天看見的樣子，也只有苦笑的份兒了⋯⋯」

　　在這封信裏，林昭隱約涉及到失戀的秘密：「關於愛情，我記得一句話：『愛只能愛一次，並且是永久的。』我不是一定要為誰守活寡，但我確實已經愛過人，我是很真誠的，別人侮辱了我的愛情，毀壞了我的青春，在我的感情上留下了永恆的創傷。我是個重感情的人，對這類事很難輕之易之，一笑置之。既然我錯用了感情，我就讓它死在那裏──惠山下的故墓上。我沒有忘記過那個人，但也沒有寬恕他。對某某之流，我不斤斤計較他們了，但也不原諒他們。我對他們有著一種冰冷的憎惡。如果街上碰到，我總想法裝不看見，不招呼他們。」

　　就這樣愛恨交織，林昭度過了不同尋常的 1952 年。1953 年，《常州民報》奉命撤銷，林昭權且結束了一年有餘的記者生涯。根據她長於寫作的特點，組織上將她安排到常州市文聯工作。當年，全國高等院校按照蘇聯模式進行院系調整，原蘇南新專教育長羅列調入北京大學中文系擔任副主任兼新聞專業負責人。林昭聞訊，沉寂已久的求知欲望一下子又萌發出來。經過這些年的磨礪，她已經在社會這所大學裏學習了很多。現在硝煙紛飛的年代已成過去，新中國進入了恢復發展的建設時期，該訪求名師、拜讀名校了！

　　好在常州領導批准林昭復習參加高考，羅列老師也向當年的才女發出了真誠邀請。於是，林昭將往日的陰鬱和困惑拋之腦後，一門心思沉浸在書本之中。1954 年夏天，林昭以江蘇省最高分的優異成績，考入北京大學中文系新聞專業。當年 8 月 15 日的《解放日報》以五個版的篇幅，刊登了〈全國高等學校一九五四年暑期招考新生

錄取名單（華東區部分）〉，「彭令昭」的名字位列第十版「北京大學中國語言文學系」之內。因屬幹部，林昭每月工資25元。父母得知，懸了多年的一顆心就此放了下來。他們滿心以為22歲的大女兒就此走上了人生的坦途，殊不知林昭的荊棘之旅才剛剛開始……

第二章　覺醒（1955-1959 年）

一、紅樓林姑娘

　　北京大學，一個多麼高貴典雅的名字！一個多少令人神往的聖殿！它是五四的搖籃，它是文明的象徵，它是中華民族近百年來追求自由、追求民主的見證。蔡元培、王國維、陳獨秀、李大釗、胡適、魯迅、顧頡剛、梅貽琦、傅斯年……把這些北大走出來的民族精英用青銅塑造起來吧！讓他們用不朽的靈魂捍衛北大精神的高潔，讓他們用青銅的身軀呵護未名湖水的純淨。噢，如果有一天我們能夠在未名湖畔邂逅這些銅像，那與先賢大儒並肩抵足的最後一尊，除了瘦弱清麗的林昭還有誰配呢？！

　　1954 年秋天，林昭千里迢迢從上海趕赴北京。當她一腳踏入北大的世外桃源時，這個中國第一校還古風猶存、舊景尚在。來來往往都是全國各地的天之驕子，低頭抬頭俱見如雷貫耳的名師大德，林昭不由地想：這才是我心馳神往的地方啊！儘管社會上各式各樣的運動一直沒有間斷過，但校園畢竟還是校園，無論走到哪裡，都自有一股揮之不去的儒雅和淡定。呼吸著這樣的空氣，感受著這樣的氛圍，林昭的心越發寧靜。她像一條乾渴已久的魚兒，一遇到大海便立馬無影無蹤地潛了下去。

　　北大新聞專業 54 級有一百多人，大多是調幹生和黨團員，分為四個班。後來一些「三代清白」的同學被挑選赴東歐留學，剩下的98 人合併為三個班，林昭當時在第三班。那時候，她一般總是自稱「林昭」。以至於開學兩個多月，師生都不知道「彭令昭」到底是哪位。有一天，全年級學生正在階梯大教室上楊晦先生開設的《文藝學引論》，系辦公室的馮世澄先生舉著一捆郵包走進來叫道：「彭令昭！彭令昭！誰是彭令昭？你的書到了！」大家正莫名其妙，只見林昭站起身走到馮先生身邊認領了郵包。大家這才恍然大悟，原來「林姑娘」就是真人不露相的彭令昭啊。

在北大，同學們都喜歡稱呼林昭「林姑娘」。因為她來自蘇州，恰巧「姓」林，且外貌清靈秀麗，身體弱不禁風，走路一搖三擺，說話嘴不饒人，性格柔中帶剛，氣質孤芳自賞，興趣十分廣泛，才華百裏挑一，簡直活脫脫一個生活版的林黛玉。北京學生張玲係北大西語系教授、哈代研究專家張谷若先生的女公子，也是林昭在北大時的閨中密友。見面第一眼，林昭就給張玲留下了深刻印象：「兩條南式辮子吊在耳際，淺灰藍色工裝褲裁剪合身，白襯衣，體質弱，瘦長臉上長著一對南人那種靈秀的眼睛含著笑。」而同學孫文鑠則是開學不久就領教了林昭的「刀子嘴」。那一天，三班同學在未名湖畔的石船上，為赴羅馬尼亞留學的楊家春同學開歡送會。林昭唱了一首「長亭外，古道邊，芳草碧連天」，孫文鑠在回宿舍的路上批評她不該唱這首有小資情調的歌，林昭立刻反問：「難道讓我唱『風蕭蕭兮易水寒，壯士一去兮不復還』？唱『雄赳赳，氣昂昂，跨過鴨綠江』？」孫文鑠頓時啞然，知道這位女同學沒那麼簡單。

不過，就算是在人才濟濟的北大，林昭的才華也很快脫穎而出。當時讀大學沒有現成的教科書，上課全憑聽講記筆記。林昭的筆記是記得最快最好的，字跡清麗，條理分明，成為同學們「對筆記」的樣本。同班同學李天寵回憶林昭非常好學，有一次林昭與他一起乘電車返校，兩人都沒找到座位，只好拉著吊環站著。林昭與李天寵交談了幾句後，就從包裏取出一本厚厚的書，一手拉著吊環一手持書，就著車上微弱的燈光看起來了，全然不顧電車的搖晃和震動。還有一次李天寵應邀給同學們講解圍棋，林昭忽然問：「為什麼這種棋要叫圍棋？」李天寵隨即用棋子擺出各種陣勢，說明包圍與反包圍是這種棋的基本戰法，所以叫圍棋。結合當時正在學習的《矛盾論》，李天寵又闡述了圍棋的棋理，以及內線中的外線和外線中的內線等。林昭聽得十分入神，馬上表示要向他學習。李天寵因此認為，林昭興趣之廣遠在一般同學之上。北大四年，李天寵僅到過女生宿舍一次，還是偶然隨陸拂為一同前往的。當時林昭正在房間的一角看書，見李天寵他們進來，只隨口應酬兩句就又沉浸到書裏去了。

李天寵從來沒想到平時熱情奔放的林姑娘，竟然也有這樣「呆」的時候。

北大教授游國恩先生是當代中國古典文學大師。來自山東青島的中文系學生張元勳證實，游國恩教授對林昭十分欣賞，曾建議系裏將林昭從新聞專業轉到文學專業，以後專門從事古典文學研究，但最後不知為何沒有實現。張元勳回憶，自己有一次到燕東園探望身體不適的游國恩先生。游先生提起林昭頓時讚不絕口，說她勤學多思，是個前途未量的好苗子。張元勳在北大時住在十五齋。當時十五齋還有位新聞專業的男生叫買買提‧塔吉里克，據說來北大前曾任新華社新疆分社社長。系裏指定林昭做買買提的「輔導員」，幫助他學習一些課程難點。林昭因此常來十五齋，與張元勳等也慢慢熟悉起來。張元勳與林昭第一次交往，是在圖書館的善本書庫裏。當時林昭在一盞不太亮的臺燈下翻閱著一大堆線裝書，張元勳注意到那是《毛詩鄭箋》。

一起從圖書館出來後，走在南閣、北閣旁的幽靜小路上，林昭若有所思地對張元勳說：「〈豳風‧七月〉：『女心傷悲，殆及公子同歸。』說的是什麼？我看說的是女奴隸為奴隸主小姐作陪嫁奴隸的制度。她們陪嫁異國，就永遠不會見到自己的生身父母，所以『傷悲』。古代學者早就指出：『婦人謂嫁為歸。』還說：『諸侯之女稱公子也。』可見『公子』是貴族小姐，不是少爺。現在許多注本都幾乎異口同聲地說：『女奴悲傷，害怕被奴隸主公子擄去，受到侮辱。』這豈不荒唐！」林昭又進一步分析說：「其實，我看整篇〈七月〉幾乎用了極大篇幅描寫了奴隸主為他的女兒準備出嫁的細節，從養蠶採桑到織布染色，從狩獵狐狸到『為公子裘』，準備的都是嫁衣。」林昭的觀點讓張元勳耳目一新，他當即明白游先生為什麼對林昭褒獎有加了。張元勳在 1957 年的「大鳴大放」中，與沈澤宜放出了「第一槍」，成了北大「五‧一九」運動的出頭鳥。林昭入獄後，張元勳曾以「未婚夫」的身份冒險探監。

　　游先生對林昭的看重，後來也得到楊晦先生的證實。1980 年 12 月 12 日，林昭平反追悼大會在北大舉行的次日，張元勳和林昭妹妹彭令範一起拜訪恩師楊晦先生。86 歲的楊晦先生老淚縱橫地告訴二人：「當年在討論逮捕張元勳時，我是堅決反對的；當年在討論游先生建議將林昭調入文學專業時，我是堅決同意的。」先生歎息道：「我每當想起這些就覺得心裏難過！」稍停又說：「林昭是游先生看重的學生，多少次游先生的學術講演，都是即席發揮，沒寫講稿，事後都是根據林昭的記錄整理成文的，如果沒有後來的那場運動，林昭可能會成為游先生的好助手！即令不改專業也無妨於此！」

　　其實，林昭的才華哪裡僅僅展現在古典文學一端呢？她從小就有成為作家的宏圖大志，十來歲著文發表時已頗有文采。後來進入蘇南新專學新聞、進入《常州民報》當記者，她又把新聞幹得有聲有色。就讀北大新聞專業後，林昭滿懷希望要成為新中國第一代女記者。她的寫作計畫滿滿一大堆：要為瞎子阿炳寫傳記、要把魯迅的小說〈傷逝〉改編成電影、要寫一本《中國土改史》……而因為古、近、今體兼能，下筆有如神助，入學不過數月，她在北大詩壇便獨領風騷！

　　1955 年春天，北大學生會設立「群眾文化部」，大力組建名目繁多的文學藝術社團，包括國樂社、西樂社、舞蹈社、戲劇社、美術社、武術社及北大詩社等。北大詩社集中了北大著名學生詩人，當時社長是現代派詩人趙曙光，社員有古典派詩人崔道怡，哲理詩人馬嘶、李任，海濱詩人孫克恒，抒情詩人薛雪，學者詩人謝冕，大漠詩人任彥芳，唯美詩人王克武等。林昭是詩詞文賦俱佳，古今中外皆能，是這幫莘莘學子中少見的「全才」。林姑娘的美名由此興焉！詩友聚會正彷彿大觀園裏的結社，每一次都熱鬧非番、意趣盎然。林昭極愛與人鬥嘴，她一出場必有一番舌戰，有時候是爭執，有時候是討論；有時候猜燈謎，有時候憶亡書；有時候聯詩句，有時候議古今……總之，非得把氣氛弄熱火了不可！那真是一段值得珍藏的黃金歲月啊。

北大詩社自成立起即出版月刊《北大詩刊》。初為 32 開小本，自 1956 年改為 16 開本，林昭與張元勳都被任命為編輯部成員，經常與校印刷廠打交道。林昭校對清樣極其認真，往往在車間一待就是半天，當時的廠長唐海寬先生對她的認真與細心佩服不已。1955 年 12 月 31 日下午，全校已經沉浸在辭舊迎新的快樂裏，林昭還在印刷廠的辦公室裏對《北大詩刊：1956 年新年專號》的清樣作最後校對。那一期張元勳和林昭同為責任編輯，走出印刷廠的大門時，夜幕已經降臨，校園裏播放著悠揚優美的輕音樂舞曲，學生餐廳的除夕聚餐宴會已將結束。來到大飯廳時，工人們已經在收拾餐桌，迎新年通宵化妝舞會馬上就要在裝飾一新的餐廳開始了！林昭和張元勳趕緊從視窗要了兩份菜，兩個人坐在角落裏匆匆打發了肚子。元旦一大早，林昭和張元勳又及時趕到印刷廠，取走工人師傅連夜加班印刷出來的《新年專號》。專號封面為粉紅色膠版紙，上面是一張林昭精心選擇的刻紙圖案：一個小女孩開心地提著一盞美麗的燈籠……

林昭對學習、對工作的認真還另有所表。當時林昭在《北大詩刊》只是兼職編輯，她的主要精力還在校刊編輯部，和女友張玲等負責校刊的文藝副刊。那時候，張元勳與林昭已經相當熟識了，可每回張元勳給校刊編輯部投稿，林昭都要品頭論足一番，從不網開一面！有一次張元勳寫了一組短詩，共三首，題為〈陽春三弄〉。自我感覺良好地送到林昭面前，林昭卻大筆一揮說：「不用！」而且還這樣那樣地批評，讓張元勳好不難堪。後來還是張玲施以援手，三首擇其一而發之，還鼓勵張元勳說：「忽然，夜風把湖心吹起漣漪，／欣喜。冰已消融！春已有了消息！──這大約是受了林庚先生詩風的影響吧！」即便如此，張元勳對林昭、張玲二位也不得不服，要知道她倆當時已頻頻在《光明日報》、《中國青年報》等知名報刊發表詩歌了！林昭那首聲援埃及、反對英美佔領蘇黎士運河的詩，張元勳還背得出來呢。

1956 年秋，北大黨委決定創辦一個學生綜合性文藝刊物，這就是後來聞名一時的校園期刊《紅樓》。《紅樓》問世，《北大詩刊》停辦。對編委會成員作了增補後，《紅樓》公佈了如下編輯陣容：

主編：樂黛雲

副主編：康式昭、張鐘

編委：馬嘶、李任、王克武、林昭、張元勳、謝冕、張炯（按年級高低順序排列）。

林昭自此退出了校刊編輯部。加入《紅樓》後，「紅樓裏的林姑娘」這一稱謂越發地有名有實了。《紅樓》編輯部一直沒有自己的專用辦公室，每次開編委會，都是臨時借用學生會、團委會甚至黨委會的辦公室。而平時修改文稿、校對清樣，一般都在林昭的宿舍──文科女生宿舍二十七齋二樓。一間宿舍住著八名女生，除了林昭，同舍的張玲、韓其慧後來也被打成「右派」，韓其慧最後早死於新疆。

1957 年元旦，《紅樓》創刊號散發著油墨芳香出現在北大學子面前，扉頁是著名詩人林庚先生專為雜誌創作的新詩：

> 紅樓你響過五四的鐘聲　你啊是新詩搖籃旁的心
> 為什麼今天不放聲歌唱　讓青年越過越覺得年青

林昭也在創刊號上發表了組詩〈旅大行〉，是其 1956 年暑假旅順、大連旅行回來創作的。幸得詩人馬嘶非常不易地保存了一張剪報，讓我們今天還能讀到組詩的一首：

> 一輛披甲的坦克巍然兀立，在軍事博物館門前廣場中，
> 炮口威嚴地向著前方直指，九顆紅星記錄了它的戰功。
> 傳說它曾走過漫長的道路，從柏林勝利進軍到遠東，
> 它輾碎了九輛法西斯坦克，它的名字是軍團的光榮。
>
> 當年是它首先衝入旅大，把自由的歡樂帶給群眾。
> 人民要求讓它留在這裏，紀念那蘇軍──解放的英雄。

它身邊常有人徘徊不去，傳說也越來越增加內容，
人們滿懷著深情與感激，愛它──和它的千萬個弟兄。

1956 年 8 月旅大

還有一首〈石獅〉亦創作於這一階段，但具體背景已語焉不詳：

石獅你產自何處深山，
天安門前蹲踞了幾十百載？
封建時代你年年看「丹鳳頒詔」
五四，你卻作了大會的講壇。

當年示威的隊伍向廣場湧來，
年青人跳上獅座振臂高喊：
「外抗強權，內除國賊！」
──巴黎和會上起一聲巨雷。
人們驚異地傳說：石獅都在吼叫，
要把沉淪的民族魂喚回……

四十年風霜雨雪，你仍然健在；
陽光的節日，天安門紅旗招展；
你看歡樂的隊伍狂潮般從身邊湧過，
對脫下鐐銬的自由人民睜著笑眼。
啊，我的祖國，東亞威嚴的醒獅，
她不也正睜著自豪的笑眼看世界！

《紅樓》第二期於 1957 年 3 月 1 日出版，林昭與張元勳擔任責任編輯。林昭在〈編後記〉中寫道：「我們希望能在《紅樓》上聽到更加嘹亮的歌聲，希望我們年輕的歌手，不僅歌唱愛情、歌唱祖國、歌唱我們時代全部豐富多彩的生活，而且也希望我們的歌聲像熾烈的火焰，燒毀一切舊社會的遺毒，以及一切不利於社會主義的東西。」

在這一期裏，林昭發表了詩作〈姑娘說──調侃「獎章詩」的作者們〉：

> 你說你在田邊、路上、課堂裏……遇見了我，
> 你馬上就被我吸引住了目光，
> 因為我頭髮這麼黑，眼睛這麼亮，
> 「最主要之點」，我胸前掛著一枚獎章。
>
> 在田邊我一定掛著勞動英雄獎章，
> 在道上大約掛著先進工作者獎章，
> 在課堂裏當然是三好學生獎章，
> 如果在操場上，那就是勞衛一級證章。
>
> 你說你感到激動，似癡似狂，
> 愛情燒灼著你的胸膛，
> 但是你一句都不表白，
> 只因為我胸前有一枚獎章。
>
> 於是你變得苦惱而又懊喪，
> 怨恨自己工作不好，學習不強，
> 多沒出息呵，胸前光蕩蕩，
> 配不上我這個戴獎章的姑娘。
>
> 親愛的作者，你幹嗎非得要
> 在我胸首碼上各式各樣的獎章？
> 你那可憐的抒情詩啊，
> 為什麼總只能粘在獎章上？
>
> 看著你的詩，我不由得悲傷地想，
> 誰知道吸引你的是我，還是獎章！
> 假若這世界上沒有了獎章這件東西，
> 難道你再無法把愛情歌唱？

　　《紅樓》第三期是紀念「五四」專刊。編輯部成員幾乎人人動手，爭先恐後地奉獻出最好的作品，其中自然少不了林昭。「五四」傳統讓大家激情澎湃，數十首詩歌如潮水般滙集而來，一下子就讓「五四」專刊成了詩歌專刊——是啊是啊，沒有詩歌的「五四」還稱得上「五四」嗎？沒有詩歌的青年還稱得上青年嗎？讓「五四」成為青年的熱血吧，讓詩歌成為青年的吶喊！

　　1957 年 5 月 4 日上午，《紅樓・五四專刊》在燕園隆重發行。首印一萬冊，一會兒便一搶而空。當天晚上，在北大東操場上，「五四」營火晚會與火炬傳遞同時隆重舉行。北大黨委書記在主席臺上把第一支火炬點燃，遞給站在台前二級臺階上等待著的一位同學。那同學接了火炬，轉身將主席臺下的數十支火炬一一點燃。然後，一傳十，十傳百，百傳千，頃刻間整個操場成了一個火炬的海洋！火光映照著一張張年輕的臉，在這些臉上充滿了渴望、激情和憧憬：啊！時代已經把「五四」的火種傳遞到我們手上，我們能把自由、民主、獨立的精神薪火相傳下去嗎？

　　掌聲響起，歡呼暫息，「北大五四詩歌朗誦會」開始了！

　　詩歌朗讀團的成員們早已把《紅樓・五四專刊》的內容背得爛熟於胸。這時，只見他們訓練有素地走上前臺，款款深情地朗誦著一首首或激昂、或憤怒、或飄逸、或柔情的詩歌。在上千支火炬組成的光明之海裏，這些詩歌引領著八千學子度過了一個不眠之夜……

　　那一天，林昭作為朗誦會的顧問，一直堅守在主席臺的南側。

　　面對著這光海、火海、詩海和人海，林昭靜默著、沉思著。

　　最後，人們把火炬堆成一座火山！

　　衝天烈焰讓八千學子熱血沸騰，大家載歌載舞、縱情歡唱，直到晨曦微露、餘燼漸熄，才依依不捨地漸次離去。

　　林昭與張元勳等人返回宿舍時已是 5 月 5 日的早晨，這天是星期天，不用上課。

天亮了，但整個校園仍然沉浸在夢鄉之中，連晨曲也破例沒有播放，實在是罕見的安靜！

——噢，好一個激情燃燒的年代啊！

二、山雨欲來

1957 年是中國歷史的轉折，也是包括林昭在內 55 萬中國知識份子命運的轉折。

這一年的陽曆除夕夜給張元勳留下了刻骨銘心的記憶，他在後來的回憶文章中用詩情畫意的語言描述了當天的場面——

1956 年 12 月 31 日的夜晚，北大燕園內燈光如畫，可容納八千人的大小餐廳，學生宴會之後，早就打掃得乾乾淨淨，大餐廳的中心放著一個直徑兩米的大花盆，裏面栽著一株五、六米高的針松聖誕樹，枝葉之間燈光明滅，空間是被香水噴過了的，彌漫著茉莉、玫瑰的芬芳！「迎接偉大的 1957 年」金色大字懸掛在主席臺上，所有的聚光燈都投射在這十個金色大字上，彷彿它就是即將展現在我們面前的那金色的日子！那光明的日子！那光彩奪目、充滿偉大希望、鑄定燦爛前途的日子！

其實正值嚴冬，北京的冬季其實奇寒，而北大兒女們的臉上都蒸騰著汗氣。舞廳內燈光微暗而柔美，姑娘們的臉上大約都有粉，嘴唇是被唇膏塗過了，在微暗的燈光中，卻成了黑色。林昭與張玲也在這「無憂之境」飛翔。這八千北大學子不是楚之驕兵，而是天之驕子！

午夜十一時三十分，我們敬愛的馬寅初校長、周培源教務長等學校領導來到迎接新年的會堂，登臺賀年，舞典驟停，八千驕子靜立。當午夜的鐘聲響到第十二響，餘音未絕，北大沸騰了，如群山在笑！這八千子弟的第一句高呼，呼的是什麼？是——

「毛主席萬歲！」

「共產黨萬歲！」

「中華人民共和國萬歲！」

馬老的習慣用語：「兄弟我！」剛一出口，他的話便被海濤般的掌聲所淹沒。這位慈祥、正直、愛國、淵博的老人與長者，他又何曾料到這樣的坦率、真誠、融洽、無慮的聚會，以後竟不會再有了！永遠也沒有了！他何曾料到：再過四個半月、五個月，這個栽著郁郁蔥蔥的針松聖誕樹的大廳裏，這懸掛著十個赫然金色大字的北京大學的天堂裏會降下宙斯神火！一場史無前例的「引蛇出洞」之戰，竟會在與國際帝國主義的決死之戰、與國內蔣家驕兵的決死之戰告捷八年之後，在新中國的復蘇未久的戰火焦土上展開，會在這八千「天之驕子」中展開！其心之快，其志之壹，可謂任何「回天之力」皆已不存！這是為馬老所不曾料到的！於是，就在這八千驕子之中竟有 1,500 人中計罹難，更有如林昭這樣的正直、熱忱、赤誠、愛國的青年男女死於槍殺，更不用詳說那一支被逮捕、被開除、被遠放、被驅走的不幸大軍，他們浪跡天涯，背親離戚，在荒原絕域、饑寒勞苦中熬盡了青春歲月，有的折磨摧殘、英年而逝，有的苟活倖存也憔悴若癡，且年及衰頹、孑然孤苦，蒼天不助！——在這 1956 年的除夕之夜，時光流向 1957 年元旦的臨界時刻，這是馬老，也是所有的人所不曾料到的！

馬老的紹興鄉音未改，高呼著：「兄弟我給大家拜年！」一個穿著大紅毛線衣、白色長裙的女同學登上主席臺，把一串鮮花「項鏈」恭敬地戴在馬老的脖子上，垂在他的胸前！掌聲、歡呼聲混成海洋！這時，馬老率領校領導們走下主席臺，來到學生中間，舞曲又重新響起，一個男同學跟在他的背後，把雙手放在馬老的雙肩上，而周培源教授則又跟在這個男同學的背後，也把雙手搭在他的雙肩上，如此照做，很快一條「人鏈」連結而成，又似一列列火車，在祖國的土地上快跑。馬老是火車頭，在舞曲的優美的節奏裏，他帶領著這支中國一流的科學大軍向前快跑！他率隊而行，開始只在邊緣，隊伍像一條長龍蜿蜒蠕動，纏繞婆娑，光怪斑斕！他逐漸向中心盤旋，於是八千人組成的長龍，形成一個極大同心圓，又像一個極大

的漩渦，八千驕子都墜入其中，而馬老在這漩渦的最中心，豪情無限！

然而現實遠沒有回憶的那麼美好，中國知識份子乃至中華民族的悲劇，早在50年代初期便已初露端倪。及至1957年演變出「反右運動」、1966年演變出「文化大革命」，都無非是量變的過程而已。到了2008年的今天，隨著國際形勢的改變，隨著專家學者對歷史研究的深入，隨著蘇俄等國「絕密」文件的公開，我們不難洞悉那糾葛纏繞了半個多世紀的歷史真相。身陷歷史泥潭者除了鬱悶還是鬱悶，而一旦把中國的活劇擴展到國際舞臺上，我們便可以像庖丁解牛般打開那一個個歷史死結。

1953年3月5日，共產國際的「鐵腕老大」史達林因病去世。同年9月，赫魯雪夫被選為蘇共中央第一書記，世界格局開始悄然變動。

1954年，胡風向中共中央寫了《關於幾年來文藝實踐情況的報告》，隨即被毛澤東定為「胡風反革命集團」之首。胡風原名張光人，早年投身中共領導的文藝活動，但他在文藝思想方面同其他人有明顯分歧，為此在建國初期曾受到文藝界批判。1954年7月22日，胡風向中央遞交了後來被稱為「三十萬言書」的報告，詳細陳述了他的文藝理論主張和對黨的文藝政策的一些看法。1955年1月至5月，中國文藝界開展了大規模的「批判胡風文藝思想」的運動，並由此發展到「肅清胡風反革命集團」的鬥爭。1955年5月17日，胡風被公安部門逮捕。5月24日，《人民日報》公佈了《關於胡風反黨集團的第二批材料》。這批材料主要包括胡風與別人的一些通信。報紙另附了〈編者按〉指出，胡風惡毒地污蔑中國共產黨，污蔑黨的文藝方針，秘密地有計劃地組織反黨集團向中國共產黨和黨所領導的文藝戰線倡狂進攻。這批材料公佈後，國內掀起了批判胡風的高潮。從1955年1月到1957年底，全國有2100人受到不同程度的審查，其中逮捕92人，隔離72人。正式確定為「胡風反革命集團分子」的78人，劃為骨幹分子的23人，絕大多數人在鐵窗裏

度過了冤案歲月。胡風本人在「文革」中被判無期徒刑，1980 年徹底平反出獄時已精神失常。

1956 年 2 月 24 日，在蘇共第 20 次代表大會上，赫魯雪夫發表了《關於個人崇拜及其後果》的「秘密報告」，揭露了對史達林的個人崇拜現象，譴責史達林的獨斷專行以及盲目的工業化措施。報告提出破除對史達林的個人迷信，強調健全社會主義法制，為肅反擴大化所造成的冤假錯案平反昭雪。赫魯雪夫報告在蘇聯、在社會主義陣營，乃至整個國際共產主義運動中，產生了極其深遠的影響，舉世為之譁然。

1956 年 6 月，波蘭波茲南市（Ponznan）的「史達林工廠」爆發了罷工遊行，導致五十多名工人死亡。在全國此起彼伏的反抗局勢下，10 月，波蘭執政的統一工人黨決定召開中央全會改組政治局，推舉 1948 年被逐出中央的前波共總書記哥莫爾卡（Wladyslaw Gomulka）重新上臺執政。哥莫爾卡追求獨立於莫斯科的民族主義政策，因此史達林時期遭到監禁。波共讓哥莫爾卡復出的做法遭到蘇聯的反對，赫魯雪夫強行干涉，並調動軍隊打算武力解決問題，兩國幾乎發生大規模流血慘劇。這就是震驚世界的「波蘭事件」。

1956 年 10 月 22 日，匈牙利裴多菲俱樂部向匈黨中央提出「十點要求」，要求將拉科西開除出黨，由納吉出任總理，按平等自主原則調整匈蘇關係等。10 月 23 日下午，布達佩斯高校學生開始遊行示威，工人和市民陸續加入，一些示威者與保安部隊發生了衝突。匈牙利人民要求的不僅是民族主義，而是直接推翻共產黨統治。為此蘇聯進行了血腥鎮壓，於 11 月 4 日出兵平息了騷亂，納吉被捕並被處死。在整個事變過程中，約有 4000 餘名匈牙利人喪生，直接經濟損失達 220 億福林。1989 年之前，匈牙利政府一直認為這一事件是「反革命事件」。1989 年為事件平反，認為它屬於「人民起義」。「匈牙利事件」爆發後，正在中國訪問的一個匈牙利文藝團體無法回國，不得不在中國繼續演出。在此期間，該團曾到北大演出，匈牙利人的茫然、無助讓北大學生十分震撼。

　　北京大學是一所國際性大學，既有來自蘇聯、東歐等兄弟國家的留學生，也有海外華僑慕名而來，同時它還是高級幹部子女雲集之地。再加上自覺承擔民族使命的「五四」傳統一直綿延不息，因此，不管是國外政治大事，還是國內小道消息，都會在第一時間在燕園悄然風行。1956 年 2 月 24 日赫魯雪夫發佈「秘密報告」後，世界各大媒體都以最快的速度鋪天蓋地地報導這枚「重鎊炸彈」。可中國大陸的所有「喉舌」，連一個字也沒有洩露，大大小小的報紙雜誌仍然千篇一律地傳遞著黨的聲音。然而，冰山的一角還是不可遮擋地暴露了，北大學子被震得目瞪口呆。

　　林昭的同學、中文系歸國華僑陳茂強熟諳英文和印尼文，通達俄語和法語。1957 年春，他秉承支部領導的意圖借出了英國的《工人日報》，翻譯了「秘密報告」。當時聽報告的人，本班的、外班的、外系的同學擠滿了屋子和走廊，他邊讀原文邊翻譯。赫魯雪夫說：「我們之所以作秘密報告，是因為我們不能在敵人面前公開洗自己的臭腳布。」赫魯雪夫說史達林是一個暴君，一個嗜殺狂，是一個獨夫，是淫棍，他把列寧時代的黨中央委員用各種殘酷的手段清洗、殺害了 98%；赫魯雪夫說史達林搞個人崇拜到了無以復加的程度，誰反史達林就是反黨、反社會主義、反蘇維埃祖國；赫魯雪夫說史達林靠著地球儀指揮戰爭，根據紀錄影片來指揮農業；赫魯雪夫說在史達林的想像中，集體農莊莊員家庭會餐時，肥鵝壓塌了莊園的餐桌……

　　北大「右派」學生陳奉孝也在回憶文章裏寫道：「數學系年輕助教任大熊從圖書館借了英文版的英國《工人日報》，那上面刊有這份報告，因為文章比較長，由任大熊、陶懋頎和我三人各取一部分翻譯了出來。整風運動開始後，認識了林希翎。她說她能搞到這份報告，中央委員都有，她的男友是胡耀邦的機要秘書，可以弄出來看看。後來她真的把這份報告拿給我們看了，我們將它與我們翻譯的核對一下，準備以《廣場》特刊發表。後來反右開始，《廣場》僅出了一期就夭折了，這份報告始終也沒刊印出來。當然，後來中蘇兩

黨決裂，中國報紙也全文登載了這份報告。不過這件事成了任、陶、林和我的一大罪狀。林的男友以洩密罪被判七年徒刑，任大熊被判無期，後被折磨死在勞改隊裏，陶先生也被打成右派，受了不少磨難。」林希翎是由部隊調幹到中國人民大學讀書的保送生。1957 年前後，她已從新聞系畢業並當過一段《中國青年報》的實習記者，又回到人大讀法律系的研究生。後來，林希翎在 1957 年四處演講，成了家喻戶曉的學生「右派」。至今仍然活在世上沒有改正的「右派」，只有林希翎一人。她真名程海果，林希翎是她的筆名。

「秘密報告」及東歐事件彷彿一盆涼水迎頭澆來，讓林昭這些天真的青年清醒了不少，並促使他們認真地思考一些問題。史達林這一巨大偶像轟然倒塌，想起當年頭繫白絲帶祭奠史達林，想起自己經歷的一系列政治運動，反思自己這些年來的所作所為，林昭漸漸發現自己的愛與恨是一盆漿糊，甚至基本的人生觀、價值觀都出現了混亂。她回憶起土改時有人曾逼迫她揭發父母的問題，她不得不寫了一些無中生有的材料。為了應付經常不斷的「洗腦」，她也學會了口是心非、上綱上線。難道革命就是要把人變成非人嗎？難道共產黨就是要推行強權政治嗎？難道共產黨人就是錯了也是對的嗎？……想到這裏，她不禁哭了，她不由地在給母親的信中懺悔道：「他們要我井裏死也好，河裏死也好，逼得我沒辦法，寫了些自己也不知道的東西，我不得不滿足他們……我沒存心誣陷你。」她向母親發誓：「今後寧可到河裏、井裏去死，決不再說違心話！」大學期間，林昭與父母的關係進一步緩合。母親許憲民曾到北京探望過女兒，並給其好友張玲等帶來了江南美食。

後來，林昭曾對甘粹憶及自己對史達林的反思：「我過去對史達林印象很好，蘇共中央對史達林的批判，我還很生氣。但到我看到這個秘密報告以後，才看穿了史達林，竟是一個不折不扣的法西斯暴君。基洛夫被刺死和史達林有關，他又利用這事件進行紅色恐怖，製造列寧格勒事件殺黨政軍領導人。史達林在自己的後半生中大搞個人崇拜，一個人說了算，獨斷獨行，將肅反擴大煞費苦心，殺了

77 萬人，其中至少有 72 萬人是冤枉的。我很同意南斯拉夫關於個人崇拜是社會制度的產物的意見。人們罵鐵托‧卡德爾是修正主義，可是論點蒼白無力！馬克思主義告訴我們，所有社會現象都有社會歷史根源，史達林問題絕不是史達林個人的問題。史達林問題只會發生在蘇聯這種國家，因為蘇聯過去是封建的帝國主義國家。中國也一樣，沒有資產階級的民主傳統。中國也在搞個人崇拜，臧克家說毛澤東不僅是偉大的政治家，還是偉大的詩人。奉承為偉大的詩人，多肉麻！又有人說毛澤東是書法家，說他的字最好，我看不見得。總之，我覺得公有制比私有制好，但我認為我們現在的社會主義不是真正的社會主義。真正的社會主義應該是很民主的，但我們這裏是不民主的。我管這個社會主義叫做在封建基礎上產生的社會主義，是封建社會主義，我們要為一個真正的社會主義而鬥爭！」

　　毫無疑問，林昭不可能把這些想法表現出來，她只能更深地埋藏自己。學長馬嘶也是當年《紅樓》編輯部的成員，他印象林昭那些年很沉靜，鬱鬱寡歡的，真有些像寄居在賈府中的林妹妹。除了思想上的痛苦，林昭還有感情上的痛苦。在北大，林昭暗戀上才華橫溢的中文系男生沈澤宜，而且一戀就是三年，但沈澤宜卻對林昭「不來電」。而有其他男生向林昭示好時，林昭又無動於衷。林昭因此很受傷害。有一陣子，林昭變化明顯，由風趣機巧變得沉默寡言，羸弱的身體越發顯得單薄，臉色經常是病態地蒼白。她平時酒量不小，那段日子更要時不時地以酒澆愁。張玲忙碌無暇，她就形單影隻地獨來獨往，有時在未名湖畔把酒迎風長歌當哭，有時在圓明園廢墟上孤身徘徊直到深夜……這些表現自然被那些「積極上進」的人看在眼裏，組織於是動輒找林昭談話，或語重心長，或劈頭蓋臉。總之是批評她有「小資產階段情調」，離黨的要求越來越遠，警告她「不要與單純的小青年過於接近，以免對人家有不良影響」。這些打擊讓林昭難以為繼，有一天她不得不在宿舍裏「黛玉焚稿」，一邊哭一邊把珍愛的日記一頁頁燒毀！

　　沈澤宜晚年在回憶錄《北大，五月十九日》中專門寫有〈我和林昭〉一章，他這樣描寫了與林昭「攤牌」的經過：

　　57年早春的日子，具體是哪天現已忘卻。地點是在27齋女生宿舍後面通往棉花地操場的路邊，旁邊是一大堆供修建用的二、三米長的圓木料，上面還覆蓋著殘雪。這點我記得非常清楚，因此可以斷定是開學不久一個早春的日子。

　　兩人見面後，有一段時間默默無言；然後林昭開始說話。她把自從遇我以來三年中積聚在心的情感用簡單明確的話一次性傾吐，期望能得到我的回應。現在，輪到我來正視事關兩人命運的重大問題了，我陷入了哈姆雷特式的窘境。窘境不在於決定本身，而在於我應該怎樣回答才不致讓林昭傷得太深。想了想之後，我不得不說出一個殘酷的決定。我對林昭說她的錯愛讓我滿心感激，跟她的友誼是我迄今為止短暫的一生中最值得珍惜的，但我的確從來沒有往其他方面想，而我自己也深陷在愛的苦惱之中，不得不辜負她的一片真情，希望兩人之間仍然能夠保持像過去那樣的友誼。

　　林昭聽後，眼淚開始默默流淌，然後指著身邊的那堆木料直呼我的名字說：「沈澤宜，我現在正站在山洪沖下的一張木筏上，我不知道它會把我沖到那裏去。你正巧站在岸邊，一伸手就可以把我拉上來——可是你不肯。」

　　如此沉痛的話語從林昭的口中說出，我覺得全身震動，心裏難過得想哭。但我又怎麼能夠虛偽地接受她的愛，或者模稜兩可地加以敷衍、搪塞？我是萬不得已才狠狠心說「不」的，不忍林昭在無望的等候中空耗年華。如此漫長的三年對林昭來說是一場苦心孤詣的空白等候，完全有權得到的幸福如今成了一地碎片。罪魁禍首是我，而我是無辜的。在我和林昭之間，三年來我所小心維護的是一份珍貴的友誼，而在友誼和愛情之間，我無法也不想跨越這段距離。

　　《紅樓》創刊號是 1957 年元旦之晨與北大師生見面的。在剛剛結束了新年通宵舞會的大餐廳門前，兩張大餐桌上堆滿了《紅樓》創刊號。參加了通宵狂歡的北大人圍了一圈，人人爭購新期刊。林昭與發行組組長李鑫與其他同學一起在那裏忙碌著，內心洋溢著成功的滿足和喜悅。創刊號的封面採用了一幅木刻版畫：一個頭戴草帽的牧羊人驅趕著羊群走下山崗，他抬頭側望天空，彷彿正在觀察雲情判斷天氣。此時此刻，山上草木搖曳，山外濃雲翻滾，若隱若現的雷聲彷彿遠遠地傳來……而版畫題目則是意味深長的「山雨欲來」四個字。現在已無人說得清當初為什麼會選擇這張木刻作為《紅樓》創刊號的封面，但圖文相聯，不正應了「山雨欲來風滿樓」這句古詩嗎？這是一種巧合還是一種必然？莫非有人已經預見到1957年必將是個風雨大作的年代？山雨欲來，山雨欲來，「反右運動」是怎樣一場前無古人後無來者的怪誕風雨啊！這一封面給讀者留下了不俗的印象。沒過多久，北京師範大學中文系學生馮三浩等八人，還以「山雨欲來風滿樓」八字打頭，聯合創作了一首盛讚《紅樓》創刊的詩。詩云：

> 山外迷茫青峰暗，雨雲洶湧似波瀾。
> 欲為燕園澆春色，來滋百卉美江山。
> 風出谷中清且冽，滿地新苗盡開顏。
> 樓頭詩客豪興起，賦就紅樓誦再三。

　　儘管上天以各種方式發出了「山雨欲來」的警告，甚至不惜假借某位編輯的手，讓《紅樓》創刊號發出了「山雨欲來」的呼號，但是執迷不悟的人們仍然無可挽回地走向自己的悲劇，直到淒風苦雨把五十五萬華夏精英逼至絕境。

　　關於毛澤東「引蛇出洞」的反右「陽謀」，現在已是無人不知無人不曉的常識性史實：

　　1957 年 2 月 27 日，毛澤東在民主黨派人士眾多的最高國務會議上講了四小時的話。他首先批評史達林「殺錯了很多人」，他說中

國要「百花齊放，百家爭鳴」，他要大家起來批評共產黨、監督共產黨，幫助共產黨「整風」。毛澤東表現得真摯懇切，彷彿民主黨派如果不批評共產黨，就是不真心擁護共產黨；全國人民如果不監督共產黨，就是不把民族的利益放在心上。這次講話的錄音事後還專門擴散出去，放給不在場的民主黨派人士聽。

1957 年 3 月 1 日，毛澤東再次對民主黨派講話，請他們批評中共，特別聲明「言者無罪」。

1957 年 3 月 12 日，在全國宣傳工作會議上，毛澤東宣佈當年要在黨內開展一次全黨的整風運動。

1957 年 4 月 10 日，《人民日報》發表社論：〈繼續放手，貫徹「百花齊放，百家爭鳴」的方針〉。

1957 年 4 月 27 日，中共中央發出〈關於整風運動的指示〉，決定在全黨進行一次以正確處理人民內部矛盾為主題，以反對官僚主義、宗派主義和主觀主義為內容的整風運動。

1957 年 5 月 1 日，《人民日報》刊載了中共中央在 4 月 27 日發出的〈關於整風運動的指示〉，決定在全黨開展整風運動，號召黨外人士「大鳴大放」，鼓勵各界人士，主要是知識份子向共產黨提意見或建議，揭開「鳴放」序幕。

1957 年 5 月 2 日，《人民日報》發表題為〈為什麼要整風？〉的社論，指出在社會主義改造基本完成以後，「人民內部矛盾已經在我國歷史舞臺上代替敵我矛盾而居於主要地位」。「要在全國採取擴大民主生活，擴大批評和自我批評的辦法，使領導者和群眾之間的矛盾變得容易發現和容易解決，使全體人民在社會主義社會中有充分的自由、平等和主人翁的感覺，這樣，他們就會更加容易脫離舊社會的影響，更積極地建設社會主義經濟和文化」。

1957 年 5 月 4 日，毛澤東發佈「關於請黨外人士幫助整風的指示」，請他們暢所欲言地對中共工作上的缺點錯誤提出批評。

毛澤東「引蛇出洞」的陰謀開始只對少數親信透露過，其中包括中共華東局第一書記、上海市委第一書記柯慶施。1957 年 4 月初，

毛澤東在杭州對柯慶施等人說，他歡迎批評共產黨的講話已經使知識份子從猶豫變得開朗，開始「鳴放」了。他說：「鳴好鳴壞由他們自己負責，反正總有一天要整到自己頭上來來。」「我們要放，要硬著頭皮，讓他們攻！」「讓牛鬼蛇神都出來鬧一鬧！讓他們罵幾個月！」「蛇不讓它出來怎麼能捉它，我們要叫那些王八蛋出現唱戲，在報紙上放屁，長長他們的志氣！」「我們是一逼一捉！」5月15日，毛澤東寫了〈事情正在起變化〉一文，發給黨內幹部閱讀。說明之所以允許報紙刊登鳴放言論，「是為了讓人民見識這些毒草、毒氣，以便除掉它、滅掉它。」指出黨外知識份子中，右派約占1%到10%，黨內也有一部分知識份子新黨員，跟社會上的右翼知識份子互相呼應。應注意在民主黨派中和高等學校中，右派表現得最堅決最猖狂，還要讓他們猖狂一個時期，讓他們走到頂點。5月16日，毛澤東起草「中央關於對待當前黨外人士批評的指示」，表示全黨對批評暫時不要批駁，以使右翼分子在人民面前暴露其反動面目——毛澤東的「陽謀」是如此奏效，以至於全國人民都歡喜雀躍，以為自由民主的春天終於來到！

此時此刻，林昭的內心雖然仍有隱痛，但還都在她可以忍受、可以逃避的範圍。無論如何，生活還在繼續，春天畢竟美好！她還對未來充滿希望！1957年4月26日，李大釗殉難三十周年之際，林昭在悼念文章中充滿激情地寫道：「禁止思想是絕對不可能的，因為思想有超越一切的力量。監獄、刑罰、苦痛、窮困乃至死殺，這些東西都不能鉗制思想、束縛思想、禁止思想……你要禁止他，他的力量便跟著你的禁止越發強大。你怎樣禁止他、制抑他、絕滅他、摧殘他，他便怎樣生存、發展、傳播、滋榮……真正的解放，不是央求人家，『網開三面』把我們解放出來，是要靠自己的力量抗拒衝決，使他們不得不任我們自己解放自己。不是仰賴那權威的恩典，給我們把頭上的鐵鎖解開；是要靠自己的努力，把它打破，從那黑暗的牢獄中，打出一片光明來！」

因為《紅樓》的一些作者將要畢業，馬嘶等幾位學長編委也離校在即，「五四」之後，大家醞釀著搞一個聯歡活動，並一致同意遊

覽頤和園。5 月 12 日是 5 月 5 日後的第一個星期日，但那天中文系要開運動會。除了西文系的王克武，其他《紅樓》成員全是中文系學生，自然一個不能少都得參加運動會。這樣一來，遊園只能後推到下一個星期日——5 月 19 日。

　　5 月 19 日那天春光明媚，氣候宜人。馬嘶、李任、孫克恒、薛雪、康式昭、謝冕、任彥芳、杜文堂、張鍾、林昭、張元勳，11 位北大詩人從西校門出發，乘 332 路公交車來到頤和園。入園後，大家沿著知春亭向北，經長廊至排雲殿，登佛香閣至智慧海再至後山。最後，經過蘇州河，從後門步出頤和園，然後乘車返校。回校已是傍晚 5 點多，正是師生晚飯的高峰期。

　　那天林昭帶了個 120 相機，一路上給大家拍了很多照片。現在只有一張知春亭畔的合影倖存在張元勳手中。這張照片成了歷史的見證：林昭他們曾經有過寧靜的校園時光，那是在 1957 年 5 月 19 日之前。

三、「五‧一九」風暴

　　　是時候了，
　　　　年輕人
　　　　　放開嗓子唱！
　　　把我們的痛苦
　　　　　和愛情
　　　　　　一齊都
　　　瀉到紙上！
　　　不要背地裏不平，
　　　　　背地裏憤慨，
　　　　　　背地裏憂傷。
　　　心中的甜，酸，苦，辣
　　　　　都抖出來，

見見天光！
即使批評和指責
　　　急雨般落到頭上，
新生的草木
　　　從不怕
太陽照耀！
我的詩
　　　是一支火炬，
燒毀一切
　　　人世的藩籬。
它的光芒
　　　無法遮攔，
因為
　　　它的火種
　　　　　　　來自——
「五四」！！！

是時候了，
　　　向著我的今天
　　　　　　　我發言！
昨天我還不敢
　　　彈響沉重的琴弦。
我只可用柔和的調子
　　　歌唱和風和花瓣！
今天，我要唱起心裏的歌，
　　　作為一支巨鞭
　　　鞭笞死陽光中的一切黑暗！
　　　為什麼，有人說，團體裏沒有溫暖？
　　　為什麼，有人說，牆壁隔在我們中間？

為什麼，你和我不敢坦率地交談？

　　為什麼……？

我含著憤怒的淚，

　　向我輩呼喚：

　　　歌唱真理的弟兄們

　　　　快將火炬舉起

火葬陽光下的一切黑暗！！！

這首詩名為〈是時候了〉。

這首詩收進了《中國新文學大系》。

這首詩後來成為北大「五‧一九」運動的標誌。

1957 年 5 月 19 日，這首詩發表在北京大學大飯廳的山牆上。

這面山牆很著名，它有個約定俗成的稱呼叫「三角地」。

1957 年 5 月 19 日中午，一幅白底紅字的標語垂直懸掛在大飯廳朝南的窗戶上，這是北大「五‧一九」運動的第一張大字報。是歷史系三年級學生許南亭匿名寫的，落款是「歷史系一群學生」。沒有標題，內容是：「全國開團代會，清華有代表，北大有沒有？是誰？誰選的？」因為正值開飯之時，這張突如其來的大字報自然吸引許多同學圍觀。

數學系學生陳奉孝看到這張大字報後，立即約集了張景中、楊路、錢如平等人貼出了《自由論壇》，提出了「取消黨委負責制，成立校務委員會，實行民主辦校」，「取消秘密檔案制度，實行人事檔案公開」，「取消政治課必修制，改為政治課選修」，「取消留學生內部選派制度，實行考試選拔制度」，「開闢自由論壇，確保言論、集會、出版、結社、遊行示威的自由」等五項主張。

哲學系的龍英華在大飯廳馬路東面簡易宿舍牆上，貼出了〈一個大膽的倡議〉，建議開闢民主牆，以便同學們各抒己見，助黨整風。還有人在大飯廳東牆偏北角落貼了張信紙般的「小字報」，標題是〈向黨委的宗派主義傾向進一言〉。內容涉及到北大學生幾乎人人關心的

一個話題，即留學生選派問題。文章說選派留學生第一關要過的是政審關，那些被選中的幸運兒在班上的成績大多中偏下。如果派出去的是這樣一些留學生，怎麼能夠把國外的先進科學技術成果多快好省地介紹到我國來？再說把成績優異的學生排除在外，將嚴重影響同學們的學習積極性，違反了對青年學生一視同仁的原則。

這下炸了鍋了！傍晚，前來就餐的學生裏三層外三層把「三角地」圍了個水洩不通。中文系三年級學生沈澤宜也端著飯碗擠在人群中，看到大字報他心緒難寧，產生了想說話的強烈願望，而且首先想到的是寫詩。

沈澤宜，1933 年生於浙江湖州，1953 年考入北大西語系，1954年轉至中文系。他英俊儒雅、能歌善舞，曾榮獲北大跳高冠軍，還曾連續兩年以全優成績作為校級優秀生受表彰。林昭暗戀這個才子三年，沈澤宜卻始終視她為詩才傑出的學姐。1957 年春，沈澤宜因急性闌尾炎入院開刀，林昭每天默默前往醫院打探，卻不讓沈澤宜知曉。這段感情在沈澤宜明確謝拒後，不得不無奈結束。1979 年，當沈澤宜意外獲悉林昭早已命歸黃泉後，他陷入深深的悔恨中：「要是早知道林昭會有如此悲慘的結局，當初兩個人在五七年春天的那次對話我完全可能有另一種決定……」

當天下午 6 點多鐘，沈澤宜與好友張元勳將合作的長詩張貼在大飯廳東牆。橫空出世的〈是時候了〉頓時在北大掀起十二級巨浪！這首詩激情洋溢，號召人們是時候了，去參加戰鬥，向官僚主義、宗派主義、教條主義「三害」發起猛攻。〈是時候了〉文采斐然、激情萬丈，不少人看了拍手叫好，稱讚張、沈二人是才子。也有人心裏犯起嘀咕，摩拳擦掌準備反擊。

5 月 20 日下午，物理系學生譚天榮又貼出一張令人驚疑的大字報〈一株毒草〉。他說共產黨號召「百花齊放、百家爭鳴」，在鳴放中難免有毒草出現，怎麼辦？把毒草鋤掉當作肥料就是了。這張大字報是從哲學上來批判「三害」，特別是批判教條主義的。譚天榮平時酷愛哲學，讀過黑格爾、馬克思、恩格斯等人的大量經典著作。

當時有人找他辯論，他能背出大段的原文，並指出在哪本書的哪一頁，這的確使不少人驚歎不已。這張大字報不僅引起了同學們的好奇，也引起了不少老教授的興趣。

相隔一、二天，哲學系再次冒出了龍英華和葉予勝。特別是龍英華，他跟譚天榮一樣，也從哲學角度論述「三害」產生的根源並進行批判，立論之嚴謹似乎比譚天榮更具說服力，故人稱「小小考茨基」。不久，物理系沈迪克（化名談談）貼出大字報批判北大黨委的宗派主義，嚴仲強貼出大字報〈自由主義者宣言〉，對共產黨發動的對知識份子的思想改造運動進行批判，提倡思想自由。劉奇弟在大飯廳南門貼出了一張很長的大字報，取名為〈為胡風招幡〉，要求為胡風平反，因為當時謠傳胡風已死在天津監獄。

與此同時，西語系又搞了一個「三害」控訴會。組織者是賀永增和助教周鐸，控訴人是一年級新生顧文選。顧文選原在杭州市公安局工作，全國肅反「胡風反革命集團」時，曾親眼看到大量無辜者受牽連遭迫害。顧文選替人說話，結果也被打成反革命，遭受嚴刑拷打。幸而中共後來提出「有反必肅、有錯必糾」的口號，顧文選才僥倖獲釋，最終有機會以社會青年身份考上北大。顧文選的控訴實際上是揭露公安系統的殘暴，聽得與會同學都哭了。

化學系的李燕生非常喜愛文學，能背誦大量的古詩詞。他模仿「昔人已乘黃鶴去，此處空餘黃鶴樓」的古詩，改寫了一首「昔人已乘民主去，此處空餘民主樓」的詩貼在了山牆上，別人的大字報想蓋也蓋不上，引起了不小的轟動。當夜，李燕生還用掃帚蘸著石灰水，在好幾條馬路上寫了「民主路」、「自由路」等。

然後，譚天榮繼續貼他的〈第二株毒草〉、〈第三株毒草〉、〈退回聲明〉。他在廣場上發表演說並與人辯論，認為現在的一些做法與真正的馬克思主義大相逕庭，很多人沒有讀過馬恩原著卻對經典斷章取義、妄加解釋，這些人實際上是馬克思主義的敵人。譚天榮一石激起千層浪，馬上成為全校的焦點人物。

……

北大沸騰了！

北大爆發了！

北大燃燒了！

自 5 月 19 日起，北大再也放不下一張安靜的書桌。無論走到哪裡，都能遇到三五成群的學生，大家在議論、在爭辯、在思索、在觀察……第三閱覽室平時人滿為患，有同學為了早占一個座位，開飯前就把書包提前放下。可 5 月 19 日以來，第三閱覽室差不多總有一半的座位空著。是啊，這不是靜心讀書的時候，這是參與歷史、書寫歷史、改變歷史的時候。面對一張張把問題推向深入的大字報，大家每天都忍不住捫心自問：身為北大學子，你準備好了嗎？民主運動如火如荼，你能為民主奉獻什麼呢？是的，這是一場民主運動。北大學子從一開始就讓「五・一九」具備了歷史的高度！

在這些率先鳴叫的「出頭鳥」中，沈澤宜、張元勳和譚天榮都是林昭的摯友。早在 1954 年秋天的「迎新舞會」上，林昭即與來自湖南的「窮小子」譚天榮相識。林昭對譚天榮頗為欣賞，慢慢地二人以姐弟互稱。譚天榮回憶：「在林昭和我的談話中，大部分時間是她說我聽。我喜歡她說的內容，更喜歡她那新聞報導式的簡捷的敘述方式，還有她那悅耳的口音，那是蘇州方言與普通話的一種奇特的結合。我說話的時間不多，她似乎也喜歡聽我說話，至於我說的內容，倒未必給她留下多深的印象。她的話題源源不斷，很少接我的話荏。」「她似乎能背誦整部《紅樓夢》，我也看過《水滸傳》的各種版本，談起中國的經典名著，似乎旗鼓相當。後來談到哲學，我就成了『梅蘭芳』了。」譚天榮記得林昭說過她媽媽極為能幹，她弟弟聰明絕頂，她還有一個妹妹，很注意打扮。有一次，林昭給譚天榮看一封弟弟的來信，上面有妹妹的批語。弟弟說：「姐姐有了稿費，別忘了給弟弟一點。」妹妹對此的批語是：「無恥之尤！」後面還署名「妞」。林昭說：「家裏確實困難，但媽媽對弟弟也太嚴了。」林昭說她很喜歡貓，她家裏的人有時也稱她為貓。她說有一次把弟弟惹急了，弟弟衝著她狠狠地說：「殺貓吃貓肉！」林昭說她曾經有

一個小名叫「蘋蘋」，她很喜歡這個「蘋」字，似乎對「蘋」、「萍」、「顰」、「蘋」等字都有好感。

林昭與譚天榮有過幾次長談，一起討論過辯證法等哲學問題。1956 年秋天，譚天榮正在研讀恩格斯的《自然辯證法》。有一次譚天榮對林昭說，在自然科學領域，關鍵在於掌握辯證法，而現在唯物與唯心的對立強調得有些過分了。林昭說，在英語中「唯心主義」與「理想主義」是同一個字，唯心主義者往往更看重精神，也更心軟。譚天榮微微一笑，不置可否，然後他問林昭怎麼理解辯證法。林昭的回答可以通過政治課考試，顯然是讀過《聯共黨史》。

譚天榮又問：「你不是很會舉例嗎？能不能舉一個用辯證法解決實際問題的例子？」

林昭微笑著說：「你能舉例子，是嗎？」

譚天榮說：「昨天我從《自然辯證法》讀到一個例子：恩格斯說，在歷史上，對立的運動在先進民族的一切存亡危機的時代表現得特別顯著。在這個時候，一個民族只能在二者之中選擇其一，非此即彼！1851 年，法國資產階級就走到了他們意料不到的岔路口：或者是帝制復辟和一群流氓對法國的剝削，或者是『社會民主共和國』，結果是他們俯伏在這群流氓面前，以便在他們的庇護下繼續剝削工人。恩格斯這裏說的是拿破崙的侄兒路易‧波拿巴通過政變建立法蘭西第二帝國的歷史事件。」

林昭皺了皺眉頭：「在我的印象裏，『非此即彼』是一種反辯證法的思想方法：無論什麼事，好就是絕對的好，壞就是絕對的壞，沒有中間狀態。照你這麼說，『非此即彼』倒是辯證法的一個特徵了。」

譚天榮說：「恩格斯也說過，除了『非此即彼』，辯證法又在適當的地方承認『亦此亦彼』，一切差異都在中間階段融合，一切對立都經過中間環節互相過渡。但是，恩格斯在這裏說的不是思想方法，而是歷史進程。從恩格斯的這段話似乎可以得出結論：當一個社會面臨『非此即彼』的岔路口時，事變的結局往往取決於微小的偶然因素，這種微小的偶然因素甚至可能是某一當事人的『一念之差』。」

「但是，馬克思主義不是說是人民群眾創造歷史嗎？照你這麼說，『偉大人物』能改變歷史的方向了。」

「我沒有見過馬克思或恩格斯在什麼地方把『人民群眾』和『偉大人物』對立起來。但我倒是常常聽說，歷史按照一定的規律發展，不以人們的意志為轉移。」

「這是馬克思的歷史觀嗎？」

「是的，恩格斯說過：『歷史進程是受內在的一般規律支配的。』」

「這不是矛盾嗎？既然某一偉大人物的一念之差可以改變歷史發展的方向，歷史進程還有什麼規律可言呢？」

「問題就在這裏，辯證法不是研究矛盾的嗎？我對『正與負』『陰電與陰電』等抽象的矛盾沒有興趣，只有剛才的我們說的那種問題才引起我的思考。」

「你解決了這一問題嗎？」

「是的。」

……

譚天榮的「馬克思主義」讓林昭聞所未聞。林昭喜歡喝酒，高興時喝上一杯，難受時也喝上一杯。下一次談話時她喝了一點酒，借著酒興對譚天榮說：「我很佩服你的才能，可就不知道你有幾分真才實學，幾分言過其實。我周圍都是才氣橫溢的人，無一例外，但都是學文的，你是我的第一個理科的朋友。」

1957 年春天，林昭與譚天榮又有過一次長談。那天林昭問譚天榮：「你們物理系不是學習負擔很重嗎？你怎麼有時間讀那麼多經典著作？」

譚天榮答：「馬克思、恩格斯的經典著作的中心點是辯證法。不掌握辯證法，讀多少遍也不得要領，掌握了辯證法，讀起來就能過目不忘。我認為自己掌握了辯證法。其實，我並沒有用很多時間讀經典著作，讀的經典著作也不多。但我相信自己讀一點，就懂了一點。」

「你是怎麼掌握辯證法的呢？」

「通過物理學的發現。」

「你在物理學上有新發現嗎？」

「有！」

譚天榮以為林昭的嘲笑會接踵而來，但她沒有。她的眼睛突然變得陰暗而抑鬱，似乎從心的深處湧現出一種難言的悲哀。過了一會，她問：「你有沒有過這種感受，痛苦在身體裏翻滾，似乎只要割開一個口子，就會源源不斷地流出來。」

譚天榮無語。

林昭說：「我相信你將來一定能名揚天下，大有作為。我想那時你的妻子不會是我，我只希望你別忘了我這個姐姐。」

譚天榮無語。

這次談話沒多久，譚天榮即公開在校園裏張帖大字報、發表演說，林昭由此更對這個小弟刮目相看。1957 年 5 月 22 日，林昭在日記中寫道：「偏激到狂熱程度的譚天榮使我發生了興趣。我不能不震驚，面前也許是個不平凡的人。他能獨立思想，不墨守陳規，敢於提出自己新穎的見解，敢於觸動權威；這是一個富有創造性的人。如果說世界上有天才的話，這或許就是天才的起點。是的，中國需要這樣的人，這樣的學者和科學家。只有這樣的人才能把科學向前推進一步以至一百步。教條主義者除了學舌的鸚鵡那樣，不問什麼時候都重複「八點鐘、八點鐘」以外，還能給人們什麼呢？我滿懷喜悅地注視著這位同學，他微黑的臉孔架著黑框眼鏡，眼裏射出桀傲不馴的光芒。」

「五·一九」以後，林昭和譚天榮同時被捲入狂潮，處在風口浪尖上，甚至連見面點頭的機會都很少。直到「反右」運動晚期都被劃為「右派」，才重新有過約會。記得在一次舞會上，二人默默無言，相擁跳舞直到曲終人散。

在罕見的「五·一九」暴風雨中，林昭在幹嗎？她會袖手旁觀嗎？當然不會！以她的性格，她必然會在第一時間發出自己的聲音！林昭在 5 月 20 日的日記中寫道：「在這樣的春天，到處談論著

整風，我們懷著興奮的心情，期待著……昨天出現了第一張責問主席團三大的代表由誰選出的大字報，隨後出現了用大字報幫黨整風的建議……夜裏，大飯廳前出現了更多的大字報。這可真是『忽如一夜春風來，千樹萬樹梨花開』！」5 月 20 日，中文系新聞專業一年級三班部分同學貼出長詩〈我們的歌〉，明確反擊〈是時候了〉。林昭不滿〈我們的歌〉那種專橫跋扈的態度，為表示對沈澤宜、張元勳的支持，她連夜寫出長詩〈這是什麼歌〉，凌晨貼於東牆。第二天，〈我們的歌〉作者發表聲明「休戰」，「詩戰」至此告一段落。北大中文系新聞專業 56 級學生韓樂群在日記中存留了林昭的〈這是什麼歌〉：

> 這是什麼歌
> 這是什麼調子
>
> 「我們的歌」唱者
> 請原諒
>
> 我
> 　（並且
> 　　　還不只我一個）
> 　指責這種凌人的盛氣
> 他們是不是
> 　　你的夥伴，你的同志
> 　　「為什麼
> 　　　　不能用
> 　　　　　柔和的調子」
> 為什麼
> 　　非得搬出
> 這麼一大堆

　　嚇壞人的名詞
　　　瘋狂、歇斯底里……
　　　幾乎，就差一句
　　　　「反革命分子」

是啊，也許
　你不曾有過
　　那樣的日子——
　　　背負著沉重的
　　　　歧視、冷淡和懷疑

在
　凝定的孤寂裏
　　惘然徘徊
　不知道哪兒有
　　不沉的水
　不眠的長夜
　　一口口
　　獨自吞著苦淚
也許你
　一直在青雲裏
　什麼是不平、憤慨、憂傷
　和你全無關係
所以你缺乏那根
　「沉重的琴弦」
　也怪不得你

教育關懷我成長的
　也是

　　共產黨
我可從來沒聽說過
　　黨只教我唱道
　　　「咕咕咕，嘰嘰嘰
　　　　你真光明，真美麗」

如果，他真受過委屈
　　就讓那基調
　　　「彷彿是白毛女伸冤」
　　　　又有什麼不可以？
為什麼我們一定要去
　　「和昨天對比」
難道說
　　只要比昨天好一點
　　　就完全合理

對黨的
　　　缺點
要不要「高聲疾呼」急雨
　　　我沒有考慮
但是，同志，對於你
　　如果有一陣急雨
　　　當作你的清涼劑
我倒覺得那是
　　　再好不過的事體

是時候了！
　　「要嚴肅地想一想」
應該怎樣正確地

　　幫助同志
　如果我們愛同志
　　「首先想到的」
　就會是親切的幫助
　　而不醉心於
　　指手劃腳的
　　滿臉義憤的
　　煞有介事的
　　　自鳴得意

　真理的力量
　　決不在於
　　　維護真理者
　　　　姿態的傲慢
　因為你
　　（即使你當仁不讓
　　　　　　　捨我其誰）
　畢竟不能代表真理

　　大概在 5 月 23 日前後，沈澤宜和張元勳又在民主牆上張貼一期
新的大字報。二人跳上跳下忙得正歡，林昭忽然來到他們面前，幫
忙把糊好的紙一張接一張遞到沈澤宜手上。那天，林昭上穿一件長
袖白襯衣，下穿一條帶背帶的淺灰色工裝褲，左右兩根小辮，清新
素雅，神態自若，甚至眼含微笑。在整個運動期間，沈澤宜對林昭
避之唯恐不及。因為他覺得林昭已經在感情上受到了傷害，更不能
因政治運動遭受連累。而且按他當時的觀點，本應受到呵護的女生
最好在一旁觀看，能默默表示理解和支持已經足夠。沒想到，林昭
卻公然站到他們旁邊，還笑著說：「你們兩個桀傲不遜的叛逆者，寫
的字怎麼那麼規矩？」這是林昭留在沈澤宜耳中最後的話，當時他

心裏一動：「當時正是兩軍對壘、論戰劇烈的時候，已經有人把我們誣為反黨、反社會主義分子。在這樣緊急關頭，曾被我婉拒的林昭卻和我站在一起！我重新打量眼前的林昭，三年來我是否從未觸摸到她性格中最寶貴的東西？是否完全漠視了她內心奇特的光輝？我是否對她做了一件世上最愚蠢的事情？這樣的念頭雖只一閃而過，但一股愛與感激的熱流已讓我全身覺得溫暖。」

經過一段時間各行其事的「爭鳴」，北大「右派」學生有了自己的統一組織「百花學社」，社長譚天榮，社刊為張元勳主編的《廣場》雜誌。張元勳向林昭約稿，林昭也非常支持地以「任鋒」為筆名，為《廣場》寫了長詩〈黨，我呼喚〉。林昭還公開發表其他文章和詩歌，稱頌「百花齊放、百家爭鳴」的方針在北大得到了貫徹落實。「右派」厲兵秣馬，「左派」也沒有閒著。事實上早在第一張大字報面世，北大「左派」就沒有一天停止過對「右派」的攻擊。張元勳的回憶錄裏留下了這樣一個典型場景，那一天林昭公開捍衛張元勳的言論自由。誰知道一語成讖，「刀在口上」成了她慘烈命運的預言：

1957 年 5 月 22 日，一個極悶熱的晚上，在北大十六齋東門外的馬路上一場激烈的「口戰」正在進行。方圓一百米之內全是人，夜色濃黑，正是「月黑雁飛高」的夜晚，大有「聞其聲不見其人」之狀。短兵相接，發言者站的是飯廳的餐桌，大家都正年輕，無需階梯，一抬腿便可邁上。講畢，一步便可跳下，幾經跳上跳下，又加捶胸頓足，往往語未畢講話者便與桌子一起倒翻於地。於是第二張餐桌又繼而用之。據餐廳管理員說，那一夜十餘張餐桌報廢。那是一個難忘的夜晚，三天來的文字交鋒，激化成當面相詈。那一夜，已經形成了「群體力量」的「反右派鬥爭」大會。所謂「群體力量」是說一群後來標榜自己是「左派」的人，此時已集中火力向「右派言論」反擊。一些發言已提到「大字報中的話是反革命煽動」的嚴肅課題，開後來扣帽子惡劣行徑的先河。

正當「左派」群起攻擊我的時候，一個女學生在濃密的夜色中登上餐桌，她那夾雜著婀娜的蘇州方言的普通話，音色渾厚，不似女孩慣有的嬌柔，在震耳欲聾、聲嘶力竭的此前的男聲叫嚷的未絕餘音之際裏忽然傳來如此迷人的聲音，頗有「一洗萬古凡馬空」的新意，當時沸騰喧鬧的聽眾頓時化作悄然。

「我們不是號召黨外的人提意見嗎？人家不提，還要一次一次地動員人家提！人家真提了，怎麼又勃然大怒了呢？就以張元勳說吧，他不是黨員，連個團員也不是，他寫了那麼一首詩，就值得這些人這麼惱怒、群起而攻之嗎？今晚在這兒群體討伐的小分隊個個我都認識！所以，自整風以來我一直沒有說話，也沒有寫過什麼，為什麼？我料到：一旦說話也就會遭到像今晚這樣的討伐！我一直覺得組織性與良心在矛盾著……」

「你是誰？」一聲怒吼從黑暗的人群中咆哮而出，打斷了她的發言，這顯然是一位陌生人，凡熟悉她的人憑著她的聲音就勿庸再問。

「我是林昭！那麼？你又是誰？竟是如此擺出一個審訊者的腔調！你記下來：雙木三十六之『林』、『刀在口上之日』的『昭』。」她稍停，又說：「告訴你：刀在口上也好，刀在頭上也好，今天既然來了，也就沒有那麼多的工夫去考慮那麼多的事！你是誰？還是你們是誰？你怎麼不敢也報報你的家門？」

這天夜間，林昭在未名湖畔的迷茫夜色中向張元勳說：「這或者是一個悲壯的祭壇！這或者是一個悲壯的犧牲！或者會流血！但願不流血。」23 日，張玲問張元勳：「林昭昨夜喝了多少酒？」張元勳愕然。張玲接著說：「她還醉著，枕頭上全是紅色的酒。」這次酩酊大醉讓林昭僵臥了兩天。蘇醒後，她在一張破紙上寫了十二個字：「天之杌我，如不我克！此責其誰？」「天之杌我，如不我克」語出《詩經‧小雅‧正月》。〈正月〉是一首憂憤之詩，詩人憂國哀民，憤恨小人當道，遂發出了孤獨無援、進退維谷的呼號。而從那天起，

林昭忽然一改往日的凌厲,她什麼話也不說,什麼文也不寫,每日把自己封閉在幽靜似鐵、霉味可人的善本書庫裏靜讀。

　　就在林昭醉臥未醒的時候,23 日,「左派」學生江楓以〈致林昭同志〉為題貼出了大字報。江楓不久又寫了另一張大字報,接著,林昭開始在班級裏遭受批鬥:

> 向左!
> 　向左!!
> 　　向左!!!
> 共和國的公民,
> 我們守住每一個視窗,
> 舉起我們的槍口:
> 　　　　向右!
> 　　　　　向右!!
> 　　　　　　向右!!!

5 月 23 日,林希翎來北京大學演講,林昭在當天的日記中寫到:

　　林希翎,這位中國人民大學法律系四年級的姑娘,今天來到我們學校參加三千人的辯論,發表了許多令人吃驚、羨佩、高妙的言論。她穿著一身褪了色的軍裝,她講了一會兒,脫掉外衣,露出白色的水手上裝,頭上翹著兩隻白蝴蝶結,一口氣講了十三個問題。她說毛主席在最高國務會議上提出解決人民內部矛盾的問題時,有百分之八十的人不同意,有的高級幹部還中途退席。因此,中央最近就要「收」了……一切統治者都有共性的局限性,一旦執政就要鎮壓人民……我們現在過的不是真正人的生活。她認為整風是改良,我們不要改良!要作根本的改革。林希翎的講話把未名湖的風浪推向了高潮。有人反對她,說她是散佈反黨反社會主義的煽動性言論。但也有人稱讚她,甚至高喊「林希翎萬歲!」說什麼「我願

和美麗的林希翎攜手前進」。總之，她一夜之間成了新聞人物，成為大家談話、辯論的中心。

林希翎的確是一個相當「潑」的姑娘，儘管她的講話、措詞比較尖刻，情緒偏激，有些地方說得太過分，不夠嚴肅，但我認為她的心是善良的，是有著一股對於黑暗和醜惡的憎恨，以及對於美好社會生活追求的熱情，這就是我們年輕一代的特性。人類的心靈應當一代比一代美好，正是依靠這種美好的心靈，我們才能夠把人類引向共產主義。當然，我們年輕人是狂熱的，不成熟。但是，在生活的浪濤中，我們會成熟起來。現在主要任務應當是廣泛開展自由爭論，全面揭露矛盾，使人民從盲從的睡夢中蘇醒過來，根除三害，擁護一個最完善的社會制度及一個最正確的領導。在我們的國土上建設成為方志敏烈士所說的「到處都是活潑的創造，到處都是日新月異的進步，歡歌代替了悲歎，笑臉代替了苦臉，富裕代替了貧窮，健康代替了疾苦，智慧代替了愚昧，友愛代替了仇殺，生之快樂代替了死亡之悲哀，明媚的花園代替了淒涼的荒地」……

5月25日林昭日記記錄了劉奇弟大字報及其引發的爭論：

……昨晚十一點開全校黨員大會，十二點才散會。據回到宿舍的某同學（黨員）談：會上，黨委書記江隆基對當前整風情況作了分析，認為：運動基本上是健康的，要求全體黨員虛心耐心地吸取群眾的意見，不要沉不住氣，要繼續支持大鳴大放。

這兩天來，的確大鳴大放了。同學們大膽地提出了自己的想法和看法。大字報的牆上貼出了劉奇弟同學為胡風鳴不平的大字報〈胡風絕不是反革命分子〉：

風啊！風啊！

　　為何今才整？！

人啊！人啊！

　　為何還不醒？！

鐵窗禁賢良，

天昏地也暗。

忠臣血灑地，

鬼神俱哭泣！

劉奇弟同學這張大字報一貼出，就遭到一些正統先生們的謾罵和攻擊，可又不敢公然亮出自己，署名「佚名」的人寫了一張〈為胡風先生不平的不平〉的大字報，偷偷地貼在劉奇弟大字報的旁邊，其內容是：

聽啊，聽啊！

　　滿耳「呼冤」聲。

人啊，人啊！

　　為何不醒？！

「鐵窗禁賢良」

　　——關得好！該關就關；

「天昏地也暗」

　　——說得對！不敢見天；

「忠臣血灑地」

　　——殺得好！以血還血；

「鬼神俱哭泣」

　　——痛哭吧！同「命」相憐！

……

辯論會、講演會繼續在開。刊物如雨後春筍，有大字壁報《廣場》、《自由論壇》；油印小報有《五月》、《觀察家》、《紅樓報》、《除三害》、《春雷》、《助整風》、《爭鳴》、《百花壇》。這些都是同學們自己湊資出版的同仁刊物。突破教條主義框子，思想有如春水，飽含生氣。喧嚷著、洶湧著，在一切領域內蔓延起來，而且在一點上匯流——探索黨內三個主義的根源，要求擴大社會主義民主。有人高呼：「不要黨天下，不要專政，要民主、自由、思想解放，要真正的美好的社會主義。」所有這些，不僅表達了同學們自己的生活抱負和沮喪心情，還道出了整個中國大學生們的生活目標和痛苦心情。

成百上千張大字報和諷刺黨員幹部的漫畫貼滿了飯堂、宿舍、和教室的牆壁。還舉行了好幾百次公開集會來批評黨的工作中的某些失誤。使同學們感到不安的既不是共產主義，也不是共產黨領導，而是黨對教育機構的管理，黨的幹部的傲慢態度和特權享受，重視「紅」而忽視「才」，盲目吹捧蘇聯和反對學習西方，事無巨細都照搬蘇聯那一套，以及在胡風事件問題上做得過火。

　　與此同時，在中共的一再鼓勵下，社會各界的「鳴放」正熱火朝天。1957 年 5 月 8 日至 6 月 3 日，中央統戰部召開各民主黨派、無黨派民主人士座談會，共開會 13 次，有 70 餘人次作了發言。在座談會上，民主黨派、無黨派民主人士對黨和政府的工作提出了大量的批評意見和建議。這一時期，中共中央統戰部和國務院第八辦公室聯合召開了工商界座談會，共開會 25 次，有 108 人次發言。《光明日報》編輯部分別在上海等九大城市邀集部分民主人士和高級知識份子開座談會向黨提意見。國務院各部門的黨委、各省市委和一些高等院校的黨委，也相繼召開黨外人士座談會，請他們幫助黨整風。

　　5 月 21 日，章伯鈞提出「政治設計院」的設想。

　　5 月 22 日，龍雲發表「反蘇言論」，羅隆基提議設立「平反委員會」。

　　5 月 23 日，中國人民大學學生林希翎發表演說，抨擊中共實行封建社會主義。

　　5 月 24 日，清華大學貼出第一張大字報「要求開闢民主牆」。

　　5 月 25 日，北大校黨委書記江隆基作了講話，認為北大的運動基本上健康的，要求全體黨員虛心耐心地聽取群眾的意見，不要沉不住氣，要繼續支持大鳴大放。但 5 月 26 日，廣場即出現了「反對惡意煽動誹謗！」「馬列主義衛道者萬歲！」等標語，出現了新的辯論。5 月 29 日上午，《紅樓》編輯部舉行了隆重的會議，宣佈開除張元勳與李任出編會委，因為二人參與了「右派」刊物《廣場》，張元勳還是《廣場》主編。

5月30日，人大講師葛佩琦鳴放言論被指為「殺共產黨人」見報。

6月1日，儲安平抨擊中共實行「黨天下」。

……

這個時候，毛澤東卻在悄悄收緊他「誘敵深入」的大網。1957年5月15日，毛澤東起草了供黨內高級幹部閱讀的文件〈事情正在起變化〉，提出了反擊「右派進攻」的問題和「引蛇出洞」的策略。6月8日，毛澤東又起草了〈反擊右派分子進攻的指示〉，《人民日報》根據毛澤東指示精神發表了〈這是為什麼〉的社論，從而正式敲響了圍剿右派分子鑼鼓。這一社論標誌著大鳴大放結束，反右鬥爭開始。

社論指出：「在『幫助共產黨整風』的名義之下，少數的右派分子正在向共產黨和工人階級的領導權挑戰，甚至公然叫囂要共產黨『下臺』。」「可是他們忘記了，今天的中國已經不是以前的中國，要想使歷史倒退，最廣大的人民是決不許可的。」同日，中共中央發出〈組織力量反擊右派分子的倡狂進攻〉的指示。指示「要組織每個黨派自己開座談會，左中右的人都參加，正反兩面意見都讓其暴露，派記者予以報導。」「高等學校組織教授座談，向黨提意見，儘量使右派吐出一切毒素來，登在報上。」

在這種形勢下，譚天榮、張元勳、沈澤宜、陳奉孝、劉奇弟、王國鄉、林昭等學生立馬成為北大首批「右派」，林昭還被開除團籍，保留學籍，勞動查看。「反右」期間，《紅樓》雜誌刊登過幾篇聲討林昭的文章，如：〈翻然「紅樓」座上客竟是「廣場」幕後人——如此林昭真面目〉、〈幕，拉開來！——林昭是「廣場」的幕後謀士〉、〈林昭，什麼時候搖身一變？〉和〈評「黨，我呼喚」〉。根據這些文章，有人後來總結了林昭的「右派」罪行，主要有如下內容：

〈是時候了〉發表後，林昭寫了〈這是什麼歌〉的長詩支持張元勳，而當中文系三年級的黨員準備批駁張元勳的時候，林昭說「你們共產黨員就會拿著大棒等著打人」；她在十六齋前宣稱：黨團員存

在「組織性與良心的矛盾」，她還在十齋當面罵過江楓同學是「教條主義的看家狗」；劉奇弟說「鐵窗禁賢良，忠臣血灑地」，林昭認為「劉奇弟的情緒是可以理解的」；她在背後不是說黨對整風沒誠意，就是說哪個黨員不顧人家死活；她不但以言論支持《廣場》，還以行動投入了維護《廣場》的戰鬥。她親自為《廣場》寫了〈黨，我呼喚〉一詩。為了《廣場》她不辭勞苦地從實習的報社三天兩頭跑回學校與張元勳籌謀劃策，張元勳也幾次到報社去向她請教；林昭名義上是《紅樓》的編輯，但當張元勳要退出《紅樓》另立「廣場詩派」時，林昭反對，認為應該留下來用自己的觀點去影響《紅樓》，削弱黨對《紅樓》的領導；《紅樓》選編「整風運動特輯」時，她主張將〈是時候了〉和王國鄉的〈一個積極分子的自白〉以及〈一個落後分子的自白〉收入。她還推薦右派詞人戴佳珊的作品，因為她特別欣賞「官僚主義今猶存，只是招牌改」這樣的句子；這幾天，她一會哭，一會高聲朗誦〈狂人日記〉，誣衊那些批評她的同志是在她身上跳舞，而且把鞋底上的血漬抹在她臉上；在肅反運動的時候，她深夜坐在未名湖邊，大聲朗誦屈原「路漫漫其修遠兮，吾將上下而求索」來發洩不平。其實她不是「上下求索」，而是「左右求索」；整風運動以來，她憤怒一陣，沉默一陣，一會兒高呼：「我是劍，我是火焰」，一會兒又轉過頭來問：「你們黨員對我的看法怎麼樣？」

　　林昭以「任鋒」筆名發表的〈黨，我呼喚〉是一首含有怨意的詩。全詩用嗚咽的哀哀欲絕的調子哭訴解放後遭遇的不幸，說「奇怪的譴責像馬刀砍來，我年青的心傷痕斑斑」；戰鬥的隊伍容不得叛徒，《紅樓》應該將林昭清洗出去；……。

四、決不認罪

　　1957 年 6 月 10 日，《人民日報》發表社論〈工人說話了〉。

　　1957 年 6 月 14 日，《人民日報》發表毛澤東親筆撰寫的社論〈文匯報一個時期的資產階級方向〉，點名批評《文匯報》和《光明日報》，

提出「讓大家鳴放，有人說是陰謀，我們說，這是陽謀。因為事先告訴了敵人：牛鬼蛇神只有讓它們出籠，才好殲滅他們，毒草只有讓它們出土，才便於鋤掉。」

1957 年 6 月 17 日，毛澤東主持中央政治局擴大會議，鄧小平以總指揮的身份作了〈如何領導當前整風運動反右鬥爭〉的報告，接著便在青島舉行中共省市委書記會議上作報告，部署全國的反右運動。

1957 年 6 月 26 日，中共中央又在〈關於打擊、孤立資產階級右派分子的指示〉中著重強調右派劃得太少，要求對「已經暴露出的這夥階級敵人，實行內外夾擊，無情地給他們以殲滅性的打擊」。

1957 年 6 月 29 日，經毛澤東批改發出的〈中央關於爭取團結中間分子的指示〉中說：「對極右分子必須打得準，打得狠，來不得溫情主義。」

1957 年 7 月 1 日，毛澤東公開點名批判了章伯鈞、羅隆基和民主同盟、農工民主黨。

1957 年 7 月 7 日，《人民日報》轉載江蘇《新華日報》社論〈反擊右派不能溫情主義〉。

1957 年 7 月 9 日，毛澤東在〈打退資產階級右派的進攻〉一文中，講到了北大的反右運動：「拿學生來說，北京大學有七千多人，右派只有百分之一、二、三」，「鬧得天翻地覆的，始終只有五十幾個人」。當天毛澤東向黨內通報說：「右派骨幹人數全國不是 4000 人，而是大約有 8000 人。」從估計全國極右分子約 4000 人，到估計約有 8000 人，其間相隔僅短短 10 天。

1957 年 8 月 1 日，中共中央發出〈關於繼續深入反對右派分子的指示〉，要求這場運動必須在中央、省、市一級單位和地、縣兩級同時深入下去。

1957 年 9 月 23 日，鄧小平主持國家機關黨委、全國總工會和高級黨校三個單位的整風。代表中共中央作〈關於整風運動工作報告〉，大力批判黨內「溫情主義」。指出：「這次反右派鬥爭，主要是

在資產階級和知識份子的範圍內進行。」「右派分子活動的主要場所是知識份子成堆的地方，如高等學校、某些國家機關、新聞出版機關、文藝團體、政法界、科學技術界、醫藥界等。」

1957 年 10 月 15 日，中共中央發佈〈關於劃分右派分子的標準的通知〉。

……

時隔半個世紀，當我們翻開塵封的歷史，1957 年的寒冷仍然會從字裏行間向我們襲來。沒有親身經歷的人恐怕很難想像，那是怎樣一種恐怖和殘酷！

北大的「反右」運動也是從 1957 年 6 月 8 日正式開始的。《人民日報》社論甫一問世，正對著大飯廳的十六齋北牆上便出現了一排白色大字：「一切資產階級右派都是反動派！」這時候，陳奉孝等幾個活躍「右派」仍然沒有認清形勢，還在繼續活動。為此，彭真一度親臨北大直接秘密指揮。沒過多久，強硬派新校長陸平走馬上任。7 月初，陸平在北大第一次公開亮相，他在大飯廳舉行的全校大會上發出警告：「右派分子要懸崖勒馬，否則矛盾性質就要變質！」他正講著話，不知誰把一隻暖水瓶不小心弄倒了，寂靜的會場頓時發出「砰」的一聲巨響。有人趁勢叫喊：「右派分子放炸彈了！」全場一片譁然，引起一陣小小的騷動。

針對陸平的講話，第二天，陳奉孝貼出了一張大字報，題目是〈如此伎倆〉。大字報是對全校「右派」說的，意思是保守派的凶相露出來了，他們可能要採取鎮壓措施抓人了，但我們決不後退，要讓民主的烈火把保守派燒盡！但是，陸平可不是溫情主義者，在他的凌厲攻勢下，北大「右派」陣營迅速土崩瓦解。經過極其痛苦的掙扎，在親人的勸解和壓力下，沈澤宜天真地以為犧牲自己可以拯救大家，於是他第一個在全校大會上作了毀滅自我的「深刻」檢討，並宣佈跟張元勳絕交。那段時間，大大小小的批鬥會層出不窮，各系科、各教室都能看到「左派」理直氣壯地打罵、污辱「右派」，「右派」只能彎腰低頭連連認罪。可即便如此還過不了關，有的「右派」

檢討了十遍八遍，還是被認為「態度不老實」，於是不得不日復一日
地忍受著肉體和精神的雙重折磨。當時拒不檢討的「死硬分子」只
有五人，他們是劉奇弟、譚天榮、嚴仲強、陳奉孝、梁世輝。尤其
是陳奉孝，在僅有的一次批判會上，陳奉孝不但不檢討，反而強調
百花學社的一切活動都是合法的，因為憲法規定公民有言論、出版、
集會、結社的自由。儘管如此，陳奉孝還是充分意識到「風聲鶴唳、
草木皆兵」，他開始醞釀逃亡。結果他只逃到天津就被抓捕歸案，直
到 1979 年才徹底平反。

　　林昭從 6 月 8 日起就懵了：領袖啊領袖，當初不是您情真意切
地懇請大家提意見的嗎？怎麼現在又出爾反爾地承認是什麼「陽謀」
呢？還說什麼要「引蛇出洞」！還說什麼要「內外夾擊」！領袖啊
領袖，我林昭是把共產黨當母、把您毛主席當父的啊。如果能夠，
我情願把自己的一顆紅心、一腔熱血獻給您，可您卻要把自己的赤
子視作蛇蠍嗎？天哪天哪，這是為什麼！這是為什麼？6 月 10 日，
林昭在日記中寫道：

　　彷徨，苦悶。

　　前天人民日報發表社論〈這是為什麼？〉，其用意不難理解，它
說隨著整風運動的進展，出現了一些離開社會主義的言論，是右派
分子乘機向黨進攻。提出要幫助黨整風，必須先擊退怪影。把一些
敢說敢為的人說成是神經錯亂，大喊大叫的「狂人」，是「瘋子」和
「魔鬼」。事實果真是這樣的嗎？不！不是。我們這一群年輕人，叫
喊根除三害，叫喊改革，是為著更美好更理想的明天。是的，我們
國家確實比過去好多了，起了翻天覆地的變化。在我們的街頭上再
沒有掛著星條旗的吉普車橫衝直撞；在礦工的頭上再沒有把頭的皮
鞭施展淫威；在廣闊的大地上再沒有楊白勞的苦難，農民們在合作
社的田野上自由的呼吸⋯⋯這些都是鐵的事實。但是，我們今天的
制度不是最理想的。它年輕，它有偉大的生命力不正是它本身決定
了它能揭露矛盾，解決矛盾！它的前途不就是千百萬人所嚮往的共

產主義。是的，我們對現狀是不滿足的，不正是為迎接更大的勝利，黨才發起了這場偉大的民主專政，加強黨和人民的團結。黨啊，您是我們的母親，母親應當最知道孩子們的心情，對母親不必要歌功頌德，母親最愛聽的是她的毛病。因為愛的深沉，才恨得更狠，對爬在母親身上的病菌更不能容忍。為了母親能更好地領我們前進，母親的病就是我們自己的病，讓我們幫助母親清除毒菌。儘管孩子過於偏激，說錯了話，怎麼能說孩子懷有敵意？甚至一腳把孩子拋入「反革命」的泥坑。我要吼叫，決不允許！可悲的事終於發生，人民日報發表〈這是為什麼？〉社論兩天來的局勢，是在全國範圍內有意識地收縮這次民主運動了，組織和號召開展所謂的反右派鬥爭。看來，熱愛真理、民主、自由的人們將大難臨裝頭、在劫難逃了。悲劇，歷史的悲劇。

當林昭發現自己忽然有一天也成了反革命「右派」時，她崩潰了！她想不通，她到處找人哭訴。「右派」帽子如泰山壓頂，讓她覺得不堪重負、屈辱難當！她憎惡那些當面一套、背後一套的「左派」，眼看著他們滿嘴高調、面無人色地打擊正直師生，她心如刀絞地向當年曾執教蘇南新專的師長羅列發出「責難」：「你們為什麼當時教育我要誠實、坦率，而沒有教我如何做人？！」她陷在悲憤之中，不吃、不睡，終日淚流滿面。一天夜裏，她吞服了大量安眠藥準備自殺，她在絕命書中表白：「我的悲劇是過渡時期的悲劇，人們只看到我流淚，卻看不到我心頭在無聲地流血……」「我不愛也不能愛所有的人，那些折磨過踐踏過我的人，願我的影子永遠跟著他們，讓他們永遠記得曾出力把我拉開生活，殺死我，讓他們身上永遠染著我的血！」同宿舍同學發現林昭自殺趕緊呼救，林昭因此撿回一命。恢復神志後，面對「左派」的醜惡嘴臉，林昭大聲說：「我決不低頭認罪！」

上面認定林昭在「頑固對抗，態度極其惡劣」，遂宣佈加重對她的處分：勞動教養三年。林昭不服，居然跑到團中央質問：「當年蔡

元培先生在北大任校長時，曾慨然向北洋軍閥政府保釋『五四』被捕的學生，現在他們（指北大領導）卻把學生送進去，良知何在？」這種行為的結果可想而知，林昭面臨更大的險惡，有人要將她發配出校勞動改造。副系主任羅列先生擔心林昭體弱咯血，勞動教養可能會把她折磨死，於是冒險出面擔保。最後非常幸運地，林昭得以留在北大新聞專業資料室，由群眾「監督改造」，同時被指定在苗圃勞動。經過生與死的考驗，林昭漸漸冷靜起來。她不再自我折磨，因為她發現這一切決非她一個人的悲劇，而是時代的悲劇、民族的悲劇，她決心認真探究悲劇的原因。

　　暴風驟雨過後，漫長的暑假接踵而來，校園裏很快空空如也。但並不是所有人都可以平安地離開這個是非之地，張元勳被通知「留校等候處理」，每天都有兩位同學寸步不離地盯著他。有一天，張元勳在校園裏意外地遇見了林昭。林昭告訴他，最近一直獨自躲在宿裏讀線裝書，8月間要到《中國青年報》社實習，實習完回上海。說著，她給張元勳留下電話號碼，並囑咐他有空主動聯繫。過了一段時間，負責監管張元勳的兩位同學漸漸有所放鬆，只要張元勳晚上能回宿舍，他們就不再如影隨形。於是，張元勳便常到東單十三條《中國青年報》社與林昭見面。校內十八齋東門外有一部免費電話，張元勳幾乎每天都要與林昭通話。林昭有空也約張元勳進城，每次相約一般都在下午。午夜回城，張元勳只能徒步返校。

　　8月中旬實習結束，林昭即將返滬。臨行前的晚上，林昭與張元勳在十三條西口相約見面。然後二人一同步行到什剎海，在星光下蕩舟暢談。那一天林昭告訴張元勳：編輯部轉來一部長篇小說手稿，題為《青春之歌》，其女主角也姓林，也是北大女學生，也是在學生運動中遭受波折。第二天林昭離京而去，個把月杳無音信。直到中秋節後，張元勳才意外收到她一則短信：原來回家後她大病一場，咯血甚烈，被迫在家休養。隨信而來的還有一首小詩：

> 醉不成歡愁依舊，思緒繽紛共相就。
> 弄章琢句塗鴉滿，暗風入窗涼初透。
> 水深浪闊君知否？冠蓋京華斯人瘦，
> 霏霏無盡江南雨，夢回冷淚濕薄袖。

在這首詩裏，病養中的林昭已敏感地預感到大難將臨，遂有「水深浪闊君知否」一問。然而此時的張元勳還不以為然，他盲目樂觀地以為批也批了，鬥也鬥了，打也打了，罵也罵了，賬算清了，反而有了一點輕鬆之感。1957 年下半年，全國「反右」鬥爭未歇，北大各系班組正在向縱深搜求，忙著挖（右）、劃（右）、批（右）、鬥（右）。這時候，「右派」已成過街老鼠。不管是什麼人，不管在什麼地方，只要你被人家認出是「右派」，你就可能被當場喝令「站住」。然後，你就必須原地待命，聽人凌辱、刁難、責罵甚至攻擊。如果引發眾人圍觀，如果大家「同仇敵愾」，那你必然會被唾沫淹沒，被拳腳擊垮。要是你敢稍稍反抗，那好吧，眾人一定會一人踏上一隻腳，叫你永世不得翻身！當年秋天剛剛入學的 57 級新生尤其惡劣，一些人很為自己沒趕上「反右」高潮而遺憾，現在有了「痛打落水狗」的機會，立刻表現出驚人的勇敢與興致。張元勳有幾次在從餐廳走回宿舍的路上被他們認出，這幫少年遂堵截住張元勳，用中學生的腔調呵斥，踢掉張元勳手中的搪瓷碗，一邊說著：「餓死你這個反革命分子！」一邊用腳把飯碗狠狠踩扁，大罵而去。除了這幫少年，更多的人因為害怕麻煩，一見「右派」就退避三舍，彷彿他們都是瘟神。「右派」之間呢，已沒有誰敢私自來往，萬一路上遇見了，也不敢當面寒暄，只能「道路以目」而已！

12 月的一天，寒氣凜冽，張元勳獨自由西校門步出，向北往圓明園方向走去。在寂靜無人的小路上，他遇到了中文系新聞專業的「右派」張志華。見四下無人，張志華悄悄對張元勳說：「林昭回來了。今天上大課，竟與林昭坐於比鄰。」得知這個消息，張元勳一直希望也遇到林昭，但直到 12 月 21 日他們才邂逅於一家小書店。

那是星期六的晚上，張元勳獨自從南校門走到海淀。1957年時的海淀是一片田野，只有一條南北的泥路坎坷而狹窄。一到夜晚，連路燈也沒有，只有幾家小店鋪的門內閃出微弱的電燈光。坐落於路西的新華書店由於北大學生經常光顧，因而也是海淀唯一熱鬧的地方。書店很小，狹窄的店堂裏迎門擺著個兩米見方的案子，上面擺滿書刊。當時張元勳正擠在人群中漫無目的地翻閱，無意間一抬頭，竟與對面的林昭四目相遇。只見林昭圍著白圍巾、戴著白口罩，只露著一雙眼睛黑漆漆地望著張元勳。

四下裏全是北大學生，二人不敢造次。林昭當即轉身走出書店，向北進入一條極狹窄的小胡同，張元勳心領神會地默默隨行。胡同又黑又長，腳下坎坎坷坷。一直走了許久才見一片星空，眼前是西郊收割完的稻田，一片平闊的廣野。林昭停下腳步，對張元勳說：「情況已到了最嚴重的關頭，我們都要時刻作好被捕的思想準備。你記住我的家庭住址，不管磨難多久，也不能失去聯繫。」於是她說了兩個地址：一、上海茂名南路159弄11號，二、蘇州喬司空巷15號。她叫張元勳也講清自己在青島的住址以及張元勳哥哥的名字。二人各自把地址強記在心，然後又穿過狹窄曲折的小胡同回到海淀大街。

萬籟俱寂，一片漆黑，但大約百米之外，便到了北大西南圍牆之外。在一盞路燈下，二人不約而同地站下了。林昭取下口罩和頭巾，張元勳看到她兩條粗粗的短辮子上繫著白色的蝴蝶結，她的面色蒼白，在路燈的微光下更顯得清瘦。林昭說：「星期三要到北海醫院去查身體，星期三之後再見面。」說完，她禮節性地嫣然一笑，於是二人分別：林昭向東往南校門，張元勳向北往西校門。四天後，即1957年12月25日清晨，張元勳因「試圖叛逃」以及參加「反革命組織」等罪行被秘密逮捕。八年刑滿後，又被強留在勞改隊裏「繼續改造」。

在學校苗圃勞動期間，林昭與譚天榮意外地有了很多見面機會。譚天榮對林昭說：「在鳴放時，我並沒有說出我的全部觀點。對

人們所敬的神，我也沒有少燒香。如果說還有些不敬之處，也不過是對列寧略有微辭，而且也僅限於在學術範圍之內，甚至連史達林我也儘量為他辯護。凡是我自己認為對黨對社會主義可能不利的話，我一句也沒有說過。早知道落下個『反黨反社會主義』的虛名，不如早打正經主意。」林昭點頭稱是。他們一起參加「滅四害」勞動時，一天用臉盆沾滿肥皂撲殺蚊蟲，林昭笑著對譚天榮說：「這個黨真是瘋了！」譚天榮目瞪口呆，不知道回答什麼才好，因為當時即便激進如他，也從來沒想過「這個黨瘋了」。林昭對自己在鳴放中的表現似乎很滿意，她說：「當我加冕成為『右派』以後，我媽媽用驚奇和欣賞的眼睛端詳我，好像說：『什麼時候你變得這樣成熟了。』我現在才真正知道『右派』這一桂冠的份量。無論如何，這一個回合我是輸了，但這不算完。『他日若遂凌雲志，敢笑黃巢不丈夫！』」不久，譚天榮被捕入獄。

　　張元勳、譚天榮等知交「走」後，羊華榮成了林昭又一個朋友。

　　羊華榮是江蘇常州人，與林昭在蘇南新專和北京大學兩度同窗，1957年在北大又一同被劃為「右派」，相似的經歷和處境讓他們同病相憐。羊華榮回憶說：「1957年冬天，當時北大反右高潮已過，學校將放寒假，校方對右派的監管相對放鬆，這就使我們有了一些自由活動的機會。林昭是北大知名的右派之一，她的行動易被人注意，故我與林昭相約，每天黃昏在校外相見。我們有時相約在頤和園或圓明園遺址，有時相約在僻靜的小酒店裏，但大都相約在附近的田野中。北京的冬夜很冷，有風的時候更冷。當時林昭有肺病，弱不禁風，我們只能在荒墳和密林中尋找一些略可避風的地方。北大宿舍有暖氣，但林昭寧肯在寒風中發抖，也不願早些回到宿舍去，因為只有這一黃昏時刻，我們才能自由地談天說地，盡情地嬉笑怒罵，才能忘記白天的一切煩惱，靜靜地欣賞茫茫的夜色。從1957年冬天到來年的春天，我們風雨無阻，共同度過了一百多個難忘的黃昏。」羊華榮過去與林昭雖熟，但彼此並無深交。現在林昭在他面前傾訴一切，羊華榮才發現林昭是一位單純而缺乏世故的姑娘：

「她坦誠善良，但對社會生活的複雜性和政治鬥爭的殘酷性顯然缺乏足夠的認識，因而她對很多事看不慣，想不通。我比她年長，社會經歷比她豐富，雖對反右不滿，但並未為此而悲傷。」很自然地，羊華榮充當了勸導者的角色。

有一次，林昭憂傷地說：「反右傷害了年輕人的心。」

羊華榮笑笑說：「年輕人的心值多少錢一斤啊。當權者可不管什麼心呀情呀的，這是詩人的語言。」

羊華榮接著勸林昭，不要把目前的一切看得太認真，時間會把一切都沖淡的，不值得為此煩惱。有一次他們議論天下英雄，認為自古以來成功的大英雄也必是大流氓，他們有一共同的特點：為達目的不擇手段，從不信守什麼仁義道德。他們分析了劉邦、曹操、朱元璋等歷代的大人物，幾乎很少有例外。相處一段時間後，林昭的情緒有所好轉，心情逐漸開朗。有一天，林昭握著羊華榮的手說：「你真像我的大哥。」羊華榮很高興，他說：「那我就認你這位妹妹吧，但我已經有一位妹妹了，就稱你二妹吧。」從此，羊華榮稱林昭二妹。林昭則稱羊華榮為兄，自稱弟。

一天黃昏，林昭意外地穿了一件紅色呢外衣，並告訴羊華榮：「這是我自己設計和縫製的，尚未完工，穿來請你看看，是否合身。」羊華榮順口誇了幾句，打趣說：「穿錦衣而夜行，惜哉！」林昭答道：「不見天日，奈何！」還有一天晚上，他們在荒墳中聊天。荒墳外有條小路，路過的人聽到荒墳中有聲音，嚇得回頭就跑。羊華榮說：「這下我們變成鬼了！」林昭笑笑說：「誰也沒有把我們當人，是鬼，人們還敬畏三分，做人不如做鬼！」說著她拍拍墳頭說：「孤魂野鬼們，來吧，來和我們共度良宵！」然後，她還講了個人鬼相戀的故事。

在刮大風或下雨的時候，他們常躲進小酒店，一杯濁酒，幾碟小菜，邊飲邊聊。有時還向店家借來象棋，邊下邊飲。林昭棋藝不如羊華榮，但酒量比羊華榮大，喝多了臉不紅反白。而且她喝酒還能自控，從未見過她喝醉過。即使多喝一點，也從未見她說過酒話。有次從酒店出來時，羊華榮先取下自己的外衣，林昭批評他應先為

女士取衣，再取自己的。羊華榮抱歉說：「恕我不知姑蘇閨秀們的規矩。」林昭笑笑說：「在女孩子面前就得學點規矩。」

　　月色可餐的夜晚，他們有時在頤和園十七孔橋賞月。有一天，羊華榮看到萬壽山霧氣朦朧，宛若仙境，遂問林昭：「凡人想做神仙，神仙又想下凡，究竟是天上好，還是人間好？」林昭沉思片刻後說：「彼此彼此，人間到處都是專制，天上也等級森嚴，決非一片淨土，否則養那麼多天兵天將幹什麼？反正沒有極樂世界！」羊華榮說：「極樂世界，及時行樂也。此時此刻，此情此境，豈非一片淨土？豈非極樂世界？」林昭說：「這是自得其樂而已。但你說得有點道理，淨土在心中，極樂世界在身邊，當從自身去尋求。」

　　又一次在圓明園散步，在一片斷垣敗壁中，林昭一邊吟誦著曹操的詩句「月明星稀，烏鵲南飛，繞樹三匝，何枝可依」，一邊撿起一塊石頭問道：「你來自哪座仙山，為什麼流落到人間？你經歷了多少人間榮華，又承受了多少人間辛酸？你在沉思什麼？你為什麼默默不語？」羊華榮道：「你作一篇〈石問〉吧。」林昭認真回答：「這裏的石頭都有靈性，上面都刻著一部《石頭記》，只是我們讀不懂罷了。」

　　還有一次，二人談到「右派」被捕問題。林昭坦然道：「牢獄的大門為右派敞開著！牢獄是人蓋的，也是人坐的。右派既然還是人，坐坐牢亦無所謂。」羊華榮正為她的言論驚詫不已，林昭又笑道：「牢獄可以毀掉人，亦可以造就人，古今中外有很多名人就坐過牢，還有些因坐牢而名聞於世！」羊華榮道：「難道你想因此聞名？這個名可不是好出的！」林昭正色道：「這可由不得我！」

　　類似的話林昭也曾對「右派」同學趙雷說過。在畢業離校前夕，趙雷和林昭也經常相約去圓明園等地遊逛閒談。趙雷清晰地記得林昭說過：「我當右派不冤枉，但幹的右派活動太少有點冤枉。要想改造社會，不幹則已，幹就要往大裏幹，絕不低頭屈服！」

　　1958 年 3 月 28 日，羊華榮被發配到北京山區勞動。臨行前，林昭與他在頤和園暢遊終日，並在園外酒店飲酒至深夜。林昭送羊

華榮一張照片，照片是在蘇聯展覽館（今北京展覽館）拍的，照片上她身穿中式藍布上衣，圍白圍巾，兩條髮辮上紮著白色蝴蝶結。照片背面題：「什麼是美，生活本身。」林昭還即席作詩以表送別：

> 百丈狂飆捲黃塵，三月向盡未知春。
> 柳條猶悴不堪折，一團亂絲送行人。
> 握手笑談釋離情，登臨放歌入青雲。
> 今日壺觴一醉別，明朝關山萬里行。
> 好去隴頭荷犁杖，莫向樽前計歸程。
> 自是聖君憐才子，故曳泥塗備大任。

羊華榮離京後，林昭起初一直與他保持著書信往來，還斷斷續續寄去一些新作的詩文。後來林昭發現信件被人拆看，二人聯繫漸疏。下面這首詩係林昭1958年夏初所作，是羊華榮歷經「文革」磨難存留下來的。「埋骨何須定北邙，銘幽寧教筆低昂。平生磊落巍奇氣，化作清風意更長」，這哪裡像一個弱女子的手筆？這分明是一個戰士的慷慨宣言啊：

> 埋骨何須定北邙，銘幽寧教筆低昂。
> 平生磊落巍奇氣，化作清風意更長。
> 相對牛衣涕淚真，百年瞬息志難伸。
> 只今唯有心頭血，灑向重泉閃碧燐。
> 盲人瞎馬夜深池，一哭同聲任所之。
> 未必陽烏終匿影，楚天雲雨到今疑。
> 涕淚橫流禮法章，緣何交臂失三車。
> 世尊悲願周沙界，其奈梗頑不憶家。
> 花謝花開歲屢更，是周是蝶不分明。
> 此身行作溝中瘠，猶對西風吊落英。
> 欲賦蕁羹筆未嫻，軟紅塵裏且偷閒。
> 玉魚金盞時時擊，猿鶴何猶戀故山。

　　與 1957 年的熱情似火大相徑庭，1958 年的元旦在狂風暴雪中悄然來臨。這一年林昭 27 歲，她開始懂得什麼是成熟，她開始學會該怎樣思考。然而，聆聽著 1958 年的新年鐘聲，她無論如何也無法想像即將來臨的是怎樣的滅頂之災。據後來統計，1957 年全國共有 55 萬知識份子被打成「右派」。北大到底抓了多少右派？目前至少有兩種說法。根據《北京大學紀事（1898-1997）》，北大抓了 699 名右派，其中 589 人是學生，110 人是教職員。當時全校學生數是 8983 人，教職員人數是 1399 人。在同一本書的另一處，北大被打成右派的人數被記為 716（《北京大學紀事（1898-1997）》，轉引自王友琴〈程賢策之死〉）。張元勳在〈北大往事與林昭之死〉、丁抒在〈陽謀〉中則說北大總共抓了 1500 餘人。其實，這兩種說法並不矛盾。當時的北大黨委書記江隆基因為抓的「右派」比例僅為 6.5%，被中央視為「反右」不力，黨委書記職務被後來的陸平接替。陸書記又抓了一批「右派」，使「右派」總數達到師生總數的 15%。數字有出入的另一個原因就是，「右派」是分為不同等級的，有「右派」和「極右派」，還有「中右」和「右傾」，其中後兩類有時不歸入「右派」之中。

　　　「右派」受到六個不同等級的處理：第一級最嚴重，要被開除公職，勞動教養；第二級撤銷職務，監督勞動；第三級撤銷職務，留用察看；第四級撤銷職務，另行分配；第五級降薪降職；第六級作「中右份子」處理，免於處分。（1957 年 12 月 12 日中共中央、國務院〈關於在國家薪給人員和高等學校學生中的右派份子處理原則規定〉，轉引自王友琴〈一個人的遭遇：顧文選之死〉）。被開除公職、送到勞改農場甚至監獄的，絕大多數是學生。而那些在「思想改造運動」中受到「洗禮」的大知識份子，儘管也有不少人被打成右派，但多數沒有被發配。「右派」學生有一些還是誤入「羅網」的。數學力學系四年級的李力當時是班長，系黨支部多次召集他們班開會，動員他們在離開母校前給黨留下寶貴意見。三番五次動員，就是沒人說話，這樣交不了差。後來大家就說，李力你是班長，就代表大家說兩句算了。沒辦法，李力就不疼不癢地提了幾條意見，內

容大體是關於畢業分配問題，結果他被打成了「右派」。學生「右派」悲慘一生的不在少數，有的甚至死無葬身之地——

北大歷史系三年級學生沈元，上海人，戴一副近視眼鏡，身體孱弱，面皮白淨。他向組織請求回家自謀生路，隨後隱居北京姑母家閉門讀書。1963 年不耐寂寞，他在《歷史研究》上發表〈論漢史遊的《急就篇》〉，在《人民日報》上發表〈論洪秀全〉等文章，受到學術界重視，也得到北京市委書記鄧拓的賞識。文革風起，鄧拓自殺，批《三家村》牽出了沈元。一天傍晚，沈元用鞋油把臉塗黑，化裝成黑人，欲闖非洲某國駐華大使館尋求政治避難。被哨兵捕獲後，30 歲的沈元很快被以「叛國罪」判處死刑立即執行，其新婚不久的表妹當場暈了過去。

哲學系學生黃宗羲被殺於 1958 年。臨刑前他對妻子說：「我死後你不要守著，早一點找一個家，好好教育孩子跟著黨、跟著毛主席走社會主義道路。」

西語系英語專業的顧文選，因「控訴會」而獲罪，被判刑入獄。1966 年夏，他從河北某勞改農場越獄逃亡，歷經千難萬險居然到了北朝鮮。自不用說，很快被引渡回國槍斃。

化學系學生張錫琨企圖越獄而被處死，時間已是「四人幫」垮臺後的 1977 年。他的遺體由妹妹領走，掩埋於四川盆地。

物理系學生劉奇弟因為替胡風鳴冤叫屈，被打成「極右派」，並被定為「反革命分子」，投入監獄。他在獄中絕食，獄卒就用鐵棍橇他的嘴，將他的牙齒大部分橇掉。劉奇弟最終絕食而死。

22 歲的韓其慧與林昭同班，是全班年齡最小的。打成「右派」後，她被發配到新疆偏僻小縣參加勞動。在西去的列車上，同行的刑事犯將其強暴。她向監管人員哭訴，卻被喝斥：「該打！不許你這右派分子翻案！」到了發配地，她幾乎失去活著的勇氣。幸有一光棍漢保護，她感恩戴德以身相許，和那人生了兩個孩子。後來落實政策，她被分到公社托兒所當阿姨。在同學幫助下，她最後得以調進縣城的中學教書，不到 60 歲就與世長辭。

楊吉林被發配到東北的深山老林勞改。若干年後摘掉「右派」帽子，改在農場種藥材。孤獨寂寞裏，他染上了煙癮，非勁頭極大的關東莫合煙不行。因為有了這項開銷，他每月剩不下多少錢。53歲他在某小縣藥材公司當了職員，恢復了原工資。他一輩子沒成家，常常一個人坐在原野上看夕陽。他跟樹說話，跟草說話，跟花說話，憂鬱從他身上要流下來。最後孤苦伶仃地離世。

劉秉彝 1962 年從勞動教養隊放出來後，回了故鄉浙江溫州。他沒有父母，也沒有兄弟姐妹。為了吃飽飯，他什麼活都幹，一直掙扎在生活的最底層，與肺結核病為伴。最後也沒活過 60 歲。

王一民，北大經濟系三年級學生。調幹生，瘦高個子，戴一副高度近視眼鏡。那時「右派」在勞動之餘，還擔負著包乾掃盲任務。這王一民教一青年農婦識字，他工作很認真。這天晚飯後，王一民又去了農婦家。農婦正低頭做活，沒有發現王的到來。等聽到響聲，猛轉身抬頭，就見王一民咧嘴一笑，一對高度近視眼鏡在昏黃的燈光下十分怪異。農婦嚇了一跳，不禁「啊」地喊了一聲。正巧農婦的丈夫回了家，他一把卡住王的脖子，厲聲問：「你他媽想幹什麼？！」第二天，王一民因「流氓罪」被押送到勞改農場。

……

每一個「右派」都有一部血淚史。

如果把 55 萬「右派」的經歷如實記錄下來，那真是罄竹難書的苦難啊！

1957 年，一個滴血浸淚的年代！

五、雞蛋碰石頭

如果一切正常，1958 年將是林昭學滿畢業的年份。飽讀四年，她已經積累了豐厚的學識。如果一切正常，她必然會成為一流媒體的一流記者，奔走在 960 萬平方公里上，用自己的如椽之筆寫下激動人心的文章；如果一切正常，她必然會成為冠蓋京城的詩人作家，

頻頻現身著名的報刊和集會，用她那出類拔萃的天賦震撼芸芸眾生的靈魂；如果一切正常，她應該還會與志同道合的伴侶結婚生子，以她的赤誠、純粹和果敢，她怎麼會不成為一位令人尊敬的好妻子、好母親呢？……然而，沒有「如果」。既然歷史已經做出了令人心痛的揀選，林昭便只能義無反顧地一步步走上祭壇，把自己的血肉之軀奉獻給苦難深重的中華民族，奉獻給她深愛著的這片華夏熱土！

1958 年 6 月 21 日，北大新聞專業與中國人民大學新聞系合併，資料室隨遷人大。林昭亦隨人大新聞系資料室來到張自忠路三號大院，住一間單人宿舍。張自忠路三號大院原來叫鐵獅子胡同一號，清朝時是個王府，院門口有兩隻威嚴的大獅子。慈禧太后時將海軍部設在這裏，院子裏有花園有樓房，是個十分雅致的地方。民國初期，這裏成了段祺瑞總統府的所在地。1926 年 3 月 18 日，院門口發生了震驚中外的「三‧一八慘案」，魯迅先生為此寫下著名的文章〈紀念劉和珍君〉。解放以後，中國人民大學有兩個校舍，一個在西郊，另一個就是城裏的張自忠路三號大院。張自忠路三號大院有人大的兩個科系，即新聞系和歷史檔案系。林昭的工作是為編寫《中共報刊史》收集資料，整天查舊報紙、編卡片。資料室由一位延安時期的老革命負責，她就是劉少奇的前妻、時年 33 歲的王前女士。

1949 年後歷任中共中央副主席、全國人大常務會委員長、中華人民共和國主席、國防委員會主席的劉少奇一直是毛澤東的得力幹將，是高舉毛澤東思想旗幟的旗手。1922 年劉少奇與毛澤東初會長沙，以後兩人成為紅、白區正確路線的代表。中共中央七大劉少奇作修改黨章的報告，將毛澤東思想貫穿於黨章。直到「文革」前，毛澤東很明確地說他的繼承人「很清楚，是劉少奇」。然而，「三年自然災害」讓劉少奇對毛澤東產生了懷疑。1962 年 1 月，中共中央在北京召開「七千人大會」，劉少奇在會上客觀談到當前存在的嚴重問題，大膽分析了 1958 年以來的錯誤，並提出了兩個「三七開」的著名觀點：一是成績缺點三七開，七分成績，三分缺點和錯誤；二是困難三七開，三分天災，七分人禍。然而，毛澤東卻由此對劉少

奇產生了芥蒂和警惕，認為有一股勢力要否定「三面紅旗」。加之聯想到史達林的接班人赫魯雪夫在反對個人崇拜的名義下否定了史達林的功績，出現了所謂的「修正主義」，讓毛澤東擔心其身後中國也會出現赫魯雪夫式的人物。到 1965 年時，毛澤東判定這個國家有兩個司令部，一個是他的、馬列主義的，另一個是劉少奇的、修正主義的。這也是毛澤東後來發動「文革」的原因之一。

王前是河北省一個大地主的女兒，延安時期投奔革命。1941 年，時任新四軍政委的劉少奇第四次結婚，當時妻子王前年僅 16 歲，係軍部護士。婚後，王前為劉少奇生育一男一女，即劉少奇的次女劉濤、三子劉允真。1947 年 3 月，因長期性格不和，二人離婚。後來劉少奇再娶，王前則與聶真（1957 年時任中國人民大學副校長）重組了家庭。1966 年「文化大革命」爆發，聶真的妹妹聶元梓貼出「第一張馬列主義大字報」，成為風雲一時的人物。離婚後，劉少奇長期不讓劉濤、劉允真姐弟同王前見面。王前為此悄悄給劉濤寫信，希望母女倆能背著劉少奇見一次。但這封信被劉少奇截獲，他專門寫信痛斥王前，因此極大地傷害了王前的感情。直到 1967 年元旦，劉濤和劉允真才第一次訪問生母。姐弟倆根據生母提供的材料，寫出了揭露、批判劉少奇的大字報，說劉少奇在從事中共地下工作時，曾經將組織經費打了一隻金鞋拔子並據為己有。大字報還提到王前揭發劉少奇同她結婚時隱瞞了年齡，王前直到 1945 年才知道劉少奇比她大了二、三十歲。還有當時批判劉少奇的那句著名語錄「吃小虧占大便宜」，也是王前通過子女揭發出來的。這些從親生骨肉嘴裏揭發出來的「罪行」，令劉少奇百口莫辯。

王前與林昭一見如故，她十分同情林昭的遭遇，對體弱多病的林昭關照甚多。於是，林昭得以在大學校園裏享受難得的清靜。這段時間，她認真研究了《南斯拉夫共產黨綱領》，結合自己的親身經歷，對共產主義進行著深入的思考。她撰寫了長詩〈海鷗之歌〉，並反覆修改該詩，將它寄給「右派」同學孫復等分享。她還一直沒放下剛進北大時的心願，將魯迅小說〈傷逝〉改編成了電影劇本⋯⋯

可是，樹欲靜而風不止。1958 年，「反右」還沒收尾，「大躍進」又接踵而來。如果說「反右」運動因打擊了五十五萬知識份子，從而對中華民族的人文精神進行了一次傷筋動骨的摧殘，那麼，「大躍進」運動則讓原本就十分薄弱的經濟基礎搖搖欲墜，造成國民經濟比例嚴重失調，並直接導致所謂的「三年自然災害」。

1958 年 1 月，中共中央在南寧召開工作會議。會上，毛澤東把 1956 年「反冒進」說成是「右傾」、「促退」，進而提出了「大躍進」概念。在〈工作方法六十條（草案）〉中，毛澤東重申要在 15 年或者更多一點時間內趕上或超過英國的口號。南寧會議要求各省市、自治區的地方工業產值在 5 至 10 年內超過當地農業產值，在 5 至 8 年內實現農業發展綱要，提出「苦戰 3 年使大部分地區面貌基本改觀」的口號。2 月 2 日，《人民日報》發表社論〈我們的行動口號──反對浪費、勤儉建國〉宣佈：「我們國家現在正面臨著一個全國大躍進的新形勢，工業建設和工業生產要大躍進，農業生產要大躍進，文教衛生事業也要大躍進。」3 月，中共中央在成都召開的工作會議繼續批評 1956 年的「反冒進」，提出了「鼓足幹勁、力爭上游、多快好省地建設社會主義總路線」，肯定了當時已經出現的大躍進形勢，認為這標誌著我國正經歷著「一天等於二十年」的偉大時代。5 月，中共八大二次會議正式通過了「鼓足幹勁、力爭上游、多快好省地建設社會主義」的總路線，號召全黨和全國人民爭取在 15 年或者更短時間內，在主要工業產品的產量方面趕上和超過英國。這標誌著「大躍進」運動在全國全面展開。

當年 6 月初，國家計委提出《第二個五年計劃要點》，其中提出五年超過英國，十年趕上美國。這個文件得到了毛澤東的首肯，並批示：「這是一個很好的文件，值得認真一讀」。到了 6 月 17 日，計委又提出「兩年超過英國」的報告，毛澤東看後非常高興，並要求儘快把文件精神傳達到基層。7 月，湖北省長風農業生產合作社放出「衛星」，宣佈早稻畝產 15361 斤。隨即農業部公佈夏糧產量同比增長 69%，總產量比美國還多出 40 億斤。8 月，中共中央政治局在

北戴河舉行擴大會議，確定了一批工農業生產的高指標。提出 1958
年鋼產量要在 1957 年 535 萬噸的基礎上翻一番，達到 1070 萬噸；
1959 年要比 1958 年再翻番，由 1070 萬噸達到 3000 萬噸；糧食產
量 1958 年要比 1957 年增產 80%，由 3900 億斤達到 7000 億斤左右；
1959 年要比 1958 年增產 50%，由 7000 億斤左右達到 10500 億斤。
會議還決定在農村普遍建立人民公社。同時，交通、郵電、教育、
文化、衛生等事業也都開展「全民大辦」，把「大躍進」運動推向了
高潮。到 1958 年 10 月底，全國農村已基本實現了人民公社化。

　　「大躍進」運動在建設上追求大規模，提出了名目繁多的全黨
全民「大辦」、「特辦」的口號，例如：全黨全民大煉鋼鐵，大辦鐵
路，大辦「萬頭豬場」，大辦「萬雞山」。在這樣的目標和口號下，
基本建設投資急劇膨脹。三年間，基建投資總額高達 1006 億元，比
「一五」計畫時期基本建設總投資幾乎高出一倍。積累率突然猛增，
三年間平均每年積累率高達 39.1%。由於硬要完成那些不切實際的
高指標，必然導致瞎指揮盛行、浮誇風氾濫，老百姓因此開始缺衣
少食。直到 1960 年冬，中共中央和毛澤東開始糾正農村工作中的
「左」傾錯誤，「大躍進」才被停止。

　　儘管已經淪落為階下囚，儘管已經喪失了發言權，可林昭還是
無可遏制地痛苦、憂慮和彷徨。是啊，從屈原到范仲淹到顧炎武到
孫中山，從「路漫漫其修遠兮，吾將上下而求索」，到「先天下之憂
而憂，後天下之樂而樂」，到「天下興亡，匹夫有責」，再到「自由、
民主、博愛」，中國知識份子的血管裏自古以來就奔湧著憂國憂民的
熱血，林昭怎麼可能面對民族的苦難無動於衷？1958 年歲末，林昭
在給羊華榮的信中附了一首詩，這首詩準確清晰地反映了她當時苦
悶難當的狀態，她感覺「甕飧粒粒皆是石，嗟來之食苦似辛」，她發
現「天地雖大無所哭，何處容我一放聲」：

　　　　幽懷固結日如年，班笈狂草說桑田。
　　　　滿篇淋漓誰識得，血痕淚跡間相連。

> 淒風涼月夜深沉，淚落比窗喋若喑。
> 心事如潮憑誰訴，一燈昏處似山林。
> 江南霪雨塞北沙，十年湖海到天涯。
> 歲暮歸程故難計，茫茫何處是兒家。
> 豈為關山路莫通，孤窮如何返江東。
> 回憶父老牽衣日，腸斷眼枯立西風。
> 痼疾纏身念半空，苟延尚亦業未終。
> 對鏡時見胭脂色，不是妍容是病容。
> 斗米折腰亦自輕，日傍門戶低頭行。
> 甕飧粒粒皆是石，嗟來之食苦似辛。
> 衷腸百結萬恨生，強顏迎人笑不成。
> 天地雖大無所哭，何處容我一放聲。
> 劇痛摧心真若癡，誰憐荒郊獨行時。
> 寥落那得應制筆，此是蔡琰悲憤詩。

痛則痛矣，林昭卻並不放棄自我隨波逐流，她始終一邊堅持思考，一邊探尋出路。林昭的精神狀態給身邊人留下了清晰印象。北大同學劉發清回憶，當年林昭在他即將沉淪的時候鼓勵了他，更在他幾乎絕命的時候搭救了他，為只為林昭堅信大家都是一條船上的「旅人」，有必要互相幫助扶持。1958 年 7 月，畢業分配方案已經公佈，因為有「右派」帽子，劉發清被迫主動報名支邊大西北。前途未卜，凶多吉少，劉發清心情十分惡劣。一天傍晚，劉發清正低頭在校園裏走著，忽聽有人低聲喝道：「右派分子劉發清到哪裡去？」抬頭一看，竟是林昭笑吟吟地站在面前。

「別開玩笑了，我想回校去。」劉發清愁眉苦臉地回答。

「嘿！」林昭突然提高聲調，「回去做什麼？去吃晚飯？」

「不……我近來幾乎吃不下飯。何況現在時間還早，飯廳沒有開門呢。」劉發清望見林昭明亮的眼睛裏含著幾分諷刺的表情，茫然和尷尬地回答。

「走！我們到外面吃頓飯去。我請客。」她的聲音不大，但很清楚。

「我不餓，不想吃。」

「哼！飯要吃，而且要吃飽。你不餓？也罷，那你也得陪我去。」她好像有一股無法抗拒的力量。劉發清環顧四周，沒有發現「狼一樣的眼睛」，便轉身跟著她走去。

飯館顧客不多。林昭找了個角落坐下，劉發清沒精打彩坐在對面。劉發清再次表示沒有胃口，林昭卻向服務員要了一碗肉絲麵，舉起筷子哈哈地笑道：「你不吃，我可要吃。」她一邊吃，一邊告訴劉發清：「我當『右派』之初，不吃，也不睡，整天以淚洗面。人們說我在流淚，其實我心在流血！我甚至曾經自殺！可是現在我想通了，這不單是我個人的命運問題，北大劃了多少個右派？全國有多少？」她停下筷子，嚴肅地說：「反右鬥爭還在全國進行，它的性質、它的意義、它的後果、它對我們國家、對歷史有什麼影響？對我們自己有什麼教訓？我現在還搞不清楚。但我要認真思考，找尋答案……」

從飯館出來已日薄黃昏，林昭建議：「喂，我們逛逛頤和園去吧。」

劉發清猶豫了一會兒說：「算了，時間不早，我們還是回校吧！」

劉發清之所以不去頤和園，主要是害怕被人看見，以為兩個「右派」在一塊搞什麼「陰謀活動」。林昭望了劉發清一眼，什麼也沒有說，進校後二人就此告別。讓劉發清沒齒難忘的是，1960 年的一個春日，當他正因水腫病發作在一邊遠農場陷於絕望時，林昭給他寄來了 30 斤全國通用糧票，讓他從死亡的邊緣掙扎回來。林昭在信中說：「知你處境十分困難，我的日子雖然也不好過，可是我飯量不大，吃得少，因而有點節餘，湊了這麼一些，略表寸心，幸勿見外……」劉發清的眼淚滾滾而下，他趕緊回信表示萬分感激，信中還真誠敦促林昭「認真改造」，祝願她「早日回到人民懷抱」。不久林昭覆信說，此乃小事一樁，不足掛齒，至於足下所說「認真改造」云云，則「你我都是共坐在一條船上的『旅人』，船若靠岸，我亦可登……」

從劉發清的回憶可以看出，林昭當時已經掙扎出泥潭，開始理性地面對現實。

　　人大期間，真正與林昭朝夕相處的除了王前，還有一位男士。他就是甘粹，林昭唯一認可的「未婚夫」。甘粹，原名甘大潁，1932年12月生於湖北武口，屬猴，比林昭小一歲。其父母均為浙江紹興人，父親曾任中國銀行漢口分行襄理，母親系家庭主婦。甘粹上有兩個哥哥，下有一個妹妹，兒時家境富裕。抗戰期間，甘粹隨父母內遷四川，在當地讀了小學。父親抗戰期間早逝，抗戰勝利後，甘粹兄妹隨母親回到上海，甘粹在上海讀高中。1949年5月27日上海解放，17歲的甘粹看到報紙上劉鄧大軍的招生廣告怦然心動，就瞞著母親改名「甘粹」偷偷報了名。名單發佈，母親再想阻攔已沒有辦法，從此革命隊伍裏多了個新戰士甘粹。甘粹在南京學習了三個月，然後隨二野西南服務團進軍四川。「我們從南京出發，坐火車到武漢，過長江，再坐一段火車到桃源，從湖南經過貴州，到四川。走了兩千五百里，還背了背包。我參軍幾個月就全國解放了。」

　　作為青年幹部，甘粹開始在四川萬縣地委群運部工作，負責徵糧剿匪、土地改革等，與林昭當年的經歷十分相似。1950年10月3日，中國人民大學在北京成立，吳玉章任第一任校長。這所大學是在老解放區陝北公學、華北聯合大學、北方大學和華北大學的基礎上建立起來的。1955年，中國人民大學全國招生100人，其中四川有5個名額，而萬縣所在的重慶地區得到2個名額。在報考的200多人中，甘粹脫穎而出一舉得中，成為當年中國人民大學新聞系的調幹生。大學一、二年級，甘粹十分珍惜來之不易的學習機會，平時非常用功，每門功課都是5分。

　　1957年，甘粹沒有發表一點意見，也沒有寫一張大字報，但最後還是沒有逃脫「右派」的命運。為什麼呢？甘粹是這樣回憶的：「我們那個班叫中央班——中央報紙的記者編輯班，我們那些女同學都是中央報刊頭頭的愛人；有一個禮拜六，我就到人民日報同學趙培蘭家裏去玩，他的愛人就是李莊——人民日報副總編輯。他就跟我

講，現在中央『放』，讓這些民主黨派人士說，將來要反攻的。他說我們現在人民日報社論都寫好了——他說的就是第一篇社論〈這是為什麼？〉。所以人民大學鳴放的時候，我就知道（鳴放者將來）要倒楣的，所以我沒有說話——但是，我的內心裏頭對（後來）所謂這些『右派』講的話，是同情、支持的。

「那時我還是人民大學（城區）學生會的秘書長，『右派』林希翎這些都發言以後，學校就組織反擊。反擊那時開始呀——後來不是這樣——開始呀，黨組織、青年團都不出面。那時不是叫大辯論嗎？群眾自己的辯論嘛，就由學生會出面來組織辯論：名字叫辯論，實際上就是批判。那時候我是學生會秘書長，所以城裏的辯論會就由我來主持。這都是準備好了的，這些黨員下面的稿子都是寫好了的。我簡單的開場白之後，就是一、二、三、四、五、六、七個，上去發言，批判林希翎；林希翎就在主席旁邊站著——不是坐著：批判她。

「我記得很清楚，前面七個發言發完了之後，林希翎就問我——因為我是主持會議的：『我有沒有發言權？』我說：『你當然有啊，辯論嘛，她說了你，你也可以說！』我就安排了她發言了。她一發言，下面就不幹了，下面都是些左派學生。不幹了我就說：『咱們要民主嘛，只准你們說不準她說，這也不對嘛！』這樣就把會議壓住，讓林希翎發言，那天具體講什麼我講不出來了。那天，人民大學的副校長聶真就在咱們後臺。那時林希翎講講就拿出一份紅頭文件，就是赫魯雪夫的報告！她說：『我給你們念一念赫魯雪夫報告！』

「這下炸了！聶真在後臺馬上說：『不能讓她再念這個東西了！』這樣，下面『左派』就上臺去把林希翎麥克風搶了。林希翎被搶了麥克風，被推下臺以後，我就憤然跳下臺不主持了，那會議也就亂了。當然我不主持了學生會還有其他人，還有主席，接著還會有人上臺批判她……我被打『右派』，主要就是同情、支持林希翎。第一次打『右派』，並沒有打到我，因為我沒有大字報，也沒有鳴放……後來人民大學『反右』從老師學生裏頭反了200個『右派』，沒有完成上面給的任務。後來『反右』結束了以後，到58年開春過

年前後──人民大學又補充反了 200 個『右派』。那次反了後就草草收場。我呢，就是後來這補充 200 個右派裏頭的。準備好了給我貼了張大字報，『甘粹是右派』，班裏開會，批判我一下就完了，就宣佈我是『右派』，另外宣佈開除黨籍──我是 54 年在報社入黨的。

「打了右派以後，到 1958 年──正是大學四年級，是半年到中央報社實習，半年寫論文。我是右派，又開除了黨籍了，所以沒法實習去，就留在學校裏頭。留在學校裏頭也不能讓你閒著呀，就到資料室去。原來林昭從北大轉到人民大學來，就在資料室。那時我不認識她，但有時勞動的時候見過她。什麼勞動呢？人民大學打掃衛生呀，撿西瓜皮呀，把新聞系右派十幾二十個人集中一起。那時林昭也來，也跟我們一塊，但是不認識她，面孔是陌生的。那時我們也不會（互相）去問你是哪裡的，都耷拉個腦袋，低著頭，在校園裏抬不起頭來，同學老師都不理我們，我們就打掃衛生呀，撿西瓜皮呀這些……我是去資料室才認識林昭的。資料室實際就兩個人：就是一個王前，還有就是林昭；我去了以後就變成三個人──由王前領導林昭和我。」

甘粹到資料室的第一天，看見一個跟他差不多大的女孩子，拿著熱水瓶去打開水。他上前問道：「王前在嗎？」

女孩子回答：「王前不在，她九點鐘才來，你是幹什麼的？」

甘粹說：「我來資料室工作。你呢？」

她說：「我在這兒工作。」

甘粹問：「你是哪兒的？」

她說：「我是北大的。」

9 點鐘，王前來了，甘粹向她報到。王前介紹甘粹與林昭正式認識後，就安排任務。後來王前還對甘粹說：「你是男同學，林昭的身體不好，有些事情，比如在辦公室打掃衛生什麼的，你多做一點。」甘粹對林昭的第一印象：她是典型的南方姑娘，身體比較瘦弱，形象就像林黛玉似的，瘦瘦的。說話有蘇州口音，很好聽。神態有些憂鬱，不大說話，問一句才說一句。

林昭平時喜歡看古代筆記小說，她對典籍非常熟悉，曾推薦甘粹看當時的禁書、義大利文藝復興時代的著名小說《十日談》以及古典小說《金瓶梅》等。甘粹記得開始工作後，每到星期六早上，林昭就說下午有事，要提前下班。後來熟悉後，甘粹問她到哪裡去，她便坦陳說是去看譚天榮去了。譚天榮當時被關在北京西郊的監獄，林昭每個星期都買了點心去看他。然而，當20年後甘粹在林昭追悼會上提起此事，譚天榮卻黯然神傷地表示：「我一點都不知道……」

甘粹無師自通地會拉二胡，別的曲子不會，就會拉劉天華的〈病中吟〉。晚上，人人下班了，甘粹就在樓下，坐在欄干上拉二胡。林昭開始並不知道是誰拉的，她只覺得悲淒的琴聲將她帶回千里外的江南。在無錫惠山，在二泉旁邊，林昭彷彿看見瞎子阿炳正在清冷的月色下演奏〈二泉映月〉，林昭還彷彿看見兩名十七、八的少女正在山林間嬉戲暢談——噢，那不正是當年的倪競雄和自己嗎？噢噢，十年一覺揚州夢，竟如同天上人間！從夢中驚醒，林昭有一天終於發現拉二胡的竟是平時悶聲不響的甘粹，她忍不住輕聲讚道：「你二胡拉得真好……」

甘粹靦腆一笑：「拉著玩的。」

甘粹一直十分仰慕林昭的才華。從那以後，他更加有意識地拉起〈病中吟〉。這哀婉的音樂慰藉著兩顆傷痕累累的心靈，讓他們在清冷的北國感受到些許溫暖。

秋冬時節，全國各地都在大煉鋼鐵，張自忠路三號大院也壘起了小高爐，二十四小時值班。新聞系和歷史檔案系的「右派」晚上也閒不下來，要守在爐邊，林昭和甘粹概莫能外。當時流行的口號是「超英趕美」，林昭一聽這話就笑，甘粹對此心領神會。這一年林昭的病情又一次惡化，入冬以後經常咯血，有時臥床不起。林昭不來上班，總是甘粹第一個發現。王前並不是每天來，有時候來看看就走了。甘粹去看林昭，發現她那個宿舍沒有暖氣，很冷。不像資料室，有煤燒。甘粹就去行政處要煤，把煤搬到二樓，幫她升火取

暖。林昭還沒有飯吃，甘粹又給她弄吃的、幫她打水。食堂的伙食很粗糙，平時總是玉米麵窩窩頭加稀飯，林昭沒有胃口，根本吃不下。甘粹打聽到幾站路外有一個廣東粥店，早上供應的肉粥一毛五分錢一碗，非常貴，非常好吃。甘粹毫不猶豫，每天早上乘三站路，買粥回來給林昭吃。這樣堅持了個把月，直到林昭病體稍安。甘粹回憶說：「以前在北大，她（生病）有人幫忙。現在是右派，沒有人敢來。咱們是同病相憐，慢慢地，就產生了感情。她愛叫我『甘子』，我則叫她『貓咪』，因為她特別愛貓。」

每個星期日林昭都起得很早，哪怕身體還十分虛弱，她也穿戴整齊準點出門。後來甘粹知道她是去教堂作禮拜，頓時感到十分好奇，因為他無法想像性格剛烈如林昭者，竟也有溫順馴服如羔羊的時候，這上帝到底有多神奇？甘粹並不打聽，只是默默地為林昭望風、打掩護。熟識後，林昭慢慢告訴甘粹：自己少年時就讀於教會學校，當時每個星期日所有學生都必須到教堂作禮拜，而平時也會有很多機會接觸中外信徒，所以她從小對基督精神就不陌生。只是那時候覺得革命理想壓倒一切，年輕人必須承擔起救國救民的歷史使命，於是毅然唱起歌軍投奔革命。從那以後，自己的字典裏遂不再有「教堂」、「神父」、「聖經」這些字眼，取而代之的是「組織」、「黨」、「主義」。然而不久前途經王府井（教堂遺址在現北京二十五中內），林昭忽然聽到一陣久違的歌聲。這歌聲若隱若現、如泣如訴，聖潔如白雲，崇高如天堂，彷彿一道陽光穿透陰霾直達人心，林昭立馬淚如雨下。她急忙轉身追尋那歌聲而去，這才發現在這黑白顛倒的世界裏，還有教堂像挪亞方舟般收容著孤苦無助的人們。站在人群裏諦聽聖歌，林昭覺得自己的靈魂總算得到了清潔，她不禁又一次感動得流下淚來……

說到這裏，林昭不由深情地吟唱起一首聖詩：

棄惡從善必蒙福

不從惡人的計謀，

不站罪人的道路，
不坐褻慢人的座位，
惟喜愛耶和華的律法，
晝夜思想，
這人便為有福。
他要像一棵樹栽在溪水旁，
按時候結果子，
葉子也不枯乾。
凡他所作的盡都順利。

惡人並不是這樣，
乃像糠秕被風吹散。
因此當審判的時候，
惡人必站立不住；
罪人在義人的會中也是如此。
因為耶和華知道義人的道路，
惡人的道路卻必滅亡。

「你看這詩多美、多直接、多乾淨啊！一目了然，乾乾脆脆。『他要像一棵樹栽種在溪水旁，按時候結果子，葉子也不枯乾』。我們能夠像大樹這樣寧靜嗎？我們能夠像聖徒這樣純粹嗎？一次又一次的運動讓每個人都登臺亮相了，我們哪一個人沒有說謊、哪一個人沒有做不義之事呢？我們為什麼經受不住良知的考驗呢？」林昭說著說著，又猛烈咳嗽起來。

甘粹歎息著遞上茶杯道：「別激動，喝點水吧……是啊，一個人不說謊、不做違心之事是多麼困難，又是多麼重要！如果我們每個人都能堅持『不從惡人的計謀，不站罪人的道路，不坐褻慢人的座位』，那這個『反右』運動怎麼能折騰起來呢？但這是不可能的，這個世界上永遠不會只有一種人，這個世界永遠都會有人犯罪！」

林昭喘息了一陣終於平靜下來，她又款款地吟誦起另一首詩：

> 我指著永生的神起誓：
> （我的生命尚在我裏面，神所賜呼吸之氣仍在我的鼻孔內。）
> 我的嘴決不說非義之言；
> 我的舌也不說詭詐之語。
> 我斷不以你們為是，
> 我至死必不以自己為不正。
> 我持定我的義，必不放鬆，
> 在世的日子，我心必不責備我。

林昭說：「這首詩讓我慚愧不已！在他們的威逼利誘下，我曾說過多少不義之言、詭詐之語啊！他們就是那麼一幫魔鬼：你越作賤自己、作賤親人，他們越高興；你越顛倒黑白、口是心非，他們越滿意；你越不要尊嚴、放棄真理，他們越認可。他們要的就是奴才！就是太監！就是沒有人性的機器！不，我不願意再被他們左右！從今以後，我以我的良心發誓：『我斷不以你們為是，我至死必不以自己為不正。我持定我的義，必不放鬆，在世的日子，我心必不責備我！』」

林昭的話讓甘粹不安而佩服。他很清楚這姑娘十分危險，在這個混亂莫名的時代，跟她在一起會有不可預測的麻煩和問題。但他還是情不自禁地被她吸引著，情不自禁地想要守護在她身邊，聽她說一些大逆不道的「反動言論」，幫她處理一些力所能及的生活瑣事。他覺得林昭實在太需要保護了，無論是她贏弱的身體還是跳躍的思想，都需要有一個柔軟的緩衝地帶，而他願意承擔這樣的重任。慢慢地，甘粹開始陪同林昭去教堂作禮拜。甘粹本來以為，去教堂的都是些老頭老太和小孩子，可實際上他發現很多都是年輕人，還有大使館的人。林昭會英語，每次去教堂，她都會習慣性地與一些外國人士交談。甘粹聽不懂，他知道林昭是想通過這些外國人得到一些資訊。甘粹還經常在領導和同事面前給林昭打掩護，讓她能安全地會見一些有思想的朋友。

有一次禮拜結束，他們一路談論著《聖經》、談論著舊事，不由地從王府井一直漫步到天安門廣場。面對著大而無當的空曠廣場，面對著古樸端莊的天安門城樓，林昭忽然感慨萬千。她一步步邁上人民英雄紀念碑的臺階，情不自禁地撫摸起栩栩如生的漢白玉浮雕：虎門銷煙，金田起義，武昌起義，五四運動，五卅運動，南昌起義，抗日游擊戰，百萬大軍渡長江。歷史的風雲在她手掌下湧動著、變幻著、撞擊著，讓她血脈賁張難以自持，林昭忍不住問甘粹：「你說什麼叫『烈士』？從1840年到現在，到底有多少人成了『烈士』？」

甘粹苦笑著搖搖頭：「少說也成百上千萬吧，沒準上億呢——唉，多少鮮血啊！」

林昭接著說：「譚嗣同、秋瑾、陳天華、楊靖宇、趙一曼、江竹筠……大烈士還有機會留下姓名，讓後代人紀念、評說。那些塵土一樣的小烈士呢？我去過南京的靈谷寺，那裏有一個很大的無梁殿，專門供奉北伐烈士靈位的。天哪，那殿壁上黑壓壓刻滿了烈士名單啊！你想想，一個名字還占不到拇指大塊地方，那整整幾面殿壁，一共會有多少名字啊！我當時驚呆了，我想這每一個名字都是一條鮮活的生命，每一個名字後面都有一個真實的故事。他是誰？他是廣東人、福建人還是湖南人、湖北人？他生長在什麼樣的家庭？他讀過書上過學嗎？他戀愛了嗎？結婚了嗎？他怎麼死的？子彈從他的什麼地方鑽了進去？他離開這個世界前是什麼狀態？他的骨灰在哪兒？他的親人如何看待他的死亡？……那天我佇立在無梁殿裏久久不能平靜。我想，從鴉片戰爭到北伐戰爭，從北伐戰爭到抗日戰爭，從抗日戰爭再到解放戰爭，中國這一個世紀死了多少人啊！這一個世紀，中國人捨生忘死、前仆後繼地都為了什麼呢？難道這麼多人死了，就換來這一塊冷冰冰、硬梆梆的紀念碑？」林昭一邊說，一邊抬頭仰望著高聳入雲的人民英雄紀念碑，歎息不已。

甘粹笑道：「怎麼就一塊紀念碑呢？不是終於有了人民共和國嘛。」甘粹說著模仿起毛澤東的湖南口音道：「中華——人民共和國

──中央──人民政府──今天──成立了！──中國人民──從此──站起來了！」

林昭「哼」了一聲：「這共和國給我們帶來了什麼呢？是每個人都獲得了解放？還是只有一部分人得到了解放？我怎麼感覺這共和國只是某些人的遮羞布？他們把老百姓當成了炮灰，自己卻搖身一變，成了不穿龍袍的現代皇帝！」

甘粹警惕地四下張望了一下，他一邊用眼色制止林昭，一邊輕聲喝斥道：「你不要命了？！這種話也敢在這個地方隨便亂說！要是被誰聽見，你立馬就成了現行反革命！」好在四周並沒有那麼長的耳朵，甘粹放下一顆心，隨即安慰林昭道：「牢騷發發也就罷了，咱們都是人微言輕的草民，能怎麼著呢？曠世英雄諸葛孔明，尚且也只能『苟全性命於亂世，不求聞達於諸侯』，你我還能扭轉乾坤不成？你不要碰硬，雞蛋是碰不過石頭的！」

甘粹沒想到林昭對自己的這番「勸導」極為反感，她狠狠地擊打著紀念碑，義正詞嚴地回答：「不，我就是要去碰！我相信成千上億個雞蛋去撞擊，這頑石最終也會被擊碎的！」

甘粹道：「你不要太天真。現在不是軍閥時代，就算你有十萬人造反，現在交通工具比較發達，共產黨會調兵遣將，哪個省哪個縣造反，馬上可以鎮壓。已經戴了『右派』這個緊箍咒，你就老老實實實待著吧！」

說起「反右」，林昭感歎地說：「我們是好心提意見，想幫助黨改掉缺點，促進更快的進步。其實，按社會分工，那主要不是我們學生的事，我們沒有直接的、功利的目的。我們追求更高的價值標準，那就是民主與科學。我絕不悔恨把我打成『右派』，這不過是時代的悲劇。這只能證明：今天的事業將比過去更加偉大；今天的任務比昨天更加艱巨，我們要把千百年來人類的理想，百十年來先烈們的夢，實現在中國的泥土上。讓我們學習前人英雄的榜樣，進！進！進！」

　　望著林昭清瘦的身影，甘粹啞口無言。他真是不明白，這姑娘怎麼會這麼執著、這麼無畏？她那單薄的身體裏，怎麼會蘊藏著那麼巨大的力量？也正是從這一刻起，甘粹下定決心：絕不能任著她往石頭上撞，只要我在一天，就要保護她一天！

　　那年冬天，有一天，林昭忽然對甘粹說：「我剛寫了一首歌，叫〈呼喚〉。唱給你聽好不好？」說著，她用低沉的女中音深情款款地唱了起來：

> 在暴風雨的夜裏，我懷念著您。
> 窗外是夜，怒吼的風，淋漓的雨滴。
> 但是我的心啊，飛出去尋找您。
> 我對著虛空呼喚：「您在哪裡？您在哪裡？」
> 為什麼我找不到你？！
> 您是被放逐在遼闊的荒原？
> 還是沉埋在冰冷的獄底？
> 兄弟！兄弟！
> 我的心靈為您流血，我的呼聲追尋著您！
> 您在哪裡？您在哪裡？

　　甘粹問：「這首歌是寫給誰的？」

　　林昭道：「是寫給難友的。1957 年所有落難者，都是我的兄弟姐妹啊！唉，北大右派同學，能聯繫的我一直保持著聯繫。從他們的信中我知道，他們境遇很糟，物質極端匱乏，精神極端萎靡。不是在荒野餐風露宿，就是在邊疆飽受欺凌。更有一些人，自從被捕就生死兩茫茫……他們讓我想起了俄國的十二月黨人，一群自覺背負民族十字架的精神貴族！可是，我卻不能與他們為伴！一想到他們，我便寢食難安。我覺得自己留在京城裏真是好慚愧！我盡力鼓勵他們、幫助他們，可是這微不足道的鼓勵和幫助有什麼用呢？可是，除了這微不足道的鼓勵和幫助，我還能做什麼？」

甘粹道：「你不必這麼自責。這是時代的悲劇、民族的悲劇，我們都做到問心無愧就好了。況且你還遠遠不止問心無愧，你已經做了那麼多。你的心不是已經飛出去尋找他們了嗎？他們能感受到你的溫暖，我相信。」

林昭道：「唉！如果我與他們一道入獄，也許我反倒好受些！媽媽說，像我這樣的身體，放逐出去肯定活不了多久。媽媽哪裡知道，我真恨不得死在流放的路上，像十二黨人死在西伯利亞的冰雪中一樣——那才叫死得其所啊！」

甘粹道：「並不是所有戰士都必須死在戰場上。上帝既然沒有安排你流放和入獄，他自有他的主意。你就接受上帝的揀選吧。」

林昭「撲赫」一笑：「看來你已經深得基督精神了！真是士隔三日當刮目相看啊！……你喜歡這首歌嗎？我教你唱？」

甘粹點點頭。於是，林昭便一字一句地教甘粹，直到甘粹把這首歌深深地刻進了腦海。

冬去春來，1959 年，林昭 28 歲了。這年春天，「兩個右派談戀愛」的風言風雨開始在校園裏傳播。終於有一天，新聞系黨支部正式警告甘粹：「你與林昭不能這樣接近！」沒多久，乾脆直接下命令曰：「右派分子不准談戀愛！」

林昭得知此事哈哈大笑，她問甘粹：「你怕嗎？」

甘粹說：「你不怕，我更不怕！」

林昭說：「那好，他們越不准，我們越要做給他們看！」

於是兩個年輕人根本不管別人的異樣眼光，公然手拉著手在大院裏散步，在水池邊徘徊，林昭甚至正式稱甘粹為「未婚夫」。他們出雙入對談笑風生，儼然將冷漠的校園變成了浪漫的世外桃源。

甘粹回憶說：「因為是調幹生，當時我每月有 29 元的補助。林昭已經畢業，因為是『右派』，工作但不拿工資，每月有 25 元生活費。談戀愛期間，我們花銷很大，每個月都緊巴巴的。我們經常逛街、逛公園、下館子，林昭總是很大方。當時崇文門附近的新僑飯店很高檔，有一天我們逛到那裏，林昭要進去吃飯。菜單拿來一看，

我們發現兩人身上的錢加起來只有一塊五毛，只夠點一個紅燒魚頭的。於是我們就點了一個菜、兩碗飯——這個細節我記得非常清楚。林昭還常去王府井和平飯店的咖啡館，那個地方現在也是個高檔場所。林昭當時穿著很樸素，但很講究。她會自己改衣服，敢穿一些別人不敢穿的衣服，比如她與我合影時穿了一件色彩很豔麗的旗袍。那時一般女性都穿列寧裝、幹部服什麼的，誰還敢穿旗袍啊，還是花的？林昭就敢！那件旗袍是很高檔的，做工非常好，可就是因為不合時宜了，林昭買得很便宜。」

　　錢不夠花怎麼辦？甘粹就悄悄地賣書。「有些品相好一些的書，二、三折就賣給中國書店了。最後書賣得差不多，我不得不把一塊瑞士手錶賣了。那塊錶是我進軍大西南經過漢口時，我二哥送的。我二哥當時在一家洋行工作，這塊錶花了他一個月的薪水，後來賣了 90 塊錢。這已經是我最後能賣的東西了，再往下怎麼辦？我也沒想過，當時就是覺得願意為林昭這麼做，因為我就是愛她。」甘粹說那時常與林昭逛瓷器店。林昭懂瓷器，那時市面上清朝的舊瓷器很多，一隻光緒年間的盤子，就賣一塊錢。兩人淘寶似的搜集了兩大箱清朝瓷器，可惜後來勞燕分飛，兩箱寶貝存放在林昭宿舍無人託付，也不知最終落入誰人之手。

　　這年春天，在上海長江航務局工作的甘粹大哥被單位派往北京培訓。在京期間，甘粹正式將林昭作為「對象」介紹給大哥。二人陪同大哥遊覽了京城的名勝古跡，並在天安門前合影留念。1959 年端午節前後，倪競雄為創作滬劇《蔡文姬》出差北京，與林昭朝夕相處了個把月。1953 年，倪競雄考入中央戲劇學院，在京期間她經常前往北大看望林昭。1956 年於中戲提前畢業後，倪競雄成為上海滬劇團編劇。1959 年姐妹再度相遇，二人的境遇都已發生了很大的變化。倪競雄回憶說，再見林昭時發現她的情緒並不壞，還熱心地幫倪競雄搜集了很多蔡文姬的資料。有一天，二人正在一咖啡館小坐，林昭忽然叫來甘粹。倪競雄問：「誰啊？」林昭回答：「你未來

的妹夫啊！」倪競雄不以為然地道：「別開玩笑了！」因為話不投機，以後兩人再也沒有談論過甘粹。

　　林昭少年時即喜歡結交志同道合的朋友，從不顧忌對方是男是女。從中學時代的陸震華、倪競雄，到大學時代的張玲、李雪琴、譚天榮、張元勳、羊華榮，再到畢業後的王前、甘粹等等，林昭的朋友不可謂不多。從現存照片來看，林昭與友人的合影也占相當比例。由此可見，友誼始終是林昭生活中的重要內容。同學羊華榮回憶，林昭曾與他談論過愛情、婚姻的話題：「她曾說過，她過去沒有真正的戀人，只是有一些談得來或比較接近的朋友。也有人曾向她表示過好感，她也婉拒了。」羊華榮認為，「林昭思想比較開放，喜交往，不耐寂寞，需要知音，甚至需要關懷與愛，但對她來說，這未必就是愛情。」「她不是傳統型的女性，她在戀愛、婚姻等問題上似無一個固定的模式。有次她談到北大一對戀人均被打成『右派』後，他們蔑視一切，衝破阻力，登記結婚了。她對他們的浪漫與勇氣大為讚賞。她也講一些愛情故事，但大都是浪漫式的戀情，這或許是她戀愛觀的反映。」之所以與甘粹「弄假成真」，一方面自然是甘粹的真誠讓林昭獲得了很多安慰，但另一方面也是其逆反性格使然，她必須要以一種姿態反抗這個社會。

　　當年6月，甘粹即將大學畢業。林昭對甘粹說：「我們不能結婚，這樣會害了你。」但甘粹堅信自己可以照顧林昭，並使她不會過早出事，同時甘粹也懷著一線希望，以為校方能考慮他們的感情現實，畢業時不會把他分配得太遠。於是，他正式向組織申請結婚。結果組織不僅斷然拒絕，還把他發配到遙遠的新疆。8月公佈名單，要求所有學生9月1日前離校報到。但直到1959年9月26日將林昭送回返滬的火車，甘粹才獨自踏上西行之路。

　　從1958年下半年到1959年底，林昭一直咯血不斷。她向校方請假，要求回上海治病休養，校方不准。甘粹去向既定，林昭心情惡劣病情加重，幾乎不能正常生活。經當時人大校長吳玉章先生親自批示，林昭終於得以回滬養病。臨行前，林昭把文稿寄存在後任

北京政協副主席的羅青先生家中。可惜「文革」開始後，由於害怕
惹禍，羅青將這些文稿全部燒毀了。林昭與王前女士依依惜別，她
們合拍了一張四寸半身照片。照片上，林昭與王前並肩而坐，都有
微笑，卻是笑得那樣慘澹，那樣淒然！照片背後，林昭題寫了一首
絕句：

> 風雨同舟始相知　看記天涯共命時
> 今日握手成一笑　胸懷依然凌雲志

1959 年 9 月 26 日，甘粹送林昭回上海。甘粹在回憶錄中還原
當時的情景：

> 我們心中積滿了陰霾，長久地凝立在月臺上，離別的苦痛灼燙
> 著我們的胸懷，灼燙著我們的臉頰。林昭說：『甘子，我愛你。是我
> 害了你。我早就說過，他們會這樣來整我們的，把你分配到最遠的
> 邊區去的。』
> 「不，別這樣說，我不怕他們！我們總有一天會相聚在一起的！」
> 「不，我怕，我怕你回不來了！」
> 我沒有，從來沒有見到過她一對這樣顫抖和痙攣的眼睛，看著
> 她那寒栗慄慄的神情，我突然覺得整座月臺裏其他一切全都死滅僵
> 凝了。儘管四周營營擾擾，人來人往川流不息，擠滿了上車和送客
> 的人群──所有這些動盪嗡衝神經的紛亂景氣對我全不存在，我緊
> 緊握著她那喘息急不可待的手，激動地說道：「會的，會有一天會回
> 來的！」
> 「太殘酷了，太殘酷了呀！」林昭極度悲傷，兩眼含著淚水，
> 瞧著我嘶啞地說道：「一切就都完了……」
> 「什麼一切都完了呢？我們只不過是暫時的分離，怎麼能說一
> 切都完了呢？無論怎樣，我們的心不是已經緊緊地連結在一起了
> 麼！」我激動地現出要把內心所積壓的一切全部都吐露出來。
> 「你有回來的可能嗎？」

「會有的，我一定會回來，一定要回來的⋯⋯你一定要等著那個時候。」說著，我流下了眼淚。

林昭也流著淚，我們將面頰貼近，相互緊緊擁抱著，兩人的淚水融合在一起，沾濕了兩人的衣襟。

車站上的鈴聲響了，這鈴聲好像箭一樣刺穿著我倆的心房，我們緊緊擁抱在一起，生怕要被人拆散了似的。

她不停地說道：「我們不能分離，甘子，你不能走啊！」

性格一向倔強的她，從不落淚的她，這時也流出了兩行熾熱的淚水。這是我一生，第一次也是最後一次看見她的淚水。

我更加緊緊地抱住她，啜泣地說道：「你別哭！你別哭！」其實，我的淚水也盈眶奪目而涕下了，我也在哭啊！

火車鳴叫一聲，我們才從悲痛中清醒過來，我不得不離開她的懷抱，踏上了車廂門的踏板。她搖曳著手中已被淚水濕透的手絹，發狂地喊道：「我等著你，我等著你，你一定要回來呀！」

1959 年 10 月 1 日，甘粹經過長途跋涉，艱難地抵達新疆首府烏魯木齊。自治區人事部門將他分配到焉耆蒙古自治州兵團農三師（現為庫爾勒地區）。甘粹到了兵團農三師，發現該兵團係由國民黨起義部隊改制，仍由國民黨軍官擔任連長等職務。此外，還彙集了一批來自全國各地的、獲十年以上徒刑的勞改犯。大家開荒種地，實際上就等於是勞動改造。甘粹賣掉了所有行李，冒險逃回上海找到林昭以及自己的哥哥、妹妹，打算就此「黑」在上海。不料許憲民堅決反對他們的婚姻，而此時的林昭生活全賴母親資助，也不便為此違抗母親。二人天天在上海街頭漫步，面對滔滔的黃浦江水，心裏面感覺非常淒涼。甘粹在上海逗留了一星期，星期天還陪同林昭前往烏魯木齊路教堂作禮拜。萬般無奈，最後身無分文的甘粹在兄長和妹妹的資助下配齊了被褥，不得不黯然重返新疆。從此，他在那裏度過了地獄般的 20 年。

　　回滬後，林昭和母親、弟弟居住在上海茂名南路 159 弄 11 號。許憲民在蘇州另有居所，林昭有時也往返於蘇州、上海之間。許憲民對林昭婚姻的干涉決不是偶然的。若干年後，作家王若望偶然間曾給林昭妹妹彭令範介紹過男友。徐建在國防工業飛機修理廠任工會文教部長，曾邀請王若望到該廠去演講過一次，他又在黑板報出過特刊。反「右」時，徐建被說成是大「右派」王若望打入要害部門進行反革命活動的「爪牙」，扣上「右派」帽子，攆出「要害部門」調至浦東一家玻璃廠，交群眾監督改造。這樣一來，徐建與王若望反而更走近了。徐建拜訪王若望多次，有一次他提到玻璃廠沒有女工。王若望冰雪聰明，明白這是光棍漢嘤嘤求偶的暗示。對這一類婆婆媽媽的事從來不熱心的王若望，由於內心浮起負疚的歉意，甚願將功補過。

　　王若望親家高先生想起朋友許憲民的二女兒彭令範尚待字閨中，將他們撮合到一起後二人很快戀愛。王若望看到徐建贈給彭令範一件別出心裁的信物：細工打磨兩塊不銹鋼組合成一個心形。令範對才華出眾的徐建十分滿意，雙方已到談婚論嫁的程度，可最終卻被母親許憲民活生生拆散。王若望回憶，有一次許老太頭上裹著黑紗巾，滿臉肅殺、不聲不響地站在王若望宿舍門口，卻就是不肯進門。她氣咻咻地埋怨王若望做的媒：「我怎能接受一個『右派』女婿呢？她爸爸遭鎮壓害了我一家子，難道還不夠呀！」言下之意，女婿千般好，萬般好，頭上有一頂右派帽子就不是「人」！王若望對此深為理解，他說：「這就是看不見摸不著而威力無比的『政治因素』了。設身處地為令範的媽媽想想，那個『政治因素』確是無法逾越的障礙。在那個時候，便有『遂使天下父母心，有女不嫁黑五郎』的無窮感歎，『黑五郎』即指黑五類，地、富、反、壞、右是也。」結果，彭令範終身未嫁。

　　林昭出事後，許憲民常後悔把她從北京接回上海，但彭令範卻認為以姐姐的個性，任何地方都一樣，結局不會改變：「姐姐不論在劃了『右派』之前還是之後，她的思想是不變的。她是一個革命極

端主義者，沒有中間道路，沒有妥協，沒有調和，『不自由，毋寧死』。她的志向是要改變社會，改變不合理的制度，甚至要改變人的思想意識，即使她的思維邏輯並不完全合理，但她認為合理的制度也尚有爭議之處，她總認為自己是正確的。」

甘粹在新疆開始與林昭保持著通信，後來林昭沒有回信，甘粹覺得很奇怪，也很想念她。到了 1960 年下半年，兵團農場有一個上海支邊青年要回家探親。臨行前他偷偷對甘粹說：「我回去就不回來了。」甘粹拜託他回上海後看望林昭，他答應了。這位朋友走後很久，給甘粹寫了一封信。因為甘粹的信都要被拆閱檢查，所以他在信裏用隱語說：「我去看了林昭，她病重住院，一時是不會好的。」這封信甘粹看懂了，更加為林昭擔心。

到新疆後，甘粹養成了一個雷打不動的習慣：每到「五一」、「十一」這幾個重大節日，他要給中央組織部寫申訴信，這個習慣堅持了 20 年。所以，他對 1968 年 5 月 1 日晚上夢見林昭手扶棺材的噩夢記憶深刻。許多年過去了，甘粹重返京城已是蒼蒼老者，這時候他方得知愛人早已魂斷天涯，而 1968 年 5 月 1 日晚上，她是特意前往新疆向他告別的！

1980 年在林昭追悼會上，甘粹遇見林昭的親人和故舊。說起與林昭的戀情，一些人似有疑慮，甘粹忍不住問倪競雄：林昭到底愛沒愛過自己？倪競雄思考了很久，認真回了一封信：「……你愛林昭我知道，1959 年我去北京與林昭見面時，她突然告訴我要介紹一個妹夫與我見面，我以為她是戲言。後來，她真的把你介紹給我，我們三人在王府井敘了一下。之後，我還是不甚相信，她卻認真地說：『我將與他結婚。』因為我毫無思想準備，對你又不瞭解，對這突然消息表示驚詫。你當時給我的印象：你比她似乎小得多（感覺上好象小了幾歲），我有點不信。我與林昭是知己，她過去幾次羅曼諦克的遭遇我有所知。我的印象中，她好像喜歡戀愛而並不想匆匆結婚，她常常在幻想中遨遊，而並不現實。同時她也不是戀愛專一主義者（我並不是說她戀愛態度不嚴肅，我也不贊成那種從一而終的

古板觀念），她可以在某一段時期摯愛一個人，但若在另一種特定環
境中相遇了另一種觸動她感情的人，她也會幻想連篇而投入情網。
她是一個詩人的氣質，因此她與你曾經相愛，後來有所變遷不能說
那段相愛是一場戲。所以對你向我提出的問題，很難簡單地回答是
或否。你應該相信你們曾經相愛而不是你單戀。至於後來的變遷實
在太悲慘了，你還能要求她什麼呢？她把全身心撲在「政治」上了，
感情、愛情也都集中到她的政治主張上去了，真是『生命誠可貴，
愛情價更高，若為自由故，二者皆可拋』呀。要談林昭這個人，特
別是她的愛情方面，不是幾頁信紙所能詳盡的……」

　　2000 年前後，孤獨沉默了無數個歲月，當獨立製片人胡杰輾轉
找到他時，鬚髮盡白的甘粹面對鏡頭唱起一首歌：「在暴風雨的夜
裏，我懷念著您。窗外是夜，怒吼的風，淋漓的雨滴。但是我的心
啊，飛出去尋找您。我對著虛空呼喚：『您在哪裏？您在哪裏？』為
什麼我找不到你？！……」

　　甘粹自己唱得十分平靜，卻聽得人肝膽欲碎，彷彿一聲聲呼喚
到人的靈魂裏。

　　是啊，除了甘粹，這世上已沒有第二人會唱這首歌、能唱這首
歌了。上帝能否告訴我們，這首歌伴隨甘粹度過了多少個不眠之夜？

第三章　抗爭（1960-1967 年）

一、甘入地獄

正當總路線、大躍進、人民公社這「三面紅旗」插遍全國的時候，自然規律的無情報復開始了：

從 1959 年起，中國出現連續三年的嚴重經濟困難，史稱「三年自然災害」。1959 年，1960 年，1961 年，持續的大面積饑饉餓死了成千上萬人，其中無辜農民占了絕大多數。種種慘像讓 50 歲以上的中國人回憶起來，至今仍不寒而慄。關於這三年到底餓死了多少人？官方至今尚無正式統計發佈。西安交通大學的蔣振華教授在 1986 年和 1987 年與李南共同發表兩篇文章，他們經研究、推算認為，這三年中國非正常死亡人口大約為 1700 萬。1993 年，上海大學金輝的推算是，這三年中國農村的非正常死亡人口可能達到 3471 萬。1994 年紅旗出版社出版、呂廷煜所著《中華人民共和國歷史紀實》一書中說：「1959 年至 1961 年的非正常死亡和減少出生人口數，大約在 4000 萬人左右。」2008 年香港出版的《墓碑》一書又有最新研究，作者楊繼繩先生「參照中外多方面的資料，確認從 1958 年到 1962 年期間，中國餓死 3600 萬人。因饑餓使得出生率降低，少出生人數為 4000 萬人。餓死人數加上因饑餓而少出生人的數，共計 7600 萬人。」

且不論死亡人口的準確數字，「三年自然災害」無疑是上世紀全球範圍的最大饑荒。中共當時告知百姓，年年饑饉是因為接連遭遇大範圍的自然災害，而且「修正主義」的蘇聯政府又雪上加霜：在關鍵時刻背信棄義，撕毀了兩國的經濟技術合作協定。但近年來研究證明，那三年中國根本沒有什麼自然災害。尤其值得一提的是，1960 年和 1961 年，中國對其他社會主義國家的經濟援助達到了最高峰。

無法回避的災情讓中共高層感到無助和困惑。在這樣的背景下，1959 年 7 月 2 日至 8 月 16 日，中共中央政治局擴大會議和中共八屆八中全會先後在江西廬山舉行。

　　會議開始時，毛澤東提出讀書、形勢和今年的任務等 19 個問題，講了自己的基本看法。在肯定「大躍進」和「人民公社化運動」的前提下，指出了在執行政策中的一些經驗教訓，準備經過討論，形成《紀要》發給全黨。討論中對國內形勢出現了兩種不同的看法，一種認為「左」的傾向仍是主要的，要繼續反「左」糾「右」；另一種則認為形勢很好，不願聽對「左」的傾向的批評。一些人感到會議有壓力，認為民主氣氛不夠。7 月 10 日下午，毛澤東講話，談了形勢、團結等問題。強調總路線是正確的，從全局來看，成績與缺點錯誤還是九個指頭與一個指頭的關係，批駁了得不償失的說法。時任國防部長的彭德懷看到這種情況，又聽說會議安排到 7 月 15 日為止，擔心匆忙結束無法直抒己見，遂於 7 月 14 日給毛澤東寫了一封「萬言書」。彭德懷在肯定「大躍進」的同時，指出了「浮誇風」等問題，認為「一些左的傾向有了相當程度的發展」。7 月 16 日，毛澤東批示將彭德懷的信印發給與會全體人員，會議隨即轉入對這封信的討論。黃克誠、周小舟分別在小組會上發言，表示同意彭德懷的看法。張聞天更是明確支持彭德懷，不同意有些人對這封信的非難。

　　從 7 月 23 日起，毛澤東在政治局擴大會議上發動了對彭德懷等人的批判。毛澤東說，現在黨內外夾攻我們，彭德懷的信表現了「資產階級的動搖性」，是向黨進攻，是「右傾機會主義的反黨綱領」。毛澤東還嚴肅地提出了解放軍跟誰走的問題。從此，盧山會議由反「左」轉為反「右」，開展了對所謂「彭德懷、黃克誠、張聞天、周小舟反黨集團」的鬥爭。8 月 2 日至 16 日，中共又召開了八屆八中全會，這次會議的議題：一是對彭德懷、黃克誠、張聞天、周小舟等進行批判；二是討論調整 1959 年經濟計畫指標。會議通過了《關於彭德懷同志為首的反黨集團的錯誤的決定》和《為保衛黨的總路線、反對右傾機會主義而鬥爭》的決議，決定撤銷彭德懷、黃克誠、張聞天和周小舟 4 人分別擔任的國防部長、總參謀長、中央書記處書記、外交部第一副部長和湖南省委第一書記職務，保留他們的中

央委員、中央候補委員、政治局委員和政治局候補委員職務以觀後效。隨後，中共中央連續發出一系列文件，把「反右傾」鬥爭推向全國。盧山會議消息傳出，舉國譁然！

　　上海養病期間，林昭通過北大同學孫復認識其在蘭州大學就讀的哥哥孫和，又通過孫和輾轉結識蘭州大學「右派」學生張春元、顧雁等。張春元，河南人，志願軍軍官，後考入蘭州大學歷史系。顧雁，1935 年生，上海南匯縣人，北京大學物理系本科畢業，時為蘭州大學物理系碩士研究生，1958 年淪為「右派」，他與張春元在甘肅天水勞教時結下深厚友誼。張春元非常欣賞林昭的詩作，1959年下半年，張春元專程來滬會晤林昭，二人相談甚歡。林昭對張春元十分敬服，稱其是「我們時代的主將」。臨走前，林昭將《南斯拉夫共產黨綱領》和自己創作的長詩〈海鷗之歌〉送給張春元。後來，張春元、顧雁參照《南斯拉夫共產黨綱領》，寫成〈當前的形勢和我們的任務〉一文，公然提出「要在中國實現一個和平、民主、自由的社會主義社會」。張春元提出創辦刊物傳播思想，顧雁、徐誠等表示贊成。

　　1960 年初夏，面對餓殍遍野的慘痛現實，在甘肅農村勞改的張春元等人忍無可忍，冒著生命危險湊錢買了一部油印機，印刷了一份簡陋的八開小刊物《星火》。據現有資料，《星火》可能收錄了七篇文章，分別是：一，顧雁的〈放棄幻想準備戰鬥〉；二，張春元的〈糧食問題〉；三，苗慶久、向承鑒的〈目前的形勢及我們的任務〉；四，胡曉愚〈右傾機會主義赫魯雪夫〉；五，張春元的〈農民、農奴和奴隸〉；六，苗慶久的〈右傾的由來〉；七，林昭的長詩〈普洛米修士受難的一日〉。然後，他們四處搜集各地黨政負責人和民主黨派負責人的名字，企圖將《星火》雜誌和一封公開信發送給中共各省（市）委書記，呼籲他們正視惡劣的社會現實和人民的苦難，借鑒參考南斯拉夫模式，努力遏止中共的極左政策。在這封信中，他們明確表示彭德懷在 1959 年盧山會議上遭到不公正批判、罷官是不正確的，中共應該正視「三面紅旗」下的貧困和災難，「大躍進」是反

科學的，否定彭德懷給毛澤東的「萬言書」是否定事實，也否定科學、民主，並由此提出「還我民主，還我科學」等口號。

然而，還沒等張春元落實計畫，已經被人告發。「《星火》反革命集團案」浮出水面！性質嚴重！情節惡劣！7月，張春元被捕。9月30日，與張春元一起勞改的學生、教師39人全部被捕。支持他們的數十名當地農民一起被捕，同時被捕的還有對他們表示過同情的武山縣委書記杜映華。

這一年，母親許憲民發現林昭結交「右派」，護女心切的立刻將她送回蘇州。在蘇州，林昭與父親經常相見，父女共同度過了一段珍貴的平靜時光。經歷了這些年的狂飆突進，林昭第一次與父親進行了認真的交談。彭國彥一輩子崇尚西方法治，他厭惡一切的激進和煽動，認為那不是淺薄無知就是別有用心。他對林昭說：「利用青年人純真熱情搞政治是最殘酷的。政治是騙局，爾虞我詐！」林昭過去對父親的迂腐和沉悶一向極不耐煩，但現在她開始醒悟，也許父親這代人的追求才是根本的和具有建設意義的。這些交談促使她進一步反思自己的革命熱情，反思國家的前途。

當遠在甘肅的張春元案發時，林昭有相當一段時間一無所知。秋天，林昭給張元勳家寫信表示問候。張元勳哥哥唯恐其中有詐，要求林昭寄一張照片。不久林昭寄去照片，背面題詩一首。這首詩是目前所知林昭1960年的唯一作品：

> 楚頭吳尾勞相關，顧影低徊斂鬢鬟；
> 困頓波濤佳歲月，凋零風雨舊容顏。
> 堪憎勿怪人爭避，太冷應疑我最頑；
> 粉黛滔滔皆假面，笑君猶自問廬山。

10月，上海警方著手抓捕「星火案」成員。林昭因為在《星火》上刊發詩歌，理所當然成了張春元的「反革命同黨」。與此同時，顧雁在浦東紅橋老家養病時被捕。若干年後顧雁徹底平反，他重拾本行，成為中國科技大學物理系教授。在接受胡杰採訪時，顧雁說當

時參與《星火》很清楚可能會有什麼後果：「我一朋友公開給《紅旗》雜誌投稿，表達不同意見，尚且被抓起來了，判了十年。我們這麼做當然是知道後果的，但是覺得不做不行，總要有人出來。如果一個民族到沒有一個人出來時，這個民族就沒有希望了。總有第一個人，魯迅講，總要有第一個人出來喊啊！」

「林昭！你陰謀推翻人民民主專政，現在宣佈你被捕了！」

10 月 24 日，林昭正住在母親位於蘇州的家。全家人驚得目瞪口呆，只有林昭面色如常，彷彿她等候這一天已經多時了。公安虎著臉把小屋翻了個底朝天，連放在窗臺上的食品罐頭也不放過，不僅打開來看了又看，還拿根筷子戳進去攪了攪。

林昭忍無可忍地譏諷道：「如果我有能耐將情報藏在罐頭裏，我今天也不會在這裏了。」

公安聞言勃然大怒：「現行反革命林昭，現在沒你說話的份！你給我老實點！」

誰也沒想到，父親彭國彥恰巧在此時此刻進了門。看到這場面，他立即變了臉色，口中喃喃道：「我們家完了，我們家完了！」說著踉蹌離去。

1960 年 11 月 30 日，彭國彥吞食老鼠藥自殺身亡，終年 60 歲。

許多年後，倪競雄與蘇南新專同學張學群試圖在蘇州尋訪彭國彥的蹤影。經多方努力，他們找到幾位彭國彥當年的老鄰居。據瞭解，彭國彥晚年性格乖戾、生活落魄，因為沒有固定收入，只能勉強在一處窩棚裏棲身。後來，他被迫跟著一位念佛老婆婆，通過為人唱經念佛討口飯吃。落到這種光景了，他還動不動就與人爭吵，最後弄得連念佛婆婆也不肯收留他。可憐這位風光一時的彭狀元一度甚至行乞為生！

2004 年，彭令範回憶父親自殺前：「我母親突然從床上摔下來，那時候我跟她一個房間。我覺得很奇怪，她就這麼平躺著，摔到床旁邊地下。好像什麼人把他她拎起來，再擺下去。聲音很大。我醒來後，她就講：『不好，預感不好，一定有什麼事發生。不曉得你姐

姐有什麼事。』我也覺得很奇怪：母親怎麼這樣摔下來？過了兩天，蘇州打電話來，叫我母親去，說我父親自殺了。」彭令範說：「我母親和我父親，他們本來是彼此相愛的。他們都是好人，但是兩人個性不同，我母親個性開朗，她就像男的一樣，她跟所有的人來往，也在男人當中從事社會活動，笑起來無拘無束，她不喜歡像我父親那樣。我父親就比較內向，講得好一點就是比較學者氣質。我父親的脾氣很不好，所以他們的感情，後來因為種種關係，不是怎麼好。但是當我父親去世以後呢，我母親可能覺得有一種罪惡感，可能想她沒有給我父親更多幫助。她就老是講我父親怎麼好，以前我從來聽不到。母親說：『你父親的學問，你們三個人（指林昭、我和弟弟恩華）加起來也沒有他好。』『你們對我呀，真是沒有你父親對我好。』我父親更沒有聽到過母親講這些話。無論如何，母親對我父親的懷念是很深的。」

林昭入獄後，先拘留在上海第一看守所。母親許憲民千方百計想得到一些消息，但多方奔走毫無結果。1961 年，林昭轉入上海靜安分局關押。入獄一年多後才有信出來，說親人可以送一些錢和物品。許憲民大喜過望，趕緊前往探監。然而許憲民每次探監都很沮喪，因為得知林昭在裏面「表現很壞」。

在獄中，林昭遇到一位虔誠的基督徒俞以勒。俞以勒是因為信仰問題入獄的，一度她們被拘禁在同一囚室。俞以勒的父親是傳教士，1949 年前去了美國，把俞以勒一人留在大陸。因為拒絕否認上帝，俞以勒被投入了監獄。後來，俞以勒的一個妹夫成為尼克森時代的白宮記者，在隨尼克森訪華時點名要見俞以勒，但沒見著。然後妹夫又借去南斯拉夫的機會轉道上海，這才找到了俞以勒，並瞭解到她多年來的苦難。俞以勒摘帽後，於上世紀 80 年代赴美國與親人團聚。

1950 年 4 月，廣東順德的吳耀宗等教會領袖謁見國務院總理周恩來。經過三次詳談，雙方決定根據「自治、自養、自傳」的方針，發起「三自愛國運動」。會後，由吳耀宗起草〈中國基督教在新中國

建設中努力的途徑〉一文，中國各教派教會領袖 40 人率先在〈宣言〉上簽名，後全國各地簽名者有 1500 多人。《人民日報》於 1950 年 9 月 23 日刊登此消息時配發社論，積極表示支持。從此，中國基督教會與梵蒂岡不再聯繫。從此，外國教職人士不斷被清理、驅逐出國門，本土信徒則不是被迫放棄信仰，就是被迫順從「三自」，否則便像俞以勒一樣受監禁、受打壓，不知道路在何方。不過即便如此，俞以勒還是決定堅持正信。於是，她每天在獄中禱告：祈求上帝寬恕犯罪的人們，祈求上帝降福苦難的世界，祈求上帝給自己更多的考驗……俞以勒的遭遇讓林昭進一步認識到，這不是一個「反右」運動這麼簡單，背後還有更多需要思考的問題。

　　1961 年 12 月初，中共中央西北局開會改組甘肅省委，並號召全省「緊急行動起來搶救人命」。此前中共中央監委副書記錢瑛帶了一個工作組到甘肅調查，批評他們的極左錯誤。據說錢瑛曾過問「《星火》反革命集團」案，建議從寬處理。但該案還是有十幾人被判了重刑，其中張春元被判無期徒刑，苗新久 20 年，向承鑒 18 年，譚蟬雪、胡曉愚、何之明各 15 年，顧雁 17 年，徐誠 10 年以上，楊賢勇 10 年，陳德根 7 年，杜映華 5 年，當地四十多歲的農民劉武雄 12 年。

　　1962 年 3 月 5 日，在許憲民的多方努力下，監獄同意林昭保外就醫。關於同意林昭保外就醫另有一說法，即「星火案」主犯張春元被捕後逃脫，警方有意放林昭出獄當誘餌，以便張春元與林昭「接頭」時一網打盡。現經胡杰先生研究證明，張春元逃亡期間的確試圖聯繫林昭，但未果，後張春元在浙江杭州再次被捕。林昭對出獄極不配合。當母親和妹妹彭令范去上海靜安分局接林昭時，林昭堅決不肯回家，她對母親說：「你怎麼這麼天真！他們放我出去仍要抓我進來的，何必多此一舉！」林昭拖住了桌子腿執意不走，母親和妹妹無奈，最後只得請一位朋友家的花匠來，硬把她按上三輪車載回家裏。

　　在親人照料下，林昭出獄後情緒漸漸好轉。據妹妹彭令範回憶，林昭當時曾提到毛澤東在上海第一看守所親自審問過她，因許憲民和彭令範都不敢再聽下去，林昭也就沒有繼續講。這個說法現在無法證實。1962 年 3 月底，林昭對片警說，隨時準備重返監獄。她幾次三番打好包裹去公安局門口要求入獄，不讓進還靜坐，每次都由母親和妹妹強制領回家。林昭說真理在自己一邊，不怕把牢底坐穿。但這段時間，林昭經常和母親發生衝突，有時為了生活細節，有時為了經濟和前途。有一天深夜，母親許憲民數落了林昭幾句，林昭就說：「你要我走，我就走好了！」說完就往外跑。母親急忙叫彭令範：「快跟著她！」彭令範只好立刻追著林昭下樓。林昭說什麼也不肯回來，兩人在街上僵持了好一會兒，彭令範無奈地懇請她：「姐姐回去吧，夜深了，我明天還要上班……」又過了一會兒，林昭才慢慢地回家。可以想見，林昭這段時間的心緒是十分複雜和混亂的。

　　從當年早春起，林昭堅持到顧雁家中探望其親人，直到再次入獄。她和顧雁的父親因此成了忘年交，顧父早年留學法國，是一位夢想實業強國富民的工程師。林昭再次入獄後，顧雁的哥哥顧鴻將當時家喻戶曉的卡斯楚著作《歷史將宣告我無罪》寄給法院，並將「無罪」二字用紅筆劃出。顧雁的弟弟顧櫱則在日記中表達抗議。後來，顧鴻、顧櫱因此都被打成「反革命分子」。在顧櫱的印象中，林昭是個「對別人富有同情心、愛護心，是個熱愛生活、嚮往幸福的知識女性。」

　　1962 年春天在上海時，有一天林昭特意去找好友倪競雄敘舊。林昭來到倪競雄居住的亭子間，走到半樓梯她就抬頭問：「我從『那種地方』來，你怕不怕？」

　　倪競雄答：「老同學嘛，怕什麼！」

　　二人見面，林昭沒有談「那種地方」的情形，也不談被牽連進去的案情，只是敘舊。她想拉倪競雄一起去見原蘇南新專三班輔導員、現在《解放日報》工作的胡子衡。倪競雄因忙於寫劇本，林昭下午就一個人去了。回來她得意地對倪競雄說：「我見到了老胡，與

他爭論。我問他：『什麼是新聞自由？我想辦報，你們允許不允許？』我還對他說：『新專什麼都好，就是沒有教會我們做人不好，害得我們出去老是碰壁！』把老胡氣得要命！」胡子衡後來向倪競雄抱怨，說林昭當時就在他辦公室拍桌子喊叫，全然不顧眾目睽睽！要知道那可是《解放日報》編輯部啊！

得知倪競雄正在撰寫歌頌人民公社的劇本，林昭忍不住告訴她許多人民公社的陰暗面，說內地有的地方大片餓死人，還說批判彭德懷是錯誤的。

倪競雄本來就是奉命寫作，她無奈地說：「怎麼辦呢？我們是不滿國民黨腐敗才去參加革命的，難道還能回到過去？」

林昭搖搖頭說：「你是好人，無論共產黨有多少缺點錯誤，你總以善良的願望去為它辯解。」從此不再與倪競雄談這些話題。

1962 年 7 月，林昭給北京大學校長陸平寫了一封信，呼籲他效仿蔡元培校長，主持公義，營救被迫害的學生。寫完後，她將此信與平時寫的一部詩稿托顧雁父親暫時保存。養病期間，林昭還完成了 30 萬字的《獄中回憶錄》，惜後來只存殘稿。林昭居家時，曾抄寫了一首預示前途必死的詩，這首詩是汪精衛寫的：

> 青磷光不滅，夜夜照靈台。留得心魂在，殘軀付劫灰。
> 他日紅花發，認取血痕斑。媿學媽紅花，從知渲染難。

這年夏天，林昭又被母親送回蘇州監管起來。誰知林昭卻是閒不住的，她經常在外面與人聊天，而且一旦得知對方也是「右派」，就立刻引為同道。在她心目中，全國 55 萬「右派」似乎都跟她同呼吸、共命運。正是在蘇州觀前街閒逛時，有一天，林昭邂逅書生朱紅。朱紅當時在觀前街擺了個舊書攤，他戴副眼鏡，文質彬彬的，面前的書攤上頗有一些不俗的文學書籍。「一看就知道，你以前不是幹這個的吧？」林昭順勢與他攀談起來，並很快得知朱紅是剛剛「摘帽」的「右派」，因為回城後衣食無著，不得不權且擺個書攤混混日子。

原來這朱紅是蘇州本地人氏，生於 1936 年，落難前在蘇北泗陽任中學教師。朱紅頗讀過一些書，並喜歡舞文弄墨、寫稿發表。也是因為文章惹禍，最後竟被戴上「右派」帽子勞動教養。在蘇北農場，他與難兄難弟們風餐露宿，可謂吃盡了苦頭，差點沒把小命丟在那兒。好在 1961 年 12 月摘帽解放，且很快得以返回故鄉。「人是自由了，心卻自由不起來。」朱紅苦惱地告訴林昭，工作沒了，家裏弟妹又多，父親退休工資不多，母親是家庭婦女，他一個大男人不能長期在家裏吃閒飯。可除了擺書攤混口飯吃，他想不出更好的辦法，現在只能是過一天算一天了。

林昭一聽，當即歎息一聲：「同是天涯淪落人，相逢何必曾相識。」

兩人交往不久，朱紅表示要將難友黃政介紹給林昭，因為黃政也是個有思想的人。黃政祖籍安徽碭山，生於 1935 年，從小在蘇州長大。他 16 歲參軍，去過朝鮮，當過志願軍戰士。1956 年復員回蘇州，在蘇州防疫站工作。1957 年參加大鳴大放，因對共產黨肅反、工資改革、少數黨員幹部作風問題提了些意見，於 1957 年 11 月被劃為「右派」。1958 年 2 月 7 日被宣佈「開除軍籍、剝奪榮譽、開除公職、送勞動教養」。1958 年 8 月，他被武裝押解到蘇北一農場勞教，直到 1960 年 12 月 1 日「摘帽解放」。正是在農場勞教期間，朱紅與黃政相識相知，兩人成為朋友。1961 年 12 月 28 日，兩人同獲自由結伴返鄉，隨後各自謀生。1962 年 7 月，黃政從安徽老家回到蘇州，看到難友朱紅在觀前街擺攤。

1962 年七、八月間，黃政好幾次看到朱紅書攤前站著一位燙髮的、穿著花旗袍的年輕女子，遂問朱紅是否談對象了。朱紅透露說：「她叫林昭，北大新聞系學生，也是『右派』。她與北大『右派』譚天榮、人大『右派』林希翎都認識。她對時政很不滿，思想很激烈，許多觀點與你很相似，我已將你的情況向她介紹過了，她很想認識你，我想你們一定會談得來的。不過，我沒有徵得你的同意，你不會見怪吧。」就這樣，過幾天朱紅收攤後就將林昭帶進黃政家。當天，林昭仍然穿著旗袍，頭上戴著小白花。林昭與黃政相識沒幾天，

朱紅對黃政說：「在蘇州生活總有困難，我大弟弟在北京工作，我去投奔他，生活不會成問題，這樣也可以減輕蘇州家中負擔。你和林昭已經見面認識了，以後她會來找你的。」

1962 年 8 月 29 日，林昭案初審開庭。初審沒有結論，林昭態度「極其惡劣」。休庭後，母親又把林昭帶回蘇州。朱紅到北京去了，9 月 7 日，林昭獨自來找黃政，邀黃政一起出去轉轉，兩人像多年未見的老朋友似的談得很多。此後，他們幾乎天天見面，相約先後去了蘇州大公園、城東動物園、盤門城牆根、何山、楓橋等風景點。他們總是邊走邊談，談彼此的經歷和家庭情況，被打成「右派」的經過以及種種不幸遭遇，談得更多的國際國內局勢，以及歷次政治運動中的種種弊端。在談到北大「五·一九」運動的前前後後時，林昭時而激動時而痛切。經過一段時間的交流，兩人的共鳴越來越多。最後，由林昭提出，兩人共同商定起草了一份《中國自由青年戰鬥聯盟》綱領，共有八項政治主張：

 (1) 國家應實行地方自治聯邦制；

 (2) 國家應實行總統負責制；

 (3) 國家應實行軍隊國家化；

 (4) 國家政治生活實行民主化；

 (5) 國家實行耕者有其田制度；

 (6) 國家允許私人開業，個體經營工商業；

 (7) 國家應對負有民憤者實行懲治；

 (8) 應當爭取和接受一切友好國家援助。

此外，兩人還制訂了《行動計畫》、《初期組織形式》等文件，並為以後聯絡約定了方法：以《馬恩列斯論共產主義》一書為密碼，將頁、行、字數譜成樂曲。林昭還託黃政代為保存〈答辯書〉、〈給北大校長陸平的信〉、給大哥張春元的一封信，林昭自製的一些揭露和抨擊時政的漫畫、卡片等文件物品，以及七、八個原北大、蘭大「右派」同學的名單和通信地址。為以後活動方便，林昭希望黃政為她搞個證件，她還將自己的幾張照片送給黃政作為紀念。兩人還

將相關文件各自抄寫了一份交換保存，以證實彼此和彼此對組織的忠誠。相處二十多天，黃政充分感覺到林昭是一個才華橫溢、文學修養極高、思維敏捷、能言善辯的奇女子，更是一個政治敏感性強、憂國憂民、滿腔激情、敢為國家命運赴湯蹈火的女豪傑。因為朱紅熱情相邀，也因為朱紅位於蕭家巷的家深宅大院的，看起來比較安全，黃政把這些重要文件長期寄存在朱紅家。

林昭在蘇州期間，還與一位故人有過知心交談，他就是被林昭視為兄長的羊華榮。1962年暑假，羊華榮結束勞動回到常州老家，意外收到林昭寄來的信。林昭是根據1950年蘇南新專同學錄的位址發信的，怕羊華榮收不到，信寫得很簡短。自從發現信件被人拆看，他們就失去了聯繫，一轉眼已經有兩年了。

羊華榮得到林昭消息喜出望外，幾天後就前往上海尋找林昭。林昭家的老保姆告訴他，林昭已去蘇州照顧生病的母親。羊華榮隨即轉往蘇州，找到林昭的住址。門內有位中年婦女，後來知道她是林昭家的房東。這位中年婦女上下打量羊華榮一番，冷冷地說：「不知道，這裏沒有這個人。」羊華榮再三解釋，竭力表明自己不是壞人，但這位婦女堅持說不知道。正當羊華榮為難之際，屏風後出來一中年男子，他略略訊問了羊華榮的情況，說林昭到醫院探望母親去了，並把去醫院的路線告訴了羊華榮。羊華榮這時越發意識到林昭處境不妙。

羊華榮在醫院順利見到了林昭，發現她比過去胖了些，身體似乎好很多，穿著合身的旗袍，燙了頭髮，看上去挺精神，已非昔日瘦弱多病的林妹妹形象，讓羊華榮幾乎不敢相認。林昭非常高興地把羊華榮介紹給母親，然後與羊華榮從醫院來到人民公園，二人在樹陰下暢談了別後的情景。

林昭說：「我和蘭州大學的『右派』在一起聊聊天，發發牢騷，就以『莫須有』的罪名被捕了，現在保釋在外養病，不知何時還把我請回去！好在我們當年在北大探討過牢獄問題，我思想上早有準備，進去後倒並不感到恐懼。告訴你，我在獄中可長了不少見識，

學會了戴著手銬梳頭、吃飯、搞衛生！我在獄中高唱〈古怪歌〉，可把獄警急壞了，他跳著腳破口大罵！嘻嘻，有個審訊人員挺有風度，如果他不是逼我招供，我也許會愛上他……」

林昭說著說著，不由得又談到對社會的不滿，談到目前交往的朋友，也談到思想上的矛盾。「有時真想做個不問世事，只管做飯洗衣的家庭婦女。」她歎息道。

羊華榮笑笑說：「恐怕你未必能成為一個合格的妻子。」

林昭說：「不一定。我還是會做家務的。」

羊華榮看到林昭頭髮上戴了一朵小白花，問她為誰而戴。

林昭說是父親。

羊華榮說：「過去你不願提你父親，現在怎麼成了孝女？」

林昭只是笑笑，不吭聲。

第二天，他們相約拙政園，邊聊邊遊。中午天氣炎熱，園中幾乎沒有遊人，只有知了在樹上不停地高聲唱著。他們在一個僻靜的小亭中坐下，有意無意地共同回味著一些難忘的往事。

小憩片刻後，林昭若有所思，用手指不停地在石桌上劃著什麼。

羊華榮問她，她說：「劃八卦。」

羊華榮說：「那你不成了狗頭軍師？」

林昭笑道：「是羊頭軍師。」

然後，她認真地談了一些想法。大意是當前百姓吃不飽，餓死了好多人，人們對當局不滿，到處有人反抗，社會很不穩定，她不滿當前的社會，決心要為自由民主而鬥爭，希望羊華榮能和她保持密切聯繫，支持她的活動。

羊華榮之前已隱約感到林昭可能在參與某些活動，現在終於講明了。他沉默片刻後，明確地說：「我同意你的有些觀點，但不支持你的任何活動。」

他又接著解釋說：「我在大山裏勞動數年，雖生活艱苦，但那裏的景色秀美，我已迷上那些山山水水，今後將寄情於山水之間，對政治已沒有興趣。」

林昭很失望，認為羊華榮是逃避現實，並挖苦他說：「哀莫大於心死！」

羊華榮反駁：「大道得從心死後，心不死何以成大道？你始終糾纏於是是非非的圈子中，不能超脫，根子就在於心不死。現在是夏天，天氣太熱，但不久就會有一個涼爽的秋天。政治亦然，有它自身演變的規律，凡事當待時而動。你具有詩人的氣質，不具有政治家的氣質，詩人講真情，政治家講假意，你太真，不宜搞政治，否則必然吃虧！」

那一天他們談了很多，羊華榮竭力想說服她，要她處處謹慎小心，凡事三思而行，希望她能平安地度過這段艱難的歲月。林昭則不斷地批評羊華榮是消極逃避，明哲保身。

最後，羊華榮說：「你目前的處境不僅困難，而且非常危險，出路只有兩條：一是走，設法去香港，那裏可能有一片自由的天地，但去亦非易事；二是韜晦，你可以保留你的觀點，但必須要像個順民。大丈夫能屈能伸，不能憑一時意氣，知不可為而強為之。你當杜門不出，埋頭研究文學，既可掩飾自己，精神亦有寄託，且可有所收穫，此乃一舉三得之上策。」

林昭承認羊華榮說的有道理，但同時又表示難以做到。

晚飯後，他們在人民公園乘涼，一直閒聊到深夜。

第三天上午，他們相約遊覽新開放的網師園。那天，林昭送羊華榮一枚自製的書籤，這枚書籤題為〈鐵窗之花〉。書籤的八分之七均塗成黑色，卻在右下角畫了一朵小紅花，小紅花上畫兩條黑線，象徵鐵窗。由於紅黑對比鮮明，在濃重的黑色壓迫下，此花顯得特別鮮豔和倔強。中午，二人在一家小飯店裏飲酒。林昭告訴羊華榮，她被捕抄家時，羊華榮的兩封信也被抄去了。審訊人員要她交待這方面的情況，被她含糊應付過去。好在信中只有一些日常問候話語，因而也未深究。還有其他一些朋友，包括張春元和顧雁，審訊人員經常刑訊逼供，但她寧願自己多受些皮肉之苦，也決不肯連累、出賣朋友。

　　林昭的話讓羊華榮分外感動和震驚，因為他十分清楚，在那個以階級鬥爭為綱的年代，打個噴嚏都可能獲罪，而自己與林昭在一起時講了多少離經叛道的話啊！如果林昭在審訊時稍微不慎或為了坦白從寬吐露一些話語，都有可能讓羊華榮和其他朋友經歷牢獄之災。但林昭沒有這樣做，她有一顆高潔俠義的心！與羊華榮面談時，林昭幾次提及一位賣書的「右派」朋友（即朱紅），說一些從他那裏聽來的小道消息以及對社會的各種議論。羊華榮問林昭對這些朋友是否很瞭解，林昭搖搖頭。羊華榮趕緊提醒林昭交友要謹慎，不要輕信，沒準她周圍已經有了一張無形的網。

　　這次見面，羊華榮發現林昭比兩年前更堅強、也更執著了。羊華榮滿心以為，自己苦口婆心的一番勸說，可以讓林昭理智些、務實些。但當他踏上火車與林昭揮手告別時，他忽然意識到，也許林昭已經走上了另一條路？這條路溝壑縱橫、荊棘遍野，一般人連望一眼的勇氣都沒有，林昭卻拉也拉不住地要跑過去……望著林昭漸漸遠去的身影，羊華榮的心裏充滿了憂慮。

　　1962 年 9 月，林昭在上海淮海中路與無國籍僑民阿諾‧紐門聯繫，要求阿諾將〈我們是無罪的〉、〈給北大校長陸平的信〉等四篇文章帶到海外發表。9 月下旬，林昭告訴黃政：「上海已經來過三次傳票，要我回上海去。」9 月 27 日左右，林昭離蘇返滬，開始還有書信往來，11 月底就再沒有消息了。11 月 8 日，林昭「以擴充反革命組織罪」再度入獄，被囚於上海提籃橋監獄，親人不許探監。12 月，被送往上海精神病院作鑒定，由當時精神病院院長粟宗華親自為她做精神分析。

　　當年的《二醫戰報》批判粟宗華的專輯中摘錄了粟與林昭的對話，林昭說：「我父親曾對我講利用年輕人純真熱情搞政治是最殘酷的。政治是騙局，爾虞我詐。我一直不信，當悟出真理時，已太遲了，現在我已超過了受騙的年齡，但尚未到達騙人的階段。歷史將宣判我無罪。」粟宗華診斷林昭有精神病，但後來他因林昭及陸定一夫人嚴慰冰兩個鑒定，被指責「包庇反革命，想用精神不正常開脫嚴慰冰和林昭的滔天罪行」。

　　林昭入獄後，渾然不知的倪競雄有一次又到上海茂名南路 159
弄 11 號找她。開門的是彭令範，她冷冷地說：「你怎麼又來了？你
再也不能來了。她又進去了，比上次還重。」倪競雄說自從林昭出
事，許憲民恨不得把林昭關在家裏與世隔絕，所以每次見到不管什
麼人來找林昭，臉色都非常冷淡。得知林昭再次入獄，倪競雄再也
不敢上門，她後來還是從紅衛兵小將口中得知林昭獲刑 20 年。

　　1963 年在提籃橋監獄，當局安排刑事犯張姑娘與林昭同一囚
室。久而久之，張姑娘獲得林昭的信任。1963 年 7 月，張姑娘出獄
後，立刻按照林昭提供的線索聯繫顧雁家人，並與 7 月 27 日來到蘇
州面見朱紅和黃政。當時，朱紅早已從北京回到蘇州。張姑娘帶來
一首林昭親筆寫的詩詞作證明，隨後就與朱紅、黃政繼續「活動」：
寫傳單、刻蠟紙、準備散發……1963 年 10 月 3 日凌晨，黃政被捕，
後獲刑 15 年。林昭因此精神受到強烈刺激，經常氣得在監獄裏破口
大罵！

　　1963 年 8 月 8 日，林昭從提籃橋監獄移拘上海第一看守所。

　　1964 年 12 月 2 日，林昭接到起訴書。

　　1964 年 12 月 5 日，林昭出庭受審。

　　1965 年 5 月 31 日，林昭案再一次開庭審判，林昭被判有期徒
刑 20 年，由上海第一看守所押至上海提籃橋監獄女監。

　　……

　　本來林昭在「星火案」中並非主角，況且囚禁一年後又獲「保
外就醫」之優待。就算組織了個「中國自由青年戰鬥同盟」，僅就案
情來說，也不至於被判 20 年重刑，因為後期的「反革命」行動基本
為黃政等人所為，與林昭關係不大。許憲民當時就曾向有關部門申
訴：為什麼主犯才判十幾年，女兒卻被判 20 年？有關部門回答：「坦
白從寬，抗拒從嚴！」

　　第一看守所獄警對林昭有形象的評價：「有那麼股子勁兒。比你
反動的人多的是！多得很！你不過有那麼一股子勁兒罷了！」

　　林昭對此還作了闡發：「那麼一股子勁兒！更正確地說或許應該稱之為鬥爭性罷？想當初這個年輕的叛逆者早就向自己的同時代人——戰友們說過：猶如『與打擊者以打擊』這著名的口號一樣，我們的行動準則應該是：與鬥爭者以鬥爭！只要鬥爭尚在繼續。只要我們一息尚存！而且在我認為這也是最最重要的一點：氣可鼓而不可洩，只要這股子『勁兒』存在，不論是處在看來如何優劣懸殊、眾寡不敵、乃至幾同束手的局面之下，人們也仍舊可以找得到進行鬥爭的各種方式以及策略——合法、非法、非法中的合法或合法中的非法。就我們，當代中國大陸青春代自由志士所必需面對的極端複雜、極其艱苦的鬥爭形勢來看更是如此！一切方式方法本身都並無『階級性』，前人撒土迷不了後人的眼睛；但也應該必需根據不同的時代條件——時代特徵來加以創造發展而使之花樣翻新。」

　　是的，林昭是不顧母親哭泣、不聽朋友勸阻，義無反顧一步步把自己送上祭壇的。

　　她為什麼要如此決絕地堅持反抗和鬥爭？

　　她當真一點不吝嗇自己的鮮血和生命嗎？

　　後來，林昭在〈給人民日報編輯部的信〉中用一個故事進行了表白：「林肯青年時期在當農場雇工的時候，有天傍晚趕著車去同伴家參加婚禮，途中經過一個泥沼，看見一口豬陷在裏面掙扎；身子已經沉下一半去了，眼看快遭滅頂之禍。林肯停了車，想下去把它扯上幹地來，一低頭看著自己剛換上的一套齊整衣服，不免遲疑，便又趕起車走了。走了半里，一里，兩里……耳邊似乎一直聽得那口豬在叫，終於還是調車回頭找到那個泥沼邊去。那時泥漿已經快沒到了豬的下額，它可還在那裏不知死活地扭來扭去只是不肯『聽話』。林肯費了九牛二虎之力，幾乎沾成了個泥人，最後總算使勁兒把它扯了上來。事後人們稱讚他的行為，但也有人說他做的不值。他道：『我不是為那口豬，我為我自己的良心！』」

　　「這個青年對於偉人林肯是高山仰止，景行行止，望塵莫及而心嚮往之。而這個小故事也便帶給我一種來自上方的啟示與安慰。

偉人林肯之別的一切，林昭都不肯望其項背，但在這一點上或可勉作比擬：是的，我也不是為那口豬，而是為我自己迷途重歸的基督徒的良心。豬它知道什麼好歹，更知道什麼死活？無論誰個處在那種情形下動手去扯時，未必還承望那口豬日後給他送上一面銜威救命之恩的錦旗呀！何況在豬來說，可能只覺得那愈陷愈深直至要毫不容情地使它滅頂的泥沼，是溫暖已極、美好無比的安樂窩，而反倒會在那頑蠢不化的豬腦袋裏怪著死命要扯它上岸來的人為多事！這麼地咬他幾口，踢他幾腳乃至甩他一身泥漿等等，就也都可謂是毫不奇怪的了！

「我扯它因為我的主人要扯它。可是，真好重的一口豬呵！而且還不知死活地一股勁兒直戀戀於行將最終埋藏它的那一潭子臭泥漿，橫扯不起，豎扯不上，再扯它還發狠咬人！當然，不是我獨個兒在扯，我與日俱增從沒想到過獨力可以扯起它；然而，主人看到的，我確實也在相當艱難困苦的條件下忠誠地盡到了自己的力量！

「盡這份力量是為我自己基督徒的良心，而不是為那口豬！我更從未指望過它哪怕是，比如說，甩一甩豬尾巴以表感謝；但我即使有虧負於天下人至少無所虧負於那口豬！那口我奉著主命用力去扯的，陷在泥沼裏行將沒頂卻還不知死活地戀著臭泥漿直在那裏齜牙咬人的笨重、骯髒而更頑蠢的豬！」

──這就是林昭的解釋了。卻原來，林昭為了良心甘願付出一切。

林昭第二次入獄不久，1963 年至 1966 年，中共中央在全國城鄉開展了「四清運動」。1963 年 2 月，中共中央決定在農村開展以「四清」為主要內容的社會主義教育運動。5 月，毛澤東在杭州召集有部分中央政治局委員和大區書記參加的小型會議，制定出了〈關於目前農村工作中若干問題的決定（草案）〉（即「前十條」）。5 月 20 日，中央把它作為指導社會主義教育運動的綱領性文件在黨內傳達。「前十條」對農村形勢作了「左」的估計，認為中國社會已經出現了嚴重的尖銳的階級鬥爭情況，資本主義勢力和封建勢力正在對黨倡狂進攻，要求重新組織革命的階級隊伍，把反革命氣焰壓下去。

文件傳達毛澤東的話說，如果不抓階級鬥爭，少則幾年、十幾年，多則幾十年，就不可避免地要出現全國性的反革命復辟，馬列主義的黨就一定會變成修正主義的黨，變成法西斯黨，整個中國就要改變顏色了。

9 月，中共中央在北京召開工作會議，又討論制定了〈關於農村社會主義教育運動中一些具體政策的規定（草案）〉（即「後十條」）。「後十條」貫徹「前十條」的指導思想，強調「以階級鬥爭為綱」，同時又指出了團結 95%以上的農民群眾和農村幹部的重要性，規定了依靠基層組織和基層幹部，以及正確對待地主、富農子女等政策。11 月 14 日，中共中央發出〈關於印發和宣傳農村社會主義教育運動問題的兩個文件的通知〉，規定將兩個「十條」印發全國農村每個支部，並在黨內外宣讀。此後，各地在試點的基礎上、在部分縣、社開始進行社會主義教育運動。

「四清運動」的內容，一開始在農村中是「清工分，清帳目，清倉庫和清財物」，後期在城鄉中表現為「清思想，清政治，清組織和清經濟」。「四清運動」把多種性質的問題簡單歸結為階級鬥爭或者是階級鬥爭在黨內的反映，把「三年自然災害」等責任推到了按令而行的基層幹部身上，這一方面使走投無路的普通百姓出了一口氣，另一方面也讓相當一批小幹部遭到處理和打擊。「四清運動」實際上為「文革」的發動作了準備。

二、人間何世

提籃橋監獄坐落於上海華德路 117 號（今長陽路 147 號)，始建於清光緒二十七年（1901 年），由英國駐新加坡工程處設計中標，當年年底動工興建，啟用於光緒二十九年（1903 年）五月。到 1935 年時基本定型，占地 60・4 畝，擁有 10 幢 4 到 6 層監樓，近 4000 間囚室，還有工廠、醫院、炊場、辦公樓等，共有建築面積 7 萬多平方米。監獄四周有 5 米多高的圍牆，內部除普通監室外，另建有

「橡皮監」(防暴監房)、「風波亭」(禁閉室)、「室內刑場」(絞刑房)和室外刑場等特種設施。每個監房只有 3.3 平米,卻能關押 2 至 3 名犯人。監獄最初的主要關押對象為上海公共租界內判處徒刑的中國籍犯人,開始均收押男犯,從 1904 年起兼收女犯,1906 年停止,1943 年 8 月恢復收押女犯。從 1935 年 9 月起,也關押外國籍犯人。由於建築精良,規模宏大,犯人收押最多可達 8000 多人,因而提籃橋有「遠東第一監獄」、「東方巴士底」之稱。

提籃橋監獄自啟用以來,先後經上海公共租界工部局、日本人、汪偽政府和國民政府的管理。監獄看守最初皆為印度人,1930 年前後始招收中國籍看守。監獄對犯人公開使用肉刑,體罰虐待,生活條件極差,犯人死亡率很高。1943 年 8 月,汪偽政府接管監獄,開始由中國人管理,獄內各種司法文書表冊由英文改為中文。當時全監 4561 名犯人中患有各種疾病的有 1068 人,當月死亡 43 人。翌年 1 月,監獄當局在日本人的指使下,抽調 500 餘名犯人,去浙江嵊泗為日軍修築軍事設施,由於勞役繁重和日軍殘酷虐待,犯人傷亡慘重,還有 50 多人雙目失明。1947 年 11 月,監獄當局克扣囚糧,犯人發生騷亂,此事曾轟動上海。

提籃橋監獄囚禁過不少中國近、現代著名人物,早期有章太炎、鄒容,其中鄒容 1905 年 4 月暴死獄中。中共黨員入獄的也大有人在,如任弼時(曾任中共政治局委員、中央書記處書記)、張愛萍(曾任國務院副總理、國防部部長)、曹荻秋(曾任上海市市長)、許亞(曾任福建省副省長)、阿英(著名作家)、周立波(曾任湖南省文聯主席、著名作家)等。這些黨員大多數使用了化名,沒有暴露真實身份,因而得以化險為夷。抗戰勝利後,提籃橋監獄先後關押過數百名日本戰犯,內有日本駐臺灣總督安藤利吉大將、日本駐香港總督田中久一中將、南京大屠殺的主犯谷壽夫中將、日本駐臺灣第 10 軍區軍參謀長諫山春樹中將等。1946 年初,盟軍在獄內設立軍事法庭,審判過 47 名日本戰犯,這是當時中國境內最早審判日本戰犯的場所。1949 年 5 月 27 日,上海解放,中共接管提籃橋監獄。7 月 1 日,

汪精衛夫人陳璧君從蘇州轉監提籃橋，直到 1959 年 6 月 17 日病逝。林昭被捕後，先後囚禁於上海第一看守所和提籃橋監獄，並於提籃橋監獄押赴刑場。

因為拒不認罪，林昭在獄中飽受摧殘。在〈給人民日報編輯部的信〉中，林昭描述了她被酷刑折磨的種種慘狀：

　　年輕人才到第一看守所未久，也在鐐銬之下就已經以自己的鮮血向人們作了宣告：監獄是我的反抗陣地。然則既進入了陣地，還有什麼可說的呢！一言以蔽之：戰鬥而已。這戰鬥較之反右以後絕然投身於反對現實的政治活動同其性質，可是更高了一些，高就高在其自覺程度已經更為強烈而且清醒。從乍到第一看守所的第一天，便聞到一種氣味：很不好聞，因為很惡劣。而僅僅是三天以後，人們便以十分性格化的典型語言對它作了說明：「我制不服你個黃毛丫頭？我倒不相信！」哦，原來貴黨的「鎮壓反革命」或諸如此類的政令條例中居然還有這麼一條叫是黃毛丫頭必須制服！那好，既然堂堂第一看守所不惜找上了要與這個黃毛丫頭較勁兒，則區區黃毛丫頭除了奉陪而外還有什麼其他辦法呢？是故年輕人在盛氣之下立即給以十分乾脆的針鋒相對的回答：「你就制服了我？我倒也不相信！」

　　而貴第一看守所對於這個負病已久體質十分衰弱的青年——通常我還只不大願意強調自己的性別，儘管在文明人看來那也必然要被列為不可忽略的一點事實！——又做下了一些什麼呢？不計其數的人身侵犯！駭人聽聞的非刑虐待！光是鐐銬一事人們就玩出了不知多少花樣來：一副反銬，兩副反銬；時而平行，時而交叉，等等不一。臂肘之上至今創痕猶在不消說了，最最慘無人道的是：不論在我絕食之中，在我胃炎發病痛得死去活來之時，乃至在婦女生理特殊情況——月經期間，不僅從未為我解除過鐐銬，甚至從未有所減輕！——比如在兩副鐐銬中暫且除去一副。天哪天哪！真正地獄莫及，人間何世！而當這個被百般慘毒折磨得忍無可忍的年輕人為

此提出激憤的抗議時，人們竟還恬不知恥地答道：「手銬該怎樣戴或該戴幾幅又不曾有過規定！」你們究竟是不是人！？是不是人生父母養的！？然則先生們若能使那勞什子的什麼全國人大就手銬的使用問題通過一項決議而略為規定一個範圍，怕的也就已經陰功積德而澤及子孫。不過也還是未必有用，莫說全國人大那只破殼，即使貴黨的全國代表大會通過決議明確規定手銬的使用應如何如何，對於你們黨內的太上皇——秘密特務們也不會具有一絲一毫的約束力。是所以人稱紅色中國為警察國家，而我更直指之為恐怖統治！

這樣的折磨讓林昭痛不欲生，以至於她恨不得早求一死。為此，她還預言了自己將來自行承擔死刑費的事：

林昭可早把話說在前頭，有得這麼「抬舉」我（指反銬），不如乾脆賜我一死，我倒感到成全。民間本有傳說，死刑犯受的子彈，應由自己出錢，而一顆子彈一毛五，我就自費買了也沒問題，只要給人一個死法。當年一看到阮（北大同學）臨刑前的照片後，這個冤痛莫訴的青年人（指自己）頓時熱淚滂沱地對同室難友說，能把血流在光天化日之下眾人眼目之前，亦云不幸中的幸事。而林昭的血，是一點一滴淌在無人看見的陰暗角落……」

除了肉體的痛苦，林昭還要面對個別獄警對其女性尊嚴的侵犯和踐踏：

貴第一看守所所長對於這名為反抗者的女囚之想入非非的邪念是早就露頭了，遠的不說，但從這個年輕人到了第一看守所的第一次審訊中起，人們嘴巴上那些不乾不淨不三不四的、意在戲弄的鬼話老也沒斷過，為此我還曾正式提出過抗議，並且在我的堅持之下把這抗議記在筆錄之上！那可是一份挺好看的筆錄！我請問審訊者憑什麼欺負人？政治活動與我的性別有何關係？等等。我堅持要記下我的原話否則拒絕在筆錄上簽字！這一支小小的插曲雖然對遏制人們的邪意未必曾經起到過怎樣的作用，但多少可以顯示年輕的反

抗者在立身敦品這方面對於自己的要求，特別因為我與人們是政治關係！處在這樣一種關係中不能不持比在其他一般情況下□□（作者注：此處文字辨認不清，下文凡出現□者與此同。）嚴肅審慎的態度！更何況有許多理即使在一般情況下都是完全不應該，完全要受到指責的！反言之，也許有些在一般情況之下應被指責的事到了政治領域裏，披上了政治外衣之後，竟就公然地可以使得可以行得，其中也包括這個青年反抗者所遇到的事，但那至少不可能發生在林昭身上！又得說那一句了：上帝不許！

在人們說來，是早已對這個年輕人計畫好了一盤棋：先則企圖使我失志，為此而其所作為真至於無所不用其極……在給我戴上兩副反銬並以防止自殺為藉口，公然把特務派入監房對我日夜進行虐待、侮辱、謾罵、毆打，直到逼使我憤吞藥皂求死，而且幾乎已經瀕死以後，還要繼續逼迫我對於——首先是呼籲書的問題具供！我具了！先生們，我具了——一份血的供辭！

失志之計不遂，乃反謀使我失節——合二而一，殊途同歸！倘若這個目的能夠達到，則政治問題迎刃而解。反之，倘偌（若）政治問題能夠遂願，則這個目的亦唾手可得，好心思！——好算盤：也叫天意弄人，這個大義所在一往無前的青年反抗者偏偏是個女子！在林昭自己則更已不止一次地在如焚如熾的悲憤之中痛切自傷道：已不幸青衫熱血誤此身，更不幸教生為女兒身，嗚呼！嗚呼！徒喚奈何！

既反謀使我失節矣，則為此更至於無所不用其極！——在第一看守所對人們每道：「那麼些犯人，誰跟你似的？我們對別人都像對你一樣麼？」意謂對我的諸般非刑凌虐、非法殘害都有著極為充分的理由，而這理由就在於我本身！我是不曾得有全面覽察第一看守所之所有犯人的機會，不知道誰個跟我似的，更不知道對別人是否像對我一樣。反正在第一看守所圍牆以內屈沉的冤苦夠多，而非刑的使用尤屬不少。但也或許這名青年反抗者確是不勝榮幸地躬逢了其盛！

下面這段文字是獄警與林昭一段對話的記錄，其中的陰森、恐怖讓人不寒而慄：

要求讓家屬接濟送物，一天天挨啊挨到二月十六日，知道這年輕人要毛了的時候才勉強同意。我可也不是按著什麼意圖而只是按著本身需要開出了所要物品的單子。之後兩天，二月二十日，人們藉著我借針與剪子——特別是借剪子因為可能是與日俱增其需要監督——的機會，站在門旁瞅著，似乎是十分自然地開始了那場明明是經過你們計畫的談話……

「還需要些什麼？看你要那些接濟物品都不是怎麼必需的。（張望著屋裏）還缺……？我看什麼都不缺少了！」

我起初光顧著剪我那些拆了的布片兒而沒有理他，聽他越問越認真，越問越帶勁兒，乃抬起頭來深深地盯了他一眼反問道：「你是真的問我還缺少什麼？」

「嗯。」

我動也不動地盯著他的眼睛答道：「還缺少一點米湯！」說罷便又低下頭去比著樣子對付那些吊死鬼。

「米湯？——灌嗎！（意指鼻飼）灌著還省了牙刷呢！」

灌不灌倒也沒啥，只要咱們大家都把意思表達清楚了就行。

布片還沒剪完，談話也仍在進行。雖然進行得不是那麼夠了順暢，也正如我手裏那一堆片兒任怎麼著也拼湊不到一起去似的叫人惱火。我乃發□那些亂糟糟有布片兒道：「真沒有辦法，又要顧著裏子，又要顧個面子！……叫人真是沒有辦法！」

「你還沒有辦法？你那點子挺多嗎！」

點子多少另一回事，可有碰上了云云等等的那些鬼招，就硬是比之又要面子又要裏子更加叫人沒有辦法！那除了開宗明義的：「還需要什麼？」還又來了：「……我們幹什麼都得要是自願的，沒有不自願的！」而當我聲明自己不是一條魚——不是可以曾當作或種釣取對象的一條魚時（過去已經說過這話，故以下所引的那句答語也

跑不了是先已同樣地準備在那裏的！），人們竟分外露骨地惡謔道：「魚還離不了水沆（坑）！」

布片湊付著好歹剪完了，人們□□□子走掉了。剩下這個早就該死一直苟活下來的年輕人獨自坐在那間不比一張雙人床更大的小室裏陷入了精神恍惚的痛苦沉思：這麼一場談話，從第一句就不上路，中間插話不上路，直到最後葉落歸根還是一個不上路，是代替下場詩的聊以鮮明的玩笑嗎！哎呀，我可不能夠這樣去考慮問題的呀！這樣考慮問題那太危險了，我當它真是當它假？真與假在一定條件下本來得以互相轉化，更何況狗熊式地不甘被動之人們是如此鍥而不捨地糾纏呢？！不，我不能當它假的，我只能當它真的！那麼，既然已經一再嚴肅地聲明了自己不是一條魚，我又怎麼能在如此之露骨的——不是什麼暗示而簡直是明示之下，彷彿已頗會心默契了似地睜著眼睛去吞釣餌呢。想著想著我一時自怨自艾起來：碰上了撒旦門中的惡鬼，上帝僕人所秉的人性與所本的良心在某些時候竟然也可以，也會得成為如此之可怕的一種缺點的，我還能再向何處去求退步呢！我怔怔地一動不動地坐在那裏，又一次陷入了自從去年十一月十日被扯到那間小室中並且在鐐銬之下割破脈管，以後經常的我站在□的深度的麻木狀態，靠門那一堵窄窄的西壁下端，水泥□牆上寫著幾行□寸的血字：「不、不！上帝不會讓我瘋狂的，在生一日，她必需保存我的理智，與同保存我的記憶！」但在如此固執而更陰陰的無休止的糾纏與逼迫之下，我似乎真地要瘋狂了！上帝，上帝幫助我吧！我要被逼瘋了！可是我不能夠瘋，我也不願意瘋呀！……

人們拿晚飯來的時候，就是發現我在那種狀態裏：木然蹲坐在門首，發直的眼光怔視著牆壁——怔視著去年十一月十日割破脈管後染在那裏的一灘斑斕慘腐的血痕；無聲的冷淚不能自察地一滴接著一滴流下面頰。開窗的聲音打破了我的麻木狀態，我舉首一望，對著啟開的小窗失聲哽咽而淚落如雨。

　　手銬、鼻飼、饑餓、嚴寒……是誰創造了那麼多令人髮指的方法？卻原來一個人折磨起另一個人來可以如此地花樣百出啊：

　　在這一場心照不宣的格鬥裏，那惱羞成怒的人們之虐待手段如上無不用其極：不與流質強作鼻飼至於折磨得人吐血，用來沙爾溶液浸泡鼻飼之橡皮管以加深機體部分感受的痛楚或兼作某種可疑的威脅，一再□然強行取走借與的被子使之受凍不得眠息，又非法而更無理地扣留著個人原在獄中的常穿著使用的一應衣裳，至於屢索不給，甚至區區一把梳子都要討要了十八天方始取得，才一梳而日夜滾在土積塵中□結不解的頭髮如團團烏雲應手而下，大約三星期或更多幾天以後拿來了被截留在原來囚牢中的衣物，但為了施行精神虐待而惡毒刺激這個不馴從的囚犯，除重又扣下□已給回的紙筆及成與未成的文字草稿等而外，人們甚至不曾忘記特意地掠走我長日積存在那裏的一束自己的頭髮！是麼，頭髮在一定情況下確實亦得作為指控人們進行人身侵犯的某種特證，但掠走了頭髮是不是就能夠抹掉那許多惡毒侵虐的事實呢？！而且請人們莫要忘記：這所說等等還都是發生在鐐銬之下的呢！這第四次的鐐銬從去年十一月十日延續到今年五月二十六日，即先生們之偽法院「宣判」的前三天！不知道在二十世紀六十年代的今日，可能夠□□全國紀錄乃至世界紀錄保持者的榮譽。

　　只有對深愛自己的母親，林昭才可以耍耍性子發發嗲。她像個孩子似的要這要那，根本不知道母親當時是多麼困難：

　　給我些錢，日用品：牙膏、毛巾有素色兒童巾便可，□的得那多水……需要二字怎麼講呢？較迫切的是毛線襪子，家裏記得還有幾雙，你們反正都不穿的啦。襯衣還是有一件呢是吧？面盆、杯子、舊衣褲、舊布、席子，我的席子給他們踏上了腳印丟在一邊兒呢！豐收雙色圓珠筆芯、練習薄、筆記薄、打字紙、信封信紙、這樣兒的藍格報告紙、草紙、牙刷二把、筷子、塑膠手提袋，以及前此信上要而未來的東西。小皮箱也拿給我好了，我放東西。

　　因為缺衣少食，林昭忽然間成了貪得無厭的饕餮，她是那麼地渴望吃！於是，她用俏皮生動的語句給媽媽寫了一封世間罕見的索食信。可是，這樣的信哪個母親能讀得下去？那可是字字血、聲聲淚！如果林昭不是苦到極點，她怎會寫下如此讓人欲哭無淚的文字：

　　見不見的你弄些東西齎齎我，我要吃呀，媽媽！給我燉一鍋牛肉，煨一鍋羊肉，煮一隻豬頭，再熬一、二瓶豬油，燒一副蹄子，烤一隻雞或鴨子，沒錢你借債去。前晌有些消化性腹瀉，但吃了些油質食物反而好些，因缺少脂肪，腸子能力蠕動可能倒是引起消化性腹瀉的原因，你不用嚇怕，吃不死的！

　　魚也別少了我的，你給我多蒸上些鹹帶魚，鮮鯧魚，鰳魚要整條的，鯽魚串湯，青魚的蒸──總要白蒸，不要煎煮。再弄點鯗魚下飯。

　　月餅、年糕、餛飩、水餃、春捲、鍋貼、兩面黃炒麵、粽子、團子、粢飯糕、臭豆腐乾、麵包、餅乾、水果蛋糕、綠豆糕、酒釀餅、咖喱飯、油球、倫□糕、開口笑。糧票不夠你們化緣去。

　　酥糖、花生、蜂蜜、枇杷膏、烤夫、麵筋、油豆腐塞肉、蛋餃，蛋炒飯要加什錦。

　　香腸、臘腸、紅腸、臘肝、金銀肝、鴨肫肝、豬舌頭。

　　黃鱔不要，要鰻魚和甲魚。統統白蒸清燉，整鍋子拿來，鍋子還你。

　　──等等，放在汽車上裝得來好了。齎齎我，第一要緊是豬頭三牲，曉得吧媽媽？豬尾巴──豬頭！豬尾巴？──豬頭！豬尾巴！──豬頭！豬頭！豬頭！肉鬆買福建式的，油多一些。

　　買幾隻文旦給我，要大，裝在網袋裏好了。鹹蛋買臭的，因可下飯，裝在蒲包裏。煮的東西都不要切。

　　哦，別忘了，還要些罐頭。昨天買到一個，醬汁肉，半斤，吃得□然勿□嵌著牙縫！別的──慢慢要罷。

　　嘿！寫完了自己看看一笑！──塵世幾逢開口笑，小花須插滿頭歸！還有哩：舉世皆從忙裏老，誰人肯向死前休！

　　致以女兒的愛戀，我的媽媽！

　　不讓你來，你看見到我的信請略寫幾筆寄我，親愛的媽媽，我不相信他們。

一月十四日燈下

　　據林昭妹妹彭令範回憶，經年累月的折磨讓林昭變得敏感而脆弱，她敵視所有警方人員，根本不相信他們中還有人性未泯者。比如第一次被送進監獄醫院時，林昭便對著主治大夫大罵一通：「哎，你這位醫生，是救人的還是殺人的？像你這種人會有人道主義嗎？你不要碰我！」第二次進來，她對主治大夫的看法漸漸改變了。大夫對林昭輕輕地說：「請你安靜些，在這裏多住幾天，這裏畢竟是醫院。」說完就悄悄地走了，臉上一點表情也沒有。以後他總是暗中設法在一定範圍內照顧她，儘量地給予方便。林昭的名字從一所到靜安分局監獄都是赫赫有名的，監獄中的人都知道。在分局監獄，還有一位獄警老人對林昭也非常好。起先她還同他鬧，老人等她發作完後一面搖頭一面說：「你何必生這麼大氣呢？留些精神吧，已經夠你受了。」林昭遇到醫生和這位老人時，少受不少痛苦。

　　但也僅此而已。更多的時候，反抗只會讓她生不如死，而這些毫不間斷、毫不掩飾的反抗又增加了她的「罪狀」。1966 年 12 月，監獄準備為林昭加刑，他們認為林昭服刑改造期間又犯下了「新罪行」，如：瘋狂攻擊、漫罵和污蔑偉大領袖毛主席；極端敵視和仇恨無產階級專政和社會主義制度；公開呼喊反動口號，搗亂監房秩序，公開將「冤」、「人間何世暗無天日」、「天人鑒照血海沉冤」等等掛在監室鐵門上；一貫堅持反動立場，拒不認罪，對抗管教，抗拒改造等等。據監獄工作人員反映，林昭平時經常大聲呼喊「冤枉」，用血寫下「不白之冤」等字樣，千萬次地使用極其刻薄和惡毒的語言侮辱咒罵預審、管教工作人員，公開把繡有「冤」字的毛巾、黑紗

纏在頭上、繞在臂上，用血寫成「冤」字貼在牆上，掛在門上，多次準備跳樓、上吊，砸碎玻璃窗，用碎玻璃劃破靜脈企圖自殺……

三、不作奴才

1960 年 10 月 24 日第一次被捕，1962 年 3 月 5 日保外就醫，1962 年 11 月 8 日再次入獄，1968 年 4 月 29 日被斃——林昭在獄中度過了差不多 7 年的光陰。除了以行動抗爭，7 年間林昭還寫下了數十萬字的詩詞文章，其中血書占了相當大比例！

早在 1961 年被拘於第一看守所時，林昭就一次次寫信向家人索要白被單，後來才知道白被單被她撕成條條用來寫血書。1962 年保外就醫期間，林昭總要告訴母親和妹妹獄中的事情，還給她們「表演」反銬 180 天期間如何處理日常生活，包括洗臉、吃飯和大小便等。母親和妹妹不忍看，林昭說：「真可惜你們不要看我表演，因而喪失了一個機會理解二十世紀的一種特殊生活模式！」母親和妹妹問林昭為什麼要這麼多白被單，林昭支吾其辭。當她們看到她手腕部有血跡斑斑的傷痕時，母親立即把她衣袖拉起來，這才發現其手臂上全是密集的切口疤痕。母親當時放聲大哭：「你為什麼要這樣作賤自己？這也是我的血肉呀！」為什麼要寫血書？林昭對妹妹說：「如果需要，我還是要寫血書，因為讓血流到體外比向內心深處流容易忍受。」

1965 年 6 月 1 日，當〈判決書〉送達時，林昭刺破手指，用鮮血寫作〈判決後的申明〉：「這是一個可恥的判決，但我驕傲地聽取了它！這是敵人對於我個人戰鬥行為的一種估價，我為之由衷地感到戰鬥者的自豪！……我應該做得更多，以符合你們的估價！除此以外，這所謂的判決與我可謂毫無意義！我蔑視它！看著吧！歷史法庭的正式判決很快即將昭告於後世！你們這些極權統治者和詐偽的奸佞——歹徒、惡賴、竊國盜和殃民賊將不僅是真正的被告更是公訴的罪人！公義必勝！自由萬歲！林昭主曆一九六五年六月一

日」。從那以後，她的反抗更加堅決。林昭妹妹彭令範回憶，林昭對有些看守人員深惡痛絕。尤其是在第一看守所時，有一個女獄警非常殘忍，林昭稱她為「不中用的警犬」。無論被關押在哪兒，林昭都會針鋒相對地指責那些虐待犯人的非人道行為，有時整天大呼「犯人也要吃飽飯」等等，直到呼叫得聲嘶力竭。第一看守所「政治犯」居多，大都一一單獨囚禁。開始林昭的鬥爭影響還不大，但很快她就成了盡人皆知的「名囚」。由於她的「不安分」，個別獄警對她恨之入骨。林昭常在他們當班時高唱革命歌曲，大聲要求給囚犯革命的人道主義的合理待遇。如果他們不理，她會整夜敲打獄門。

1963 年，難友基督徒俞以勒出獄以後，專門到彭令範所在的醫院看病，她們相約第二天早晨六點在陝北菜場見面。俞以勒告訴彭令範：「管理人員認為，一個偏激的反革命和一個入魔的基督徒是沒有共同語言的。事實恰好相反，我們成了好朋友。當時呢，還約好用密碼通消息，用敲擊和停頓代表英文字母。不久呢，當局將我們分開。幾個月以後呢，又巧遇在鄰室。密碼就用上了。」俞以勒還透露，林昭經常在獄中高唱革命歌曲，大聲要求給囚犯革命的人道主義和合理的待遇。如果獄警不理，她會整夜敲打獄門。這樣的反抗和對立讓林昭多吃了很多苦頭，但林昭毫不在乎，仍然堅持著。比如有一次，獄中伙食忽然少了，也根本沒有所謂二週一次的「改善生活」，林昭就發動其他人拒絕用餐，並帶頭喊口號。跟她喊口號的並不太多，於是她立即引吭高唱〈國際歌〉。這一下所有的犯人都高聲附和，獄中彷彿沸騰起來了，獄方立即以絕食為藉口將她送進監獄醫院。另外，林昭也的確經常絕食抗爭，害得獄方不得不把她送往監獄醫院吊鹽水。俞以勒還特別強調：林昭寫血書！一度紙筆都給沒收以後，她就更多地寫血書。她用牙刷柄在水門汀上磨尖以後刺破血管，用血寫在白的被單上。俞以勒說：「林昭很勇敢，但是情況每況愈下。」

林昭一共給《人民日報》寫過三次信，其中兩次是血書。現在流傳出來的第三封信長達 14 萬字，是迄今最能體現林昭思想高度的

材料。在這封信裏，林昭自稱「年青人」、「年輕的反抗者」，她對專制、對極權、對人性作了極其尖銳而深刻的批判，充分表達了自己不願作暴政奴才，不願卑躬屈膝、苟且偷生的決心。以下為信件篇章摘錄：

　　在這個肇始以來一直以其崇高勇烈的人道激情深深叩動每個愛自由者之心弦的著名的日子裏，我——奇怪的讀者又開始起稿給你們寫信，假如這久被折磨的衰弱負病之軀的記憶還不曾十分喪失了其準確性的話，那末我記得這是法國大革命首義的日子！就在今天——七月十四日，再也不堪專制壓迫的憤怒的巴黎市民奮起攻破了封建王朝的黑暗堡壘和暴力中心巴士底獄！而作為歐洲中世紀時代的葬歌和人權世紀黎明的基調，那震撼寰宇深入人心的舉世聞名的、我的戰鬥口號——自由、平等、博愛！——乃從此被戰鬥者的鮮血煥然大書於人類編年史的篇頁之上。

　　光華燦爛的歷史！血腥慘腐的現實！面對著現實回顧歷史更覺其燦爛，而緬懷歷史審察現實卻益顯得慘屬了！

　　我是你們這統治下的一名反抗者而且正在牢獄之中——於去年十二月和今年二月羈押在上海第一看守所期間曾兩次給你們寫信：信是以自己的鮮血所寫，因為當時我被非法地剝奪了紙筆！——沙皇昔年對於詩人萊尼斯的管制方法之一，儘管它彼時行之於萊尼斯就似乎並十分有效，而如今行之於這個青年反抗者便更不見得有效！

　　我們是「樓梯上打架」的「階級鬥爭」理論製造者以及崇奉者呢！但不管理論製造得如何完美也罷，倘然存在的客觀事實不能如理論那樣地完美，則任何一個體溫正常不發高燒的人都只能從不是那麼完美的實際出發而斷乎無法、斷然不能從看來相當完美的理論出發！

　　按著你們的報紙——無論如何它只是裝飾門面的；而對於恐怖統治極權制度來說，在某許多時候對事物的裝飾價值與實用價值雖

似注重，真正起決定作用的卻還只是那些隱在招牌背面的實用性的事物，而斷不是那些安在招牌正面的裝飾性的事物。

由於你們的秘密特務一手遮盡天下耳目，已經造成了極其嚴重的流血的後果！──死人！而且遭害冤死的恐怕還不止一個人！死了這個反抗者倒又罷啊，可惜，先生們，含冤慘死者是你們的中央委員哩，似這等貽笑千古、遺臭萬年的奇談慘事，可也真叫這個插標賣首、不畏死的青年反抗者說著牙疼，丟醜啊！先生們，連你們祖宗亡人馬克思的醜都被這一幫無賴子孫丟完了！他日嗚呼哀哉之後，下到地獄裏去可是歸不得宗，認不得祖呢！

寫於去年十二月間的第一封信（血書，下同）比較長，內容主要是看到解放日報「風景區也要破舊立新」的綜述之後，出於對祖國文物古跡的痛惜心情與責任感而向你們發出的「搶救文化！」的呼籲！──一個正被著非刑殘害的青年反抗者、北京大學中國文學系學生在桎梏下以自己之鮮潔的熱血向人們發出的迫切的呼籲！

寫於今年二月初的第二封信是短得多。在那封信裏我主要說明：本來想向你們反映一下情況：──「你們、貴黨的監獄辦得不成句話了！他日寫到世界監獄史上去丟煞了中國人的臉！好在一腔赤血尚未瀝流於祖國大地翻為萬丈碧濤，獻作自由祭，慢慢倒出來怕還不上十瓶八瓶的哩！」

在今日的中國大陸上固然早已找不到一名職業或業餘的律師，也更已經找不到了那怕就是一個真正無愧於記者稱號的記者！假如人們看到那兩份血的寫件，則不論他是什麼「階級」，什麼「立場」，只要他還是一個多少有點人味兒的「人」，就一定可以據而作出判斷：這個青年反抗者所遭遇著的種種，不僅情況至為嚴重，以其性質而論，且是極其惡劣的！

回顧「思想日記」，我每會對自己作一個寂寞的──嘲諷的、慘痛的微笑！我嘲笑它的作者！將來更多的人們不難由它看出那作者

還是個何等天真稚氣的年青人！客觀主義地評論一句：年青的作者
不論於其舉動本身或於其文章內容，在一定程度上大致堪稱表現了
敢有作為，敢於承擔的膽力與毅力與魄力，但畢竟還是相當缺乏鍛
煉，更其不夠老練的。總之，堅定與幼稚二者交集於這年青的作者
一身。這對日後事態的發展也起著相當的作用：因為幼稚，人們乃
得以哄弄而障蔽之於一時；但是因為堅定，這哄弄與障蔽又無法持
久。這同時也就說明了為什麼在以往多年中，統治者那方面的種種
計謀，每能尚稱順利地進行一個長短不等的時期：缺乏政治經驗的
年青人對於複雜更且深險的客觀情況，需要有自己的認識過程——
觀察、思考、分析、判斷。誠然在某許多時候這反抗者對於某許多
事物的反映倒也還算靈敏而迅速，然而每當又一個戰略階段臨到
時，總還需要對情況加以重新判斷和重新認識。

　　即使自從反右以來，對於林昭，為人的門儘管關閉，為狗的門
卻一直是敞開著的！

　　青少年時代思想左傾，那畢竟還是一個認識問題；既然從那臭
名遠揚的所謂反右運動以來，我已經日益深化地看了偽善畫皮底下
之猙獰的羅剎鬼臉，則我斷然不能容許自己墮落到甘為暴政奴才的
地步！政治思想的堅定一面也就是根源於此：靠觀念。一九六三年
初到第一看守所不久，我就向審訊者說過：利害可以商榷，是非斷
難模糊！記得他當時倒居然還——雖然也許不過一種欲擒故縱的方
式方法——對我這話表示首肯而承認我說得也有一些道理哩！

　　對統治者雖然略存卻並不抱幻想。而且這希望之由來，說到頭，
仍不過是基於自己作為一個中國人之國家觀念的立場！因為擺在人
們面前的形勢對於無論誰個來說，可謂都已經不止是「三年早知道」
的了！……我總認為：東亞病夫之老大潰弱的病根，歸結到一點上
無非是：人們——各式各樣的人們在長時期的封建統治專制壓迫之
束縛與影響下，大都缺少國家觀念。因為首先就缺少天下為公、興

亡有責的政治自覺性！也所以偌大祖國老是呈現著一盤散沙之局！
不麼？既缺少國家觀念，民族的團結自然也就沒了最重要的基礎。

中國人！中國人！！中國人啊！！！是故當讀著辛亥革命先驅
者陳天華的《警世鐘》、《猛回頭》，秋瑾的遺詩以及林覺民〈與妻書〉
等時，這個未失赤子之心的年青人不知多少熱淚如注、縱橫狂流沾
濕了篇幅！哀哉！殺身成仁的先行的烈士！哀哉！五千年文明燦爛
的青史！哀哉！我中華民族浩蕩越發巍如河嶽煥同日星的正氣。

是非之間絕無任何調和折衷之餘地！從這一點上來說，作為一
名奉著十字架作戰的自由志士，林昭與共產黨之間可謂找不到一句
共同語言！唯一總算都是中國人！而也只因為從這樣一種客觀事實
出發，在林昭個人來說，除了在某些時候當作合法鬥爭的策略之外，
確實也不能不從祖國的根本利益來深思而評慮許多問題：這便自然
造成我在以往所曆鬥爭全過程中之又堅決又誠懇的一貫態度！作為
反抗者對於同民族之極權統治者所持的這種態度，應該說是相當光
明磊落、甚至允稱俯仰，無愧！——可對世人，可質天日！

當深思著所發生這種種一切之時，我自己不無感慨地發現：從
上述那樣一種堅決而誠懇的基本立場、根本態度出發，在同時代人
及我個人之艱苦的鬥爭中自己竟然逐漸形成了頗稱完整的一套東
西！——從原則、方針、路線直到策略、方式、方法。我不曾理性
地去考慮和制訂它們，這與其說是由於政治上的幼稚和不成熟，毋
寧說是由於青春代剛毅熱烈的氣質！雖然這二者也許不可分開。過
去對著人們我也不止一次坦然承認：這個青年反抗者所作的諸般戰
鬥行動大都源於直覺——感性，而不源於理性。理性在我只不過是
或用以檢驗、分析以到理解感性的決定罷了。理性在一定程度上可
以加深感性，然而絕對無法代替感性！而縱然已經被執政者逼上梁
山而逼得投進了政治領域，我們之悲壯慘烈得史無前例、前無古人
的鬥爭也是斷乎不可能以著理性來進行的哩！

在政治鬥爭中也是互相轉化的：你真，別人就假了；你假，別人就真。倘偌（若）這個青年反抗者竟表現出某種可以默然接受精神病患者之鑒定的傾向，那麼想出這樣一著高棋來的人們當然也就頗堪自喜於未曾白絞腦汁。然而此計又不成——上帝不許！年青人絲毫不謝這種陰險的、可疑的『善意』，而只憤怒地認為是對於反抗者的莫大侮辱！

想當初這個年青人開始追隨共產黨的時候，共產黨三字還只意味著迫害、逮捕、監禁、槍殺等等，而並不意味著什麼「信任」、「可靠」、「提拔」乃至如「五・一九」戰友當年所指斥的「米飯與肉湯的香味！」故這丹心一點就是青年的激情而非政客的理性！

而當時踞著全國執政地位的國民黨，既沒本事控制而穩定國內政局，甚至缺乏能耐為莘莘學子提供一個得以安定讀書的環境，遂致無數熱血青年誤中煽動，拋荒學業不事正務捲入政治漩渦而淪為野心家們的工具！已至如此地步，尚且安撫無術而只鎮壓有方。不麼？當初這個青年——這個少年便也是上過城防指揮部黑名單的學生之一！政治是骯髒的，然而青年是純潔的，國民黨既沒有權利責備當時即千千萬萬天真、無邪、純潔，血氣方剛的受煽惑而被利用的青年，當然也沒有權利獨來責備林昭！

我們這些被當時之某許多人笑罵為「小神經病」的年青人披星戴月、胼手胝足地在當開疆闢土的無名英雄？！在所謂「國家」、「社會」、「人民」等諸般崇高要領的鼓舞（迷惑！）之下，這些年青人慷慨無私地、「毫不利己專門利人」地將自己最最珍貴的青春歲月擲諸塵□，而正是這千千萬萬天真熱情的青年不辭辛勞、不計待遇去踴躍擔負了最艱苦也最具體的基層第一線的工作，才使共產黨彌補了政治幹部不足的嚴重缺憾，並使這個政權得以有效地自下而上獲得鞏固！

反右──那腥風血雨慘屬倍常的一九五七年，在許多人也在這個青年人的生命史上深深地刻下了一道烙印，劃出了一道鴻溝！而這回事當然是共產黨錯的！不僅錯，而且大錯特錯！

為什麼對客觀事態的嚴重程度估計十分不足呢？又為什麼不先從主觀上準備著比較良好的政治風度呢？當然這兩者也互相關聯著，而其根本原因便是：只有方式而毫無誠意，故鬧到臨了便也成了那麼一回葉公好龍的可悲的笑話，弄得無以自圓其說了，更只好恬不知恥地強顏解嘲曰：完全正確，這正是一個圈套，目的為誘敵深入，等等。順便說一句：我於此等地方也每每恨得牙痛不已！做錯事情任何人都在所難免，最最不可原諒的倒是這種曲為詭詞、以文過飾非的做法！這比之單純地做錯事情或害怕認錯更要惡劣到不知多少倍哩！幾時共產黨能把這一點改掉，則也許可以比較出息了！

每當想起那慘屬的一九五七年我就會痛徹心腑而不由自主地痙攣起來！真的，甚至只要提到、看到或聽到這個年份都會立即使我條件反射地感到劇痛！這是一個染滿中國知識界與青年群之血淚的慘澹悲涼的年份呢！假如說在這以前處於暴政之下的中國知識界還或多或少有一些正氣流露，那麼在這以後則確實是幾乎已經被摧殘殆盡的了！而先生們的貴報又是何其殺氣騰騰地每天每日煥發著血腥味兒呵！多少次我於早晨起來懷著比較殷切或比較淡薄的希望伸手拿起貴報，努力想從新聞中、標題上或那怕是字裏行間找出一點點明智的──理性的氣息，可是多少次我所得到的只是失望！沒有，沒有！完全沒有！根本沒有！

「偉大、正確、英明」或者諸如此類的先生們，梁山是給你們逼上的，這個青年曾懷著善良的希望等待你們──我尋找你們的那怕是一點點明智的流露直到最後一刻？但在完全絕望之後，我當然不得不毅然抉擇反抗的道路！我可以懷抱著善良的希望，即無法懷

抱空虛的幻想！生活在現實之中怎麼可能靠幻想來過日子呢？而當時先生們的貴黨又造成了一個何其悖謬、何其慘痛的鮮血淋漓的現實啊！面對著那檔沉痛的政治現實，面對著那樣慘痛的家國之苦難，面對著那樣汪洋巨涯的師長輩和同時代人的血淚，作為一個未被死滅的良知與如焚如熾的激情折磨得悲慟欲狂的年青人，除了義無反顧地立下一息尚存、除死方休反抗者的誓言化為行動而外，還有什麼是他更應該做的事情呢？！這其間應該受到嚴厲責備的究竟是年青人還是執政者呢？！

真的，無論在何時何地何種情況下，我攻擊反右那回臭名遠揚的醜劇都從不強調什麼個人的委屈之類。個人縱有天大地大無大不大的委屈，總不過是中國大陸知識界與青年群那冤恨滔天的血淚汪洋之中一滴水罷！

假如先生們能夠推出你們那個自欺欺人的所謂階級觀念也者的圈子而發那怕一句通達平允之論，則這原是個不成其為的問題；假如先生們為愁骨灰盒子裝不滿而非要抱住了那個樓梯上打架的「階級觀念」以當隨身殉葬之具的，那麼即待來世聽天下人公論公斷！

先生們，林昭早已準備好了負責而且不惜負責到底！我很知道——毫不含糊地知道反抗者在我們的制度下意味著什麼，而走反抗者的道路在我們的制度下又將遇到些什麼？

天下者人人之天下，有德者居之，無德者失之。政治鬥爭從來也不是什麼稀罕事情！還想如假洋鬼子不准阿Q革命可是行不通也！

生殖器崇拜的圖騰時代在整個人類歷史上都早已成為陳跡了！我們不承認世間有任何與眾不同的「神聖」的腦袋，即如不承認有任何與眾不同的神聖的卵袋！

怎麼不是血呢？！陰險地利用著我們的天真、幼稚、正直，利用著我們善良單純的心地與熱烈激昂的氣質，於以煽惑，加以驅使；而當我們比較成長了一些開始警覺到現實的荒謬殘酷開始要求著我們應有的民主權利時，就遭到空前未有的慘毒無已的迫害、折磨與鎮壓，怎麼不是血呢？我們的青春、愛情、友誼、學業、事業、抱負、理想、幸福、自由……我們之生活的一切，這人的一切幾乎被摧殘殆盡地葬送在這個污穢、罪惡而更為極權制度恐怖統治之下，怎麼不是血呢？！這個沾汙了祖國歷史與人類文明的罪惡政權可謂完全是以鮮血所建立、所鞏固、所維持下來的，而滋潤著、灌溉著、培植著它的這一些中國人的血海裏我輩青年所流的血，更是無量無際汪洋巨洋！

這顆一次次在劇痛中麻木卻又一次次蘇醒於劇痛的悲憤的心是如此疲倦，以致它每每情不自禁地渴望著休息！……慘屬的沉痛使我麻木，然而為著戰鬥我又斷然不能任自己陷於麻木；為要脫出麻木我只有力持清醒而強使自己正視淋漓的鮮血直面慘澹的現實！——忍受更加慘烈的劇痛！能夠痛哭或者流淚亦可謂是一種幸福呢！最最痛苦倒是那樣多眼眶乾燥得淌淚全無的時刻：那些灼人的熱淚無聲地返流而一滴一滴滴在心上！每一滴都手如利刃的一刺或鋼鞭的一擊，令這顆年青而熱烈的多感的心痛得痙攣欲裂！……但是，罷了，這些話本不該寫在此地，因為它們已經或含著人性氣息而頗越出了樓梯上打架的範疇；但或許也不妨寫上以為後人他年研究林昭提供某些旁證，因為這一份該死的「人性」正就是造成林昭本身之悲劇的根本原因！

作為反抗者且又反抗著如此一個充滿罪惡沾滿血污的不義的暴政，本來可謂是一個勢不兩立的你死我活之局；年青的反抗者們包括林昭個人在這一點上毫無幻想：涇渭分明，滅此朝食！然而這個青年既懷著由於酷愛文學所培養起來的靈魂深處那一份人性，又由

於受到時代、家庭、師長、知識、職業等種種方面的影響，從少年時期甚或從童年時期起思想就一直比較複雜；於是——過去在「思想日記」裏乃至在其他地方也不止一次地提到過——在義無反顧地毅然走上反抗道路的同時，不免對有許多問題想得更多或者說更深了一些。而這些思索，這些考慮，又全都圍繞著一個中心即我們鬥爭之目的及意義！……我們反對什麼那是很清楚的，可是我們到底要建立什麼呢？要把自由的要領化為藍圖而具體地按著它去建設生活，可不是一件簡單輕易的事情，特別是要在這樣一個廣大分散、痼疾深沉的國家裏來建設它，就更其複雜艱巨！誠然我們不惜犧牲，甚至不避流血，可是像這樣一種生活到底能不能以血洗的辦法使它在血泊之中建立起來呢？中國人的血歷來不是流得太少而是太多，面臨著二十世紀六十年代的世界風云局面，即使在中國這麼一片深厚的中世紀遺址之上，政治鬥爭是不是也有可能以較為文明的形式去進行，而不必定要訴諸流血呢！

自由，誠如一位偉大的美國人所說：它是一個完整而不可分割的整體，只要還有人被奴役，生活中就不可能有真實而完滿的自由！何況——這一點不知哪位偉大的美國人可也有些體會及之，反正事實就是：只要生活中還有人被著奴役，則除了被奴役者不得自由，即奴役他人者同樣不得自由！然則身受著暴政奴役切膚之痛再也不願意作奴隸了的我們，是不是還要無視如此悲慘的教訓，而把自己鬥爭的目的貶低到只是企望去作另一種形式的奴隸主呢？奴役，這是可以有時甚至還必需以暴力去摧毀的，但自由的性質決定了它不能夠以暴力去建立，甚至都不能夠以權力去建立！——權力可以作為一種輔佐，特別是在一定的社會條件之下，可是不能當作決定的因素；怎麼能夠想像：只要憑著政權的力量就可以在生活中建立並確立我們所嚮往、所追求的東西呢？

對於我們——中國青春代自由志士的鬥爭來說，的確是一個「路漫漫其修遠兮」的局面！極集暴政必敗這是毫無懷疑之餘地的，然

而作為我們來講……更必須對這問題持一種清醒、冷靜、通達而更明智的態度，否則就會迷失方向而喪失或至少降低了我們之艱苦戰鬥的意義！而且政權的歸屬誠然相當重要，特別是在中國的具體情況之下，可是，說到頭，我們所從事這場戰鬥之崇高的整體目的決定了我們不能泛泛地著眼於政權！

這青年對於執政者一貫所抱之衹惡又堅決的態度到底根由著什麼？先生們，根由著的是個人對於祖國政治現實之比較清醒、冷靜、客觀而且公正的估價，次則是對於人類世界文明公義的確定的認識與深切的信任！

從個人所歷這些艱苦卓絕的戰鬥中，我對於當前政治現實的認識是愈來愈深入本質而接觸核心！隨著認識的深化，每使我從心底深處愕然震驚，但覺寒冷徹骨，沉痛欲絕而悲憤無已！這樣多的罪惡！──這樣污穢！──這樣暴虐！──這樣酷厲！──這樣殘忍！──這樣惡毒！──這樣慘無人道！

在政治態度並無任何值得加以指責的錯誤！而作為這青春代的一分子，林昭個人同樣並無任何值得加以指責的錯誤！而且，又得說了：誰個能夠，誰個配來指責我們呢？陳腐無能不能維持民國法統於不墜的國民黨人嗎？！極權暴虐只知以血與仇恨來維持統治權力的共產黨人嗎？低首下心，奴顏婢膝、唯求分得半盞殘羹一口冷飯的「民主人士」嗎？悵吟式征潛歌暴離但望神兵一朝自天而降的「社會賢達」嗎？！平時毅士橫議恣談志孝一到考驗臨來面前便噤若寒蟬、肅如金人、惟願苟全性命的「學界先彥」嗎？！上焉潔身自好求其獨善、下焉寄人籬下求食高門而根本態度同為管自己在云端裏看廝殺卻全不意識到作為一個中國人的民族責任的「海外名流嗎」？！彼蒼昊天！始祖軒轅！哀哀我中華民族寂寞在極權暴政高壓統治之下的正氣，如今是只不過維持在這一輩於慘重苦難滔天血

淚中，以無比凌厲的殺身成仁的勇略毅力為還我人權自由而作殊死
決鬥的青春代身上呀！

林昭從也不曾放棄過自己的思想原則！這原則我通常把它簡單
地歸納為兩句話：「祖國至上！自由萬歲！」或者在前面再加上兩
句：「公義永存！青春必勝！」

我相信：一切存有哪怕一點點民族觀念者都不會認為林昭寫「思
想日記」這戰略行動本身是一個錯誤！此外，相信一切懷有哪怕是
一點點基督精神者，同樣也都不會認為它是一個錯誤。

在宣佈假釋的當時，我立即啟問那位先生：請說說清楚還要我
回來不了？假如還要我回來，那末這番周折大可免了，問題並未得
到正面答復，但林昭的態度自謂夠了明朗，這是第一。而回家不久
以後，即上述一九六二年三月底或最多四月初，找戶籍先生作第一
次正式談話之時，我便指請他看：我的衣著什物業已統統收拾在牆
角裏「時刻準備著」！他笑道：這恐怕不必要了吧！我堅持道：可
是，案子猶未處理呢！既然其他人還在裏面，林昭便只能作如此準
備！……這是第二。

致函北大校長並非錯誤──附帶聲明：先生們，從現在起，這
所謂錯誤云，就僅不過是，而且也只應該是針對著你們來說的了！
理由：第一，陸平是你們的北大校長，林昭既未寫信給胡適之或蔣
夢麟，甚至都未寫給過了時的馬老寅初！第二，信中儘管不能不以
嚴厲的語氣激切的辭句，因為這個滿懷沉痛的年青人不能無動於我
們同時代人慘烈的鮮血與深重的苦難，卻到底還是提出了某種希
望，甚至提出了和解方案──請校長效法蔡元培先生的榜樣，保釋
「五・一九」以來的被捕者與被迫害者，讓我們回到母校繼續未竟
的學業。作為年青人這樣一種善良而本分的要求又有什麼可以責備
之處呢？難道這不是我們莘莘學子青春生活中所應有的最低權利

嗎？！而且第三，早在寫信之前這個屢次催請仍無回音得著的年青人先已通過戶籍警向當局打了招呼：我要告狀！當然此語涵義還不僅僅指著致函陸平而言；而所得的答語是：「你告去吧！上哪兒能告都成。」那末很好，說告就告，林昭多會也不喜歡虛聲唬人！

我們所居住的這個地球並不只是漂浮在太空之中的一個橢園的球體而已，它上面還充滿著生物甚至還充滿高等的理性生物——人類哩！即算咱們這反抗者與統治者是樓梯上打架的兩對面，各執一詞無有客觀性，那也願得來日請天下人公斷罷了！事實勝於雄辯，因在生前送了一回火腿而乃大受人們作興的迅翁也引過這句話：墨寫謊言掩不住血寫的事實！然則中國這一輩苦難的青春代以及林昭個人以鮮血寫下的這許多確定真切至於毫不含糊的事實，決不可能被遮掩於、歪曲於任何墨寫或墨水所寫的偽善的謊言！看吧，看吧！一切長著眼睛的人都來看吧！我們這些生命樹上的青發蓓蕾，我們的血是再鮮豔不過，而且再燦爛不過的墨水，人世間其他一切墨水在這樣的墨水之前統統都不免黯然失色！更莫說是先生們案頭瓶子裏那種成份可疑氣味不妙的墨水了！

自由戰士的原則是要爭取民主權利。魔鬼政客的原則那大致是要維護極權統治。

「我制不服你個黃毛丫頭，我倒不相信！」「我聽你的、還是你聽我的？」「倒要爬到我的頭上去了！」「你把誰也不放在眼睛裏！」「難道我（「政府」）怕你？」「你小看我——們不曾見過世面！」……等等、等等，真也說不盡言！試質滿天下人無有誰個謂曰這樣一些語言是政治鬥爭的語言。

從入了第一看守所之大門的那天起，是不勝榮幸地被人們一「抬」再「抬」，甚而至於即如人們後來所說那樣：「已經把你抬到桌面上來了！」惜哉如故裏鄉諺所謂：俏眉眼做給瞎子看！也因為

作死的黃毛丫頭其位本不在桌底下啃骨頭，故對於獲得抬到桌面上
舐盆子之機會簡直全然無動於衷！不但無動於衷而已，且如人們申
申而告的那樣，叫是「不識抬舉！」年青人性悲氣烈、行剛志決，
而未□□□赤子，任教身在局中，咬定了個真字，做得煞有介事地
渾忘了天下事無非是戲，誠然也不大有趣，更兼不足為訓；卻是已
經在利害兩個字裏打了幾十年滾的人們平時也頗誇談幾句唯物論辯
證法之類的，怎麼連最基本的一條即客觀存在不由人們的主觀意志
為轉移都忘象壓根兒不曾懂得呢？！天下之大本來無奇不有，既然
百分之五都會得有，那末十分之一乃至萬分之一當然也會得有！假
如反抗者全是一些不識「抬舉」而樂於被抬上桌面上舐盆子的政客
——全是頗有「風度」的「政治家」，則統治者的監獄、刑具以至屠
刀等等又將要來何用？

　　一切以為標榜的什麼調查研究之類等等也所謂全屬瞎說！調查
已不免偏聽偏信，先入為主，研究更得以顛之倒之，大小由之；弄
到頭，其意義至不過是給那個用以代替客觀世界的主觀槓槓上一些
花花綠綠的裝飾音符！這樣一種毫不懂得尊重客觀存在之本來面目
的思想方法，正與那個極端妄悖的唯我獨尊的——病態地自大狂至
「欲與天公試比高」的精神狀態密切無間地相得益彰。

　　怕只怕雖是盲人而自以為巨眼，雖是瞎馬而自以為神駿，雖是
夜半而自以為白日，雖是深池而自以為平地，再加上那麼個悖謬已
極地昂揚著的「精神狀態」：天地人物統統不在眼下，鬼哭神號充耳
不聞，只知道「喝令三山五嶽開道！」反正「聖天子百靈相助！沒
事！」我來了！而放著□頭窮衝不已，則不落水亦必撞山，總要到
死非正命而後已……此謂之主觀主義害死人！害死自個那叫活該，
最可怕的是在害死他自個之前先已經害死了以及至少害苦了許多人！

　　犧牲在早已自許作殉道者的個人來說，正好作為鬥爭之一個無比光輝的頂點！是書生之傻氣，非政客之韜略；然而，即此一端，不僅已判清濁，甚且在某種程度上已分高下，因為其間存在著感性與理性，天道與人道的差別！

　　有可比的，有不可比的。若謂打得完蔣家大軍者必能制勝於「黃毛丫頭」，是便不可以比！何也？古有明訓：三軍可以奪帥，匹夫不可以奪志！

　　假如我是山，我就要立刻倒下來把萬惡的兇手埋葬──把他們的骨頭都砸成粉沫；假如我是海，我就要立刻咆哮著發出控訴的巨響而掀起拍天的波浪；假如我是火，我就要轟然如爆炸般地延燒開來，使他們淹沒在烈焰的汪洋；假如我是鐵，我就要把自己化為一柄人世間最最森冷、最最鋒利的刀劍，而向那殺不可恕的惡徒送去他那份所應得的當作懲罰的死亡。但我只是一個被著鐐銬且在絕食之中的負病而衰弱的囚人，那麼我所能做的也只是用我的眼睛、用我的眼光追視著那個站在我面前傳來這句話的□□，也許我這些心情已經全部從我的眼睛裏流露出來了吧，也許我的眼光比山更峭峻、比海更深沉、比火更熾熱、比鐵更森冷吧。

　　事實是世間□□一切道理的基礎！像你們的秘密特務所說：道理（「道理」！）竟然也是有「階級性」的！我不知道有「階級性」的「道理」那是一些什麼「道理」，但我當時也就說了：縱然「道理」有「階級性」，事實可是一定沒有而且也不可能有任何「階級性」的，除非先生們或貴黨的秘密特務們去把事實也加了括弧，但那樣的話又違反了形式邏輯中的同一律，因為加上括弧的「事實」其意義已全不等於真正的事實！

　　貴中央委員會主席具有著一個極其可怕的冷酷而刻毒的靈魂！在這個「江山如此多嬌」的野心家的貪婪，「欲與天公試比高」的不

自量的狂妄，「龍蟠虎踞今勝昔」的自鳴得意，「六億神州頌舜堯」的自我吹噓，以至屁股入文蒼蠅入詩的輕浮，死掉世界人口一半的殘忍等等而外，我懷疑它還會有任何人情與人性的存在。

歷時十天的絕食中，被苦苦逼迫、虐待得命如懸絲！……十一月十日之在小室中以玻璃片割裂左腕求死之舉，姑且就算林昭「自己找的！」是的，那時除了痛願立時立刻將生命視為一個最強烈的悲憤的抗議而外，也可謂百慮俱寂而萬念皆灰！從那以後的二、三天裏人們暗示了可以和解，然而萬變不離其宗地叨咕著一句：──基本條件或說根本原則，即是要我「聽話！」「那你總該聽話了罷」……「聽話？」──「聽」什麼「話」？！當時林昭一是茫然不曉人們究竟要教我「聽」什麼「話」？二是守著我自己的立場自己對什麼「話」都無法「聽」，那怕就是乍「聽」上去似乎很普通的「話」，比如：「我教你坐在這裏，別要坐在那裏！」因為我不懂得什麼是這些話背後的真正意義！即不去深論它們那作為某種可疑的暗示之一面而僅只直接地、簡單地，論著它們的表面，林昭也不願承擔任何義務於扮演一個馴服的囚犯之角色！──向來不願扮演，處在當時的情況下就更不能扮演！理由也很簡單：假如說我所從事這場艱苦卓絕的戰鬥向來都極其嚴肅地要求我對人們明白顯示自己堅定的意志，則當時所面臨的情況就更無比嚴格地要求我使人們明白看到個人意志之堅定的程度！

林昭年輕幼稚、氣決性剛，入所迄今一年於□，只知堅持鬥爭，不知何謂胡鬧，更不知鬥爭之別名竟是胡鬧！政府所作諸般處治若為鎮壓鬥爭，林昭含笑甘受死亦無憾，若係對付胡鬧，則林昭是百思不得其解，抑止死不瞑目！尚希政府（！）有以教我！

你們為了什麼？你們為的是一張皇位上坐不下兩個皇帝！我們又為什麼？我們為的是使中國從此永遠不要再有皇帝！

　　假如說在一般情況之下極權統治者所玩弄的這個「法」字是虛偽得令人發笑，則在這等情況下貴所的「法」字豈不更是污穢得令人作嘔嗎？那麼，已經處在了某種可恥勾當之謀算對象之地位上的反抗者，在如此之虛偽而更如此之污穢的「法」字之前，難道就不能夠試作任何努力去討取公道，那怕就只是光向統治群中的任一人去討取公道嗎？即便就作為合法鬥爭之一論亦得，難道這個所謂的「法」字放置在反抗者的鬥爭裏不要比放置在統治者──獨裁者的陰謀中更加尊嚴而且更加實在一點嗎！

　　近些年來在與先生們的秘密特務扭成一團的過程之中，這個年青人已經相當深地察見：這些滿口自稱得大言不慚地欺天滅地非聖誣鬼的所謂「無神論者」，其內心世界之──之……之什麼呢？也只好權且說聲之「迷信」罷，之「迷信」的程度那是，在有許多地方竟然遠遠地超過於某一些宗教徒！別國比如蘇聯怎麼樣我不是那麼挺清楚，雖然也道赫魯雪夫經常呼喚著而且似乎還並不是非常兒戲地呼喚著上帝；至少在中國，情形就是如此：似乎都再沒有比先生們這些口口聲聲揚言無神的「無神論者」──「無神論者」更加確知有神的了！先生們在你們那深閉固藏的內心世界裏明明白白地確知有神，有□、有□、有怪、有魂、有地、有天！──有天主即有天帝，因而確知有天命、有天□、有天殺、有……
　　……

四、超越憤怒

　　在絕大多數中國人深陷政治運動的泥潭，自我保全尚且困難的時候，林昭卻全然不顧自己和親人的安危，自覺承擔起一個思想者的神聖使命。她先知一般發出驚世駭俗的呼號，讓整個中國都為之顫慄！值得注意的是，在〈給人民日報編輯部的信〉中，林昭多次使用了「極權」這個概念。而在 20 世紀五、六十年代，這個概念別

說在封閉的中國大陸，就是在世界範圍內也是新興的，只有部分先知先覺的學者對極權主義有所認識。至於大陸知識份子對極權主義、後極權主義等問題進行了系統學習，那已經是 20 世紀末的事情了。

「極權主義」從字面上理解，就是權力無所不在。不過這個權力不是個人的權力，而是國家、集體層面的權，或者叫公權力。「極權主義（totalitarianism）」這個詞出現於 1925 年，當時墨索里尼曾用「總體國家」（totalitarian state）來表達他的藍圖。後來，許多哲學家、思想家都對極權主義作過解析。卡爾·波普爾在區分「開放社會」與「封閉社會」的基礎上，將極權主義政治的思想來源一直追溯到柏拉圖與黑格爾。1944 年，哈耶克在巨著《通往奴役之路》揭示了所謂「國家干預」、「計劃經濟」所存在的巨大危險，認為經濟活動中的壟斷控制，會導致所有領域的控制包括私人生活，喪失經濟活動中的自主性，是一個社會進入全面奴役的起點。漢娜·阿倫特 1951 年出版的《極權主義的起源》一書被公認為是極權主義研究的開山之作，主要是研究納粹主義的成因。

一般認為，極權主義是一種現代專制政體。在此種政體下，國家籠罩於社會各個層面，包括其公民的日常生活。極權主義政府不僅要控制所有的經濟、政治事務，還竭力控制人民的意見、價值和信仰，從而消弭了國家與社會之間的一切分別。公民對國家的義務成為共同體首要的關注所在，而國家的目標則用一種完美的理想社會替代現存社會。不同的極權主義制度有不盡相同的意識形態目標。歷史上的獨裁者為實現對被統治者的控制，不惜運用一切手段，比如秘密警察和軍隊。然而只有借助於現代技術，政府才得以有可能全面控制社會。因此，極權主義乃是現代才出現的現象。

據瞭解，1941 年 7 月，胡適在美國密歇根大學發表了〈民主與極權的衝突〉的講演。他在此講演中指出，當前極權主義和民主的衝突，實質上「是一種計畫周密指導有方的極權主義向民主制度和民主文化基礎的進攻……是自由與奴役的衝突，是由憲法組成的政

府與專制獨裁的淫威的衝突，是人民自由開明的意志的表達與對政黨及『領袖』無條件盲目服從的衝突。」在此次演說中胡適還引述美國政治家 Max Eastman 對極權主義二十個特徵的概括。胡適認為，不管哪個政權只要具備這二十個特徵中的任何一個特徵，便具二十份之一的極權主義本質。這二十個特徵是——

(1)把狹義的國家主義情緒提高到宗教狂的程度；
(2)由一個軍隊般嚴格約束的政黨來執掌國家政權；
(3)嚴厲取締一切反對政府的意見；
(4)把超然的宗教信仰降低到國家主義的宗教之下；
(5)神化「領袖」，把領袖當作一般信仰的中心；
(6)提倡反理智反知識，諂媚和欺騙無知的民眾，嚴懲誠實的思想；
(7)毀滅書籍，曲解歷史及科學上的真理；
(8)廢除純粹尋求真理的科學與學問；
(9)以武斷代替辯論，由政黨控制新聞；
(10) 使人民陷入文化和資訊的孤立，對外界的真實情況無從知曉；
(11) 由政黨統制一切藝術文化；
(12) 破壞政治信義，使用虛偽和偽善的手段蒙蔽人民；
(13) 政府有計劃地實施罪惡行為；
(14) 鼓勵人民陷害和虐待所謂的「人民公敵」；
(15) 恢復野蠻的家族連坐法對待所謂的「人民公敵」；
(16) 準備永久的戰爭把人民軍事化；
(17) 不擇手段地鼓勵人口增加；
(18) 把勞工階級對資本主義的革命到處濫用；
(19) 禁止工人的罷工和抗議，摧毀一切勞工運動；
(20) 工農商各行各業皆受執政黨領袖統制。

自由主義是極權主義的天敵。這一資料證明，胡適先生不僅是中國自由主義的先行者，也是反極權主義的倡導者。林昭何時接觸「極權主義」問題我們不得而知，但可以想見，林昭在身陷囹圄前

曾敏銳地關注過世界前沿思想。當她發現當下的中國與哲學家定義的極權社會並無二致時，她立馬不再彷徨困惑。從此，她獲得了一個完整的思想體系，這個思想體系讓她能夠在世界屋脊般的新高度審視雜亂無章的現實。

如果說林昭反極權主義思想是她及時吸收人類最新思想的結果的話，那麼，林昭思想還有另一個更為博大精深的源泉——基督教精神。甘粹先生證實，林昭在中國人民大學資料室勞動期間，每個禮拜天都風雨無阻地前往教堂，他們在一起經常談論《聖經》和基督教的話題。基督徒俞以勒女士也證實，林昭在上海第一看守所與她同室囚禁時，兩人最喜歡的事就是一起背誦《聖經》，一起探討基督精神。林昭本人更在〈給人民日報編輯部的信〉中一次又一次提及基督精神，她始終敦促自己必須以德抱怨，哪怕面對仇敵！哪怕飽受欺凌！哪怕傷痕累累！以下幾段文字摘自林昭〈給人民日報編輯部的信〉：

為著堅持我的道路或者說我的路線——上帝僕人的路線，基督政治的路線，這個年青人首先在自己的身心上付出了慘重的代價！這是被你們索取的，卻又是為你們付出的！為什麼我不能選擇更簡單的道路呢？作為林昭的個人悲劇那是也只好歸咎於我所懷抱之這一份該死的人性了。「凌霜勁節千鈞義，捍刃英謀一念仁！」（〈秋聲辭〉）先生們，人性——這就是仁心呵！為什麼我要懷抱乃至於對你們懷抱這麼一份人性，這麼一份仁心呢？歸根到底又不過因為是本著天父所賦與的惻隱、悲憫與良知，難道這就構成了我的錯誤嗎！

然而我所謹守、屬守而且堅守的始終只是上帝僕人的立場！既然主人的仁心並非一種錯誤，則僕人的仁心本係仰體無心，自亦不構成錯誤！是的，我沒有錯誤，作為一員自由戰士沒有什麼錯誤！作為一個中國青年我沒有什麼錯誤！而作為一名基督親兵，我更沒有什麼錯誤！

宇宙之主是仁愛無匹的！她的仁愛慈悲甚至臨到你們這樣一些充滿罪惡漬透血腥的魔鬼門徒的靈魂，若不是由於無心仁慈垂憐一再寬貸期限等待你們痛悔，先生們，先生們哪，你們早就徹徹底底地毀滅了！可記得上主的一位忠僕在一九六一年聯合國大會上關於所謂中國代表權問題的發言嗎？他說：到了今天，北平還在重複一項早已陳舊的原則即所謂槍桿子裏面出政權！可是，人們要是都只遵循這項原則的話，那就無需乎再有任何討論，而這個世界也早就佈滿了放射性的灰塵！……文字或有出入，但大旨絕無錯誤，我的記憶幾乎像他的語言一樣清楚！

我對於當前現實那不絕如縷的一份感情真正是受到了殘酷的考驗，而且這種考驗還回環往復地不斷加重著！所以有些時候我也不免真地懷疑起來而暗暗祈問道：天父啊，上帝啊，這樣一些人，象這樣一些戾氣所鍾流毒世界的人到底還有救藥麼！

在接觸你們之最最陰暗、最最可怕、最最血腥慘厲的權力中樞──罪惡核心的過程裏，我仍然還察見到、還不全忽略是你們身上偶然有機會現露出來的人性的閃光，從而察見在你們心靈深處還多少保有著未盡滅絕的人性！在那些時候我更加悲痛地哭了！我哭你們之擺脫不了罪惡，而乃被它那可怕的重量拖著愈來愈深地沉入滅亡之泥沼的血污的靈魂！你們看到這裏想來是無動於衷的，但我寫到這裏時眼眶已經又湧上了灼熱的淚水！先生們啊，奴役他人者必不能自由，這特別對於你們來說是一條如何無情地確實的真理呵！

如果我們回過頭來再打開《聖經》，我們會在《馬太福音》中發現這樣的經文：

你們聽見有話說：「以眼還眼，以牙還牙。」只是我告訴你們：不要與惡人作對。有人打你的右臉，連左臉也轉過來由他打；有人想

要告你，要拿你的裏衣，連外衣也由他拿去；有人強逼你走一里路，你就同他走二里；有求你的，就給他；有向你借貸的，不可推辭。

你們聽見有話說：「當愛你的鄰舍，恨你的仇敵。」只是我告訴你們，要愛你們仇敵，為那逼迫你們的禱告。這樣，就可以作你們天父的兒子。因為他叫日頭照好人，也照歹人；降雨給義人，也給不義的人。你們若單愛那愛你們的人，有什麼賞賜呢？就是稅吏不也是這樣行嗎？你們若單請你弟兄的安，比人有什麼長處呢？就是外邦人不也是這樣行嗎？所以你們要完全，像你們天父完全一樣。

你們饒恕人的過犯，你們的天父也必饒恕你們的過犯；你們不饒恕人的過犯，你們的天父也必不饒恕你們的過犯。

你們祈求，就給你們；尋找，就尋見；叩門，就給你們開門。因為凡祈求的，就得著；尋找的，就尋見；叩門的，就給他開門，你們中間誰有兒子求餅，反給他石頭呢？求魚，反給他蛇呢？你們雖然不好，尚且知道拿好東西給兒女，何況你們在天上的父，豈不更把好東西給求他的人嗎？所以，無論何事，你們願意人怎樣待你們，你們也要怎樣待人，因為這就是律法和先知的道理。

你們要進窄門。因為引到滅亡，那門是寬的，路是大的，進去的人也是多；引到永生，那門是窄的，路是小的，找著的人也少。

在《羅馬書》中又有這樣的經文：

所以弟兄們，我以神的慈悲勸你們，將身體獻上，當作活祭，是聖潔的，是神所喜悅的，你們如此侍奉，乃是理所當然的。不要效法這個世界，只要心意更新而變化，叫你們察驗何為神的善良、純合、可喜悅的旨意。

愛人不可虛假，惡要厭惡，善要親近。愛弟兄，要彼此親熱；恭敬人，要彼此推讓。殷勤不可懶惰。要心裏火熱，常常服待主。在指望中要喜樂，在患難中要忍耐，禱告要恒切。聖徒缺乏要幫補，客要一味地款待。逼迫你們的，要給他們祝福，只要祝福，不可咒詛。與喜樂的人要同樂，與哀哭的人要同哭。要彼此同心，不要志

氣高大，倒要俯就卑微的人。不要自以為聰明，不要以惡報惡。眾人以為美的事，要留心去作。若是能行，總要盡力與眾人和睦。親愛的弟兄，不要自己伸冤，寧可讓步，聽憑主怒。因為經上記著：「主說，伸冤在我，我必報應。」所以，「你的仇敵若餓了，就給他吃；若渴了，就給他喝。因為你這樣行，就是把炭火堆在他頭上。」你不可為惡所勝，反要以善勝惡。

——對比《聖經》和林昭的〈信〉，我們不難發現字裏行間是何其地氣韻神通！卻原來它們有著一個共同的精神內核，那就是寬容、堅守、愛……這些文字中，林昭已不再憤怒，她超越了憤怒！

除了〈給人民日報編輯部的信〉，林昭在獄中還留下了大量的詩詞。這些詩詞有的完整地寫在紙上，有的一段段寫在白床單上，有的急就章似地寫在牆壁上，有的隻言片語掛在監獄的門窗上！這些詩詞部分為墨水所記，但更多的是或濃或淡的血書！關於林昭這些年到底寫了多少文字，獄方後來的加刑材料可作參考：「林犯關押幾年來，一貫拒不接受教育，書寫了大量的反動血書，如〈靈耦絮語〉（約18萬字1965年5至12月寫完）、〈基督還在世上〉、〈不是練習——也是練習〉（1966年6月8日寫）、〈練習二〉（1966年6月27日）、〈練習三〉、〈鮮花開放在悲壯的五月〉（1966年5月）、〈囚室哀志〉、〈秋聲辭〉、〈自誄〉、〈血詩題衣〉、〈血衣題跋〉等數十萬字，及〈給人民日報編輯部的信〉（1965年7月14日至1965年12月5日寫完，共約14萬字）。」

因林昭的檔案至今仍未解密，目前無人能將林昭的作品整理清晰，所以現在呈現給讀者的只能是一些殘章斷片，而且即便這些殘章斷片也來之不易，且將整理出來的林昭獄中詩公佈如下：

獻給檢察官的玫瑰花（約作於1962年）
向你們，我的檢察官閣下，
恭敬地獻上一朵玫瑰花，這是最禮貌的抗議，
無聲無息，溫和而文雅。

人血不是水，滔滔流成河！

……

下面這首詩顯然係林昭自戕滴血時所作，她是把自己的鮮血當成了祭品：

將這一滴注入祖國的血液裏，將這一滴向摯愛的自由獻祭。
揩吧！擦吧！洗吧！
這是血呢！
殉難者的血跡，誰能抹得去？

下面這首無題詩表達了林昭對苦難深重之祖國的摯愛：

啊，大地
祖國的大地，你的苦難，可有盡期？
在無聲的夜裏，我聽見你沉重的歎息。
你為什麼這樣衰弱，為什麼這樣缺乏生機？
為什麼你血淚成河？為什麼你常遭亂離？
難道說一個真實美好的黎明
竟永遠不能在你上面升起？

〈自由頌〉四首為林昭獄中絕食蘇醒後所作，係血書題於牆壁。題目為後人流傳中添加：

生命我所重，愛情彌足珍；但為自由故，敢惜而犧牲。
生命似嘉樹，愛情若麗花；自由昭臨處，欣欣迎日華。
生命巍然在，愛情永無休；願殉自由死，終不甘如囚。
生命蘊華彩，愛情熠奇光；獻作自由祭，地久並天長。

1963 年 6 月 19 日寫有〈絕食書〉，內有詞句如下：

一息尚存，此生寧願坐穿牢底，決不稍負初願，稍改初志。

另有其他詩作分別如下：

秋聲辭（并序）

　　在獄三秋，詫傺長恨；秋心秋緒，鬱作秋聲。即用鑒湖女俠斷句為韻，並作轆轤體敷陳其意，有願補石，不避績□，回環往復，聲氣尚應，後生其再來人歟？抑前覽錄烈之蔭也！哀時明志未辨今昔，成仁取義，誓繼踵武！

一九六三年十月　林昭自志

秋風秋雨愁煞人，憑對遙天吊荊榛。
狐鼠縱橫山嶽老，脂膏滴瀝稻梁貧。
為惡寂寞求同氣，敢避艱難惜一身。
夜夜腸回寒氣淫，丹心未忍逐青磷！

劫裏芳草不成春，秋風秋雨愁煞人。
青衫淚絕朱顏悴，碧血花摧白髮新。
決死精衛戰浩蕩，傷心子規哭沉淪。
齊家報國猶虛說，愧負望殷父老親。

哀江南賦墨浩塵，抱恨楚囚志未伸。
霪露霪霜瘦生氣，秋風秋雨愁煞人。
寧隨黎庶盟朝日，豈戴獨夫踐亡魂。
唱徹招魂金鐵寂，肝腸百沸溫羅巾。

憂患蒼生夙願真，壯懷激烈照天陳。
吞聲誰復思候□，蹈海我終不帝秦。
赤水赤原病休國，秋風秋雨愁煞人。
此身定化干城劍，貫日橫空泣鬼神。

浩歌慷慨奪江津，最是知音第五倫。
翰墨請纓彰素志，榛苓補石證前因。

凌霜勁節千鈞義，揮刃英謀一念仁。
莫笑倡狂喬作態，秋風秋雨愁煞人。

自誄（1964 年 2 月血書）

眼枯見骨，心死成灰，抱病鬱痛，天乎冤哉！
家國多難，予生也哀，素絲欺墨，歧途方回！
失足自憐，回頭百年，初心似水，指證蒼天！
永晝頻迫，夙夜尤煎，意存碧落，恨窮黃泉。
作賊奈何，百身莫贖，坐令我眾，遘此楚毒。
風塵寂寞，天涯淪落，黍離歌殘，銅駝沒綠。
故劍茫茫，故園蒼蒼，舉世無道，我適何邦。
窮途倡狂，載哭興亡，九畹荒穢，五內摧傷，
百慮重憂，謂我何求，慟念來日，血淚交流。
已歌燕市，無慚楚囚，子期不見，江波悠遊。
惡不能輟，憤不忍說，節不允改，志不可奪。
書憤瀝血，明志絕粒，此身似絮，此心似鐵。
自由無價，年命有涯，寧為玉碎，以殉中華。
山川桴鼓，河嶽鳴笳，魂化杜鵑，腸斷桑麻。
風雨長宵，平旦匪遙，捐生取義，豈俟來朝。
志節皓皓，行狀皎皎，正氣凜冽，清名孔昭。

1964 年，林昭在獄中想起英年早逝的舅舅，寫下了〈家祭〉一詩：

家祭

四月十二日──沉埋在灰塵中的日期，
三十七年前的血誰復記憶？
死者已矣，後人作家祭，但此一腔血淚。
舅舅啊──甥女在紅色的牢獄中哭您！
我知道您──在國際歌的旋律裏，
教我的是媽，而教媽的是您！

假如您知道，您為之犧牲的億萬同胞

而今卻只是不自由的罪人和饑餓的奴隸！

……

血詩題衣（并跋）

雙龍鏖戰玄間黃，冤恨兆元付大江。

蹈海魯連今仍昔，橫槊阿瞞慨當慷。

只應社稷公黎庶，那許山河私帝王。

汗慚神州赤子血，枉言正道是滄桑。

鼎鑊羅前安足論，此身未惜叩天閽。

桑麻掩絕中原裏，邦國繆凋大地昏。

遺老長吟懷彼黍，逐臣痛哭賦招魂。

治平從得何相負，請化陽春照□盆。

驚颷為我自天來，一曲清笳動地哀。

墨菊素心侵夜時，寒梅鐵骨凜霜開。

補成完宇蘇民圉，挽得狂瀾免劫灰。

萬木森書非佳兆，九州生氣恃風雷。

鐵鑄九州血淚滔，知君潛懺故封刀。

百年基業於雄傑，萬古雲霄一羽毛。

願釋前仇歸宿怨，更留餘地容新苗。

彼蒼浩渺真無極，莫與天公試比高。

多情每笑鍾離存，憂國何因自呈身。

巾幗從無兒女想，晃疏合與江山親。

茹冰苦志應穿石，守玉清操豈染塵。

幸惜令名全聖德，貞娥匪比息夫人。

永夜沉吟徹骨寒，瑤琴寂寞對誰彈。

心存得失崇朝計，情怯是非來日難。

怨毒遍栽根頗固，虎狼近伺意何閒。
英雄暮年要深省，正視前途十八難。

虛名實禍誤蒼生，底事倡狂好談兵。
罪己布公稱大勇，歸仁謝謗見真明。
輿論士氣必張護，民擇世潮毋玩輕。
天道無親常與善，休問耕耘問收成。

李洪三世悼終年，歷劫再來日未曛。
伐罪親仁先復禮，洗心偃武以修文。
眾生堪念當離歷，昊帝垂憐猶待君。
寶筏迷津迅受渡，好成正果上青雲。

東海滄波萬頃愁，孤飛冤禽恨悠悠。
悲親位異難安魄，愧我項存未斷頭。
桑梓與榮便足願，邦家豐樂更何求。
微明不邀震聰慮，一腔沸血燭天流。

1965 年 3 月 5 日林昭自題於獄中：

無題九章，以當絕命，自傳身也，更痛家國。
殉道有志，弘道無得，肝腸百迴，淚盡繼血。
苟延為公，盡命完節，後事再來，海天空闊。
瑤琴韻斷，悲笳聲咽，昊帝靈爽，憐兒清烈。

1965 年 3 月 7 日再題：

殘喘贅疣，夙願取義，敢謂成仁，自云知恥。
立身敦品，千秋清議，生也何歡，大節正氣。
三軍奪帥，匹夫勵志，讀聖賢書，所學何事。
日月經天，江河在地，君王不諒，有死而已。

　　戴著鐐銬寫字本來要點功夫，況且那天是寫在軟和的布片上，又是寫詩章……在那件白襯衣上題寫了無題九章以及第一段跋語，又在前身左右灑下了斑斑如熱淚的滿襟血點，之後用一張紙把它包成小捲兒，縛牢，放在一邊。這麼差不多一整天我一聲兒沒出。

——摘自林昭書信

獄中血書
天下者天下人之天下也，有德者居中之，無德者失之。

悼陸有松
碧血盈襟，耿耿此心，曾未惜死，苟活至今。

（1965 年 11 月 11 日獄中）

掛在監獄鐵門上的詩
天人鑒照，血海沉寂，人間何世，暗無天日。

（1965 年 12 月 3 日獄中）

血題監獄壁
「求全必不能全，苟安必不得安。」「國恨家仇」

（1966 年 11 月 23 日獄中）

殘章之一
當復仇的大地血海潮起，逐食的鴉群啊何枝可棲？
……想到一個問題我每打冷噤，
天哪！誰知道你們將來怎麼死？……

殘章之二
苦難的青春那得歸宿，煉獄呵，你是戰鬥者的家。

被捕七周年口號
被捕七年，歲月雲煙！家國在懷，興亡在肩！

剛腸嫉惡，一往無前！大義凜冽，大節皎然！

真金入火。何懼毒焰！金是火煉，火熾金顯！

孤軍力戰，碧血日鮮！心悲氣壯，意決志堅！

公道為旨，正義當先！有我無敵，豈計生全！

中華民國，締造維艱！重光法統，後起著鞭！

一身未惜，要續史篇！軒轅宗社，雄波海天！

人生自古誰無死，留得清名滿世間！

主曆一九六七年十月二十四日

　　另據統計，林昭 1961 年寫有組詩〈牢獄之花〉、〈思想日記〉等；1962 年寫有〈我們是無罪的〉、〈給北大校長陸平的信〉，獄外養病期間寫成 30 萬字的《獄中回憶錄》等。此外，還有《囚室哀志》等。

　　《靈耦絮語》是林昭少數「大部頭」作品之一。全文 18 萬字，係林昭 1965 年在獄中花費大半年時間辛苦寫成。1964 年前後，林昭曾多次給時任上海市委第一書記柯慶施寫申訴狀，指望柯慶施為自己伸冤平反。而林昭之所以把希望寄託在柯慶施身上，與母親許憲民也許不無關係，因為許憲民一直在千方百計營救女兒。當然，真實原因還待考證。1965 年 4 月 9 日，已升任國務院副總理的柯慶施忽然在成都病亡。由於自己曾被人在稀飯中下毒，導致腹瀉不止，林昭遂懷疑柯慶施亦為人陷害致死，甚至懷疑柯慶施是被自己的案子拖累遭殃。於是，林昭懷著悲憤的心情「以身相許」，甘願與黃泉之下的柯慶施配成「冥婚」，以柯氏「未亡人」的身份寫下了表達控訴之情的《靈耦絮語》一書。

　　柯慶施是什麼人呢？據官方史料記載：柯慶施（1902-1965 年），安徽歙縣人。1920 年加入中國社會主義青年團。1922 年加入中國共產黨。同年出席在莫斯科召開的遠東各國共產黨及民族革命團體第一次代表大會。1920 年至 1936 年，在上海、南京、武漢、安徽等地長期從事工人運動、農民運動和兵運工作，曾任中共安徽省委書記、中國工農紅軍第八軍政治部主任、中共中央秘書長、中共中央

北方局組織部長。抗日戰爭時期，任中共中央統戰部副部長。解放戰爭時期，任晉察冀邊區行政委員會財委副主任，石家莊市市長。建國後，曾任中共南京市委書記，南京市市長，華東軍政委員會委員，中共江蘇省委書記，中共中央上海局書記，中共上海市委第一書記，上海市市長，南京軍區第一政治委員，中共中央華東局第一書記，國務院副總理，是中共第八屆政治局委員。

　　若干研究文章都表明，柯慶施是中共資深人士，但其投身革命多年卻一直未得重任。1949 年後，柯慶施忽然乘上了直升飛機，沒用幾年即榮升上海市委書記、國務院副總理，甚至有直接取代周恩來的傳說。柯慶施之所以時來運轉，是他終於懂得如何向毛澤東「投懷送抱」，搖身一變即成了「毛主席的好學生」。柯慶施這樣的人不是極權主義的幫兇，至少也是個善於騎牆的「兩面派」，這樣的人無論如何不應該與林昭劃歸到一起。那麼，林昭為什麼要為柯慶施寫下《靈耦絮語》呢？筆者認為，答案無非兩個：一是柯慶施的確曾過問林昭案，以至於林昭對其抱有幻想；二是柯慶施根本與林昭案無關，林昭因長期經歷非人折騰已心出幻覺。眾所周知，另一位反抗專制的偉大女性張志新在獄被毆打、被刑罰、被強姦，張志新很快精神失常，最後甚至經常以饅頭自蘸經血吞食！林昭在獄中遭遇的痛苦已非常人所能忍受，她一個弱女子何以能堪？由於林昭一直表現出不同尋常的激烈反抗，事實上早在 1962 年年底，獄方即安排上海精神病院院長粟宗華親自給她作鑒定。粟宗華當時判定林昭精神不正常，但這個判定並未被採納。而「文化大革命」中，粟宗華卻因這件事被指稱「包庇反革命分子」。受到批鬥後，他抑鬱成疾，含恨而終。

　　林昭當然是不承認自己有病的，她在〈給人民日報編輯部的信〉中記錄道：「在一九六二年八月二十九日初次開庭時已經來了可以領會的暗示：『你有病嗎？有什麼病？』可是，十二分抱歉，可敬的先生們，管有什麼病也得，這與咱們的樓梯上打架反正是牽扯不上的兩碼事呢。可能這個年青人在反右以及其後的許多事情重重刺激之

下有了或有過某種精神異常現象，但至少並不比先生們更加精神異常得厲害！真的，到了今日之下我於這一點是理解得分外地深刻：先生們之那家貴黨的黨內生活原來是如此驚人地恐怖與黑暗的呀！怪不得先生們發精神病的百分比那麼高呢！……」她又解釋說：「誠如某些人對我所說那樣：十數年來在極權統治那窒息性的高壓手段之下，中國大陸上敢於面揭其短、面斥其非者未知有幾。故在統治者眼中看出來，這個誓不畏死、與虎謀皮的青年人恐怕也確乎是有『精神病』的！否則又將如何解釋自己掌著生殺之權的赫赫威勢竟爾悲慘地失效這樣一種令人遺憾的事實呢？！」可是她又說：「精神病院那怎麼也不是我安身之處！何況，倘若作者竟在精神病院裏，看見呼籲書的人們將會對它怎麼說呢？當然從它本身包括它的附件來看人們也未必就真會相信作者是一個精神病人，不過——罷了，我總之還只是到監獄中去更好！」最後她說：「我只憑感性與直覺行事：是非之間無他途，不成功即成仁；兵來將擋水來土堰，大義所在不惜身命，頭顱可拋、熱血可灑，他何足計？！是故從也不去跟作遊戲似地橫擬一種方案，□□一個可能——只知為公大義，不知機會主義！」

　　林昭後來究竟有病沒病？這個秘密只有等那些塵封已久的檔案公開後才能大白於天下。也只有等到那一天，林昭的所有詩文才能任由我們仔細研讀。也只有等到那一天，林昭所受的苦、所流的血才能由我們一一辨別清楚。

五、冤字血帕

　　林昭入獄期間，張元勳是唯一入獄探望的故舊。這次經歷讓張元勳沒齒難忘！後來他多次在多個場合描述他與林昭晤面的情景，因為他目睹了一出人間慘劇！會晤了一位當代竇娥！

　　1965 年 12 月 24 日，張元勳八年刑滿釋放，又被強留在勞改隊「繼續改造」。但畢竟算「刑滿釋放」了，可以一年探親一次，可以

與外界通信，只是信寫完後不准封口，必須交給管教幹部審查，由他們寄出。

張元勳當即與林昭的母親許憲民先生恢復聯繫。由於許憲民的名字不像女性，加上她字跡雄勁、語言蒼老，管教幹部以為許憲民是一個「老頭子」，於是免去了許多糾纏。而且他們通信時還有意使用一些文言和典故，這樣一來，那些文化水平低劣的管教人員更是如對天書。張元勳與許憲民互相之間卻十分默契，他們終於商定行程：1966年的4月底或5月初，張元勳到上海探望林昭。張元勳深知探望犯人必須是直系親屬，遂建議許憲民與上海監獄當局交涉時，就說張元勳是林昭的「未婚夫」。讓張元勳喜出望外的是，這一極其勉強的計策居然奏效。當獄方問林昭張元勳是誰時，林昭心領神會地回答：「未婚夫。」而獄方居然破例通過了「未婚夫」的探監申請！

張元勳出獄後，哥哥曾告訴他：「1960年的秋天，非常意外地收到林昭從上海的來信，詢問你的情況，也詢問我們全家的情況。我給她回了信，告訴她你被關押著，唯有三弟正在醫學院讀書。恐其中有詐，我要求她寄一張照片。信寄出不久，就收到她的第二封信。寫得很長，羽聲慷慨，說她的妹妹也在學醫，『今朝為士，不為良相，當為良醫。』並寄來一張照片，背面題詩一首。」哥哥還說：「林昭第二封信中曾提出要到青島我們家來。當時，因你在押，街道治保人員對我們家監視甚嚴，若林昭來此，必然會為他們所注意，那時我們家其實是一個險境，她來此豈能安全！所以我回信把情況告訴她，未料，從此不再來信。」他內疚地說：「是我把她拒於千里之外。早知她當時和以後的處境，無論如何也得叫她來青島：避難也好，探訪也好，或者能夠躲過那次滅頂之災。」其實張兄的內疚是多餘的，事實上林昭尚未收到這第二封信就突然被捕，當然更談不上回信了。

得到獄方的恩准後，張元勳開始數著指頭盼望探監的日子，他很想勸導林昭從「頑抗」中退下，爭取避開危險，保住自己！儘管

他深知林昭「寧為玉碎、不為瓦全」的性格，還是忍不住這麼奢望著！終於有一天，彭令範打來電話告知接見日期，說：「他們定在6號！」

1966 年 5 月 6 日上午 8 點，張元勳與許憲民一同來到提籃橋監獄傳達室。值班人員向裏面打電話，他們獲准「進去」。二門內的一間辦公室裏，先由姓段的副獄長與張元勳談話，他很嚴肅地說：「允許你與林昭見面是我們經過研究的一次特殊照顧，我們希望這能使林昭得到感化而幡然悔悟。監獄你是知道的，你如果做出不符合我們要求的行為，其結果你是清楚的。」

張元勳不停地點頭。

段副獄長又說：「經過研究，這次接見定為兩次：今天和明天兩個上午。」

他的話極簡要，然後就引導張元勳他們向獄內走去。來到一個大院，高大的黑鐵門迎面而立，這便是真正的牢房總外門了。鐵門是南向的，其東側就是接見室。段副獄長把張元勳們帶到室內，又引進內室。內室西窗下放著聯椅及一張長案，案子這邊擺著大約十餘排聯椅，彷彿一個會議室。案子的南端是一個高出地面約五十公分、設有兩級臺階的木製「講壇」，上面擺著猶如大學課堂上的「講臺」，又像是商店裏的櫃檯，櫃檯後面也放著聯椅。

這時，段副獄長讓張元勳坐在西窗的聯椅上。他坐在張元勳右側，許憲民坐在長案一端的單人木椅上。不一會兒，進來三名男警官，段副獄長介紹說他們是獄內的「管教幹部」，其中一位是直管林昭的隊長。說罷，段副獄長告辭離去，三警官列坐在張元勳的兩側。又過了一會兒，幾名年輕的便裝女子又走了進來。她們登上「講壇」，在「櫃檯」後的長聯椅上並肩坐定，一齊望著張元勳。再一會兒，一列佩著手槍的武裝部隊魚貫而入，大約有二十人左右，列坐在那一排排長聯椅上，都表情嚴肅，昂首挺胸，一齊望著張元勳！

空蕩蕩的接見室頓時人滿為患，氣氛也一下子緊張起來。

看起來，這真是一次極不尋常的「接見」！

終於，又聞腳步聲自外室響起！

張元勳的神經突然緊張，一下子達到了極致！

林昭終於走進了接見室！她的臉蒼白而瘦削，窄窄的鼻樑及雙頰上散落著稀稀的、淡淡的幾點雀斑，不由地讓張元勳回想起她那花一樣的當年！林昭披散著一頭亂髮，長長的，一直覆蓋到腰部。過去她有滿頭烏雲，可現在竟然已經一半白髮！衣著更是離奇駭人，上身披著一件破舊不堪的小翻領夾衣，下身圍著一條「長裙」，據說本是一條白色的床單！腳上，一雙極舊的有絆帶的黑布鞋。最引人注目而又不忍一睹的是她頭上頂著的一方白布，上面用鮮血塗抹成一個手掌大的「冤」字！這個字，向著青天，可謂「冤氣衝天」！

林昭一進門，就向張元勳嫣然一笑！

所有人都被林昭的這一笑驚詫著、困惑著，甚至震撼著。後來，他們告訴張元勳：在他們的記憶裏從未見過林昭這樣笑過！

張元勳站了起來，似乎也有微笑，靜靜地看著林昭緩緩地走向那個虛席。她捧著一個舊布包，一大捲衛生紙。一位身著醫生白大褂、內著警服的女獄醫一直攙扶著她，她們的身後，是一佩槍的警察。林昭隔著案子坐在張元勳對面。文雅的女獄醫與佩槍警察則坐在林昭兩側，與張元勳面面相覷。坐在張元勳身邊的一管教幹部進行了開場白，他先向林昭發出警告：「林昭，今天張元勳來與你接見，這是政府對你們的關懷，希望你通過這次接見受到教育，以便加速自己的認罪與改造……」

「乏味之至！」話未說完，便被林昭大聲打斷。

但管教幹部並未激怒，他望著張元勳說：「這是常事。」

林昭不屑一顧地抬手指向周圍，問張元勳：「這些人，你們那裏叫做什麼？」

張元勳不敢接話，他怕激怒那些「大人」從而接見被中途停止！這個心理很快便被坐在身旁的那位管教幹部察覺了，他很客氣地對張元勳說：「不要緊，怎麼說都不要緊！林昭從來沒有像今天這麼高

興過，所以，她的話也從來沒有比今天更客氣的了！我們已經聽慣了，不要緊。」

既然如此，張元勳乃小心回答：「隊長。」

林昭頗感興趣地說：「一樣的，一樣的！我們這裏還叫『政府』！與他們說話，要先喊『報告政府』。在北大跟語言學家朱德熙先生學現代漢語，還沒聽朱先生說過人可以變成『政府』！在這裏謬誤已是習慣。」

然後她又高聲說：「這幫東西怎麼能是政府呢？我怎麼能相信他們是共產黨呢？」

這些話讓張元勳大驚失色，但他還是儘量作出一副毫無表情的神態，並故意把話題引開。張元勳說：「平常把自己打扮一下，把頭髮梳起來。」

林昭立馬回答：「打扮？打扮什麼？女為悅己者容。」

稍停，她又問：「什麼時候來到上海的？」

張元勳答：「5月4日。」

林昭接著問：「家裏都好嗎？」

張元勳答：「都好！都非常惦記你、掛念你！都希望你好好改造、平安出獄。」

林昭打斷了張元勳的話，高聲說：「出獄？已經是不可能的了！他們早就告訴我：要槍斃我！這已是早晚的事了：『民不畏死，奈何以死懼之！』他們可以唆使一群女流氓、娼妓一齊來打我，故意地把我調到『大號』裏去與這些社會渣滓同室而居，每天每晚都要在他們（一邊說一邊以手指周圍）的主使下開會對我鬥爭，開始這群潑婦也瞎三話四地講一些無知而下流的語言。可笑的是她們竟連我是什麼犯都一點也不知道，罵我『不要臉』！真是可笑！她們這幫東西！她們是幹什麼的？我是幹什麼的。她們竟然還知道『要臉』！她們理屈詞窮，氣急敗壞，於是對我一齊動手，群起而攻之……」

　　可以想像，這樣的「鬥爭會」就是對林昭的肉體摧殘！實際上就是一種變相的酷刑！解放後雖然標榜「廢除獄內體罰」，而許多地方仍採用開「鬥爭會」的方式鼓動犯人打犯人，依然進行著這類人身的折磨，其殘忍野蠻的程度真可謂駭人聽聞！那些女犯為了「立功」，鬥爭林昭乃是她們「積極靠攏政府，與壞人壞事作鬥爭」的良機，所以對林昭越是毆打得兇狠與殘忍，就越算是「積極改造」、「靠攏政府」，「立功」也就越大！

　　林昭說：「我怎麼能抵擋得了這一群潑婦的又撕、又打、又掐、又踢，甚至又咬、又挖、又抓的瘋狂摧殘呢？每天幾乎都要有一次這樣的摧殘，每次起碼要兩個小時以上，每次我都口鼻出血、臉被抓破、滿身疼痛，衣服、褲子都被撕破了，鈕扣撕掉。有時甚至唆使這些潑婦扒掉我的衣服，叫做『脫胎換骨』！那些傢伙（她指著周圍）在一旁看熱鬧！可見他們是多麼無恥，內心是多麼骯髒！頭髮也被一綹一綹地揪了下來……」

　　說到這裏，林昭舉手取下頭上的「冤」字頂巾，用手指把長髮分開給張元勳看：在那半是白髮的根部，她所指之處，乃見大者如棗、小者如蠶豆般的頭髮揪掉後的光禿頭皮。她又說：「因為知道你要來接見，怕打傷了我無法出來見人，故這幾天鬥爭會沒有開，我也被調到一個『單號』裏單獨關押，其實就是讓我養傷，以掩蓋獄內無法無天的暴行！但，頭髮揪掉了，傷痕猶在！衣服也是他們撕的，你看！」

　　她披著的衣服裏面是一件極舊的襯衣，已經沒有扣子。仔細看去，才發現是針線縫死了的無法脫下。她又說：「這是一幫禽獸。」指著周圍：「他們想強姦我！所以我只能把衣服縫起來。」

　　張元勳發現：她的衣服與褲子都是縫在一起的。

　　她說：「大小便則撕開，完了再縫！無非妹妹每月都給我送線來。」

　　林昭邊說邊咳嗽，不時地撕下一塊一塊的衛生紙，把帶血的唾液吐在紙上，團作紙團扔在腳邊。「但他們還不解恨，還要給我帶

上手銬，有時還是『背銬』。」稍停問張元勳：「你知道什麼叫『背銬』吧？」

張元勳點了點頭。一直故作鎮靜的管教幹部終於按捺不住，他們向張元勳說：「她胡說！她神經不正常，你不要相信她的這些話。」

「神經不正常？」林昭搶白說，「世界上哪個國家對神經不正常的人的瘋話法律上予以定罪？你們定我『反革命罪』的時候怎麼不說我是『神經不正常』呢？」

張元勳趕緊插嘴道：「不要說這些了，說些別的。」

「不要緊。」林昭又搶白說，「頂多也就是死！他們殺機已定，哀求之與痛斥之，其結果完全相同！幾個月前媽媽接見時告訴我你想來看我，問我行不行？問我行不行有什麼用！我告訴媽媽你問他們去！總算走運，他們同意了，許多天以前也通知了我，我盼著你來，就是想告訴你前面的這些話，我隨時都會被殺，相信歷史總會有一天人們會說到今天的苦難！希望你把今天的苦難告訴給未來的人們！並希望你把我的文稿、信件搜集整理成三個專集：詩歌集題名《自由頌》、散文集題名《過去的生活》，書信集題名《情書一束》。」

稍停，林昭語調低沉地說：「媽媽年邁無能，妹妹弟弟皆不能獨立，還望多多關懷、體恤與扶掖⋯⋯」語未說完即淚如雨下，最後痛哭失聲無法再說下去。

許憲民先生始終儘量保持著一副安詳的神態。這時，她說了這天接見中唯一的一句話：「不要哭！張元勳這麼遠來看你，你這麼一哭，他不也會哭起來了嗎？」

「他不會哭。」林昭立即從悲噎中平靜下來，又說：「他是男的，不會哭。」

接見結束後管教幹部告訴張元勳：在他們的記憶裏也從未見林昭這樣哭過，這實在是五、六年來在這黑暗、陰冷、與世隔絕的非人世界裏，她第一次宣洩了自己的悲痛！

平靜下來，張元勳對林昭說：「給你帶來一點東西。」

　　林昭這才注視著那個放在案上的大提包。這是張元勳昨天從淮海路食品店裏買來的，其中有三種蛋糕、八斤聽裝奶粉、印著美麗圖案的聽裝大白兔奶糖，以及香蕉、桔子、蘋果。於是按照監獄的規矩，張元勳先把那個大提包推到身旁的管教幹部面前，由這位幹部一件一件地取出來放到案子上，再一包一包地打開。聽裝奶粉與聽裝大白兔奶糖本是原裝商品，也一一撕破密封，撬開盒蓋，並用鐵焊子向奶粉中上下刺入十幾次。檢查完畢，張元勳把這堆東西推到林昭面前。

　　林昭笑了，拿起一塊蛋糕遞給張元勳，說：「你送來的這些東西，現在是我的了，我請你吃。」

　　張元勳說：「你吃吧！我在外邊隨時可以去買。」

　　林昭說：「也好。」於是咬了一口，她忽然向身邊的那位女獄醫嚴肅地說：「倒一杯水。」

　　女獄醫向室外一揮手，立即有一個年輕獄警送進來一隻暖瓶和一個茶杯。女獄醫把杯中倒滿開水遞給林昭，林昭邊飲邊吃，顯得非常自得。

　　張元勳說：「今天我們在這兒相會，可謂之『籃橋會』吧。」「藍橋會」是一個流傳甚廣的古代故事，描述裴航與雲英忠貞不渝的愛情，他們約會於藍橋驛。因「提籃橋」與「藍橋驛」正好同音而巧合，所以張元勳想起了這個典故。

　　林昭聽了莞爾一笑，接著說：「又是『井臺會』。」「井臺會」用的是《白兔記》中的「井臺認母」的故事。林昭這麼說是指探監的不僅有張元勳，還有許憲民，這也是母女之會。

　　這時，張元勳身旁的管教幹部宣佈：「已經中午 11 點了。」

　　林昭聞言，起身向張元勳招手說：「你過來，到我這邊來。」

　　張元勳正遲疑間，管教幹部又表現了理解與關懷，主動對張元勳說：「可以！可以！你可以過去。」

　　張元勳於是繞過案子坐到林昭對面。這是最高潮的時刻，所有的人都似乎懷以極大的興致欣賞著，連那威嚴的武警臉上也浮現著

鬆弛的表情，踞於「講壇」上的四女子，則全神貫注而又津津有味地、用極微細的上海方言簡短地竊竊私語。

林昭沉吟半晌，終於說：「贈給你一首詩。」於是她輕聲地吟誦，韻圓而鏗鏘：

> 籃橋井臺共笑之　天涯幽阻最憂思
> 舊遊飄零音情斷　感君凜然忘生死
> 猶記海淀冬別夜　吞聲九載逝如斯
> 朝日不終風和雨　輪迴再覓剪燭時

她慢慢地、一句一詞地邊念邊講。她說：「詩言志！此刻已無暇去太多地推敲聲病，只是為了給終古留下真情與碧血，死且速朽，而我魂不散！第三句『斷』字或許也可改成『絕』字，第四句『死』字有點拗，但怎麼改呢？詩言志，如此而已！如果有一天允許說話，不要忘記告訴活著的人們：有一個林昭因為太愛他們而被他們殺掉！我最恨的是欺騙，後來終於明白，我們是真的受騙了！幾十萬人受騙了。」

她在捧著的那個舊布兜裏搜找，最後取出一件似是紙片的東西遞給張元勳。張元勳接過來回身遞給那個管教幹部，那人向張元勳揮一揮手，並說：「不用查了，你收下吧。」

張元勳把那「紙片」放在掌心定睛看去，才看清原來是用包裝糖塊的透明紙折疊成比韭葉還窄的紙條編結而成的一隻帆船。張元勳記得兄長說過，1960年，林昭在通信中曾夾寄過一張自畫的賀年卡，那上面畫著一艘帆船，還有一行字，寫著「直掛雲帆濟滄海」。今天，還是那隻雲帆，卻漂落到這裏！

張元勳順手摘下衣袋裏的英雄金筆，遞給林昭說：「送給你吧。」

林昭接到手中，欣喜地賞玩。當她忽然看見筆上刻著「抓革命，促生產」六個字，立即改容，順手一擲，鋼筆被扔到案子上，她說：「我不要。」

這時，管教幹部已在催促：「時間到了，有話明天再談。」

張元勳告訴林昭：「監獄領導告訴我，安排了兩次接見，明天上午我還要來。」

林昭很高興，叮囑說：「明天再來，給我再送一盒奶糖，不要大白兔，要貓頭的。」

談話結束了。最先離去的是林昭，亦如來時一樣，由女獄醫攙扶著，佩槍的警察押在後面。隨後是四便衣女子、列隊的武警，最後才是張元勳與管教幹部。管教幹部依然很客氣，對張元勳說：「今天的接見效果不錯，你勸她好好改造，她都沒有發脾氣，可見你們的交往確實很深，過去她的母親剛說一句，她便表示不耐煩，不願再聽下去。」又說：「林昭用糖紙編了許多藝術品，今天送給你的這隻帆船就是其中之一，種類多著呢，全監獄都知道。她是一個聰明人，很少見。」

他們邊說邊走。將出屋門時，張元勳不禁反觀這難忘的密室：空空如也，只有地上那一堆洇血的衛生紙片！走到院子裏，又看見那高大的黑色鐵門，卻又見到林昭正背立在門前，抱著舊布包、衛生紙和那一包食品，正凝望著張元勳與許憲民。但當時張元勳並沒有悲戚，滿心以為明天還能再見。只見林昭身後那一扇小門開了，她幾乎是退著邁進那鐵門，依然微笑著望著他們。直到小鐵門徐徐關閉，張元勳和許憲民還兀自呆立在悄無聲息的大院裏。

「走吧。」依然是一句十分客氣的聲音。張元勳這才恍如夢醒，意識到管教幹部還站在身旁。這位管教幹部彬彬有禮、和藹可親地說：「X處長在辦公室裏等你們。」

張元勳他們隨著管教幹部向外院走去。二門裏的那間辦公室，一位四十多歲的男子在門口和藹地迎接了他們。這幹部不同凡響，穿一身很新的灰色的毛料中山裝，黑皮鞋，頭髮梳得整齊，面色光潔而白皙，一口濃重的上海口音南方普通話。

他示意管教幹部退出，讓張元勳他們坐下，自己也坐在辦公桌後面的木椅上，隨後直截了當地劈頭便說：「今天接見的效果不好，原定的明天的接見取消了。」稍停，他又換了一個思路說：「我們對

林昭已仁至義盡，她不接受教育，抗拒到底，只有死路一條。」沉默片刻，他又說：「我們也沒有辦法。」

張元勳斗膽發問：「報告 X 處長，林昭主要的抗拒行為都有哪些表現？」

「林昭惡毒攻擊反右派鬥爭！替右派份子鳴不平。」該處長語極簡潔，但卻不假思索、斬釘截鐵，稍停之後又說：「林昭最嚴重的問題是不認罪，抗拒改造！態度十分惡劣。」

張元勳已記不起怎樣與這位處長分手，怎樣走出這座聞名世界的監獄的城堡。在監獄大門外等候公交汽車時，張元勳站著站著，眼淚忽然從眼睛、鼻子和喉嚨裏洶湧而出！許憲民先生則挂著手杖，無動於衷地站著。

這天下午，張元勳跑遍上海尋購那種繪著「貓頭」的奶糖，但完全徒勞。在那個時候，「大白兔」奶糖是容易找到的，而「貓頭」圖案卻無處尋覓。1967 年的 5 月 1 日，張元勳又偷偷來到上海，想與許憲民先生再次前往提籃橋監獄探監，但傳達室莊嚴宣告：「監獄已軍管，一切接見停止。」

許憲民之所以一言不發是有原因的。據林昭妹妹彭令範回憶，母親為勸說林昭曾經煞費苦心。1966 年，有一次彭令範陪同母親一起去探監。獄方再次希望親人能說服林昭認錯，心亂如麻的母親捨不得女兒一心向死，於是再次百般勸解。可是任憑母親說得口乾舌躁，林昭卻什麼都聽不進去。

林昭對母親說：「你怎麼這樣天真？他們是不會放我過門的，我一定會死在他們手中！」

母親說：「你可以不讓自己死在他們手中，眼光放得遠些。」

林昭回答：「這是不可能的！」

母親又氣又急，提高了聲音說：「蘋男，你腦子放清楚一些，你死後誰也不會追認你為烈士的，你死在溝壑中，無聲無息……你的所作所為，只會給我們家庭帶來無窮無盡的災難……」

　　母親還未說完，林昭毫不猶豫地接口道：「那也只能對你們不起了，我為真理不惜任何代價！」

　　獄內是一片肅殺，獄外是一片混亂！

　　1966 年 5 月 4 日至 26 日，中共中央政治局召開擴大會議。會議於 5 月 16 日通過《中國共產黨中央委員會通知》（簡稱「五・一六通知」），標誌著「文化大革命」正式爆發。

　　《通知》指出：「混進黨裏、政府裏、軍隊裏和各種文化界的資產階級代表人物，是一批反革命的修正主義分子，一旦時機成熟，他們就會要奪取政權，由無產階級專政變為資產階級專政。」「例如赫魯雪夫那樣的人物，他們現正睡在我們的身旁，各級黨委必須充分注意這一點。」會議以「反黨集團」的罪名對彭真、陸定一、羅瑞卿、楊尚昆進行批判，決定停止他們的領導職務。林彪在會上大肆散佈黨中央內部有人要搞政變，並竭力鼓吹個人崇拜。會議決定撤銷以彭真為首的文化革命小組，成立陳伯達任組長，康生為顧問，江青、張春橋等任副組長的中央文化革命小組（簡稱中央文革小組），使之實際上成為不受中央政治局約束的、領導「文化大革命」的指揮機構。

　　此後，一場史無前例的民族浩劫在華夏大地愈演愈烈！

　　1967 年夏秋，謝富治、王力、江青等人提出「徹底砸爛公檢法」、「文攻武衛」等口號煽動武鬥。隨之全國各地發生大規模火拼，北京甚至發生了火燒英國代辦處的嚴重涉外事件。經過 20 個月的社會大動亂和血腥的奪權鬥爭，到 1968 年 9 月 5 日，全國 29 個省、市、自治區先後建立了黨政合一、高度集中的革命委員會，實現了所謂「全國一片紅」。

　　1968 年 10 月，中共八屆十二中全會對「文化大革命」的理論和實踐作了完全肯定。全會決定把劉少奇永遠開除出黨。全會通過的《中國共產黨章程（草案）》規定「林彪是毛澤東同志的親密戰友和接班人」。

　　1969 年 4 月，中國共產黨召開第九次全國代表大會，大會把林彪「是毛澤東同志的親密戰友和接班人」正式寫入黨章。

　　1970 年 9 月 30 日，因錯綜複雜的內部矛盾，林彪被迫率領夫人葉群、兒子林立果駕機出逃，最終機毀人亡，摔死在蒙古溫都爾汗。

　　……

　　直到 1977 年 8 月，在中國共產黨第十一次全國代表大會上，中共中央才正式宣佈「文化大革命」結束。

　　彭令範是 1966 年底最後一次見到林昭的。當時母親許憲民已經被編入「學習班」接受批判，彭令範接到監獄通知後只能孤身前往。探監的那天正逢全市大遊行，上海公交車全部停開，彭令範不得不從早晨 8 點步行 5 個多小時，才抵達提籃橋監獄。直等到所有探監家屬都走光了，林昭才獲准出來。仍然是一身縞素，上身白襯衣，下身一條白床單做成的長裙，長髮從頭頂部紮起一把拖在一邊，就像京劇中旦角受刑時的打扮。額頭用一塊白布條圍住，上面用血寫了一個「冤」字。彭令範輕聲叫了一聲：「姐姐。」

　　林昭問：「怎麼媽媽沒有來？」她已經有些不高興了。

　　彭令範說：「媽媽在蘇州，不能來。」

　　林昭問：「你帶來什麼東西，我要的席呢？」

　　彭令範說：「我沒有錢買。」

　　林昭說：「哼，母親不在，你就用不著來看我。」

　　說完轉身就往回跑，看也不看妹妹一眼。彭令範把旅行袋交給看守，仍呆呆地坐在那裏，最後也不知道自己怎麼回去的。彭令範沒有想到這是她們姐妹的最後一面，而且姐姐還生自己的氣，她根本不知道獄外文化大革命正在轟轟烈烈地展開吧……

第四章　活祭（1968-2008 年）

一、血灑龍華

1964 年 12 月 2 日，林昭案在審期間，上海市靜安區人民檢察院將起訴書送達林昭，林昭立刻對此進行了辛辣的批判。下文即為這篇流傳甚廣的〈對判決書的批判〉，其中明體部分為起訴書內容，括弧內楷體部分為林昭的批註：

上海市靜安區人民檢察院起訴書
（64）滬靜檢訴字第一線 23 號

「中國自由青年戰鬥聯盟」反革命集團主犯林昭，業經公安機關依法逮捕並偵察終結，移送本院審查起訴，經審查證實：被告林昭，原名彭令昭，又名許蘋，化名呂明，女，三十二歲（注曰：應為三十歲）。江蘇蘇州市人，官僚資產階級出身（注曰：不知所云），學生成人大學文化（注曰：就是一九五七年給你們那臭名遠揚的所謂反右運動也者迫害中斷了學業的！）住蘇州喬司空巷十五號，上海住址茂名南路一五九弄十一號。一九五〇年起參加土改、五反工作隊（注曰：確證這名「被告」一未經約受訓、二非臺北派遣，而是當初被你們所煽惑利用的天真純潔的追隨者、盲從者之一！）一九五四年考取北京大學新聞系（注曰：應為中國文學新聞專業）。一九五七年因反黨反社會主義而淪為右派（注曰：極權統治者所慣用的偽善語言，其顛倒黑白而混淆視聽可謂至矣！這句話正確地說，應該是：一九五七年在青春熱血與未死滅之良知的激勵與驅使之下，成為北大「五・一九」民主抗暴運動的積極分子！）給予保留學籍、勞動察看處分（注曰：多謝留情從寬！但也是你們未曾真正掌握得林昭當時的全部活動之故！）一九五九年因病來滬休養，一九六〇年十月二十四日被捕。

「中國自由青年戰鬥聯盟」是一個有組織、有綱領的反革命集團（注曰：飽食終日，無所事事，捉影捕風，白日見鬼！估價忒高了！其實不過是我輩一些黃毛丫頭、黃口小子湊起來的無聊兒戲而已！）主犯林昭犯有組織反革命集體、進行反革命宣傳鼓動，勾結帝國主義為敵人供給情報、策劃偷越國境和煽動在押犯人暴動等，破壞社會主義事業，陰謀推翻人民民主專政的嚴重罪行。（注曰：官僚昏逆，語無倫次，都是抬高了黃毛丫頭的聲價，三生有幸，不勝榮幸！）

早在一九五七年，我黨整風期間，被告林昭在北京大學就參加了以張元勳為首的反動集團（注曰：豈僅參加而已哉！據說還是「廣場」集體的「幕後軍師」呢！），以自由出版為名，搞起了反動刊物「廣場」，借此向我黨和社會主義進攻（注曰：借用我們少年英雄中一位闖將的話來說：假如那所謂的「社會主義」只意味著對於人的凌虐、迫害與污辱，那麼，「反社會主義」或進攻「社會主義」就決不是一種恥辱！）被告以「寧進監獄」的反動立場在幕後為反動集團出謀劃策，積極活動（注曰：果然「幕後」來了！沒有關係，既有監獄，則總得有人進去坐坐。否則你們這些特務偽職人員豈不要面臨失業恐慌？）而淪為右派，繼續堅持反革命立場，與「廣場」反動集團中的右派分子預謀（注曰：見笑大方得連文法都不曾通！好像在「廣場」編輯部用其一切週邊組織裏居然還剩著個把沒被你們冠以所謂「右派分子」的稱號者似地！），由右派分子陳奉孝偷越國境勾結帝國主義。（注曰：一切國家的革命都少不了爭取外援，因為人類是一個整體，而且不僅是作為概念上的整體！更因為人類解放的正義事業，從來不分彼我！聯合世界上一切以平等待我之民族共同奮鬥，從國父孫中山先生起就是這樣做的！我們不過遵著前人的榜樣而已！）陳奉孝正在實施偷渡時，被公安機關逮捕。以後，張元勳等反革命分子也相繼被公安廳機關逮捕後（注曰：當時我們缺乏一些鬥爭經驗。在與此陰險刁徒老奸巨滑、詭謀多端、手段惡毒的極權統治者作交手戰之過程中，這一個弱點就益發突出，並在

一竅不通程度上造成了我們的失敗。但這並沒有對《判決書》的批判什麼值得奇怪之處。更其不是我們的恥辱！初生之犢，雖敗猶榮！）被告竟隱蔽地繼續活動（注曰：我盡自己之一份力量，做成應該做的事情！）她通過右派分子孫和的關係，於一九五八年認識了蘭州大學右派分子張春元（注曰：是我們同時代人中的將才！），林昭代表「廣場」反革命集團（注曰：「五一九」的旗幟決不容其顛倒！「五一九」的傳統決不容其中傷！「五一九」的火種決不容其熄滅！只要有一個人，戰鬥就將繼續下去，而且將繼續到他的最後一息！），同張春元和繼而認識的右派分子顧雁、譚蟬雪、功慶文等人聯繫，採取通訊、串連的方法，組成反革命集團（注曰：造反沒有公式的！偽善的語言才公式化得可憎！）張春元同被告商議確定了組織名稱為「中國自由青年戰鬥聯盟」（自贊曰：是名清新可喜不落陳套！），要以反革命武裝推翻人民政府為目的（嘲曰：你們除了武裝就是武裝，只曉得武裝，別的你們還曉得什麼？槍桿子裏出一切東西！將來倘或無子無孫，大約也只消到槍桿子裏去「出」！），他們在上海、蘇州等地，多次聚會商討出版以《星火》命名的反革命刊物，以進行造謠污衊和顛覆人民政權的宣傳鼓動（注曰：其實那才不過是一本極其泛泛的油印小冊子，抗戰勝利以後，在國民黨統治區不知多少象這樣的小冊子！——由學生和一般社會青年出版的，而其內容對於當時現實的針對性及批判不知要比《星火》強烈而尖銳到幾多！可能是因為蔣介石並不實行糧食統制政策，所以他們的警察特務總算也還不餓得發燒而不曾去找那些出版者的晦氣！），被告寫的反革命文章「海鷗」，為張春元印成宣傳品，「普洛米修士受難的一日」則登左邊於《星火》第一期上（注曰：竟然連普洛米修士與海鷗都要「反革命」，可見這一「革命」之該反而且非反不可已到了什麼程度！）；被告又接受了能使在全國各地散發《星火》而收集我各地黨政領導幹部和各民主黨派負責人名單的任務，妄圖以此策動我公職人員反對黨的領導（注曰：管是什麼「人員」也罷，好像人們對於爾等之「領導」的反對竟然還需要「策動」似

地！未免太嫌自作多情了罷！）。該反革命集團為了繼續要同國外帝國主義勾結，派遣譚蟬雪偷渡去香港，當譚蟬雪實施偷渡被我公安機關逮捕後，被告同顧雁共商對策，銷毀罪證。（天哪！居然也知道標點中除了逗號之外還有句號的！那麼早該用上了！這麼一大段兒摵摵摵一直摵下來，看看那累哪！「被告」未敢設想擬稿者是如此一通到底的通才，我還道那架打字機上湊巧缺了個「。」──句號鉛字呢！）

　　被告林昭，由於其官僚資產階級家庭出身（注曰：狗屁不通之外，更兼無理可惱！）和父親彭國彥因反革命案被打擊後，於一九六〇年畏罪自殺身死（注曰：一派胡言，文過飾非，可恨可惱！即是也聽見得耳熟能詳了：凡所有自殺者大略都是「畏罪」所致！若果如此，則至少也說明了一點：我們這個美好制度之下的活「罪」比之死「罪」還要可怕而可「畏」得多！）因此對我黨和人民政府抱有刻骨的階級仇恨（注曰：「樓梯上打架」的仇恨罷了，何「階級」之有？）在逮捕以後，就一直不思坦白認罪（注曰：你們如此罪惡滔天還不肯認，林昭反抗無罪，當然不認！）後因患肺病，於一九六二年三月五日，政府准於保外就醫。（注曰：是你們叫人「保外就醫」去的！沒有誰個求「誰」！）但被告仍堅持反動立場（注曰：從「反右」以來迄於今以至將來，林昭永遠只此一個立場！）在保外就醫期間，繼續進行以下反革命破壞活動：

　　一、寫了一封恐嚇信給北大校長陸平（嘲曰：語妙天下！豈但前無古人，敢謂後無來者！恐嚇信！其神經衰弱精神錯亂之程度確是應該去精神病院作特別治療了！不僅需作住院鑒定而已！）信中自稱是右派「群體中的一分子」（注曰：事實如此！），惡毒地咒罵我黨和人民政府是「偽政」（注曰：事實如此！）污蔑我反右鬥爭，狂妄地宣稱「我們是不會後退的，要以最後的一息獻給戰鬥」等。（注曰：皇天后土，實聞此言！）還用書面答辯的形式，將反革命文章寄給上海市靜安區人民法院（注曰：否，是通過你們的戶籍警先生傳遞而去的！）文中造謠攻擊政府鎮壓反革命是懲辦了「善良」的

人（注曰：文中所「造」之「謠」頗多，似是而非地摘此區區一語全未概括得了！那份書面答辯提綱契領者三，記憶猶新，不妨在此回顧一下：第一，極權統治下的「反革命」這個名詞，缺乏最最起碼的原則性與嚴肅性！第二，極權政治本身的殘暴、骯髒和不義，使一切反抗它的人成為正義而光榮的戰士！第三，特別對於我們這代青年來說，問題完全不是我們對統治者犯下了應該受到嚴肅譴責的罪行！）並揚言要「誓死反對」社會主義。（注曰：像這樣的「社會主義」若還不該誓死反對，則誠恐普天下更無他得人們誓死反對之物！）被告還在醫院（敬問曰：什麼醫院？何不明寫？）的牆上也塗「自由吟」等反革命詩詞。（注曰：「吟」及「自由」即是「反」了「革命」，真是大堪發蒙！那首詩並不長，完全可以背誦而添錄於此以當「反革命」的注解之一。詩共五章，首章引著匈牙利愛國詩人裴多菲的名作「生命誠可貴，愛情價更高；若為自由故，兩者皆可拋。」以當主題，以下各章反覆和詠歎，依次是：

> 生命我所重，愛情彌足珍；但為自由故，敢惜而犧牲。
> 生命似嘉樹，愛情若麗花；自由昭臨處，欣欣迎日華。
> 生命巍然在，愛情永無休；願殉自由死，終不甘如囚。
> 生命蘊華彩，愛情熠奇光；獻作自由祭，地久並天長。

他日倒也請天下人評評看，這算那一道的「反革命詩詞」！？作者自己看到至少是並不見得比「江山如此多嬌，引無數英雄盡折腰」更陳舊、更落後和更反動的！）

二、為了擴充反革命組織，又在蘇州發展了右派分子黃政、朱泓參加，同黃政一起制定了「中國自由青年戰鬥聯盟」的「政治綱領」和「盟章」（注曰：管它何「綱」何「章」，總是本人手筆，未便由他人掠美。）確定了以右派分子為主要發展對象，凡是右派分子均可擔任「盟的各級組織核心」的組織路線（注曰：不像你們所說的這麼簡單，「右派分子」們也是千差萬別的；但這一組織基礎係

先生們的貴黨之所製造而提供，後來人謹表謝意！），和實行私人設廠的經濟路線，妄圖收羅各地右派分子，在我國實施資本主義復活。（注曰：正確地說是：計畫集合昔年中國大陸民主抗暴運動的積極分子，在這古老而深厚的中世紀遺址上掀起強有力的，劃時代的文藝復興──人性解放運動！）

三、為要同帝國主義勾結，於一九六二年九月，在本市淮海中路主動勾搭（注曰：惡俗已極，其心可誅──言為心聲，說明不知人間更有羞恥事！）無國籍僑民阿諾，要他幫助其偷渡出境（注曰：無是事，且無是想！林昭的戲不是如此唱法的！要如此唱法倒也簡單了！）被告將〈我們是無罪的〉、〈給北大校長陸平的信〉等四篇反革命文章（注曰：答辯姑置勿論，連給你們的委派之校長的呼籲都是「反革命文章」，說明先生們真正已經苦苦魂昏迷得喪失起碼的理性！）交給阿諾，要他設法帶往國外發表，妄圖在國際上擴大反對我黨我國的影響。（注曰：豈敢，也不過是盡力而為地做一些自己所應該做的事情而已！）

一九六二年十二月二十三日，被告被收監羈押。（注曰：收押日期是一九六二年十一月八日，由你們當庭宣告，事實俱在，怎麼可以移到十二月二十三日去呢？這一個多月裏已被「收監羈押」的「被告」又到何處去了呢？）竟仍堅持反動立場（注曰：早已說過了。我只有一個立場！）堅決與人民為敵（注曰：自作多情得令人噁心！「人民」在公廁裏！此外更無「人民」的氣味可言！）在監所中繼續進行破壞活動（注曰：林昭曾說之至再，監獄不是爭取入黨的地方！）向在押的詐騙犯張如一（注曰：又是故意給人臉上抹黑！她是政治犯呢！）灌輸了反動思想（注曰：胡言亂語！除了你們靠此混飯吃的那所謂馬克思列寧主義思想也者，更無其他任何思想是需要「灌輸」或可以「灌輸」的！）並發展她參加「中國自由青年戰鬥聯盟」（注曰：還公然舉行了加盟儀式呢！），告訴她聯絡暗號，佈置她在刑滿出獄後，到蘇州找黃政聯繫，以共謀反革命活動（注曰：絕妙的小說情節！），還教唆張如一在任何情況下「絕不能動搖

信念」。（注曰：其實，說過的話也不少，隨便找兩句出來便得，何必臆造呢？）同時，在監獄中又用高聲呼喊的方法，煽動在押人犯暴動。（嘲曰：夫自有政治起訴以來，未有如此之妙文也！豈惟捧腹，直堪噴飯！在一九六四年十二月五日所謂的法庭受審時首先便指出：「起訴書」上漏列了我曾在監獄中建立一個軍械局與三座兵工廠，兩個軍火倉庫的重要事實！幾曾聽到過光憑口舌可以進行暴亂呢？敢則那所謂的八一起義、秋收起義等等全憑口舌來進行的嗎？怪不得人家說共產黨的天下是靠嘴巴得來的！）還先後出了惡毒污蔑我黨和人民民主專政的、題為〈牢獄之花〉（注曰：「牢獄之花」有一百多篇！還是一九六一年寫起的，你們可見寥寥幾篇？怕也不過晚飯片段引文之中見了一個題目知道有那麼一回事吧？是不在吠影的一犬之列而只當為吠聲的百犬之屬！）〈提籃橋的黎明〉、〈血花〉等等的反革命詩詞、歌曲、標語、口號。（注曰：還有小說、戲劇、論文、散文綱要、傳單、信箋、照會、宣言、講稿、呼籲、抗議……種種繁多未及備載。總之，當世奇才，一代完人！）被告在一九六三年六月十六日（注曰：應為十九日）寫的〈絕食書〉中，狂妄地說：「一息尚存，此生寧坐穿牢底，決不稍負初願稍改初志。」（注曰：是有這話不假，皇天后土共聞！）一系例（注曰：應為一系列。）事實，完全證明被告林昭是一個堅決與人民為敵的反革命分子。（注曰：除了「人民」兩字尚待登報招尋而外，這一論斷本身卻也大大值得年輕的反抗者引為無上榮譽！）

　　上述事實，有各地群眾的檢舉揭發（注曰：算了吧！哪有這麼回事，影兒都沒有！），經上海、蘇州、天水等地公安機關的嚴密偵訊，搜集到林昭所收集起來而要的我黨政領導幹部和各民主黨派負責人的名單，及反革命集團成員間來往信件，還有反革命刊物《星火》等宣傳品，有被告同黃政寫的「中國自由青年戰鬥聯盟」政治綱領（注曰：說了是我寫的不賴！），有監所和醫院（敬問曰：到底什麼醫院？真正現醜丟人！）轉來的被告寫的反革命文章、詩詞、信件等，有反革命集團成員張元勳、顧雁、梁炎武、譚蟬雪、苗慶

之、孫和、黃政、朱明、張如一等人和帝國主義間諜阿諾的供詞，及同監在押犯人（注曰：要麼是你們的狗！）的揭發、等等。大量人證、物證。（注曰：按所謂馬列主義原則來說，「法律」者，「統治者的意旨」而已！反抗即是大罪，爭自由即是大罪，要人權更是大罪，何需什麼「人證、物證！？」要說「證」哩，一九六二年八月二十九日（？）初次被傳出庭時，當場交上的一本「各國民權運動史」，不知是否亦在「罪證」之列？而應明白列入，不在則當於擲遠，為感！）

　　如上所述，本院確認：被告林昭長期來堅持與我黨和人民為敵的立場，積極組織反革命集團，共謀出版《星火》刊物，進行造謠煽動，陰謀偷越邊境投敵（注曰：是可忍孰不可忍：祖國不是你們締造的！她倒只是被你們所敗壞！）在保外就醫期間和在監所中進行了一系例（注曰：又是「一系例」，看來打字機上剛缺「列」字！）反革命活動妄圖推翻人民民主政權，破壞社會主義事業，勾結帝國主義作反革命的垂死掙扎（注曰：比如寫出此等語妙天下的所謂「起訴書」來，便即垂死掙扎的好例！）實屬怙惡不悛的反革命分子，罪行極為嚴重，為此，本院為鞏固人民民主專政，特根據中華人民共和國懲治反革命條例第一條、第六條第一款、第十條第三款，比照第七條第二款、第一款和第十二條之規定，提起公訴，請依法嚴懲。（注曰：官話連篇，不知所云！嘗聞有酷喜放屁者作打油詩曰：屁乃肚中之氣，哪有不放之理？誰要干涉放屁，真正豈有此理！這份所謂的「起訴書」大致亦可作如是觀。）

　　附：被告林昭押於上海第一看守所移送被告的偵訊案卷八冊；隨案附送大批罪證。（注曰：不知前述那冊「世界民權運動史」可在其內，那是我的書，我還要呢！慎毋遺失為便！）

一九六四年十二月二日上午七時五十分收到
林昭　自志

1965 年 5 月 31 日，第一次判決，林昭被判處有期徒刑 20 年。6 月 1 日，林昭刺破手指，以鮮血寫下了〈判決後的申明〉：「這是一個可恥的判決，但我驕傲地聽取了它！這是敵人對於我個人戰鬥行為的一種估價，我為之由衷地感到戰鬥者的自豪！……我應該做得更多，以符合你們的估價！除此以外，這所謂的判決與我可謂毫無意義！我蔑視它！看著吧！歷史法庭的正式判決很快即將昭告於後世！你們這些極權統治者和詐偽的奸佞——歹徒、惡賴、竊國盜和殃民賊將不僅是真正的被告更是公訴的罪人！公義必勝！自由萬歲！」

1966 年 12 月，監獄準備為林昭加刑，他們起草了一份報告，認為林昭服刑期間又增加了幾條罪行：瘋狂地攻擊、漫罵和污蔑偉大領袖；敵視無產階級專政和社會主義制度；公開呼喊反動口號，搗亂監房秩序；堅持反動立場，拒不認罪，對抗管教，抗拒改造。

1968 年 4 月，林昭從有期徒刑 20 年加判為死刑。她在接到判決書時，留下了最後一份血寫的遺書：「歷史將宣告我無罪！」

據彭令範若干年後訪問熟悉林昭的獄醫所知，1968 年 4 月 29 日上午，林昭在監獄醫院治病時，三、四個武裝人員直衝進病房，把正在吊葡萄糖的林昭從病床上強拉起來，大叫道：「死不改悔的反革命，你的末日到了！」林昭要求：「讓我換件衣服。」被拒絕，隨即被架走。林昭在門口還對護士說：「請向 X 醫師告別。」此時，這位醫生正渾身發抖地躲在林昭病房的隔壁，不敢出來。他後來對彭令範說：「當了一輩子獄醫，還沒見過這樣把病人抓走行刑的。」他還說有一次林昭大咯血來診，她瘦得已經讓醫生認不出來了。醫生悄悄地對她說：「唉，你又何苦呢！」林昭輕輕回答：「寧為玉碎。」

林昭當天被秘密處決。死時體重不足 70 磅。

林昭行刑後幾天，有人轉告彭令範，同獄一犯人在一次獄中公審大會上看到審判林昭的經過：「林昭是被拉到臺上的，因為林昭在獄中無人不曉，犯人們見到她出來都呆住了。林昭被帶出來時，她的口中塞了橡皮塞子，這種塞子能隨著張口程度的大小而伸縮，專

防因犯喊口號用的。因此她越想張口，塞子就越大，整個面頰都會鼓滿起來。另外還可以依稀看到她頸部的繩子，這是用來扣緊喉管防止發聲的。這些都是監獄對特別『危險』的囚犯的處理辦法，不過雙管齊下尚屬罕見。林昭的臉發紅發青，她眼中燃燒著怒火，許多人看了都感到十分難過。按照常規，獄中公審大會開始時，只要囚犯一押上臺，下面犯人們便要大聲呼喊口號，但是那天審林昭時竟寂靜無聲。主持人立即大怒，吼道：『你們這些囚犯們都死了嗎？』然後就領頭高呼打倒反革命分子的口號，而和者卻並不很熱烈。」

　　類似的酷烈不僅發生在上海。粉碎「四人幫」後的 1977 年 12 月 14 日，31 歲的李九蓮在江西贛州被執行死刑。那天，在贛州體育場召開了公判大會。身著黑色囚服的李九蓮五花大綁被押進會場，四人按跪，腳上嘩嘩鐵鐐，背插亡命牌：「現行反革命李九蓮」。為避免她在大庭廣眾之前分辯或呼喊口號，她的下顎、舌頭早被一根尖銳的竹籤刺穿成一體，與瀋陽張志新行刑前被割斷喉管「異曲同工」。10 時許，李九蓮被押往西郊通天岩下。臨刑前她昂首不跪，行刑者射彈擊腿。她一邊不支跪下，一邊慢慢地回過頭來，像是盯了行刑者一眼。槍聲又響了！新華社記者的一張照片顯示，李九蓮死後蜷臥在兩顆松樹之間，偏過來的臉上，眉頭緊皺，雙眼微睜，鼻子在流血，半張的嘴角也在流血。李九蓮死後無人收屍，贛南機械廠的退休老工人何康賢凌辱了李九蓮的屍體，並把她的乳房和陰部割下來帶回了家。

　　在李九蓮被殺 4 個月後，即 1978 年 4 月 30 日，同情李九蓮的贛州女子鍾海源也被判處死刑立即執行，罪名是「惡毒攻擊華主席」。為給南昌某腎功能衰竭的高幹子弟提供活體腎源，鍾海源在遊街時就被隔著短大衣捅進一根又長又粗的針管，直插腎臟。鍾海源當時嘴被堵住，全身劇烈地顫抖。到了刑場，副營長故意朝鍾海源右背打了一槍。然後由早已等候在那裏的幾個醫務人員把她迅速抬進一輛篷布軍車，在臨時搭起的手術臺上，活著剖取鍾海源的腎。一縷縷鮮血溢滿了車廂底板，滴滴嗒嗒濺落在地上。也許是車廂裏

太滑，一軍醫用拖把來回擦著底板上的血，之後又擠進一個塑膠桶裏。幾次之後，竟盛滿了半桶血……

1968年8月，張元勳在山東某勞改隊的禁閉室接受了管教幹部的通知：

「林昭已於今年5月1日槍決！你有什麼想法？」

張元勳面無表情地回答：「沒有想法！」

2004年，一位不願意面對攝像機鏡頭而且身體有病的老人，向胡杰先生講述了1968年初春，他在上海提籃橋監獄見到林昭的情景。這位老人當年也被關押在提籃橋監獄，後來被安排「立功贖罪」從事獄中清潔工作，因而他得以在監獄內部自由走動：

老人：第三中隊僅僅有三個樓面是關人的，四樓、五樓是空在那裏。那麼，當時林昭是從女犯監獄轉過來的。為什麼呢？就是她大叫大鬧，影響周圍的環境。（由於）這些情況，所以把她中轉到三中隊的五樓。因為五樓沒人啊，她是單獨的一間，禁閉在那裏面，有時候晚上她就大喊大叫。

胡杰：她喊什麼呢？

老人：喊的就是攻擊政府，攻擊領袖，就是喊這些口號。因為我是牢獄犯，所以有時上去送飯，就看到過她。她頭上戴了一個黑色的人造革做的都是像棉花做起來的一個頭套。那麼眼睛也看的出的。

胡杰：她戴一個頭套是吧？

老人：對！對！對！

胡杰：一直包著頭髮嗎？

老人：整個頭都包著。

胡杰：噢，整個頭都包著，就是光露一個眼睛是吧？

老人：是一條縫。

胡杰：噢，就一條縫，你就光能看到她的眼睛？

老人：對！一條縫。主要作用就是把她的聲音壓低。壓低那個聲音，
　　　雖然聽得到，但是好像捂住一樣，就是很輕。

胡杰：這個是專門給她做的還是監獄就有這個東西？

老人：這個我就不太瞭解了。

胡杰：當時她戴的時候是不是頭顯的很膨大？

老人：噯，很膨大的。

胡杰：她就光露了兩個眼睛？

老人：噯，兩個眼睛。

胡杰：當時這個地方的鼻子是怎麼回事呢？

老人：鼻子看不見。

胡杰：鼻子看不見，但這是一個鼻孔是吧，它是不是弄個眼兒了，
　　　鼻孔怎麼出氣呢？

老人：我估計它沒有眼兒。

胡杰：噢，她本身就是靠眼睛這個的縫隙出氣？

老人：是。

胡杰：噢，就是這個縫隙出氣的。

老人：主要這個嘴巴收緊了。

胡杰：噢，就是它這個地方繃的很緊？

老人：是，是。

胡杰：當時你怎麼知道這個人就是林昭呢？

老人：因為開批鬥會，廣播大會，政府就是做報告，就是作為反改
　　　造分子林昭怎麼、怎麼，政府介紹的。她是上海市監獄中有
　　　名的女犯人中的反改造分子。多次介紹的。

胡杰：當時你是怎麼看到她的呢？是從門縫裏看到她的？

老人：不是門縫裏，監牢前面都是鐵欄桿，透開的。

胡杰：那她穿的什麼衣服呢？

老人：穿的衣服……年頭多了，回憶不起來了。好像是棉襖。噢，
　　　穿的是棉襖。

胡杰：為什麼她自己解不開呢？

老人：它這個地方全部都封起來。

胡杰：噢，就是後頭全用繩子繫的死死的？

老人：沒辦法打開的。

胡杰：那她這樣吃飯怎麼辦？

老人：吃飯時拿下來。

胡杰：誰給她拿下呢？

老人：有女的犯人。

二、無罪平反

　　正如母親預言的那樣，林昭殉道不僅沒有哀榮，反而給其一家帶來無窮無盡的災難。父親自殺後，林昭在監牢裏設置了靈位，她在心裏深深地懷念著父親，並採取了多種方式祭奠他。可倖存的母親又該如何憐惜呢？在林昭的眼裏，母親似乎永遠是堅強的，母親永遠不會倒下，她會永遠支撐著這個風雨飄搖的家庭。其實林昭哪裡知道，許憲民這些年來一直是徘徊在生命的邊緣啊！之所以仍然保持站立的姿式，是因為許憲民有著強烈的信念：只要自己堅持，女兒就還有生的希望，這個家就還有生的希望！

　　早在 1957 年林昭成為「右派」後，許憲民就受到衝擊，工資由300 元減到 200 元、120 元。她自己患有糖尿病、高血壓、心臟病，長期依賴藥物，但當時除了彭令範工作可以獨立，林昭和弟弟都需要母親繼續撫育，再加上許憲民不擅理財，最後終於到了山窮水盡、無錢看病的地步。有一次，她不得不向陳偉斯討要解放前支持他買電臺的200 美元，問能不能還她一點應應急？經陳偉斯多方努力，在有關領導特批下，許憲民總算度過難關。彭令範說，60 年代林昭再次入獄後，許憲民曾在一家庭教會接受基督教洗禮，「受洗是在一個家庭的浴室裏。那時候，有一批基督徒會到我們家裏來，念聖經。有時候，我母親就到他們家，我也跟她去過幾次。但是，時間不長，後來就文化大革命了。」文革爆發，許憲民被批鬥、抄家、停發工資。1966 年 9 月，

她服藥自殺，後獲救。之後，蘇州統戰部考慮她為革命作過貢獻，每月發給她生活費 30 元，她還要用這 30 元對付林昭和兒子彭恩華。

據瞭解，許憲民的獨子彭恩華從小聰明絕頂，許憲民夫婦對他寵愛有加，專門約請很多教師在家輔導他。因此，彭恩華雖未上過什麼學，卻知識廣博，精通兩門外語。解放後，彭恩華的燦爛前程被家庭毀於一旦，這個高大粗壯的小夥子空懷一腔抱負，有段時間卻只能在浴室裏做浴工。長期的非正常生活讓他完全變態、扭曲，他開始結交一些狐朋狗友，並與親人為敵。許憲民晚年除了為林昭焦慮，更是飽受兒子的折磨！

1968 年年初，林昭的好友羊華榮到上海探望許憲民。許憲民談到林昭幾年前在獄中上過同室女犯小張的當，林昭為此大受刺激。許憲民女士說著，隨手拿出一封林昭寫的信給羊華榮看。信的內容很簡單，大概是說她身體不好，例假已兩月未來，給她帶點日用品去。

許憲民憂鬱地對羊華榮說：「前次去探監，監中管理人員說：『你女兒不會好了，不用再給她送東西。』我現在真不知怎麼辦？我感到林昭受刺激後，精神上有些不正常，想以這個理由保她出來就醫，但在目前的政治環境中，恐怕也辦不到。」羊華榮得知許憲民這些年為林昭案東奔西跑，真可謂求遍了人，用盡了錢！不久前她還把林昭的文稿交給上海的一支造反派，試圖利用造反派之間的矛盾為林昭求得一條生路。然而，竹籃打水一場空！許憲民的良苦用心毫無結果。後來錢用完了，林昭的文稿也丟失了。羊華榮眼看著許憲民一天天蒼老、衰落下去，卻不知如何才能安慰這位可憐的老人！

作家王若望在自傳中也留下了這樣的記述：「我從《井岡山造反報》上看到了一條好消息，報導中央文革小組兩個紅人，接見一名姓錢的戴過『右派』帽子的地主分子，解釋錢某的地主分子是錯劃，『右派』分子是一場誤會，中央文革小組兩個領導才召見他云云。這條喜訊教我喜出望外，中央文革小組中有一位王力同志，我認識他。聯繫到林昭的冤案，我忽發奇想，把這一期《井岡山造反報》

送到許老太那裏。她大喜過望，竭力支持我的計畫。於是聯繫五個青年朋友，她們皆參加過第一期的紅衛兵隊伍，我至今記得他們的名字：俞建民、金龍、銀龍兄弟等。他們帶了我寫給中央文革副組長王力為林昭說情的信，路費由許老太出，前往北京，上訪中央文革。結果可想而知，這幾位紅衛兵被中央文革聯絡小組當場攆了出來，可說是無功而返。這一步棋大大的錯了，說明我的天真幼稚，而且中央文革將王若望的信件存檔，留下王某為右派份子翻案的筆跡，兩年以後我被拘捕入獄，這條事實成了罪狀一條。」

　　見證了許憲民蒼涼晚境的還有她的故交、作家馮英子先生。馮英子早年在蘇州當記者時，曾慕名拜訪姑蘇女界名流許憲民，許憲民當時不同凡俗的風采給他留下深刻印象。1967 年，在上海《新民晚報》供職的馮英子成了「反革命分子」，受到造反派的攻擊，許憲民也受到牽連。一天晚上，造反派在許憲民家從晚上八、九點鐘一直折騰到深夜。箱子只只撬開，書籍、雜物丟了滿地，狼藉不堪，許憲民對此卻沒有任何抱怨。甚至當馮英子的住處縮小到只有八、九平方米，連三張吃飯的桌子也無法放進去時，許憲民還經常去坐坐。馮英子後來去了「五七幹校」，二人還經常有著來往。有一次許憲民告訴馮英子，有兩個人曾向她「外調」，查問馮英子同特務的關係。許憲民回答，自打認識馮英子，就知道特務一直盯著他。至於他同特務有什麼關係，卻沒有聽說過。許憲民的俠義讓馮英子十分敬重，因而對她的個人境遇也十分關心。據馮英子介紹，「文革」中許憲民被揪回蘇州，批鬥、折騰，折騰、批鬥，最後竟戴上「歷史反革命」的帽子，一個月發 30 元生活費。困頓的生活，艱難的歲月，一步一步把她推向下坡，發展到衣食不給的地步。有一次到她家中去看她，發現床上只有兩條棉胎，連被面和被裏也沒有了。

　　1968 年林昭遇害後，許憲民五內俱焚，欲哭無淚。整整一個晚上，徘徊在蘇州河的邊上，幾次想縱身一躍，了此殘生。也不知什麼原因仍然鼓起了她求生的勇氣，第二天還是拖著疲乏的身子摸回空無一人的家中。林昭死後，因懷疑母親破壞了自己的婚事，彭恩

華對母親的折磨變本加厲。從 1972 年 5 月 16 日至 1975 年 6 月 14 日，彭恩華 9 次毒打母親，有一次幾乎將母親打死！許憲民多次向鄰居、居委會和派出所求救，但沒有一點用處。許憲民被逼無奈，不得不起草了一份厚厚的遺書《我為什麼被親生兒子毒打九次》，一式數份分寄友人作為憑證，馮英子等人至今仍存留著這份讓人唏噓的遺書。

在信中，許憲民說兒子一向對她自稱「老爹」或「你老爹」，稱呼姐姐彭令範為「老處女」。兒子威脅母親說：「我要叫你看見我的影子就發抖！」「你會死在路上的，你自己還不明白是怎樣死法的！」「你能夠接受徹底投降，那就讓你安安逸逸活下去。」許憲民一一列舉彭恩華的暴行：「73 年 3 月 30 日，他下班回來，進門就猛擊我頭部右腦，昏迷二日夜。4 月 5 日他半夜起床，脫下褲子立在我床邊大小便，又把我蓋的棉被亂揩得多是糞尿。我即逃出，治保王師傅叫我到豆腐漿店內坐過夜。後由王師傅等動員我住外邊，因彭恩華兇暴地表示要殺掉我……」「75 年 5 月 22 日晚上 11 點裝醉回來，我已睡。他進門就打頭部，又是用拳猛擊。我逃外報告王師傅及派出所，即昏昏沉沉，行走也腳軟。經路人陪往瑞金醫院急診，檢查右瞳孔放大，鼻唇又不對稱……從此噁心很利害，飲食有限，多食即吐。醫生囑我明天來門診眼科及神經科，再作檢查。但我全身乏力，沒去門診，醫生說是腦震盪。」許憲民痛不欲生：「我不幸而作了壞分子的母親，所付出的代價太殘酷了。同時，以腐朽的資產階級教育方式寵愛下一代，種了惡因，今天該自食惡果。」許憲民對友人說：我絕不會自殺，如果哪天我莫名其妙死了，肯定是那個逆子打死的！你們要為我伸冤！由於彭令範難得回家，1971 年 2 月 15 日又正式把戶口遷到醫院宿舍，許憲民無處可逃，只得在上海茂名南路 159 弄 11 號與彭恩華度日如年！

大概是 1973 年的秋天吧，馮英子從「五七幹校」回上海休假：

一天，我正在復興中路陝西路附近遛達，忽然有一個瘋婆子向我迎面走來，她同我擦身而過之後，回過頭來向我招呼：

「你的問題解決了沒有？」

我大吃一驚，趕忙回過頭去。只見她披著一頭亂髮，穿著一套油漬斑斑的破衣，在秋風中顯得很蕭瑟的樣子，腳上的鞋子已經沒有跟了，那毫無血色的面孔上，嵌著一對目光遲鈍，滿含憂傷的眼珠。她說話時環顧左右，帶著一點恐怖神情，那樣子有點像《祝福》中暮年的祥林嫂。但是我終於認出來了，她是許憲民。

「大姐，是你！」

我驚詫得不知所以，看到許憲民變成如此模樣，一種刻骨的悲哀，油然而生。但不等我說話，她已經加快腳步，走到馬路對面去了，很明顯，她是避著我，也怕連累我，因為她那時頭上帶著一頂「歷史反革命」的帽子。

這個從 1925-1927 年大革命開始，就獻身於社會的人，這個為中華民族自由和獨立奮鬥了一生的人，竟然是「歷史反革命」，什麼是歷史呢？難道可以由「造反派」隨意製造的嗎？一個民族到了這個地步，還有什麼可講呢？看到了許憲民之後，我一連不安了幾天。過了一年多，我離開了「五七幹校」，搬了家，有一天借了輛黃魚車去運點東西，在延安路茂名路口，碰到許憲民的兒子，他告訴我說：「媽媽死了。」幾乎如一個晴天霹靂，這時我才想到，那次在復興中路上的邂逅，竟然是我見她的最後一面。

彭令範最後一次見到母親是在 1975 年的早春。有一天晚上，許憲民在彭令範供職的醫院弄堂口等女兒。

「是你嗎？妞，你瘦了。」許憲民面容憔悴地說。

「媽媽，你怎麼來的？」彭令範很驚詫被監控的母親還能自由行動。

「我溜出來一下。我要和你講一件事，我準備去派出所……」許憲民隨即向女兒控訴了兒子的種種逆行。

　　彭令範遲疑了幾秒種，然後說：「我覺得沒有必要使『親者痛，仇者快』，再說這是個人的事，他們也不會相信你，而且沒有什麼現實意義。在目前情況下，絲毫不會有所改變。」

　　「或許你是對的，你仍很顧全大局。」許憲民似乎接受了女兒的看法，「你不在家，我的坦白交待也沒有以前寫得好。」

　　母女倆又談了好一會兒，許憲民似乎仍很樂觀。天色已晚，最後彭令範送母親乘公共汽車回茂名路，許憲民告別前叮囑女兒說：「你回去吧，明天還要上班，自己當心，我找機會再來看你。這些年也苦了你，我的問題解決了就好了。」

　　1975 年 11 月 24 日，許憲民忽然在距離上海外灘不遠的 42 路車終點站昏倒。由行人送到上海第一人民醫院，因是「反革命」，醫院不予搶救，第二天逝世。

　　沒過多久，公安局找到林昭妹妹彭令範和弟弟彭恩華，不准立即火葬母親，並聲勢洶洶地說：

　　「你母親怎麼死的？是自殺的！」

　　「你父親是自殺的反革命。你姐姐是鎮壓的反革命。如果你母親也是自殺的反革命，你得想一想自己的後果！」

　　彭令範回答：「我不能選擇我的家庭，我也不能對他們所作的事負責。只要我自己在政治、經濟、生活上沒有任何問題，我不知道你講什麼『後果』。」

　　公安馬上講：「你是可以教育好的子女。」

　　公安提出要做屍體解剖，彭令範沒有簽字。兩天後通知火葬，遺體已經在火葬場，彭令範發現母親遺體的胃部和頭部都有很長的縫線。母親去世不久，彭令範精神崩潰，她發熱不退，血內化學物質平衡失調，經常夢到父親、母親和姐姐血染滿身，然後慘叫著醒來！1976 年 6 月，彭令範入住上海市瑞金醫院，沒有醫生能確診彭令範生了什麼怪病。多年後移居美國，彭令範才聽說有一種病叫作「創傷後綜合症」，會變精神病的。

　　……

1976 年 1 月 8 日，國務院總理周恩來逝世，終年 78 歲。

1976 年 7 月 6 日，全國人大委員長朱德逝世，終年 90 歲。

1976 年 9 月 9 日，中共中央主席毛澤東逝世，終年 83 歲。

1976 年 10 月 6 日，葉劍英、李先念等老帥聯合繼任中共中央主席華國鋒逮捕了時任中共中央副主席、中共中央政治局常委的王洪文，時任中共中央政治局常委、國務院副總理、解放軍總政治部主任的張春橋，以及時任中共中央政治局委員的江青、姚文元，其中江青係毛澤東遺孀，另三人皆為「文化大革命」的領軍人物———個號稱「四人幫」的政治團夥被「粉碎」了，全國緊接著開始大規模的清理整頓，給幾十年來在各種政治運動中遭受打擊的人「平反昭雪」。

轉眼到了 1979 年，林昭冥壽 48 歲。當年 2 月 28 日，北京大學發出了關於林昭錯劃右派的改正通知。在這樣的背景下，林昭妹妹彭令範想起在瑞金醫院住院時，與時任二醫大院長兼黨委書記的「走資派」關子展有過交往，而此時關子展改正後已調任上海市高級人民法院院長，她遂向關子展寫信，提出對林昭案件平反覆查的要求。案件被高院受理後，轉發上海市靜安區中級法院院長趙鳳岱承辦。

有一天彭令範接到上海市公安局的電話，此人未透露姓名，但他在位於外灘的辦公室告訴彭令範：林昭案件自始至終在公安局內部有兩派意見，從判刑處理、執行到目前平反覆查，其分歧之大不可調和！有不在少數的人為林昭事被反對派打下去，甚至有的已去世。因此在公安局內部大家心照不宣，林昭案件無人敢過問，法院更不想插手。林昭判死刑立即執行是上級批准的，而平反覆查卻讓靜安區中級法院負責，靜安區中級法院稍為瞭解內情的人也找出種種理由不沾邊，趙鳳岱是從虹口借調的。知情人都認為林昭平反是不可能的。

彭令範當時道：「這或許就是所謂兩條路線鬥爭吧。」

他說：「真理只有一條。」接著他又提到公安內部有些主張對林昭從重處理的人，現仍居高位，因此他也深感此案非常棘手。

　　彭令範說：「林昭曾反覆強調『歷史將宣判我無罪』，不過歷史是緩慢的。感謝你從另一角度告訴我林昭案件的複雜情況。」

　　在整個談話中，他有時似乎有些緊張，最後他說：「聽說你記憶力極好，但不必記得我們的談話。」

　　彭令範說：「請放心，我的記憶力是有選擇性的。」

　　此人將林昭的兩本日記還給彭令範作為紀念，日記內容極少涉及政治，看來他是經過精心挑選的。這是流傳出來的極其有限的林昭獄中資料。

　　在此期間，彭令範還直接前往提籃橋監獄，尋訪給林昭看病的醫生。該醫生說林昭是一個「任性」的女孩子，有極強的煽動性。在治療中稍有一些恢復，就又宣傳起她的政治主張來。她能說會道，影響很大，文筆又好，剛好一點就「上書」、「參本」忙個不停。她來住醫院起先主要是因絕食而搶救，後來幾次是因寫血書切得太深而流血不止，也有因咯血不止而入院的。他說林昭去精神病院鑒定也是他提出來的，因為他覺得她的思維有時給折磨得不正常。他因為「包庇」林昭被「靠邊站」，後又弄去勞動了一年多。他說這也許是一生所做的唯一不違心的事。

　　1980 年 8 月 22 日，上海市高級人民法院終於通過了「滬高刑複字 435 號判決書」，以精神病為由宣告林昭無罪，結論為「這是一次冤殺無辜」。法官將林昭〈給人民日報編輯部的信〉發還給彭令範，但仍對她的遺體下落不作解釋。以下為 435 號判決書：

上海市高級人民法院刑事判決書
80 滬高刑複字第 435 號

　　林昭，又名彭令昭、許蘋，女，1932 年生，江蘇省蘇州市人，原係北京大學學生。林昭於 1965 年 5 月由上海市靜安區人民法院，以反革命罪判處有期徒刑二十年。1968 年 4 月 29 日，又由中國人民解放軍上海市公檢法軍事管制委員會以反革命罪判處死刑，立即

執行。現經本院複查查明，林昭在 1958 年被錯劃為右派分子後，因精神上受到刺激，1959 年 8 月開始就患了精神病，此後曾以寫長詩、文章等表示不滿，並非犯罪行為。1965 年對林昭以反革命罪判處徒刑顯屬不當，予以糾正。林昭被錯判服刑後精神病復發，又曾用寫血書、詩歌、日記，以及呼喊口號等表示不服。1968 年將林昭在病發期間的行為，又以反革命罪處以極刑，顯屬錯殺，應予糾正。據此本院特重新判決如下：

一、撤銷上海市靜安區人民法院 1962 年度靜刑字第 171 號和中國人民解放軍上海市公檢法軍事管制委員會 1967 年度滬中刑[1]字第 16 號兩次判決。

二、對林昭宣告無罪。

上海市高級人民法院

1980 年 8 月 22 日

（上海市高級人民法院公章）

對這一結論，陳奎德後來曾撰文感慨道：「此一時也，彼一時也。當時，在關押和殺害林昭的五、六十年代，林昭必須是理智正常反黨反社會主義的極右派；在今天，在平反『冤假錯案』及其之後的日子裏，林昭又必須是病人且必須是精神病患者！」陳奎德由此聯想到法國思想家蜜雪兒‧福柯（Michel Foucault）在《文明與瘋狂》一書中的研究。陳奎德相信林昭是一類似歐洲中古時期的「瘋子」。那時的「瘋人」雖異於普通人，然而絕對不被鄙視。實際上，他（她）們被認為是上邀天寵的一個特殊階級，與塵世之外的神秘世界保有接觸。他（她）們賦有赤子之心，能夠見人所未見，言人所未言。在日常事務上他們傻傻的，很不精明，然而卻受到上帝的祝福，擁有常人所沒有的大智慧。林昭那種特立獨行，在獄中聲稱「一息尚存，此生寧願坐穿牢底，絕不稍負初願，稍改初志」的義無反顧的個性，那不計利害、不顧環境、不管眾議、言人不言的秉賦，使人不由想到中古那些擁有赤子之心的「瘋子」。

　　陳奎德還說，就是在現代，關於精神病患者與精神超凡出眾者的界限，也並非那樣絕對清楚。最典型的就是開啟現代主義潮流的作家卡夫卡。在常人看來，卡夫卡肯定精神有些不正常。事實上，他也確實在用一個精神病患者的眼睛觀察世界，觀察自我，反覆懷疑。因此他的人物與場景，在後人看來，總是那樣迷濛、複雜、深邃、神秘。菲利克斯・波斯特博士曾經按現代精神病理學的分析方法，研究了人類歷史上 300 名具有重要影響的人物，得出的結論是：具有嚴重精神病理毛病的名人所占比例極大。在思想家中有 26%，如尼采、羅素、盧梭、叔本華等；在作曲家中有 31%，如瓦格納、柴可夫斯基、普契尼、舒曼、貝多芬、莫札特等；在畫家中有 37%，如梵高、畢卡索等；在小說家中有 46%，如陀思妥耶夫斯基、福克納、海明威、普魯斯特、勞倫斯、卡夫卡、司湯達、福樓拜、莫里哀、湯瑪斯・曼等等。難怪蜜雪兒・福柯要說：「禁止發瘋如同禁止發言」了！

　　有感於林昭殉難的壯烈，1980 年 12 月 11 日，師友們在北京市北新橋東三條胡同的中國新聞社北京分社小會議室，為林昭舉行了平反追悼大會。追悼會現場莊嚴肅穆，林昭 1951 年土改時期身著軍便裝的照片被作為遺像安置在正中。照片上的林昭紮著兩根長長的辮子，那清純如水的眼神讓人不忍直視。林昭遺像周圍是菊花和翠柏編織的花圈，會場四周陳列、懸掛著鮮花和輓聯，以及題為《她曾經和我們在一起》的一組林昭學生時代照片。但本該陳放骨灰的地方卻只有一個白色的方盒，裏面放著母親許憲民珍藏著的一縷長髮，一縷林昭花白的頭髮！

　　上午 10 點，在《光榮的犧牲》樂曲聲中，全體肅立，向林昭遺像致哀。前蘇南新專教育長、前北京大學中文系副主任、人民大學新聞系主任、林昭的恩師羅列先生首先致悼詞，全國政協副秘書長、前中國人民大學副校長、林昭舊交王前女士的丈夫聶真先生，北京市政協副主席羅青先生和中國社會科學院文學研究所副所長許覺民先生（林昭的堂舅）講了話。發言的還有蘇南新專學生會主席、作家林斤瀾，蘇南新專在滬同學代表倪競雄，蘇南新專在錫同學代表

金易東，人民大學同學甘粹，北京大學同學張玲、鄧蔭柯、王瑾希、張元勳、陸拂為和林昭的妹妹彭令範。彭令範在追悼會上淚流滿面，她發表了令人心碎的講話。張元勳則向與會人員描述了自己探監的情形，並展示了林昭贈送的那枚糖紙帆船！

林昭的老師楊晦、楊伯峻、樂黛雲、于效謙、張隆棟、伍福強，新專同學朱寶寨、林楚平、谷飛、董二周、焦玉英、蕭風、唐綏臣，北大同學劉紹棠、張鐘、曹先擢、楊揚、吳翼明、寧凡、張智楚、吳尚宇、文秉勳、張佳佩等八十多人參加了悼念活動。悼念會籌備組收到上海、常州、無錫、南京、杭州、廣州、梅縣、長沙、蘭州、哈爾濱、長春、成都、烏魯木齊、太原、銀川、鹽池等地發來的唁電唁函三十餘份，輓聯和輓詩三十餘副（首）。北大教授張谷若、上海《解放日報》胡子衡、江蘇省作協高曉聲、陳椿年等都撰寫了輓聯。

追悼會上出現了一副無字的輓聯。上聯是：「？」，下聯是：「！」。沒人記得這副輓聯的作者，但與會者都承認，這的確是對林昭一生最好的詮釋與哀悼，也是對他們所共同經歷的那個時代一幅含義最深刻的輓聯。

在紀念林昭的輓詩中，鄧萌柯的一組詩歌對林昭的一生進行了點評，其中〈你的選擇〉一詩曰：

在專制和自由之間
你選擇了自由
在蒙昧和真理之間
你選擇了真理
在邪惡和正義之間
你選擇了正義
在忍受和反抗之間
你選擇了反抗

在屈服和死亡之間

你選擇了死亡

時隔不久，1981 年歲首，在官方審判王洪文、張春橋、江青、姚文元「四人幫」的政治氛圍中，一篇極具份量的報告文學〈歷史的審判〉發表於 1981 年 1 月 27 日的《人民日報》。此文為新華社社長穆青、副社長郭超人以及新華社資深記者、林昭蘇南新專和北大兩屆同學陸拂為共同創作，在這篇報告文學中，有一段文字這樣談到林昭：

在我們熟悉的朋友中就有這樣一位同志。這是一個勇敢純真的南國女性，名叫林昭。由於她不願意向風靡一時的現代迷信活動屈服，被關進了上海的監牢。但是，她堅持用記日記、寫血書等種種形式，表達自己對真理的堅強信念，心甘情願地戴著「頑固不化」的枷鎖，過早地結束了自己年輕的生命。她就義的詳細經過至今無從查考，我們只知道這樣一個消息：一九六八年五月一日清晨，幾個「有關方面」的代表找到了她年邁的母親，宣告林昭已於四月二十九日被槍決。由於「反革命分子」耗費了一發子彈，她的家屬必須交納五分錢的子彈費。這真是使人毛骨悚然的天下奇聞！在中世紀被判「火刑」燒死的犯人無須交付柴火費，在現代資產階級國家用「電椅」處死的犯人也從未交過電費，唯有在林、江的法西斯統治下，人們竟要為自己的死刑付費，這不能不說是又一個「史無前例」的創造發明！

這是林昭遇害 13 年後第一次為社會關注。據說這段文字為林昭獲得徹底平反起了推動作用。

在《人民日報》報導的鼓舞下，與林昭一家有著多年交情的陳偉斯先生憑藉其法治記者的獨特身份，首次對林昭案進行了深入採訪。在當時社會各界爭相控訴「四人幫」的特殊背景下，陳偉斯非常幸運地獲得了半天時間，他看到了封鎖於上海靜安區人民法院的

林昭檔案。陳偉斯為林昭的思想震撼，迫於各種考慮，很多重要材料他不敢寫出來。1981 年 3 月，長篇報導〈林昭之死〉發表於《民主與法制》雜誌第三期。這是官方媒體第一篇詳細介紹林昭家世、事蹟、死難經過的文章，對她獨立思考的精神和堅貞不屈的品質給予高度評價。隨後不久，林昭檔案便被再次密封。陳偉斯透露，他親眼看到關於林昭的材料足足裝了一個小房間！2004 年 4 月份在蘇州討論會上，另有林昭同學表示，為寫《蘇州地方誌》到上海法院收集林昭的材料，才知道有四大箱東西屬於「五十年絕密」。

　　1981 年 12 月 30 日，上海市高級人民法院複判，宣佈林昭無罪，徹底平反。以下為 2346 號判決書：

上海市高級人民法院刑事判決書
81 滬高刑申字第 2346 號

　　林昭，又名彭令昭、許蘋，女，1932 年生，江蘇省蘇州市人，原係北京大學學生。林昭因被控反革命案，經上海市靜安區人民法院 1965 年 5 月以 1962 年度靜刑字第 171 號判決判處有期徒刑二十年，在押期間又經中國人民解放軍上海市公檢法軍事管制委員會於 1968 年 4 月 29 日以 1967 年度滬中刑[1]字第 16 號判決按反革命罪判決死刑，立即執行。

　　經本院於 1980 年 8 月 22 日複查，以 80 滬高刑複字第 435 號判決，撤銷上述上海市靜安區人民法院及中國人民解放軍上海市公檢法軍事管制委員會兩次判決，對林昭宣告無罪。經本院院長發現，本案改判判決，在適用法律上仍屬不當。由審判委員會決定再審。

　　現經本院再審查明，林昭於 1958 年在北京大學讀書期間被錯劃為右派分子，於是以寫長詩、文章等表示不滿。1968 年林昭在被錯判服刑期間，又先後用寫血書、詩歌、日記，以及呼喊口號等表示不服，按林昭以上行為，根本不構成犯罪，而上海市靜安區人民法院和中國人民解放軍上海市公檢法軍事管制委員會均以反革命定

罪，處刑是錯誤的。本院於 1980 年 8 月 22 日複查改判時，否定林昭犯有反革命罪，撤銷原來兩個錯誤判決，對林昭宣告無罪，是正確的。但據以宣告無罪的理由是說林昭因患有精神病，在病發期間的行為不應以反革命罪論處，如上所述，林昭的行為既不構成反罪，故本院 80 滬高刑複字第 435 號判決在適用法律上亦屬不當，均應與前兩個判決一併予以糾正。據此，本院判決如下：

一、撤銷本院 80 滬高刑複字第 435 號中國人民解放軍上海市公檢法軍事管制委員會 1967 年度滬中刑(1)字第 16 號和上海市靜安區人民法院 1962 年靜刑字第 171 號判決。

二、對林昭宣告無罪。

1981 年 1 月 25 日

上海市高級人民法院刑事審判庭

（以下姓名需校對）審判長　佟介凡

審判員　阮時平

代理審判員　王玉義

本件與原本核對無異

1981 年 12 月 30 日

書記員　丁幼玲

（加蓋上海市高級人民法院公章）

三、魂歸故里

1979 年 7 月 1 日，歷經滄桑三十年，蘇南新專部分師友首次聚集無錫惠山，倪競雄攜彭令範一同前來。當時林昭案還未平反，大家眼看與林昭長相酷似的彭令範瘦弱伶仃、面容蒼白，都不敢在她面前提及林昭的往事，更不敢打聽案情的經過。只是紛紛向她敬酒，告訴她大家都甘願做她的至親兄姊！

1981 年清明節，彭令範自稱「林凡」，填寫三闋〈燭影搖紅・憶故人〉，分別憑弔早亡的舅舅、姐姐和母親，其中懷念林昭的詞如下：

> 血染芳華，恩情已斷何心報！
> 浮生嘗愛夢魂殘，愁泣霜枝傲。
> 千古空名煥耀，幾人留，山河共弔！
> 曲終還散，淚墨塵埃，神嗟天笑！

1982 年 4 月，彭令範用母親許憲民平反補發的部分工資，同時接受了林昭蘇南新專等故舊的一片心意，在蘇州靈岩山宋代名將韓世忠墓旁的安息園，為林昭及父母選擇了兩穴墓地。當時三人的骨灰均下落不明，林昭墓中只有一縷她的頭髮和一方她曾戴過的絲巾。當時以為「他日紅花發，認取血淚斑」的詩句是林昭所作，遂把這兩句詩刻在林昭墓碑上。

1984 年 5 月，新專百人惠山下再次聚首，大家特意邀請彭令範同遊太湖。這時，林昭案平反數年，彭令範總算從經年的痛苦中稍稍掙扎出來，她臉頰比以前滋潤了一點，也經常會出現些笑容。當「梁溪」號遊艇在太湖上奔馳時，只見彭令範凝視著飛濺的浪花若有所思。事後，她專門給新專校友寄來了詩篇〈代林昭寄語〉：

> 我化作浪花
> 伴送著你們的笑語，
> 得到了慰藉。
>
> 我化作小草
> 跟隨著你們的足跡，
> 我長遍天涯。
>
> 我化作清風
> 在你們身邊輕輕地說著悄悄話：
> 「……祝你幸福！」

> 我化作泥土｜
> 融化在我摯愛的大地。
> 我是愛你們的，
> 可是……

又過了五年，1989 年 10 月，新專校友第三次聚集無錫。當「湖州號」遊艇載著大家向湖心三山駛去時，忽然一陣風起，清涼的湖水飛上船艙，濺濕了人們的臉龐和衣裳。這時，倪競雄雙手蒙臉向著太湖呼號：「令昭，令昭，你來啦！你來看我們啦！」淚水從她的指縫流淌下來，讓在場同學無語凝噎！

那時候，彭令範已於 1985 年懷揣二十美元隻身赴美攻讀老年醫學。後來，她獲得美國北德克薩斯州立大學和霍普金斯大學兩個碩士學位。由於成績優秀，她的名字被列入全國大專院校《名人錄》，這是美國大學生的最高榮譽。彭令範還將作於 1984 年清明節的一闋〈鷓鴣天・回憶〉翻譯成英語發表，獲得全美大學生詩作競賽特獎。這闋詞很可能是令範赴美前在蘇州靈岩墓地向姐姐告別時所作：

> 數盡平生事事哀，黃昏煙雨怯重來。
> 身隨柳絮絲絲嫋，心共熏香寸寸灰。
> 清楚斷，意徘徊，故鄉明月冷蒼苔。
> 無言剩得鐘聲起，萬念侵雪暮色催。

後來，彭令範定居巴爾的摩。她加入了美國籍，在一家大學做研究工作。中年從零開始另一種生活和職業，彭令範有難言的痛苦和困難，但她始終頑強地堅持著。她說：「我一直不承認自己是平庸之輩和失敗者，甚至還不甘心像茨威格那樣留下『遺書』，我的最終一切有賴超自然的控制。」

1998 年，時值北大建校 100 周年，林昭逝世 30 周年。武漢《今日名流》雜誌刊出一組「北京大學優秀兒女」專稿，其中包括彭令範撰寫的紀念文章：〈姐姐，你是我心中永遠的痛〉。彭令範在文章

結尾這樣寫道：「新世紀的寵兒們，當你們沐浴於陽光燦爛、歡樂充盈的新時代，是否會留下神聖的一角來悼念林昭『未完成』的傑作呢？一切認識林昭的人，請在你們繁忙的生活中留下幾分鐘來悼念她吧。她是愛你們的，這種愛，我認為遠遠超過我們姐妹之情。在我失去姐姐之後，感謝你們把我當作你們自己的妹妹一樣。當我第一次聽到姐姐的新專同學陳祥蓀對我說，令範，林昭已不在，而你是我們大家的妹妹。我聽了很是感動的。無論生活多麼不公平，無論人性多麼險惡，那一道人性至善、充滿希望的聖光永遠存在。姐姐，安息吧！」

　　彭令範 2002 年罹患憂鬱症，痛苦不堪，一直在接受治療。2004 年，彭令範在巴爾的摩接受記者採訪時說：「作為醫生，我救過很多人，但我救不了母親、更救不了姐姐！這些年我常常在夢中見到血淋淋的親人……在茫茫神州，再也找不到一個像當年『右派』分子那樣熱愛祖國、熱愛自由的優秀兒女了！」她還曾說：「相見則是緣，能成為親姐妹當然更是緣分。不過我不相信來世，就像歌德說過的，如果是幸福的、快樂的一生，此生已足；要是痛苦、坎坷的一生，又何必再來？幽冥異路，我和林昭姐妹一場也就從此終止了。深深的遺憾也難以彌補，淡淡的歡樂已不再復現。」後來，彭令範以自己家族的經歷寫作了一本《懺悔錄》，但至今未見該書流傳。

　　林昭及其父母的骨灰事實上一直存放在上海茂名南路 159 弄 11 號住所。但因為彭恩華與彭令範後來反目成仇沒有往來，所以一直沒有第二人知道確切消息。彭恩華「文革」中堅決與家庭劃清界線，之後也幾乎不介入與家庭有關的活動。他未受過完整的教育，但 1980 年前後，卻一舉考中華東師範大學碩士研究生。彭恩華的第一任妻子是著名演員劉瓊的女兒，二人育有一子。離婚後，彭恩華隻身移民美國，有人因此說他「拋妻離子」。彭恩華出國不久，前妻亦辦成赴美手續。因上海茂名南路 159 弄 11 號住所係公房，需要在出國前移交有關部門，前妻不得不代彭恩華整理房間。她發現三隻骨灰盒，在無人可託的情況下，1993 年她將其與自家親人骨灰一起，寄存於

上海息園。彭恩華在美國重新結婚生子，不料因病早逝。2000 年，彭恩華前妻劉女士回國探親，她偶然得知自家多年故交許覺民竟是林昭堂舅，趕緊說出三隻骨灰盒的事。林昭及其父母骨灰的下落這才水落石出！

得知消息後，倪競雄女士與友人許宛云等結伴前往息園證實。她們果然找到林昭的骨灰盒，打開骨灰盒，她們先看到一個黃色仿絲綢料子的小包裹；打開黃色包裹，有一個紅布口袋；找開紅布口袋，裏面是灰白色的骨灰，還有一根稍長一點的骨頭，彷彿是小臂上的。紅布口袋旁邊，還有一個由舊《解放日報》包裹著的紙包，裏面有一縷黑白相間的長髮。倪競雄說林昭的頭髮又黑又粗，她1962年最後與林昭見面時，林昭還沒有一根白髮……

2004 年 4 月 22 日，林昭骨灰安葬儀式在蘇州靈岩舉行。

這一天恰是林昭父親彭國彥的生日。

林昭墓地位於蘇州靈岩山南麓，安息公墓老區最高一層左端。墓左側翠柏已經成蔭，左後的香樟樹長高到八、九米了。墓後層層漸高的山坡鬱鬱蔥蔥，掩映著點點鵝黃、嫣紅，讓人不能不讚歎蘇州到處是風景！

儀式由林昭的堂舅許覺民和妹妹彭令範主持，林昭故舊共 56 人到場。

林昭堂舅許覺民先生主祭，他宣讀祭文曰：

林昭，今天是我們將你的骨灰下葬的一天。你離別人世已經有 36 年了，經悠悠歲月才找到你的骨灰。骨灰盒中還有你母親保留下你的一縷頭髮，一塊你隨身用的絲巾，現在隨著你的英魂一起下葬了。林昭，你被迫害的痛苦，如此的深重呵！

現在，聚集在你墓前的，有你在新專的同學、北京大學的同學和你的親友們。我們都懷著極其沉痛的敬仰的心情向你祭奠。蒼天茫茫，痛心如割，林昭，你安靜地長眠吧！

你的墓旁，是你父母彭國彥、許憲民二先生的墓地，他們所受的冤屈與痛苦為我們所深知，這裏我們同時向他們兩位的英靈致以深切的悼念。

你走過的那個世紀是個悲慘的世紀。在那些黑暗的年代，不少先驅者為了追求真理奮鬥不息，不惜犧牲自己的生命，你就是其中的一個。你的生命之被摧殘分外地慘烈，我們完全理解和敬佩你視死如歸的精神。你的不屈，你在監獄和就義前的英勇姿態，你追求真理的鍥而不捨的意志，永遠教育著我們，我們永遠永遠地不會忘記你！

明人黃宗羲的詩句中有『鋒鏑牢囚取次過，依然不廢我弦歌』，你的弦歌至今不絕在祖國大地上傳播。

林昭，你長眠吧！

新專、北大部分同學及親友同祭
2004 年 4 月 22 日

讀完祭文，林昭妹妹彭令範發言，她說：

二十世紀是一個偉大的世紀，也是一個『特殊』的世紀，但畢竟是一個希望的世紀。列寧講過『忘記過去就意味著背叛』，西方哲學家承認的『智者能寬恕但不會忘記』，對我們許多人來講過去也不是那麼容易遺忘，但需要有一個終結，將痛苦的過去寄存在我們靈魂深處，同時也使逝去的靈魂安息。這不僅是對死者的懷念和尊敬，也是對生者的尊崇和讚美。

歷史無情，在二十世紀中許多人生長在錯誤的時間、錯誤的地點，躬逢難以想像的歷史時期，喪失了應有的一切，包括生命。這不是他們的過錯，這是我們民族的命運。歷史本身不向任何人負責，也不承認錯誤，即使它能承認錯誤，也不能糾正錯誤，如果歷史是人民創造的話，那麼是不是每一個人都應該對歷史負有一定的責任，或許我們應該想一想，一個人在反覆重視它錯誤的歷史中起了什麼作用，特別是中國的知識份子。

在新世紀的曙光中，希望人們能多一些人性，人性的理解德行；人性的良善、真誠，人性的寬容和愛，無論是科學家、文學家、政治家或者一個普通的老百姓，首先應該是一個具有人性的真正的人，有人性、有靈魂、有良知、有思想、有智慧、有理性、有感情的人，這樣的人類才有希望，我父母和姊姊也得在這希望中安息，年輕的一代也將在這希望中有他們光輝的未來。

謝謝！上帝祝福你們！

然後是新專同學、北大同學發言和北大同學詩歌朗誦。其中譚天榮代表北京大學部分同學發言曰：

同學們：

今天，我們從四面八方，被正義和良知召喚到這裏來參加林昭的骨灰的下葬儀式。林昭是我們朝夕相處的同學，更是我們的英雄、我們的良心、勇氣和驕傲。

從我國近代屈指可數的女英雄中，處於新時代的林昭有著特殊的地位和價值，那就是閃耀在她身上的啟蒙色彩。她的思想如同鋒利的寶劍，撕破了現代迷信的一角。一個纖弱女子的鮮血，正在促進一個民族的覺醒。

林昭曾經是五七戰士，她的思想的飛躍離不開那個不平凡的夏天。歷史已經證明，當年北大的五一九運動的精神是五四精神的繼續與發揚。

今天，隨著骨灰的下葬，林昭漂泊的靈魂終於找到一塊棲息之地。作為生者，我們的神聖職責，就是拒絕遺忘。

林昭，我的姐姐：在我們臨別的時候，你曾經對我說：「這一場較量我是輸了。但這不算完。他日若遂凌雲志，敢笑黃巢不丈夫。」姐姐，你的凌雲壯志，今天正在實現。雖然很慢很慢，離完全實現實現還很遠很遠，但畢竟在一步步地實現。姐姐，我知道你無意自比黃巢，但「敢笑黃巢不丈夫」這句話對你還是有現實意義。當年，每一個無賴都敢嘲笑你、凌辱你。而今天，在你離開人世 36 年以後，

每一個有良知的人都從心裏佩服你。你是女中丈夫，你是巾幗英雄。你是劍，你是火焰。你是新時代的秋瑾，你是體制外的張志新。不！你就是林昭，你是無與倫比的林昭。

譚天榮成為「右派」後被勞動教養 11 年，又被遣送回家鄉 10 年。平反後在蘭州大學、青島大學任職，成為物理系教授。他談到對林昭的認識時說：「林昭最大特點是十分真誠，所以她也特別痛苦。有人說，她的整個生命像詩一般。當然，她那麼年輕就去世了，這是非常可惜的。但是她能做的，她都做了，甚至於在監獄裏她還寫了那麼多東西。有人把林昭與張志新相提並論，我覺得她們是不同的。可以這麼說，張志新是體制內的，林昭是體制外的。」林昭一位女同學也說：「林昭本人確實是一首詩，一朵花一樣。她長得也漂亮，人是相當的高貴，平常說話都像詩一樣，後來到這個地步，與她的品質有關係，她是不願意苟且偷生的。」

隨後，安放林昭及其父母骨灰。林昭父母的墓就在林昭墓的右側，他們是緊靠在一起的。林昭墓原為衣冠塚，其中僅埋著林昭的一縷頭髮和她用過的一塊頭巾，現在這兩樣仍放在骨灰盒裏邊。墓碑正面刻有「林昭之墓」四個紅字。背面原刻的詩改掉了，換成了更能代表林昭思想的四言絕句：「自由無價／生命有涯／寧為玉碎／以殉中華／林昭／1964 年 2 月」。

骨灰安葬儀式後召開了座談會，與會一同學介紹說：「（主要是）緬懷林昭，發揚林昭精神。大家各自按照自己的認識水平、自己的良心去做自己的事情吧。我想，恐怕還是會有很多人會寫一些紀念林昭的文章的。我們不搞任何組織，大家只是按照自己的意願告慰林昭的在天之靈吧！我希望林昭精神能夠發揚光大。張志新被追認為烈士，我無意貶低她，她也很了不起。但張志新的覺悟比林昭遲，犧牲也比林昭晚。也有人把林昭比作當代竇娥，但竇娥因個人冤屈而冤氣衝天，林昭是為中華民族爭自由，這是不好相比的。也有人把她同秋瑾相比，秋瑾烈士我們非常崇敬，但秋瑾烈士 1903 年就義

時，至少絕大部分仁人志士認為應當推翻清王朝，但是林昭是在『紅太陽』上升階段，提出這些觀點是非常了不起的。林昭精神應該得到應有的地位，大大發揚光大。甚至我們今天下午的座談會上有人提出成立『林昭精神研究會』等等。」

2004 年以來，每年都會有不少人自發前往蘇州祭拜林昭。安息墓園的村婦說，無論清明中秋，還是別的什麼日子，林昭墓常有人祭奠。老婦為此納悶地向大家打聽：這林昭到底是啥人啊？為啥有這許多親戚呢？

四、林昭復活

2004 年 7 月，作家摩羅根據所掌握的材料，梳理 1980 年代以來，尤其是最近幾年以來知識界逐漸勾描出的林昭形象，並逐漸將這形象推到世人面前的過程。在摩羅工作的基礎上，筆者又對林昭復活的歷程進行了補充整理，公佈如下：

1979 年

2 月 28 日，北京大學發出關於林昭錯劃右派的改正通知。在此背景下，林昭妹妹彭令範向上海市高級人民法院申訴，要求複查林昭案。案件被高院受理後，轉發上海市靜安區中級法院院長趙鳳岱承辦。

1980 年

8 月 22 日，上海高級人民法院複查以精神病為由對林昭宣告無罪。

12 月 11 日，林昭追悼會在北京舉行，80 多人參加，羅列致悼詞。這一年，官方大規模地為幾十年來在各種政治運動中遭遇打擊的人物平反昭雪。

1981 年

在官方審判王洪文、張春橋、江青、姚文元的政治氛圍中，新華社記者穆青、郭超人、陸拂為寫作了報告文學〈歷史的審判〉，發表在 1981 年 1 月 27 日《人民日報》上，其中有一段文字談到林昭。這區區幾百字是林昭被害 13 年後這個社會第一次對她投來的關注。據說這段文字為林昭徹底獲得平反起了推動作用。

陳偉斯〈林昭之死〉，發表於上海《民主與法制》1981 年 3 期。這是第一篇詳細介紹林昭家世、事蹟、死難經過的文章，對她獨立思考的精神和堅貞不屈的品質給予高度評價。

12 月 30 日，上海高級人民法院複判林昭案件，宣佈林昭無罪，為林昭平反。

1988 年

劉發清〈一個不屈的英魂——憶林昭〉，刊於《隨筆》1988 年 1 期。

1993 年

11 月 17 日，郭煌在讀到杜烽介紹林昭追悼會的文章〈一個不平常的追悼會〉之後，匆匆寫了詩歌〈中國的普羅米修士活著走進會場——奇觀一瞬〉，用非現實的寫法，描述林昭本人走進自己的追悼會現場，反覆宣告自己無罪，並說：「不能容忍錯殺無辜者逍遙法外，不能讓智者稚嫩的鮮血澆築愚者向上爬的官梯。」

1995 年

春節，馮英子寫作〈有關林昭的母親許憲民的回憶文章——許憲民二十年祭〉。

1998 年

1998 年是北大校慶一百周年，也是林昭蒙難 30 周年。影響巨大的《南方週末》在這一年先後五次發表關於林昭的文章：

5 月 29 日，《南方週末》人物版發表〈沒有哀榮——林昭〉，在北大百年校慶的高潮中，文章詢問道：「正在歡慶北大百年校慶的北大人，不知是否還記得他們的優秀女兒——林昭罹難的日子。」在讚頌了林昭的獻身精神之後，接著說：「1981 年，林昭冤案平反，但她沒有獲得如張志新般的哀榮。讓我們記住林昭！」

7 月 10 日，《南方週末》人物版發表吳浪文章〈被埋葬的詩章——追憶林昭〉。

9 月 4 日，《南方週末》發表了邱隱帆〈獄中日記：林昭最後的日子——紀念林昭這位令人尊敬的自由戰士〉，文章公佈了丁芸女士的獄中日記，稱丁芸是林昭少年時期的同學，後來又恰好囚禁在同一間囚室。林昭的北大同學張元勳認為日記及其作者身份都是假造的。儘管如此，該文還是引發讀者深切關注。

後來編輯小巴子在〈高貴的林昭〉一文中說：「邱隱帆先生早年曾參加地下黨，1949 年後在蘇州市公安局工作，1957 年被錯劃為右派。1978 年平反後，他開始收集有關林昭的材料，訪問過一些林昭的親屬和友人，其中包括現在美國加州大學任助教的彭恩華（係林昭之弟），以及林昭在蘇州萃英中學讀書時的同窗陸震華等，同時收集了各報刊上關於林昭的文章，這幾乎成了他退休之後的精神支柱。編者到蘇州拜訪他時，他翻出了這些年收集和寫就的文章，儘管由於年代的久遠，許多當事人的離去，他的文章難免在某些細

節上與事實有出入，但老人為能在晚年做一件有意義的事而感到自豪。」

12 月 11 日，《南方週末》發表記者徐列的專訪〈張元勳：從絢爛回歸平淡〉。張元勳深情回憶了她與林昭的交往和以未婚夫身份去監獄探望林昭的經過。張元勳說：「在 57 年的北大人中，能夠合乎魯迅先生所界定的人格標準的，恐怕只有林昭一人。」張元勳認為林昭之死至今還是一個謎，甚至覺得電視劇《我愛我家》中一位演員與林昭酷似。但在第二年寫作的長文〈北大往事與林昭之死〉中，他沒有堅持這種猜測。

12 月 25 日，《南方週末》發表編輯小巴子〈高貴的林昭〉，文章稱讚林昭「這是我們民族半個世紀以來知識份子精神獨立的一根孤獨的標桿。」並質詢道：「為什麼沒有一個劊子手良心發現，說一聲是我殺死了張志新，是我殺死了林昭？真的，我一直在等這樣一個聲音，像等待世紀末應運而生的民族英雄。但是，仍然沒有見到懺悔，沒見到良心發現……因此我深深地憂慮著：一個隱惡的民族心理，會不會是反覆作惡的心理基礎？」

除此之外，《南方週末》還在 1998 年 11 月 13 日發表了當年北大的右派學生陳奉孝、張元勳、周振禮的文章〈讀《原上草》有感〉，將讀者帶到了林昭最初罹難的那個年頭：1957。

這一年其他出版物中回憶和談論林昭的文章還有以下一些：

4 月 25 日，陳偉斯寫作〈應共冤魂語投書寄靈岩——林昭三十年祭〉。

由著名作家方方主編的《今日名流》雜誌，1998 年第 5 期發表了彭令範的文章〈姐姐，你是我心中永遠的痛〉。這是林昭親屬第一次公開發表悼念文章。

9 月，經濟日報出版社出版了牛漢、鄧九平主編的《思憶文叢》三卷。這套集中討論 1957 年反右運動並展示右派分子悲慘命運的叢書在當時引起了巨大反響。其中《荊棘路》收錄了林昭的北大同學劉發清的文章〈一個不屈的英魂——憶林昭〉。

這一年，余杰以《思憶文叢》的材料為依據，寫了〈若為自由故〉，對林昭追求自由的高貴精神予以高度評價。文章發表在當時令人注目的《方法》雜誌上，後收錄在文化藝術出版社 1999 年 2 月出版的余杰個人文集〈說還是不說〉中。

1999 年

《今日名流》雜誌於 2 期再發彭令範的〈我的姐姐林昭〉。這篇影響巨大的文章全面記述了林昭蒙難的經過以及他們一家因此蒙受的巨大折磨與痛苦，同時還介紹了間接獲悉的林昭遇難經過。主編方方還發表了自己的文章〈林昭的光芒〉：「林昭在前，我們怎能不無數次地反思……反思我們自己。偶爾的時候，也攤開自己的雙手，思忖一下，自己的手上是否也留有林昭的血痕。」

前一年，《北京文學》雜誌編輯李靜女士向林昭的同學、山東曲阜師範大學教授張元勳反覆約稿，請他撰寫回憶林昭的文章。張元勳寫作了長文〈北大往事與林昭之死〉，完稿時間是 1999 年 1 月 18 日。但是約稿的雜誌因故沒有發表這篇文章。

林昭北大同學張玲寫作〈幽明心語——憶林昭〉，文末注明寫作時間「1999 年 5 月 1 日，林昭三十二年忌辰後二日」。

9 月，劉智峰主編的《精神的光芒——一代人的心靈歷史》由中國工商聯合出版社出版，其中第九章〈思想的殉難者〉是關於林昭的專章，發表了方方〈林昭的光芒〉、彭令範〈姐姐，你是我心中永遠的痛〉、〈我的姐姐林昭〉，劉發清〈一個不屈的英魂——憶林昭〉共四篇文章。

9 月 29 日，林昭中學同學陸震華撰寫〈林昭三十一年祭〉一文，他在文末向上海的法院和主管部門呼籲：「當你們看到這些紀念文字後，你們能否做些什麼？你們既讓人們知道林昭不是因反革命而死，那麼為什麼又不能公佈其案情和她的被害真相呢？我還想對林昭的同學，朋友，師長和前輩們說，不管將來怎樣，你們可否把林

昭留在你們那裏的遺墨或事蹟，哪怕是點點滴滴，也貢獻出來，集中起來，托一位林昭的摯友和親人，曾經幫助過林昭，有力量的人組織這些材料，與有關方面聯繫，彙集這些材料。為死者爭得永生！」

2000 年

1 月，長江文藝出版社出版了林昭堂舅許覺民先生編選的懷念林昭的著作《林昭，不再被遺忘》，全書 18 萬字。該書是李輝主編的《歷史備忘書系》的一種，除了李輝的總序和許覺民的〈前言〉，收錄了 26 篇文章和 4 組詩歌，另有附文一篇，附錄一篇。

《今日名流》2 期刊出張元勳〈北大往事與林昭之死〉。與此同時，《南方週末》解密版之「鏈結」欄目發表如下消息：「《今日名流》2000 年第 2 期〈最知情者的回憶：北大往事與林昭之死〉，作者是張元勳，本報曾發過對他的專訪。全文近三萬字，看來和著作者的血淚，極具衝擊力；而反右前夕及期間北大獨特的風習以及林昭罹難全程的事實，更具衝擊力。」許多讀者借助這條消息的提示尋讀張元勳的文章。之後，《今日名流》遭停刊整頓，主編方方被撤職。

12 月 8 日，為紀念彭令昭而建《彭令昭——林昭——永遠的林昭》網上紀念館，該館二級功能變數名稱是 www.linzhao.netor.com。

2001 年

網上出現林昭的幾首遺詩，儘管主要是殘片，還是傳達了相當多的資訊。摩羅讀詩後寫下一篇千字文感想〈林昭的思想高度〉，其中有言：「林昭將她寫給這個世界的書信命名為『情書』，表明了她對每一個同代人和後來人的愛。那位研究林昭的朋友還說，林昭在戴著右派帽子勞改的那幾年，老是談到上帝問題和基督教問題，並皈依了基督教。這更加激起我對林昭精神世界的種種猜測。直到去年，我才感到讀書界第一次有成批學子正在關注終極價值和精神出路問題。也許

林昭 40 年前就已經在這方面思考得很多。如果是這樣，林昭對於我們的意義，就決不只是什麼反抗的激情與犧牲的勇氣，而是我們最可仰承的最直接的精神資源。這樣的資源決不應該無限期地封存在歷史的塵埃中，而應該儘早返回到世人的手中和心中。」

2002 年

4 月，為紀念林昭冥壽 70 周歲、遇難 34 周年，《中國評論網》組織幾位作者撰寫紀念文章，編發了《拒絕遺忘：紀念林昭特輯》，其中的文章有：

錢理群〈面對血寫的文字──初讀林昭「給人民日報編輯部的信」〉

蕭雪慧〈歷史還在忍辱含垢〉

摩羅〈林昭年譜初稿〉

金雁〈歷史不能忘記〉

秦暉〈窮則兼濟天下，達則獨善其身〉

荒林〈是一顆，不是兩顆〉

由一家媒體組織多位學人撰文闡釋林昭的思想貢獻和精神意義，這在中國文化界可能是第一次。

7 月，一直在採訪拍攝林昭事件的獨立製片人胡杰寫作了〈林昭年表及相關事件〉。其中關於林昭早期生活的許多材料特別寶貴。

8 月 3 日，摩羅在鄭州作家協會以〈文革時期的潛在寫作〉為題發表演講，其中涉及林昭的內容甚多：「那個時代尋找人的尊嚴的最響亮的聲音，我認為是詩人黃翔和政治反抗者林昭分別喊出來的。」「我們當下的中國文化界，還沒有出現林昭這樣的具有超越性和建設性的言論。林昭的思想到現在還是最『先鋒』、最『前衛』的。而且她的思想是封存得最嚴密的對象之一，真是令人悲哀。」

8 月 16 日，余杰寫作〈林昭與弓琳──兩個北大女生的對照〉一文。具有針對性地強調林昭的獨立人格和自由精神。

這一年，網上流傳著旅居美國的中國學者丁抒先生文章〈林昭與《星火》雜誌〉。

2003 年

網上林昭紀念館成了眾多網名暸解林昭、感染她的浩氣、仰承她的精神資源的空間。這裏援引網上林昭紀念館的兩則留言，以見一斑：4 月 30 日，線民薩哈夫發言：「我為抗非典而戴上口罩，但口罩無法掩飾我內心的虛弱，我需要呼吸！今天我是偶然來到這裏！我慚愧，為我的無知；更為造成我無知的現實而悲哀。但我們不應忘記，做一個真正的人是何等艱辛，但又何等重要。」6 月 22 日，線民 omc 發言：「對於林昭事件，我們所應負的，不是國家、民族、社會、組織和集體的責任，而是直接的個人責任——即個人直接面對上帝。」

9 月 8 日，由獨立製片人胡杰拍攝的紀錄片《尋找林昭的靈魂》在北京電影學院教授崔衛平家中首次亮相。崔衛平女士是國內系統介紹極權主義理論的學者之一，翻譯有《哈威爾文集》等。崔衛平教授在評價這部片子時說：「如果看過《聖女貞德》的話，那麼，這是一個中國聖女貞德的故事。林昭年輕、漂亮、尊貴、優雅，如果她不走上這條道路，憑她的聰慧、能力、美貌，她會有一個非常幸福的家庭。她完全是為了服從她心中的真理，獻身於這一真理。我覺得，現在的年輕朋友可能不習慣於找出其中的邏輯。看過這部片子會發現真的有人為真理而存在，為真理而鬥爭，獻出自己非常寶貴的、美麗的生命。」

2004 年

2004 年成為林昭年有兩個原因，第一個原因是林昭骨灰重新露面，林昭的親友和同學為骨灰舉行了安葬儀式，第二個原因是紀錄

片《尋找林昭的靈魂》在海內外悄然流傳。胡杰完全是以林昭精神在拍攝林昭，他代表了一個民族對於歷史真相的尋找和對於血腥記憶的捍衛。他的努力是對林昭精神的最直接的繼承。當我們觀看這部片子時，打動我們的不只是林昭，而是由林昭和胡杰構成的一種精神血統，一條精神鏈條。

3 月 7 日，廣州中山大學多媒體教室，艾曉明教授組織一些學人觀看《尋找林昭的靈魂》。艾曉明記述道：「2004 年三八前夕，我們以『再現婦女和其他邊緣人群』為主題放映了紀錄片獨立製片人胡杰的一系列作品，包括《平原上的山歌》，還有《尋找林昭》。後來，廣東美術館、深圳何香凝美術館分別邀請胡杰去放映了這些作品。我聽說林昭的老同學，一些白髮老人紛紛趕來，他們看完後擁著胡杰哭了。我想這是他們第一次看到自己的青年時代的影像，看到自己的追求、犧牲被後一代的人所承認和尊重，他們感到自己的生命被肯定了。」之後，中山大學網站性別教育論壇組織了《林昭紀念專輯》。

3 月 13 日，一批上海「關天茶社」網友舉行去蘇州祭掃林昭墓的活動。在上海上車的一共有 32 位網友，他們在車上觀看了《尋找林昭的靈魂》。他們來到林昭墓地時，遇上包括胡杰在內的來自蘇州和南京的十幾位朋友。他們共同緬懷林昭，對胡杰的工作表示隆重感謝，並捐款支持《尋找林昭的靈魂》的後期製作。事後，網友「孤燈下 97」發表〈週六我們祭掃林昭墓〉、「天高地厚」發表〈這是一次團結的春遊勝利的春遊〉，記述了他們組織祭掃林昭墓活動遇到重重阻礙、最後終於成行的經過，以及掃墓活動的具體情形。

3 月 20 日，五柳村網站收到譚天榮的回憶文章〈一個沒有情節的愛情故事——回憶林昭〉，並及時在網站發表。五柳村網站系旅居加拿大的中國學者陶世龍主持，該網站設有「紀念林昭專輯」。

3 月 30 日，五柳村網站發表林昭同班同學趙雷回憶文章〈未名湖畔之夢〉。這篇文章最後一次改定是 2004 年 2 月。

　　4 月 13 日，五柳村網站發表章立凡於 4 月 12 日寫成的文章〈中國有北大，北大有林昭〉。

　　4 月 22 日，林昭骨灰安葬儀式在蘇州靈岩墓地舉行。

　　4 月，林昭遇難 36 周年之際，廣州《南風窗》雜誌發表北京電影學院教授崔衛平女士的文章〈尋找林昭的靈魂〉，文章說：胡杰經過多年努力，「終於將被遺忘的林昭鮮活地帶回到人們當中來，讓這個精神上的冤魂、孤魂重新回到親人們的懷抱；表彰她的業績，使她成為民族精神、道德上不可或缺的資源。如果我們相信在我們的世俗生活之上還可能有另外一種生活，那是一種世俗語言甚至無法與之對話的精神生活，那麼，我們就要在女英雄林昭和有關林昭的這部影片面前，有所克制，學習用心靈來感受、承受。」

　　5 月 19 日，彭令範寫作廣播稿〈我的姐姐林昭〉。

　　6 月 9 日，老酷在《真名網》發表〈紀念林昭──一篇遲到的悼文〉，文章指出：「在內心深處，我是把林昭放在聖女的高度上來仰視的……林昭是一個特殊的存在，無論把她放在基督教歷史上，還是放在中國思想史上看，她的特殊性都不可忽視……林昭自然不是天才和大師，她稱不上文學家，也算不上思想家，但是跟魯迅相比，她卻擁有魯迅所不具備的兩個優點：一是她的思想認識到了根子上，通過基督教，她懂得了『不以暴力抗惡』的偉大意義，而且懂得了一切都只能由個人來擔當，而不是什麼『被發動起來的人民』；二是她以自己無所畏懼的勇氣把這種思想付諸了在當時看是飛蛾撲火、現在看卻是雷霆萬鈞的有力行動。」

　　6 月 17 日，中山大學教授艾曉明女士在《世紀中國》網站發表〈林昭給我們的精神挑戰──給友人談林昭〉，盛讚「林昭保存了她詩意的想像和美感。林昭以詩篇雕刻靈魂，日復一日地銘刻人性的力量，捍衛和強化她的精神意志。我相信這種美是林昭的武器和旗幟，她以此抵禦暴力和人性扭曲。」同時也提出了作為一個女性和一個女性研究者所體會到的獨特問題。

8 月 11 日，影響巨大的《中國青年報・冰點週刊》在 B1 版，以整版 3 萬字的篇幅，刊登了記者江菲採寫的通訊〈尋找林昭〉。在通訊結尾處，江菲引用了穆青等人 1981 年作〈歷史的審判〉中的一段話：「也許在若干年以後，我們的後代對上述這一切將難以置信。但不幸的是，它確實是發生在我們這一代生活中的事實，我們每一個活著的人，都曾經以它感到極度的羞恥。請不要輕視這種羞恥吧。正如馬克思所指出的：『羞恥已經是一種革命』、『羞恥是一種內向的憤怒。如果全民族都真正感到了羞恥，那它就會像一頭準備向前撲去而往後退縮的獅子。』」

9 月，新聞傳播學術網站紫金網率先在大陸本土開設了「林昭專題」。該專題全面收錄了當時可見的關於林昭的大部分資料和評論文章，其中著名詩人趙愷的詩歌〈血字──林昭祭〉、作家趙銳的散文〈胡杰尋找的不僅僅是林昭〉皆為紫金網首發。

2005 年

春末夏初，吉林藝術學院戲劇文學教研室青年教師盧雪松在課堂上放映紀錄片《尋找林昭的靈魂》，遭學生舉報後被停課處罰。盧雪松 1996 年畢業於吉林大學中文系，隨即來到藝術學院從教。盧雪松說自己只是一個企盼社會進步、政策開明、文化昌榮的年輕公民，對政治沒有任何興趣。她聲辯，在課堂上所「使用的材料都是國內公開出版的，涉及互聯網的內容都是在國內 ICP 登記的網站上下載的」。儘管如此，盧雪松後因多種原因，還是被留校「勞動教養」一年，每月只發有限的生活費。到第二年「勞教」結束時，盧雪松失去了教職，被分配到校圖書館工作。

6 月 7 日，盧雪松給學院劉書記第三次寫信溝通，該信在網上流傳甚廣：「《尋找林昭的靈魂》是這兩年電影界和學術界討論的熱點，也是我授課中的一個亮點、一個重點。在我看來，烈士林昭，一個思想家、一個勇士、一個自由之魂，她的塵封多年的慘烈故事，

本就應該是值得一個民族為之紀念、為之動容的。它的多年塵封與重見天日，更是一個教師、特別是一個講《傳播學》的教師絕對不應當錯過的話題。」

7 月 28 日，中山大學教授艾曉明寫於 7 月 23 日的文章〈保衛靈魂自由的姿態──讀盧雪松的一封信〉出現在博客中國網站。艾曉明女士說：「時值 21 世紀，林昭不幸遇害將近四十周年。她的靈魂如今正在我們浸透苦難的國土發芽，它勢必要在年輕的心靈中綻放花朵。正是她的不屈不撓、她的遺世獨立，構成了她的靈魂那種難以抗拒的美感，這種精神的魅力，當年的囚牢都沒有能夠鎖閉，今天難道還有什麼人可以阻止它的成長和壯大呢？」

「盧雪松事件」發生後，北京電影學院教授崔衛平撰寫了文章〈誰停盧老師的課誰負責〉，該文發表於 7 月 31 日的《新京報》。崔衛平女士認為：「應該允許有同學對《尋找林昭的靈魂》這部紀錄片有不同的看法和感受，而且將這種不認同視為理所當然。因為對於一部作品存在不同的看法，這是天經地義的。」「校方對於秘密彙報問題的學生，應該勸他們向老師當面提出問題，將他們彙報的問題重新放回到同學老師中去，進行更加公開廣泛的討論，也許每個人都從這個討論中得到不同的視野，調整了自己的立場。」

11 月 23 日，崔衛平又在個人博客裏發佈了自己撰寫於 8 月 16 日的文章〈盧雪松時代：朝向良心自由的時代〉，文章說：「盧雪松所開始的時代，將是一個說真話的時代，是一個良心自由的時代，是一個人們接受自己認為的善的指引，不屈服別人賦予的善的時代。用康德的話來說，是一個『沒有人能強迫我以他自己的方式獲得幸福』的時代。」

2006 年

2 月，由許覺民主編的《走近林昭》一書，由香港明報出版社有限公司出版。

4月5日，清明節，網友「北國遊子」前往蘇州靈岩山。他給林昭獻上了祭酒，並與林昭進行了心靈對話，最後在同程網個人博客中發佈了〈祭掃林昭墓補記〉一文。博客附有詳細的引導掃墓的照片。當天，北國遊子來到林昭墓時，發現已有人先他一步奉獻了花籃。另有一疊列印的祭文，落款為「清泉水作／滿洲戰神致／2006年清明」，然後是一個篆章。北國遊子有感於祭文的深情，遂抄錄該祭文發佈到網上。

當年下半年，筆者開始研究林昭資料，準備寫作林昭傳。

2007 年

筆者從當年春天起開始撰寫《林昭傳》。

2008 年

當年為林昭殉難四十周年。為此，林昭故舊們準備在4月舉行大規模紀念活動，但該活動因多方力量阻撓而流產。4月29日林昭祭日，80高齡的倪競雄女士孤身一人前往蘇州掃墓。她看到原有的一些指示牌都不見了，但林昭墓上仍有許多鮮花和輓聯。倪競雄女士還欣慰地遇到一些「80後」的年輕大學生。

與此同時，傅國湧先生在個人博客中發表紀念長文〈向死而生──紀念林昭殉難40周年〉。5月1日24版，《南方週末》發表傅國湧紀念文章〈讀林昭十四萬言書〉。不久，由傅國湧主編的公益紀念文集《林昭之死》由香港開放出版社出版。傅國湧在後記中這樣說：「出現在這本《林昭四十年祭》中的28位作者，年齡最大的許良英先生是1920年生人，年齡最小的是四位1990年出生的高三學生，30年代、40年代、50年代、60年代、70年代、80年代出生的人都齊了。這是幾代中國人在林昭被殺40年後第一次集中表達對她的緬懷和理解。」

10 月，黃河清先生完成《話說林昭》一書並在網上流傳。

10 月，胡杰先生應邀訪美期間拜訪了林昭妹妹彭令範女士。彭令範女士介紹，她正在謄抄保存在她手中的林昭日記等資料。2004 年在接受自由亞洲電臺張敏採訪時，彭令範女士曾表示自己百年後將焚毀這些資料，但現在她已經改變主意，決定百年後將把資料奉獻給圖書館收藏。彭令範女士透露：自己在抄寫林昭日記時，一次又一次感到驚心動魄，並由此回想起很多遺忘的舊事。她提到林昭在日記中記錄了一個細節，即林昭在獄中屢次高喊「反動」口號，獄方無計可施，遂拉了一幫囚犯在林昭牢房前高喊「打倒林昭」等口號，以此打壓林昭，林昭則譏笑說：「我搞群眾運動比你們早多了！」彭令範還意味深長地說，林昭遇難僅兩、三天，上海即召開了一個規模很大的公審會，「鎮壓」了一批「反革命」，而林昭卻是在此之前悄悄槍斃的。為什麼不讓「罪大惡極」的林昭在群眾集會上亮相？決定槍斃林昭的命令直接來自中央文革領導小組嗎？……儘管自己對真相也不是很清楚，但林昭案肯定遠比人們想像的還要複雜。

年底，經過多次修改和補充，筆者完成 30 萬字的《林昭傳》。

五、空谷回音

近年來，許多學者對林昭的思想價值進行了探討和研究，比較具有代表性的文章是傅國湧先生的〈林昭讓所有苟活者失去了生命的重量〉。2004 年 9 月 11 日，作家傅國湧流淚看完林昭紀錄片，他認為林昭是中華民族的自由女神，是本民族最優秀的兒女，是中國人追求自由、民主、人權的無可爭議的象徵。林昭永遠不會死！我們永遠能聽到她的空谷回音！

傅國湧先生說：「她才是 20 世紀後半葉本民族最優秀的知識份子。她堅決不向極權、暴政低頭，以生命反抗極權、暴政，被虐殺的命運便已註定。但她以自己肉體的死贏得了精神的生，她身上有

一股堅不可摧的精神力量，足以抗衡一切絕對無情、武裝到牙齒的世俗力量，儘管世俗的專橫力量可以像捏死螞蟻一樣，毀滅她 36 歲年輕的軀體，還要無恥地向她的母親、家人收取五分錢的子彈錢，但她的精神依然挺立在歷史的天幕下，隨著時光的流逝，日益顯示出她的人格力量的強大，讓我們這個卑微的民族看到最後一線希望。」

「僅憑紀錄片摘錄的片言隻語、零星的文字，我敢說她的思想不僅足以與比她晚了將近十年才覺醒的顧准相媲美，不少方面甚至超過了顧准。如果說她在 1957 年的北大校園裏公開提出『組織性與良心的矛盾』時，她對這個制度、對那個時代的認識還是朦朧、模糊的，那麼在 60 年代初，當她身陷囹圄，遭受種種世人難以想像的迫害、摧殘時，她對自由的理解、他對奴役制度的思考等等，幾乎都達到了與我們現在相對接的認識水平。」

「她一次次地反覆使用人性、人心、良知、良心這些辭彙，她不斷地向暴政、極權、極權制度、極權統治、奴役制度開火，哪怕被壓成齏粉也決不畏縮，因為她深深地認識到毒蛇般的極權專政不但『斷送著民族的正氣』，而且『增長著人類的不安』，更是『玷污了祖國的名字、加劇著時代的動盪』。她有著火一樣的熱情，對她棲身的這片大地懷有始終如一的愛。」

「有些人為林昭之死感到惋惜、悲傷的同時，責怪她為什麼求死而不求生，對她的犧牲不以為然。林昭的血書、詩歌，她一次次的抗爭、呼號都表明，她在意的是情操、大節、正氣，她追求的是做人的尊嚴，她決不會為了苟全性命而低下自己高貴的頭顱，停止她對暴政的反抗，更不會改變她的思想。她渴望生，渴望幸福、自由、愛情、友誼，人類生活中最美好的一切，為此她不能選擇偷生。她熱切地嚮往投身於『文藝復興——人性解放運動』，在一個人奴役人的制度下，她的所有追求無疑都是有罪的。不是她決意要為自己的信仰、理想獻出寶貴的不可複製的生命，而是罪惡的制度絕對容忍不了她。最後她尋求美好生活的願望被殘酷的槍聲剝奪，她的生

命之帆被恐怖的極權折斷。與其說是她求死，不如說她是為了生而死的。我永遠忘不了林昭在獄中送給張元勳的那個帆船，小小的帆船在特寫鏡頭中被放大，成為一個美麗而傷心的象徵。它表示，即使在鐐銬加身，高牆重圍，隨時面臨被虐殺的日夜裏，林昭的心靈依然是那麼純淨，她對人間的愛，她對未來生活的真誠期盼，都在小小的帆船中定格。哪怕到最後一刻，她也沒有放棄過對生活的信念，但這一切永遠不會成為她在精神上屈服、下跪的理由。」

「在一個伸手不見五指的極為黑暗的年代，林昭血寫的詩歌、書信、文章幾乎成了唯一的亮色，她與張中曉、顧准等思想者不一樣，她更是一個行動者，她用生命實踐了自己的思想，像自己的思想那樣生活，她的思想從來不屬於抽屜，她的血書從來都是一種戰鬥，她是一個戰鬥的民主主義者、人道主義者，一個自由戰士。她不僅以她的思想，而且以她的行動擊退了一個可詛咒的時代，儘管她付出了生命的代價。」

「青史無情也有情，那些蠅營狗茍的學者名流、腦滿腸肥的大亨官僚終將成為一抔糞土，最多在歷史的長夜中化為蚊子、蛆蟲，而林昭永遠站立著，她的文字浸透著殷紅的血跡，穿透了一切時空的限制。她是中華民族的自由女神，是本民族最優秀的兒女，是中國人追求自由、民主、人權的無可爭議的象徵，她舉起的火炬不會因為她被槍殺而熄滅，在這個意義上，我們可以說，林昭不死！」

2007 年 1 月 19 日，北京電影學院教授崔衛平女士在其個人博客裏，發佈了〈與「80 年代後」女兒談林昭〉的帖子。這是一段母女間的私人對話，更是一段 21 世紀與 20 世紀的對話——

唐　馨：你特別將林昭稱為「聖女」，你是怎麼理解「聖女」的？
崔衛平：首先我想到了聖女貞德。貞德被宗教法庭判死刑，並不是
　　　　因為她率軍打仗，而是因為她認為有天使在她耳邊說，她
　　　　就是上帝選中的那個人。她不通過教會把自己直接和上帝
　　　　聯繫起來了，因此教會所對她獨立的靈魂做出懲罰。她身

上有兩個東西，一個是非凡的勇氣和毅力，另一個就是她獨立的靈魂和精神。

林昭同樣有一個獨立的頭腦和靈魂。在當時高度的精神壓制和言論壓制的環境中，她獨立的頭腦就是此後她一系列行為的開端。在她堅持真理的過程當中，林昭顯示了常人不擁有的勇氣，忍受了常人不能忍受的痛苦和磨難，因為這種對真理的忠貞不渝，所以我稱她為「聖女」。

唐　馨：那個收五分錢子彈費的人知不知道自己在做什麼？

崔衛平：這個問題很有意思，也比較複雜。在一種極端特殊的情況下，由於環境的封閉或者資訊的誤導，人們太有可能對事情做出錯誤的判斷。這是一個認識層面的問題。除了認識層面，還有一些生存的問題。出於生存的恐懼，或者某些利益的誘使，使得某個人不能公開地表達他對某個事情的看法，所以我們不敢肯定這個收子彈的人到底知不知道。而大多的情況是由於某種環境原因，人變得在良心方面很麻木、很遲鈍。也許，這個收子彈費的人無法感知到他的行為會讓一個母親暈倒過去。但是，這個細節主要說的是當時那種制度的野蠻，不是這個人的問題。

唐　馨：林昭是一個個人，收子彈費的也是一個個人，他也應該擁有和林昭一樣獨立的判斷能力啊。

崔衛平：你想想看，假如人在日常生活裏每天做一點不大不小違背自己意願的事情，他就習慣性地按照別人給他安排的軌道去走，而不再去拷問這件事情。這樣的一個個人可能從來沒有意識到自己是一個個人，他沒有想過自己思想感情的出發點，他要什麼，他想要過哪一種生活，他的生命應該怎樣打開；哪些東西是他獨特的，哪些東西是他用生命去捍衛的，他沒有體驗過生命的力量，沒有體驗過一個人要為自己負責任，需要自己給自己做出交代的那種責任感。林昭是獨立的，有個人的靈魂，而這個人卻只是一個機器的工具。

　　現在的環境不像林昭當時那麼極端，但是人們也是隨時隨地幹一些不大不小違背自己意願的事情，這似乎成了一種不加思考的習慣性的行為。比如我在電影學院教藝術概論的課，有些學生不喜歡這些課，我認為他們不來上課是可以理解的，來考試也是可以理解的。但是至於在考試前拼命琢磨我的意圖，想方設法考高分，結果大多數都考試到 80 分以上我就很難理解了。你可以考 60 分嘛，多出來的二、三十分完全可以不要，這屬於是在沒有壓力的情況下撒謊。有些撒謊是有理由的，有些撒謊是沒有理由的，這些謊言就是一種習慣性行為。

唐　磬：如果按照你剛才的說法，英雄是做一些常人不能做的事的人，那麼和過去相比，現在的英雄不需要和別人打仗，他們更多是和自己打仗，是和自己的愚昧無知進行鬥爭。

崔衛平：你這樣說很有道理，但是你說的與自己打仗，在我看來還是和一種比自己更強大的社會的力量做鬥爭。認同你的愚蠢行為，支配你的愚蠢行為的仍然是大於個人，高於個人的社會力量。

唐　磬：林昭之所以能一直堅持這麼做，是不是和她的基督教徒身份也有關係？

崔衛平：即使是基督徒，把自己交給信仰也是一種過程。信仰給了她支撐的力量，忍受痛苦的勇氣和堅持下去的毅力，但是從我們這個角度看來，她並不是為信仰而鬥爭，她為之鬥爭的是她所認定的東西，即人應當是按照自己良心說話的，不能歪曲事實，她是堅信人的基本良知，而基督教的信仰加強了她的力量。在這點上林昭給良知是給加冕，是賦予了人類良知以榮耀。她之所以令我們感動，正是因為她觸動了我們的良知，在面對她的同時，面對自己的良知。

唐　磬：我們很多人似乎只在讀林昭故事的瞬間良知得到了喚醒，一旦背過身去，會又去做一些不大不小違背自己意願和良

知的事情。我們似乎只會大問題上奉獻我們的良知，可回到日常生活，良知就又睡著了。

崔衛平：良知不是只有在大是大非的問題上，或者有關國家、歷史的問題上才能體現出來，它化解在我們日常生活的所有細節上。良知實際上是一種自我視察，是由自己來審定自己。有時候甚至不是道德上的是非，而僅僅只是分寸問題。一句話是不是說得太誇張了？一個神情是不是做得太過分了？表述一件事情的時候是不是按照它真實的樣子，一分不多一分不少地把它說出來？包括某句話怎麼說，在什麼時候說，怎麼更有分寸地來說，這都是些衡量的問題，尺度的問題。良知是使一個人獲得自己不大不小的尺度：他不比自己多，不比自己少；不比別人多，不比別人少，恰如其分地正好就是自己。無論是鄙薄別人、蔑視別人還是自輕自賤，都是失去分寸，都是在有意無意地塗改著事情的原樣。

唐　磬：也就是說良知作為一種普遍尺度，存在於日常生活的每個角落？

崔衛平：對。比如人們都林昭說話的聲音很好聽，她是個很有美感的人，她穿衣服很好看，這都說明她在日常生活中就是一個知道尺度的人，而不是「荒原中的英雄」。再比如朋友們都說她有情有義，並且不止一個男人對她產生愛意，又說明她也是個很自愛的一個人。只有一個自愛的人才能去愛真理。在她身上我們看不出嬌柔造作之氣，她是一種天然質樸的美，她一貫如此，在做那些常人不能做的事情之前，她的個人生活是比較結實的，較少漏洞的，她對自己始終有一個較高的評價，而不是只有在重大事情上才交出自己的良心。如果我們說她心氣傲，那是因為她謹慎而完美地完成了日常生活中的所有事情。

唐　磬：而並不是只有英雄才能這樣做？

崔衛平：當然。我們可以一輩子也遇不到讓自己當英雄的驚天動地的事情，也不可能要求我們每個人付出非凡的勇氣或者精力，但是我們有權，也有義務擁有一個比較結實的，不那麼前後不一致，不那麼漏洞百出，不那麼互相矛盾的人生。這是林昭帶來的一個很好的啟迪。

唐　磬：和母親的討論因為要去吃午飯只好就到此中斷。儘管時間很短，但是我想在我們的討論中我已經得出了自己想要的答案。是的，她平靜的高貴是任何人都能在她的故事中感受到的，她透明的良知是任何人都能為之感到震撼的，她用自己的生命發起的對專制的責難是任何人都會引起共鳴的，但是如果僅僅在此停留，那麼林昭的死就僅僅變成了一種對於歷史的反省和為了後人的教訓而作出的犧牲，變成了一座高高懸掛的明燈，這種明燈卻還是只有在我們想打開開關的時候才會發光。不，她不僅是在質問和敲打那個扭曲的社會，更是在質問和敲打造成那個社會的所有人，以及，現在像我們這樣閱讀她的所有人。她激起的不應該僅僅是對極權統治的怒氣或者對她逝去的惋惜，還有我們以她為鏡對自己的反省。更關鍵的是，這種反省並不是一時興起，並不是在一種激昂的情緒中所產生的衝動，而是即使背對著她也能一直保持的清醒。

　　關於林昭產生的感慨已經太多了，我只想在感慨之餘補充一句，不要憤慨那收五分錢子彈費的人，因為如果我們不能保證自己的良知始終明亮，那麼我們自己也就和收五分錢子彈費沒什麼區別。甚至在這種良知的忽明忽暗當中，比那個人還要可笑可悲。

　　2004 年秋，筆者輾轉獲得胡杰紀錄片的一個版本《尋找林昭》。在一個寂靜無聲的深夜看完後，我只覺得渾身寒冷！徹骨的寒冷！淚水不知不覺模糊了我的雙眼，我想嚎啕大哭，卻一點聲音也發不

出來，只得任憑兩行清淚靜靜地流淌著。心中鬱悶無法排遣，我在居室的大廳裏走來走去，一直走到晨曦微明……後來，我寫下了一篇觀後感〈胡杰尋找的不僅僅是林昭〉，掛在紫金網（www.zijin.net）的個人博客上。沒想到日後它被廣泛傳播，似乎比我的其他文章影響都大得多。現在謹把該文鏈結於此，權且作為結束此《林昭傳》的文字。但願我們今後都能像林昭一樣敢於直面自己的良心。拯救自己的永遠只有自己，古今中外，概莫能外——

　　西元前 548 年，大臣崔杼殺害了當朝的齊莊公。國君殺得，就沒有什麼人殺不得。一時間，齊國血雨腥風、人人自危。儘管崔杼嘩變是被齊莊公賜他的「綠帽子」所激，但齊太史公還是毫不留情地秉筆直書：「崔杼弒其君。」崔杼二話沒說，殺了太史公。繼任的是死者弟弟，他再書：「崔杼弒其君！」崔杼便再殺。三弟還書：「崔杼弒其君！」就在崔杼為殺與不殺猶豫不決的時候，南史氏也收拾行裝準備前仆後繼。崔杼終於害怕了！他沒有敢殺第三位太史公，「崔杼弒其君」這五個漢字就這樣滴著鮮血載入了史冊！西元前 548 年的齊太史公也許未必意識到捍衛歷史的尊嚴實等於捍衛民族的未來，但他們顯然深深懂得：歷史一旦突破真實這一底線，將會把人類推向萬劫不復的深淵！

　　時間到了西元二十世紀，歷史失真，民族失憶。然而小草又總想發芽，小溪又總想奔騰，小鳥又總想飛翔，人，總渴望思考些什麼，探求些什麼，發現些什麼，獨立製片人胡杰便是其中之一。5 年光陰，行程萬里，苦苦尋訪了 80 多位心靈結冰、嘴唇上鎖的老人，46 歲的胡杰傾家蕩產只做了一件事：復活林昭！2004 年 11 月的那個深夜，當我全身冰涼地看完胡杰的紀錄片《尋找林昭》，我忽然想起殉難於西元前 548 年的齊太史公。我感覺林昭的血和太史公的血流到了一起，涓涓的，不知道要流向何方。仰望黑幕沉沉的蒼穹我欲哭無淚：漫長而沉重的中國歷史啊，為什麼你的每一頁都浸透著

鮮血？苦難而隱忍的中國人民啊，為什麼你的每一代都有著相似的不幸？

　　我出生於 1971 年，是沐浴著改革開放春風成長起來的一代。從小學到中學到大學，我受過相對系統而完整的現代教育，時間長達 15 年！可是，我的課本裏竟然沒有反右鬥爭、竟然沒有文化大革命。除了道聽塗說、斷章取義、猜想臆測、似是而非，我沒有正常渠道可以瞭解新中國的歷史。於是，直到開始工作、走上社會，我仍然天真地以為 1949 年以後的一次次天災人禍，都只是意外。只是偶然，至多也是少數別有用心者禍國殃民的結果。然而，真相終於還是接二連三地浮出了水面，我就像泰坦尼克號遭遇了冰山，轉瞬間便成了一條無處擱淺的破船。問號，問號，到處都是問號；虛偽，虛偽，無處不是虛偽。歷經 30 多年形成的世界觀、人生觀忽然好似那艘泰坦尼克號。突然意識到：我們的大腦被格式化了，在相當長的時間裏空白一片。希望思考，希望希望，但不知道該思考些什麼，不知道該相信些什麼和如何相信？除了相信太陽明天依然會升起，地球明天依然會轉動，還有什麼敢於輕信的東西？

　　哲學把這種空白叫做幻滅。

　　胡杰想必也有過幻滅。「林昭？那是誰？」5 年前的胡杰曾經這樣無知地詢問過朋友。當他明白自己的無知完全是集體失憶的結果時，他坐不住了。為什麼反右運動過去不到半個世紀卻好像完全不存在一樣？為什麼林昭冤案平反了 20 多年人們卻仍然諱莫如深？為什麼總有人在有意無意地製造和兜售人血饅頭？為什麼人血饅頭在 21 世紀仍有廣闊的市場？無知者可憫，失憶者可悲，因失憶而無知者可憫又可悲！幻滅之後，胡杰義無反顧承擔起還原歷史的職責，他選擇用鏡頭尋找林昭的靈魂。

　　2004 年 8 月 11 日的《中國青年報》「冰點週刊」是這樣描述胡杰探尋真相之艱辛的：「林昭當年的朋友和同學，如今都已是古稀老人。尋找並說服他們接受這一部歷史紀錄片，就像他們倖存於那個時代一樣艱難。面對胡杰，大多數人的第一個反應是：『你是誰？你

到底想要幹什麼？你想要達到什麼目的？」沒有人願意向胡杰敞開心扉，他們情願失憶也不願意敞開心扉，他們情願苟活也不願意敞開心扉。沉默是他們的權利，唯一的權利。關於林昭，知情者的嘴巴已經緊閉了幾十年，即使是對家人也很少提起。「一個初次接待胡杰的人，把他關在防盜門外，隔著鐵柵欄，嚴厲而冷漠地說了40分鐘拒絕的話。」可是他最後還是打開了鐵門，打開鐵門時他只說了一句：「如果不是因為林昭，我絕對不會讓你跨進這個門一步。」另一堅決拒絕胡杰的老人，答應在胡杰離開前最後見他一面。他原準備臭罵胡杰一頓便坦然回家，後來卻流著熱淚接受了胡杰的拍攝，理由也只有一個：因為林昭！儘管最終還是挖開了記憶的墳墓，但仍然有不止一位受訪者懇求胡杰：「絕不能讓我的孩子知道這段痛苦的經歷，太殘忍了！」更多的人早已不會流淚，一位曾因「反革命罪」入獄14年的老人對胡杰說：「是我們親眼看到老百姓凍死、餓死，讓我們認識到中央的政策有問題。難道我們不應該說出真相嗎？我們當時對黨和國家是有深切感情的呀！」說著說著，他傷感地笑了，他平靜地反問胡杰：「你說，說這些有什麼意義？教訓嗎？給誰的教訓？」

意義？說出真相本身不就是意義？追索、發掘、保存、傳播真相，不就是意義！我理解老人的微笑，我尊重老人那貌似怯懦的退卻自衛，但事實證明，《尋找林昭》已經完全超越了一部紀錄片的意義。在胡杰鏡頭的引領下，每一個觀眾都不僅踏上了尋找林昭之路，更踏上了尋找自己迷失已久的記憶和良知之路。在尋找林昭靈魂的道路上，胡杰不僅不會就此回頭，而且只會越走越遠。只有當一代又一代的年輕人不再追問「林昭是誰」時，胡杰的使命才會真正結束。也只有到了那個時候，林昭的血才沒有白流！

這不是意義嗎？

寫到這裏，我忽然注意到胡杰是西元1958年出生於山東濟南的。只可惜殉難於西元前548年的齊太史公連名字也沒有留下，他姓不姓胡？這是亙古之謎。

魂兮歸來，齊太史公！

魂兮歸來，聖女林昭！

魂兮歸來，中華民族的精神！

（2008 年 2 月 7 日完成初稿，2009 年 1 月 16 日五稿改定）

附　件

附件一
林昭年譜（1931-1968 年）

趙銳　彙編

1931 年

　　12 月 16 日出生在蘇州。父親彭國彥是江西吉安人，畢業於東南大學政治經濟系，江蘇省首次文官考試獲得頭名，後出任吳縣縣長、江陰縣長、邳縣縣長等，為人耿介清高。母親許憲民是蘇州人，係當地女界名流，曾交叉加入共產黨和國民黨，性格熱情豪爽。1949年後，許憲民一度擔任蘇州汽車公司副經理、民盟蘇州市委會委員、民革蘇州市委會委員、市人大代表、市政協委員等。父親希望長女效學班昭，故取名彭令昭。乳名蘋男，又名許蘋。林昭有一妹彭令範，一弟彭恩華。

　　大舅舅許金元，曾任中共江蘇省青年部長，1927 年被國民黨殺害，年僅 21 歲。

　　小舅舅許潤元，在中央稅務局工作，1949 年前去臺灣。

　　小叔叔彭國珩，中共黨員，在清華大學搞學生運動，後隨聶榮臻南下，30 年代犧牲。

　　堂舅舅許覺民，原中國社會科學院文學研究所所長，2007 年病逝。

　　有多種資料證實林昭實際生於 1931 年，屬羊。因母親許憲民嫌屬羊不吉利，故意推後了一年，所以一般流傳其生年皆為1932 年。

1932 年　1 歲

1932 年 5 月，父親彭國彥遭遇牢獄之災，母親曾抱著五、六個月的林昭前往鎮江探監，期間林昭重病。因家境突變，林昭幼年體弱多病，林昭多由外婆照顧。

1933 年　2 歲

母親許憲民等發起成立「蘇州婦女會」，吸收大量女青年參加，進行救亡宣傳和戰地救護訓練。父親彭國彥當年 9 月無罪釋放。經歷這一坎坷，彭國彥脾氣變得十分暴躁，許憲民說他「神經完全變了」。外婆對林昭寵愛無比。

1938 年　7 歲

母親信佛，林昭曾跟母親去靈岩山方丈處，母親把她放在廟中小住數日。她曾悄悄地對方丈說：「我猜你晚上偷偷摸摸吃肉。」方丈大笑。當年春夏之交，林昭隨父母逃亡到長沙。

1939 年　8 歲

長沙大火後，林昭父母帶著兩個孩子退到常德，一家四口行動艱難。1939 年底，全家在貴州分道揚鑣，彭國彥隻身赴蜀，許憲民帶著兩個女兒於 1940 年春返回淪陷區。

1940 年　9 歲

母親許憲民剛回蘇州，即被汪偽特務逮捕。幸運出獄後，許憲民在興化國民黨江蘇省黨部任視察，來往蘇南各縣工作。與此同時，

許憲民也受到國民黨懷疑，她只好在淪陷區到處躲藏，有時深夜回來探望一眼母親和女兒。這段時間林昭和妹妹由外婆撫育，外婆盡力給體弱的林昭增加營養。

1941 年　10 歲

母親許憲民兼任江蘇省三區黨務辦事處督導，指導上海、松江等八縣工作。林昭與妹妹仍居蘇州外婆家。

1942 年　11 歲

母親許憲民以上海貧兒工藝院院務主任的職務為掩護，擔任國民黨松滬戰區三區特派員，後因不堪日寇糾纏而潛逃離職。林昭曾隨母親居上海。

1943 年　12 歲

母親許憲民又被上海日本憲兵司令部拘捕，林昭隨母親入獄。獲釋後，許憲民被送到重慶中央訓練團第 27 期黨政班受訓。大概就在這一年，林昭曾因病住進同德醫院，她的病房就成了地下工作聯絡點。後來因出了叛徒，病房便被便衣監控，病中的林昭雖如同人質，但仍能機智應對保護母親及其戰友，給人留下深刻印象。

1945 年　14 歲

母親許憲民再返淪陷區，在浙江淳安縣王艮仲（解放後任國務院參事）主持的「中國建設服務社」工作。10 月，馮英子到蘇州，又見到了許憲民。那時彭家住在濂溪坊許憲民的娘家，是一幢單開間的平房。林昭父親彭國彥光復後任中央銀行專員。

1946 年　15 歲

林昭在蘇州華關中學（一說萃英中學）讀高一。林昭與同學陸震華、陸咸、楊彥蘋等創辦了「大地圖書館」，開始以筆名「林昭」寫作。當年，母親許憲民任吳縣銀行常務董事、吳縣婦女會理事長、新蘇長途汽車公司副經理，逐步脫離國民黨。

1947 年　16 歲

年初，林寶銓與程伯皋等成立了一文藝團體「文青聯誼會」，創辦了《初生》月刊，林昭以「歐陽英」為筆名在二、三兩期上發表文章。

當年暑假，林昭轉學有名的教會學校景海女中讀高二，星期天仍回大地圖書館參加活動。母親許憲民參加地下民盟，任民盟蘇州臨時工委委員，後在民盟支持下競選國大代表成功。

1948 年　17 歲

陸震華證實，當年暑假林昭轉學景海後，就在該校教師陳邦幸（中共地下黨員）的介紹下，在蘇女師支部楊願老師處加入中國共產黨。在景海女中，林昭深受語言老師陳旭賞識，英文也得到獎勵，但數學成績較差。林昭父親與景海女中校長江貴雲相識，希望學校對女兒有所照顧，學校也的確保護了名列「黑名單」的她，並準備送她到美國讀大學。

當年春天，吳縣中學（今蘇州高中）學生唐崇侃等組織了一個「大眾讀書會」，經常以爬山、郊遊等活動為掩護，跑到蘇州天平山、獅子山一帶去閱讀馬列毛著作，林昭是這個讀書會的積極參加者。

當年秋，母親許憲民與中共地下黨陳偉斯接觸，為其提供很多幫助，她還創辦了民盟報紙《光明報》。

1949 年　18 歲

與李璧瑩上了國民黨蘇州城防指揮部的「黑名單」。組織通知她們必須撤離蘇州，林昭認為母親是「國大代表」，不用撤離。從此林昭失去了黨籍，這件事成為她後來繼續投身革命的「污點」，以至她相當長時間裏有沉重的自責心理。

景海女中畢業，父母希望林昭考大學，林昭卻渴望早日投身「火熱的革命工作」，考取了位於無錫的中共蘇南新聞專科學校。深夜離家出走被母親追回，當年 7 月 1 日，在給母親寫下「活不來往，死不弔孝」的字據後，義無反顧投奔革命。在蘇南新專填表時，為表現「革命決心」，自作主張將家庭成份填為「反動官僚」，母親後來得知後很生氣。在蘇南新專三班學習專業知識僅六、七個月，下鄉時間就達四個月。

林昭父母在此前後分居。解放後，報紙停辦，許憲民被另眼相看，一度無比消沉。父親彭國彥則生活潦倒，脾氣越發暴躁。

1950 年　19 歲

1 至 3 月，在蘇南新專業務學習新聞學概念、採訪與寫作、報紙編輯、文藝政策、報業管理、通訊社工作。4 月「共同綱領」學習。5 月蘇南新專畢業，林昭志願去農村參加土改運動。5 月中旬正式下鄉。6 月參加全團整風，林昭團員轉正。8 月，與同學吳萱如在吳縣木瀆作長詩〈望穿眼睛到今朝〉。

1951 年　20 歲

積極爭取入黨。3 月中旬體檢，發現肺部有陰影，是第一期肺病。領導讓其休息，但林昭認為「我們的戰士在前線負傷不下火線」，「這也是戰鬥的崗位」。1950 年 5 月至 1951 年 5 月，共參加四次土

改，一次征秋，兩次動員參加志願軍，三次發放土地證。10 月，土改工作隊回無錫集中，林昭因為對個別領導有意見而被點名批評，之後林昭回蘇州家中小住。11 月，全體隊員在無錫東郊工人幹校集中進行土改學習。12 月 21 日，在全體會議上被公開點名批評，林昭深受打擊。

1952 年　21 歲

被分配到《常州民報》工作。2 月初在常州病倒，當年身體虛弱，經常犯病。民報是家私營報紙，林昭擔任副刊編輯，以林昭、小昭、高翔等筆名發表了通訊、詩歌、相聲等幾十篇作品，如〈在總路線的陽光照耀下前進〉、〈走上社會主義光明大道〉。民豐紗廠（常州國棉二廠）是她常去採訪的基點，率先全面介紹了全國勞動模範徐建華。

當年冬天，父母協議離婚。許憲民帶 3 個子女遷居上海，但她的工作和組織關係仍在蘇州，在蘇州也另有居所。

1953 年　22 歲

在《常州民報》工作，前後將近兩年。《常州民報》撤銷後轉至常州市文聯工作。當年，全國高等院校按照蘇聯模式進行院系調整，原蘇南新專教育長羅列調北京大學中文系任副主任兼新聞專業負責人。領導批准林昭復習參加高考。當年 3 月 5 日，史達林因病去世。同年 9 月，赫魯雪夫被選為蘇共中央第一書記。林昭為紀念史達林，一段時間曾在髮梢上紮白色絲帶。

1954 年　23 歲

夏天，以江蘇省最高分考入北京大學中文系新聞專業。當年 8 月 15 日的《解放日報》7 至 11 版〈全國高等學校一九五四年暑期招考

新生錄取名單（華東區部分）〉在第十版「北京大學中國語言文學系」新生中有「彭令昭」的名字。因屬幹部，林昭每月工資 25 元。入校後，林昭很受人注目，人稱「林姑娘」。因常以「林昭」自稱，老師和同學們一度不知道她的本名，以後林昭的名字基本代表了彭令昭。

1955 年　24 歲

參與北大詩社等學生社團。林昭以古、近、今體兼能，詩、詞、文俱佳在詩社占得一席，「林姑娘」的美稱由此興焉。北大詩社自當年春天出版月刊《北大詩刊》。林昭當時在《北大詩刊》只是兼職，她同時還在校刊編輯部任職。二年級開學，林昭剪掉辮子燙起頭髮，穿上時新的衣服。經歷了一系列政治運動後，林昭漸漸發現自己的愛與恨是一盆漿糊，她在給母親的信中懺悔道：「他們要我井裏死也好，河裏死也好，逼得我沒辦法，寫了些自己也不知道的東西，我不得不滿足他們……我沒存心誣陷你。」她向母親發誓：「今後寧可到河裏、井裏去死，決不再說違心話！」

1956 年　25 歲

秋天，北大黨委決定創辦一個學生綜合性文藝刊物，即後來著名的《紅樓》。《北大詩刊》因此停辦，並對其編委會成員作了增補，林昭名列其間。這一年創作詩歌頗多。1954 年學校迎新舞會上結識譚天榮，從當年夏天起開始叫譚天榮「小弟」，譚天榮稱林昭「姐姐」。

當年，母親許憲民由民盟轉入民革。

1957 年　26 歲

當年春天，毛澤東提出「百花齊放、百家爭鳴」，要求各界向黨提意見，幫助黨整風。5 月 19 日，北大出現第一張大字報。當天傍

晚，中文系三年級學生沈澤宜、張元勳貼出長詩〈是時候了〉。隨後，物理系學生譚天榮發表了〈一株毒草〉、〈二株毒草〉等大字報，並在廣場上發表演說、與人辯論，北大民主活動風起雲湧。5月20日，林昭寫了〈這是什麼歌〉的長詩支持張元勳。不久，譚天榮、張元勳、陳奉孝等學生組織成立了「百花學社」，準備創辦刊物《廣場》。林昭支持《廣場》的出版，以筆名「任鋒」為《廣場》寫了〈黨，我呼喚〉一詩，還公開發表其他文章和詩歌，稱頌百花齊放、百家爭鳴方針在北大得到了貫徹落實。

當年夏天，「反右運動」開始，譚天榮、沈澤宜、張元勳等後來成為北大首批「右派」。林昭系第二批「右派」，她被開除團籍，保留學籍，勞動查看。北大當時有8000師生，共有1500人成了「右派」被開除了公職與學籍。林昭吞服了兩盒火柴頭自殺，獲救後她大聲說：「我絕不低頭認罪！」因態度惡劣，林昭被判勞教三年。羅列老師憐其體弱多病，經常咳血，冒險為之說情，沒有發配到西北勞改，而是留校在苗圃勞動，以便群眾「監督改造」。

當年8月，林昭在中國青年報實習。8月中旬實習結束回上海，假期病發，咯血甚烈。

12月21日晚上，林昭讓張元勳做好被捕準備，並與張元勳互換了家庭地址，商定二人不管經歷多少磨難也不能失去聯繫。12月25日清晨，張元勳因涉及「七人集團」及欲往英國代辦處政治避難未果，以「參加反革命集團」被秘密逮捕。1965年12月24日刑滿釋放，然後留在勞改隊「繼續改造」。直到1979年11月24日，由北京市中級人民法院宣告平反。

1958年　27歲

春末，好友羊華榮到山區勞動。二人始有書信往來，後林昭發現信件被人拆看，二人聯繫漸疏。

　　6 月 21 日，北大中文系新聞專業併入中國人民大學新聞系，林昭在新聞系資料室監督勞動。工作由王前女士（國家主席劉少奇前妻）領導，王女士對她頗為照顧。還有一位同伴是人民大學學生、也戴上「右派」帽子的甘粹。甘粹 17 歲參加劉鄧的二野，隨軍在四川萬縣從事群眾工作，1955 年考中人民大學新聞系。期間，林昭研究《南斯拉夫共產黨綱領》，寫長詩〈海鷗之歌〉，改編魯迅的小說〈傷逝〉為電影劇本。反覆修改長詩〈海鷗之歌〉，並寄給蘭州大學歷史系「右派」學生孫和。孫和的妹妹孫複系北大中文系林昭同學，孫和是從妹妹處得知林昭及其〈海鷗之歌〉，並主動與林昭聯繫。經孫和介紹，林昭與蘭州大學歷史系「右派」學生張春元結識。

　　秋冬之時，院裏壘起煉鐵小高爐，林昭也參加了值班。每個星期日林昭都起得很早，後來甘粹知道她是去教堂作禮拜。入冬，林昭常生病，有時臥床不起，甘粹為林昭灌開水、打飯、弄爐子，二人感情加深。甘粹星期日陪林昭去教堂作禮拜，林昭給他講《聖經》，同時會見一些有思想的人。甘粹常給林昭望風或掩護林昭去校外活動。為紀念難友，林昭創作了一首歌〈呼喚〉，並教甘粹唱。這期間，她時常徘徊於天安門英雄紀念碑前。甘粹勸她不要碰硬，雞蛋是碰不過石頭的。她立刻嚴正地回答說：「我就是要去碰，我相信成千上億個雞蛋去撞擊，這頑石最終也會被擊碎的！」

　　7 月，北大「右派」同學劉發清畢業到大西北。林昭請他吃飯，鼓勵他說自己已經想通了：「這不單是我個人的命運問題，北大劃了多少右派？全國有多少？反右鬥爭還在全國進行，它的性質、它的意義、它的後果、它對我們國家、對歷史有什麼影響？對我們自己有什麼教訓？我現在還搞不清楚，但我要認真思考，找尋答案……」

　　林昭成「右派」後，許憲民也受到衝擊，工資由 300 元減至 200 元、120 元，身心交瘁。

1959 年　28 歲

當年春天，校方風聞林昭與甘粹在談戀愛。新聞系黨支部警告甘粹：右派不能談戀愛。林昭得知此事便拉甘粹手去院中散步，始稱甘粹為未婚夫。

6 月，林昭對甘粹說：「我們不能結婚，這樣會害了你。」甘粹認為他可以照顧林昭並使她不會過早出事。甘粹向校方提出結婚，被拒絕。組織上把甘粹發配到新疆。林昭心情惡劣，病情加重。因支氣管擴張經常咯血，申請回母親身邊養病，人民大學校長吳玉章批准了林昭的請假要求。林昭把文稿寄存在北京政協副主席羅青家中，文革開始後，由於害怕惹禍羅將其全部燒毀。

10 月，甘粹在到新疆後發現去的地方是勞改隊，又逃回上海，林昭母親堅決反對他們的婚姻。禮拜天他們同去烏魯木齊路教堂作禮拜，一星期後沒有戶口和任何生活來源的甘粹重返新疆。林昭和母親、弟弟住上海茂名南路 159 弄 11 號。妹妹彭令範工作後經常住宿舍。

上海養病期間，林昭与蘭州大學物理系「右派」研究生顧雁、蘭州大學歷史系「右派」學生張春元建立聯繫。張春元，河南人，志願軍軍官，後考入蘭州大學歷史系，林昭稱張是「我們時代的主將」。顧雁，1935 年生，上海南匯縣人，1957 年畢業於北大物理系，後為蘭州大學物理系研究生，1958 年淪為「右派」。張春元專程來滬會晤林昭，張回蘭州前，林昭將《南斯拉夫共產黨綱領》和長詩〈海鷗之歌〉送給張春元，張春元極為欣賞。後來，張春元、顧雁參照此書，寫成〈當前的形勢和我們的任務〉一文，公然提出「要在中國實現一個和平、民主、自由的社會主義社會」，並將林昭的〈海鷗之歌〉單獨油印成宣傳資料。張春元提出創辦刊物傳播思想，顧雁、徐誠等雖然明知這樣做會有怎樣的後果，但為了中國的前途、民族的未來，還是積極參與其中。

1960 年　29 歲

是年，中國大地饑荒蔓延，餓殍遍野。在甘肅天水勞動改造的張春元等人湊錢買了一部油印機，油印了首期自辦刊物《星火》，其中發表了林昭的長詩〈普洛米修士受難的一日〉。然後，他們四處搜集各地黨政負責人和民主黨派負責人名字，企圖將一封公開信發送給中共各省（市）委書記，呼籲他們正視惡劣的社會現實和人民的苦難，借鑒參考南斯拉夫模式，努力遏止中共的極左政策。在這封信中，他們明確表示彭德懷在 1959 年廬山會議上遭到不公正批判、罷官是不正確的，中共應該正視「三面紅旗」下的貧困和災難，「大躍進」是反科學的，否定彭德懷給毛澤東的「萬言書」是否定事實，也否定科學、民主，並由此提出「還我民主，還我科學」等口號。結果很快就東窗事發。

當年春天，遠在大西北的「右派」同學劉發清正因饑餓而絕望，忽然收到林昭寄來的 30 多斤全國通用糧票。劉發清回信表示感謝，並認真敦促她「認真改造」。不久，林昭覆信說此乃小事一樁，不足掛齒，至於足下所說「認真改造」云云，則「你我都是共坐一條船上的『旅人』，船若靠岸，我亦可登……」這一時期林昭常住在蘇州和父親在一起，她第一次認真的和崇尚西方法治的父親平心靜氣地交談，醒悟到父輩的追求，對自己的革命熱情進行了反思。初夏，張春元、顧雁策劃向各位中央委員發信告訴他們全國的工業、農業發生了嚴重的經濟情況。

7 月，張春元被捕。9 月 30 日，與張春元一起勞改的學生、教師 39 人被捕，支持他們的數十名當地農民一起被捕。同時被捕的還有對他們表示過同情的武山縣委書記杜映華。

秋天，林昭給張元勳家寫信表示問候。張元勳哥哥唯恐其中有詐，要求林昭寄照片一張，不久林昭寄來照片，背面題詩一首。

10 月 24 日，林昭「以陰謀推翻人民民主專政罪」在蘇州被捕入獄。先拘留在上海第一看守所，一度親人音信全無。母親千方百

計想得到一些消息，但多方奔走毫無結果。逮捕時恰好父親彭彥國進門，他立即變了臉色，口中喃喃道：「我們家完了，我們家完了！」說著踉蹌離去。11 月 30 日，他吞食老鼠藥自殺身亡。與此同時，顧雁在浦東紅橋老家養病時被捕。

1961 年　30 歲

轉入上海靜安分局關押。入獄一年多後才有信出來，說親人可以送一些錢和物品。母親每次探監都很沮喪，因為得知林昭在裏面「表現很壞」。林昭則一次次寫信向家人索要白被單，後來才知道白被單被她撕成條條用來寫血書。寫下組詩〈牢獄之花〉、〈思想日記〉等。

5 月，與虔誠的基督徒俞以勒同囚一室，她們成了好朋友。俞以勒說林昭經常在獄中高唱革命歌曲，大聲要求給囚犯革命的人道主義和合理的待遇。如果獄警不理，林昭會整夜敲打獄門。

12 月初，「《星火》反革命集團」案有十幾人被判重刑，其中張春元被判無期徒刑。

1962 年　31 歲

3 月 5 日，在母親的努力下，當局同意林昭保外就醫。母親和妹妹彭令範去上海靜安分局接林昭，林昭堅決不肯回家，她對母親說：「你怎麼這麼天真，他們放我出去仍要抓我進來的，何必多此一舉！」林昭拖住了桌子腿執意不走，母親和妹妹無奈，最後只得請一位朋友家的花匠來，硬把她按上三輪車載回家裏。

回家後在親人照料下情緒漸漸好轉，燙了頭髮，身體也稍胖起來。在家她總要告訴母親和妹妹獄中和上海第一看守所的事，給她們「表演」反銬 180 天期間如何處理日常生活，包括洗臉、吃飯和大小便。母親和妹妹不忍看，林昭說：「真可惜你們不要看我表演，

因而喪失了一個機會理解二十世紀的一種特殊生活模式。」母親和妹妹問林昭為什麼要這麼多白被單，林昭支吾其辭。當她們看到她手腕部有血跡斑斑的傷痕時，母親立即把她衣袖拉起來，這才發現其手臂上也全是小的切口疤痕，母親當時放聲大哭。林昭曾對妹妹說：「如果需要，我還是要寫血書，因為讓血流到體外比向內心深處流容易忍受。」

據妹妹彭令範回憶，林昭當時曾提到說毛澤東在一所審問過她，因許憲民和彭令範都不敢再聽下去，林昭也就沒有繼續講。在上海保外就醫期間，林昭專門到《解放日報》找到原蘇南新專三班輔導員胡子衡，問他：「什麼是新聞自由？我想辦報，你們允許不允許？」還說：「新專什麼都好，就是沒有教會我們做人不好，害得我們出去老是碰壁！」

3月底，對獄警說隨時準備重返監獄。曾幾次三番打好包裹去公安局門口要求入獄，不讓進還靜坐，每次都由母親和妹妹強領回家。林昭說真理在自己一邊，不怕把牢底坐穿。從早春起，到顧雁家中探望其親人，直到再次入獄。她和顧雁的父親成為忘年之交，顧父係早年留學法國，是夢想實業強國富民的工程師。林昭再次入獄後，顧雁的哥哥顧鴻將當時家喻戶曉的卡斯楚著作《歷史將宣告我無罪》寄給法院，並將「無罪」二字用紅筆劃出。顧雁的弟弟顧纍則在日記中表達抗議。顧鴻、顧纍因此都被打成「反革命分子」。顧纍認為林昭「對別人富有同情心、愛護心，是個熱愛生活、嚮往幸福的知識女性。」

春天，與好友倪競雄見面。知道倪在寫歌頌人民公社的戲，林昭忍不住告訴她許多人民公社的陰暗面，說內地有的地方大片餓死人。倪競雄說：「怎麼辦呢？我們是不滿國民黨腐敗才去參加革命的，難道還能回到過去？」林昭搖搖頭說：「你是好人，無論共產黨有多少缺點錯誤，你總以善良的願望去為它辯解。」從此不再與倪談這些話題。

7 月，致信北大校長陸平，呼籲效仿蔡元培校長，主持公義，營救被迫害的學生，將此信交由戶籍警轉遞上海市靜安區法院。同時將此信與平時寫的一部詩稿托顧雁父親暫保存。養病期間寫成 30 萬字的《獄中回憶錄》，惜後來只存殘稿。陳偉斯先生 80 年代初採訪時，在上海公安局靜安分局看到一首林昭以手代筆、以血代墨寫下的〈獻給檢察官的玫瑰花〉，可能是這段時間所作。

母親為使林昭遠離是非之地，將她帶回蘇州監管。不料，正是在蘇州觀前街，林昭邂逅在此擺攤賣書的「摘帽右派」朱紅，並通過朱紅介紹認識另一「摘帽右派」黃政。

夏天，北大好友羊華榮前往蘇州會見林昭。林昭明確告訴羊華榮，她不滿當前的社會，決心要為自由民主而鬥爭。羊華榮表示不支持她的任何活動，勸她不要糾纏於是是非非的圈子中。林昭則說：「哀莫大於心死。」臨別，林昭贈羊華榮一張自繪的題為〈鐵窗之花〉的書籤。

8 月 29 日，初審開庭。林昭在上海出庭後再次返蘇。

9 月，林昭在蘇州與黃政商量並起草了《中國自由青年戰鬥同盟》的綱領和章程，提出政黨、軍隊、經濟、外交等全面改革的八項綱領。林昭還制訂了〈行動計畫〉、〈初期組織形式〉等文件，並為以後聯繫約定了方式方法。她將給大哥（即張春元）的一封信，以及自製的一些揭露和抨擊時政的漫畫、卡片等物品託黃政代為保存，並交給黃政一份原北大、蘭大「右派」同學的名單和通信處（約七、八人）。出於對朱紅的絕對信任，黃政一直通過書信將與林昭活動的細節告知遠在北京的朱紅，並將上述重要文件等收藏在朱紅家。通過與林昭的交往，黃政感到林昭是一位才華橫溢、文學修養極高、思維敏捷、能言善辯的奇女子，更是一個政治感性強、憂國憂民、滿腔激情、敢為國家命運赴湯蹈火的女豪傑。9 月，林昭在上海市淮海中路與無國籍僑民阿諾·紐門聯繫，要求阿諾將〈我們是無罪的〉、〈給北大校長陸平的信〉等四篇文章帶到海外發表。

9 月 27 日左右，林昭為三次傳票所迫返回上海。

11 月 8 日林昭再次入獄，被囚於上海提籃橋監獄，親人不許探監。

12 月，獄方安排林昭去上海精神病院作精神鑒定，院長粟宗華親自判定她精神不正常。文革中粟宗華因此被指稱「包庇反革命分子」，抑鬱成疾，含恨而終。

1963 年　32 歲

6 月 18 日，寫〈絕食書〉。刑事犯張姑娘與林昭關在同一囚室，獲得林昭信任。

7 月 18 日，張姑娘釋放後，先後到上海顧雁父親家借書、借錢打探消息。7 月 27 日又前往蘇州與朱紅、黃政等建立聯繫，共同起草傳單、編印宣傳小冊子、搞地下印刷機等，繼續進行一系列「反革命」活動。

8 月 8 日，林昭從上海市監獄移拘上海第一看守所。

10 月，借秋瑾的斷句為韻，林昭血寫立志成仁之義的〈秋聲辭〉，又寫〈自誄〉、〈血詩題花〉。10 月 3 日，黃政被捕入獄，與林昭成了「同案犯」，後獲刑 15 年。據悉，林昭在獄中得知上當受騙後，精神受到極大刺激。

11 月 24 日，林昭寫〈囚室哀志〉。

難友基督徒俞以勒出獄以後，專門到彭令範所在的醫院看病，她們相約第二天早晨六點在陝北菜場見面。俞以勒特別強調，林昭寫血書，一度紙筆都給沒收以後，她就更多的寫血書，用牙刷柄在水門汀上磨尖以後刺破血管，用血寫在白的被單上。俞以勒說：「林昭很勇敢，但是情況每況愈下。」

1964 年　33 歲

2 月 5 日，林昭吞食藥皂自殺，未遂。

3 月，致信審訊者。

9 月 26 日，紙筆被獄方收繳，無法書寫，此後一直用血書寫。

11 月 4 日，謝絕營養葷菜。11 月 9 日，與獄方談話不投機，第四次加戴手銬，延續到 1965 年 5 月 26 日才取消。11 月 10 日，以玻璃片割破左腕血管自殺未遂，是日起絕食 10 日。

12 月 2 日，接到起訴書。12 月 5 日，出庭受審。12 月 6 日，第一封致上海地方長官柯慶施的血書託檢察院轉送。12 月，第一次給《人民日報》寫信反映案情並表達政治見解，血書。無回音。12 月 24 日，寫對〈起訴書的批判〉。這一年張春元被槍殺。當年在獄中為懷念「四‧一二」中犧牲的舅舅寫了一首詩〈家祭〉。

1965 年　34 歲

1 月 5 日，索要進食筷子。上海市委書記柯慶施兼任國務院副總理，林昭向柯慶施申訴。1 月底，有資料說她遭到獄卒施暴，待證實。

2 月 20 日，獄方與林昭談話。2 月 21 日，早晨開始拒食。2 月至 3 月，第二次給《人民日報》寫血書反映案情並表達政治見解，無回音。此信附有一封呼籲書，要求轉給正在給非洲人效力的日本律師長野同治和智利記者羅哈斯，希望引起國際正義力量對自己的事業和案情的關注。

3 月，血書組詩〈血衣題詩〉。3 月 3 日，第二封致上海地方最高長官柯慶施的信交出。3 月 6 日，交上血寫的絕食書，獄方鼻飼流質，直到 5 月 31 日絕食 80 天，此間天天寫血書。到上海第一監獄 22 個月，僅於 1964 年 11 月 5 日家人送了一回副食品。3 月 21 日，從獄方米湯中聞出米沙爾氣味，喝後腹瀉，疑心有毒。以後經常因喝米湯腹瀉或腹痛。3 月 23 日，林昭開始血書〈告人類〉。3 月 25 日，身體極為虛弱，以來月經為由要求輸液，未允。

4 月 5 日，上午 11 時喝獄方米湯，5 分鐘後腹瀉，疑心有毒。4 月 5 日，上海地方最高長官、國務院副總理柯慶施發病，9 日下午

逝世。林昭覺得柯慶施之死含有政治陰謀，以為是因自己的上訴信引起。3 月至 5 月，一個半月沒有張口說話。

5 月 31 日，再一次開庭審判，以「反革命罪」被判有期徒刑 20 年，由上海第一看守所押至上海提籃橋監獄女監。

6 月 1 日，林昭刺破手指，用鮮血寫作〈判決後的申明〉：「這是一個可恥的判決，但我驕傲地聽取了它！」〈血衣題跋〉可能寫於當年八、九月間。5 月至 12 月，寫成《靈耦絮語》18 萬字。

7 月 14 日至 12 月 5 日，第三次給《人民日報》寫信申訴案情並陳述政治思想，系統而堅決地批判了「階級鬥爭」學說（戲稱為「樓梯上打架」的理論）和極權統治，呼籲人權、民主、和平、正義，長達 14 萬字。她在信中一再表示贊同這樣的觀點：自由「是一個完整而不可分割的整體，只要還有人被奴役，生活中就不可能有真實而完整的自由」，並作了這樣的發揮：「除了被奴役者不得自由，那奴役他人者同樣不得自由」。在該信中，林昭還寫道獄警對她的折磨以及她所做的種種反抗。這是目前流傳出來的少數獄中材料之一。

林昭未向親人透露是否信奉基督教，但她在給《人民日報》編輯部的信以及日記中都寫了「主曆」，她在信中也經常提到「我的路線，上帝僕人的路線，基督政治的路線」，還有「基督親兵」、「作為一個基督徒」等等。

1966 年　35 歲

林昭在提籃橋監獄時，有一次母親又一次勸她不要給家庭帶來無窮無盡的災難，林昭毫不猶豫地回答：「那也只能對你們不起了，我為真理不惜任何代價！」

5 月 6 日，剛剛刑滿釋放仍在監督勞動的林昭摯友張元勳來到上海，以「未婚夫」身份偕同林昭母親許憲民到上海提籃橋監獄看望林昭。張元勳看到林昭渾身縞素，長髮從頭頂部紮起一把拖在一邊，像京戲中旦角受刑時的打扮，額頭用一塊白布圍住，上用血寫

了一個「冤」字。二人進行了令張元勳刻骨銘心的交談。5 月，林昭完成〈鮮花開放在悲壯的五月〉詩稿。

6 月，完成〈基督還在世上〉長詩。6 月 8 日至 27 日完成〈不是練習——也是練習〉長詩。

年底，妹妹彭令範最後一次探監。12 月，監獄準備為林昭加刑。

母親許憲民在文革中被批鬥、毆打、抄家，並被停發工資，生活一度陷入困境。當年 9 月，許憲民服利眠靈自殺，後獲救。

1967 年　36 歲

5 月 1 日，正在監督勞動的張元勳再一次來到上海，偕同許憲民來到提籃橋監獄要求探望林昭。傳達室告曰：「監獄已經軍管，一切接見停止。」

1968 年　37 歲

年初，好友羊華榮到上海探望林昭母親許憲民女士。許憲民談到小張之事，說林昭得知受騙後精神受到很大刺激，在獄中破口大罵。羊華榮認為林昭為人過於單純，幾次上別人的當。還得知其母把林昭書稿交上海造反派，他們要為林昭平反，後來錢用完了，書稿也丟失了。

4 月 29 日，林昭從有期徒刑 20 年加判為死刑。她在接到判決書時，留下了最後一份血寫的遺書：「歷史將宣告我無罪！」當天，林昭被從病床上架起，秘密處決。當時體重不足 70 磅。

5 月 1 日下午 2 時，公安人員來到林昭母親家，說了三句話：「我是上海市公安局的。林昭已被鎮壓。家屬要交 5 分錢子彈費。」林昭妹妹彭令範送上 5 分錢，林昭母親許憲民當場昏厥。許憲民萬念俱灰，從 1972 年 9 月 26 日至 1975 年 6 月 14 日，又連續 9 次被兒子彭恩華毒打，多次離家出走。1975 年 11 月 24 日，許憲民摔倒在

離上海外灘不遠的 42 路終點站附近，由行人送到上海第一人民醫院。因是「反革命」，醫院不予搶救，第二天逝世。

　　妹妹彭令範 1985 年帶著二十美金前往美國，後多次回國參加悼念林昭的活動，發表過〈我的姐姐林昭〉等數篇紀念文章。彭令範畢業於上海第二醫學院，從文革到 1985 年赴美之前，長期在上海山海關路張家宅地段醫院當內科醫生。出國後，在美國德州達拉斯和霍普金斯大學獲兩個碩士學位，任約翰·霍普金斯大學醫學院研究技術員。現定居巴爾的摩，加入了美國籍。彭令範常在夢中見到血淋淋的親人，長期飽受憂鬱症折磨。林昭弟弟彭恩華早年堅決與家庭劃清界線並殘酷虐待母親，後也移民美國，現已身故。

附件二
林昭遺作──普洛米修士受難的一日

林昭

（一）

阿波羅的金車漸漸駛近，
天邊升起了嫣紅的黎明，
高加索的峰嶺迎著朝曦，
懸崖上，普洛米修士已經蘇醒。

隨著太陽的第一道光線，
地平線上疾射出兩點流星：
──來了，那宙斯的懲罰使者，
牠們哪天都不誤時辰。

……嬌麗的早晨，你幾時才能
對我成為自由光明的象徵……
釘住的鐐鏈像冰冷的巨蛇，
捆得他渾身麻木而疼痛。

呼一聲拍起翅膀，他身旁
落下了兩團猙獰的烏雲，
銅爪猛縶進他的肋骨，
他沉默著，把牙齒咬緊。

牠們急一嘴慢一嘴啄著，
凝結的創口又鮮血淋淋，

胸腔上裂成了鋸形的長孔
袒露出一顆焰騰騰的心。

兀鷹們停了停，像是在休息，
儘管這種虐殺並不很疲困，
——有的是時間，做什麼著急
他沒有任何抵抗的可能。

啊，這難忍的絕望的等待，
他真想喊：「快些，不要磨人」
但他終於只謀守著靜默，
誰還能指望鷹犬有人性？
戲弄犧牲者對犧牲者是殘酷，
對戲弄者卻是遊戲，刺激而高興

一下，啄著了他活生生的心，
他痙攣起來，覺得胸腔裏
敲進了一根燒紅的長釘；
一下，一下，又一下，再一下，
兀鷹們貪婪地啄咬又吞吃，
新鮮的熱血使它們酩酊。

赤血塗紅了鷹隼的利喙，
它們爭奪著，撕咬那顆心，
它已經成為一團變形的血肉，
只還微微躍動著，顯現著生命。

痛楚灼烙著他每一根神經，
他喘息著，冷汗如水般漓淋，

那兒有空氣啊，他吸入的每一口，
都只是千萬隻纖細的銀針。

佝曲的鷹爪插透了手臂，
緊叩的牙齒咬穿了嘴唇，
但受難者像岩石般靜默，
聽不到一聲歎息或呻吟。

鐐銬的邊緣割碎了皮肉，
岩石的鋒棱磨爛了骨筋，
大地上形成了鏽色的影像，
勾下了受難者巍然的身影。

對這蒼穹他抬起雙眼，
天，你要作這些暴行的見證，
可是他看到了什麼，……在那裏
雲空中顯現著宙斯的笑影。

讓他笑吧，如果他再找不到
更好的辦法來對我洩恨，
如果他除此以外就再不能夠
表現他君臨萬方的赫赫威靈；
如果他必需以鷹隼的牙爪，
向囚徒證明勝利者的光榮；
那麼笑吧，握著雷霆的大神，
宙斯，我對你有些憐憫；

啄吧，受命來懲治我的兀鷹，
任你們蹂躪這片潔白的心胸，

犧牲者的血肉每天都現成，
吃飽了，把毛羽滋養得更光潤。

普洛米修士微微地一笑，
宙斯居然也顯示了困窘。

「問話且慢說，普洛米修士，
接受不接受，你趕快決定。」
「我不能。」普洛米修士答道，
平靜地直視宙斯的眼睛。

「火本來只應該屬於人類，
怎能夠把它永藏在天庭？
哪怕是沒有我偷下火種，
人們自己也找得到光明。

「人有了屋子怎會再鑽洞？
鳥進了森林怎會再投籠？
有了火就會有火種留下，
颶風刮不滅，洪水淹不盡。

「火將要把人類引向解放，
我勸你再不必白白勞神，
無論怎麼樣，無論那一個
想消滅人間的火已經不成。

「神族這樣的統治那能持久，
你難道聽不見這遍野怨聲？
賤民的血淚會把眾神淹死，
奧林匹斯宮殿將化作灰塵！

「何必問未來暴動誰是首領
要伸張正義的都是你敵人
你自己種瓜得瓜種豆得豆
說不定殺你的就是你至親。」

「住口！停止你惡毒的詛咒，」
宙斯兩眼冒火臉色變青，
他揚起雷電槌劈空一擊，
平地上霹靂起山搖地震。

「警告你，我不會輕易饒恕，
切莫要太信任我的寬仁！」

「誰會把你和寬仁聯到一起，
那簡直辱沒了宙斯的英名。」

「用不著再跟我說長道短，
一句話：你到底答不答應？」

「重要的並不是我的意願，
我無法改變事情的進程。」

「你就這麼肯定我們要失敗，
哼，瞧著吧，神族將萬世永存。」
「何必還重複陳舊的神話，
問問你自己可把它當真。」
「誰道我勝不過賤民叛徒？
誰敢造反我就把它蕩平！」

「我知道在這方面你最英武，
但走多了夜路准碰上冤魂。」

「你只能用詛咒來安慰自己，」
「這不是詛咒，而是未來的顯影。」

「未來怎樣已經與你無涉，
你還是老想法救救自身。」

「你可以把我磨碎，只要你高興，
但絲毫救不了你們的厄運。」

「你的頭腦是不是花崗岩石？」
「不，是真理保守了它的堅貞。」

「這麼說你要與我為敵到底。」
「被你認作敵人我感到光榮。」

「我叫你到地獄裏去見鬼！」
宙斯怒火萬丈吼了一聲，
雷電槌對準普洛米修士打擊，
只聽得轟隆隆像地裂天崩。

半邊山峰向深谷裏倒下，
滿空中飛沙走石伴著雷鳴，
電光像妖蛇在黑雲中亂閃，
真好比世界末日地獄現形。

宙斯揮動著手中的梭子，
獰笑著騰身飛上了層雲，

「誰說我懲治不了你？等著！
不叫你死，剝皮抽你的筋！」

對於被鎖鏈捆綁的勇士，
對於失去抵抗能力的囚人，
對於一切不幸被俘的仇敵，
你們的英武確實無可比倫。

是聽清了受難者無言的心聲，
還是辛辣的味覺使它們眩暈
它們激怒了，猛一下四爪齊伸，
那顆傷殘的心便被扯作兩份。

普洛米修士昏暈了，他好像
忽然向暗黑的深淵下沉，
胸膛裏有一團地獄的烙鐵，
燒烤著，使他的呼吸因而停頓。

（二）
高加索山嶺清涼的微風，
親吻著囚徒焦裂的嘴唇，
花崗岩也在顫動而歎息，
它想把普洛米修士搖醒。

山林女神們悄然地飛落，
像朵朵輕盈美麗的彩雲，
用她們柔軟濕潤的長髮，
揩拭受難者胸前的血腥。

她們的眼眶裏滿含淚水，
她們的聲音像山泉低吟——
醒來，醒來啊，可敬的囚人，
生命在呼喚著，你要回應。

鷹隼啄食了你的心肺，
鐵鏈捆束著你的肉身，
但你的靈魂比風更自由，
你的意志比岩石更堅韌。

忽然間正北方響起雷聲，
太陽隱、烏雲翻、慘霧雰雰，
女神們驚叫了一聲「宙斯！」
倉惶地四散隱沒了身形。

來了，輕車簡從的宙斯，
兩肩上棲息著那對兀鷹，
他在普洛米修士頭邊降落，
俯下身察看囚徒的創痕。

看著那紋絲無損的鎖鏈，
看著那血鏽斑斑的岩層，
唇邊泛起一個滿意的微笑，
他嘲弄地問道：「怎麼樣，嗯？」
……囚徒從容地看了他一眼
目光是那麼鋒利和堅定，
宙斯不由得後退了一步，
覺得在他面前無處存身。

儘管他全身被釘在岩上，
能動彈的只有嘴巴眼睛；
儘管他躺在這窮山僻野，
遠離開人群，無助而孤零。

但這些都安慰不了宙斯，
對著他只覺得刺促不寧，
──他到底保有著什麼力量，
竟足以威脅神族的生存！

「怎麼樣？」他又重複了一句，
口氣已變得親切而和溫，
山頂上是不是嫌冷了一些？
不過這空氣倒真叫清新。

「可恨是這兩頭禿毛尊畜，
聞到點血就說啥都不聽，
我早已叫它們適當照顧，
不知道它們有沒有遵行。

「有什麼要求你不妨提出，
能夠辦到的我總可答應……」
普洛米修士靜靜地回答：
「多謝你無微不至的關心。」
「有什麼要求：囚犯──就是囚犯
鎖鏈和兀鷹都無非本份。
只望你收起些偽善，行麼？
那對我真勝似任何酷刑。」

宙斯裝作像不曾聽清，
「阿？——我看你有些情緒低沉。
那又何必呢？回頭處是岸，
不怕有多大罪悔過就成。

「你不想再回到奧林比斯，
在天上享受那安富尊榮？
你不想重新進入神族家，
和我們同優遊歡樂升平？」

「可以答復你，宙斯，我不想，
我厭惡你們的歌舞昇平，
今天我遭受著囚禁迫害，
但我不認為自己是罪人。」

「好吧。那你總還希望自由，
總也想解除懲罰和監禁，
難道你不嚮往像常時日，
隨心意飛天過海追風駕雲。」

「長話短說罷，你到底要怎麼？
是的！我酷愛自由勝似生命。
可假如它索取某種代價，
我寧肯接受永遠的監禁。」
「不過是這樣，普洛米修士，
我們不願人間留半點火星，
火只該供天神焚香燔食，
那能夠給賤民取暖照明！

「當初是你從天上偷下火種，
現在也由你去消滅乾淨，
為了奧林比斯神族的利益，
你應當負起這嚴重的責任。

「還有由於你那前知的能力，
（宙斯矜持地咳嗽了一聲），
據說你預知神族的毀滅，
知道誰將是暴亂的首領。

「我們不相信會有這種事，
要推翻神族──夢也作不成，
我們將統治宇宙萬年，
永保著至高無上的權能。

「但也許真有那樣的狂徒，
竟想叫太陽從西邊上升──
如果你確有所知就該實說，
讓我們早下手懲治叛臣。

「普洛米修士，你怎不想想，
你屬於神族，並不是凡人。
大河乾池塘裏也要見底，
樹倒了枝和葉怎能生存！」
「那麼你已經感到了不穩，
是嗎？宙斯，這個真是新聞。」
然而他還總還是不大痛快，
甚至不感到復仇的歡欣──
……一種陰冷的絕望、恐懼，
深深地盤踞在他的心胸……

（三）

紫色的黃昏向山後沉落，
灰暗的暮靄一點點加深，
殘損的山峰卻依然屹立，
夜空襯出它深黑的剪影。

普洛米修士悠悠地醒轉，
頭顱裏一陣陣嗡嗡亂鳴，
砂石埋沒了他半個身子，
血污糊住了他一雙眼睛。

頭上有溫熱的液體流下，
鼻孔裏撲入濃厚的血腥，
他伸出浮腫而木濁的舌頭，
舔著自己的血來潤濕嘴唇。

他用力撐開粘連的眼皮，
看見了幾點稀少的星星，
下弦月淡淡地掛在天際，
夜風送來了果樹的清芬。

啊，夜，你是多麼寧靜，
大地啊，你睡得多麼深沉。
越過廣袤的空間，我看見，
五穀的田野，繁花和森林，
江湖水灩灩似銀，大地母親，
你好像披著幅奇麗的繡錦。
從遠古到如今，你每時每日
滋養哺育著億萬的生靈。

多少人辛勤地開闊與墾植，
大地，你一天天煥發著青春。
可是為什麼，你年年血淚，
只是給眾神貢獻出祭品！
我喝過流在你身上的水，
清澈的水是那麼苦澀而酸辛，
你胸中迸發出沉重的歎息，
你憔悴，還有你的子孫。

什麼時候，大地，你才能新生，
能夠理解被榨取的命運，
啊！萬能的人類永恆的母親
我胸中澎湃著對你的愛情，
我知道，一旦你開始覺醒和翻騰，
巍峨的奧林比斯將冰消雪崩——

遠遠地，在沉睡的大地上，
暗黑中出現了一線光明，
「火」，普洛米修士微笑地想著，
痛楚、饑渴霎時都忘個乾淨。

那一點化成三點、七點、無數，
像大群飛螢在原野上落定，
但它們是那麼皎紅而灼熱，
使星月都黯然失去了晶瑩。

這麼多了……好快，連我都難相信，
它們就來自我那粒小小的火星，
半粒火點燃了千百萬億處，

光明，你的生命力有多麼旺盛，
燃燒吧，火啊！別再困在囚禁中。

我祝願你——
燃燒在正直的書生的燈盞裏，
讓他們憑你誦讀真理的教訓，
把血寫的詩篇一代代留下，
為歷史悲劇作無情的見證。
燃燒在正義的戰士的火炬上，
指引他們英勇地戰鬥行軍，
把火種遍撒到萬方萬處，
直到最後一仗都凱旋得勝，
燃燒，火啊，燃燒在這
　　漫漫的長夜，
衝破這黑暗的如死的寧靜，
向人們預告那燦爛的黎明，
而當真正的黎明終於來到，
人類在自由的晨光中歡騰，
火啊，你要燃燒在每一具
　　爐灶裏，
叫寒冷、饑餓永離開人們，
讓孩子拍起手在爐前跳舞，
老年人圍著火笑語殷殷……

凝望那大野上滿地燈火，
臆想著未來光輝的前景，
就像正遨遊在浩渺的太空，
他覺得精神昂揚而振奮。

今晚有多少人在燈下奮筆，
記載人民的苦難和覺醒，
多少人正對燈拔劍起舞，
火光映紅了多少顆急跳的心！

人啊！我喜歡呼喚你響亮的
高貴的名字，大地的子民，
作為一個弟兄，我深情地
呼喚：人啊，我多麼愛你們！
你們是渺小的，但是又偉大；
你們是樸拙的，但是又聰明；
你們是善良的，但是當生活
已經不能忍受，你們將奮起
　　鬥爭！
起來啊！拋棄那些聖書神語，
砸爛所有的偶像和香燈，
把它們踩在腳下，向奧林比斯
索還作一個自由人的命運！

還能忍受嗎？這些黑暗的
可恥的年代，結束它們，
不懼怕雅典娜的戰甲
不迷信阿波羅的威靈，
更不聽宙斯的教訓或恫嚇，
他們一個都不會留存。
人啊，眾神將要毀滅而你們
大地的主人，卻將驕傲地永生，
那一天，當奧林比斯在你們
的千丈怒火中崩倒，

我身上的鎖鏈也將同時消失，
像日光下的寒冰。
那時候，人啊，我將歡欣地起立，
我將以自己受難的創痕，
向你們證明我兄弟的感情：
我和你們一起，為著那，
奧林比斯的覆滅而凱歌歡慶……

在澎湃如潮的灼熱的激情裏，
普洛米修士翹望著黎明，
他徹夜在粗礪的岩石上輾轉。
傾听那儿有第一聲雞鳴。
這些黎明仍會有兀鷹飛來，
但他將含笑忍受一切非刑。
因為隨著每一個血腥的日子，
那個真正的黎明正刻刻迫近……

注 1： 此詩原載 1960 年 1 月「地下」出版刊物《星火》第一期。2004
年初，當兩個詩人發現此詩時，是在一個很小的影印件上，
有些字跡已經十分模糊。2004 年 6 月 6 日幗馨、雯銳錄入，
小草校對。8 月蘊珠再校，9 月蜀慧再校，11 月甘粹再校，
使其基本完稿。2007 年友人發現新稿，胡杰和芬芬再校，基
本彌補缺字，比原稿增加五行。

注 2： 2004 年 5 月，女詩人蘊珠在發現這首詩歌時，當晚徹夜難安，
賦〈醉江月‧解讀林昭及詩作「普羅米修士受難的一日」〉：「高
加索嶺，任兀鷹啄食，殷殷心血。竊火照紅千萬戶，想見女
中人傑。皓月清霜，豐城劍氣，萬里寒光徹。英靈何處，壯
懷欲向誰說。聞道主宰強權，風雲叱咤，造盡諸般孽。冷眼
刑場寒澀刃，正氣總能昭雪。填海移山，補天逐日，終究乾
坤缺。人間何世，有人涕淚如洩。」

附件三
那一代人已漸行漸遠──湖州拜訪沈澤宜

趙銳

是時候了，
　　　年輕人
　　　　放開嗓子唱！
把我們的痛苦
　　　和愛情
　　　　　一齊都
　　瀉到紙上！
　　……

　　稍微熟悉當代史的人想必都知道，這首詩名叫〈是時候了〉。1957年5月19日下午6點多鐘，這首詩率先發表在北大大飯廳東牆上。作者沈澤宜和張元勳是兩個激情澎湃的年輕人，當時他們年僅24歲，同為北大中文系三年級學生。那天傍晚，當他們興衝衝把詩稿以「大字報」形式張貼上牆時，他們並沒有想到此舉會載入史冊，沒有想到這首詩日後會與影響深遠的「反右運動」血肉相聯。當然，也正是這首詩讓沈澤宜和張元勳九死一生，那血淚斑駁的人生軌跡讓人欲說還休。往事不堪回首，時隔半個世紀，當年「指點江山，激揚文字」的一代才俊都已「發蒼蒼，視茫茫，齒牙動搖」。他們如何打發自己的風燭殘年？他們如何回顧自己的青春歲月？他們面對上帝時是否無怨無悔呢？……一想到這些問題，我的思緒頓時就亂了，腦子如濃霧迷漫的秋天一般混沌不堪。

　　我是為了研究林昭聯繫沈澤宜先生的。林昭是北大著名才女，1957年成為55萬「右派分子」中的一員，後來又升級為「反革命」。

1968 年 4 月 29 日，在獄中抗爭六、七年，留下數十萬字血書，37 歲的她血灑上海龍華。1981 年 12 月 30 日，上海市高級人民法院為林昭徹底平反，但關於她的大量卷宗至今沒有解密。2004 年，胡杰拍攝的紀錄片《尋找林昭的靈魂》悄然流傳，我和千千萬萬懵懂無知者一樣，始而因震撼而失語，繼而因痛苦而迷茫。2006 年，我決定寫作《林昭傳》，希望文字版的林昭與視頻版的林昭能互為補充，林昭的內涵能得到進一步挖掘。2008 年 2 月，匆匆完成 20 餘萬字的傳記初稿，我筋疲力盡彷彿剛剛泅過英吉利海峽。因為題材過於沉重和深邃，大概有二、三個月時間，我既難以自拔又忐忑不安，內心非常渴望有人能幫我化解、分擔，更渴望有忠厚長者能高屋建瓴地指點迷津。

　　就在這當口，機緣巧合，我非常偶然地與一位詩人兄長聊起了這事。他立刻建議：「你不去找沈澤宜嗎？他在浙江湖州，離南京不遠，身體也很好，肯定什麼話都會跟你講的。」詩人兄長一個電話就幫我打聽到沈老的手機，我頓時喜出望外。一直風聞沈澤宜是林昭暗戀的才子，但我並沒有得到證實，不知道沈澤宜對這事會怎麼說？感謝現代化，一個短信就與沈先生接上了頭，一個郵件就把 20 萬字的稿件發了出去。75 歲的老人了，居然與我們同步使用手機和電腦，這個沈先生可真不簡單！更不簡單的是，頭天發信第二天回覆，他說：「稿件看了兩遍，有一些想法可能當面交流比較好，你能不能到湖州來？」我當然願意當面向他老人家請教，於是從春天起便著手安排湖州之行。然而，一會兒是他外出，一會兒是我忙碌。等我們最終敲定行程時，已是暑熱難當的 8 月。

　　2008 年 8 月 20 日，星期三。我清晨即起，順利搭上 7 點鐘發往湖州的大巴。滬寧高速一路風景如畫，大巴風馳電掣，10 點已抵湖州。根據沈先生之前的指點，我登上 24 路公交車並給他發短信。短信剛發出，沈先生的電話來了：「你到哪兒了？啊呀，我今天上班，現正在湖州師範學院呢。這樣吧，你到湖州中學下車後原地等我，我來接你。」人地生疏，我只好聽從老人的安排。24 路車從開闊寬

敞的新城漸漸駛入潔淨整齊的老城，與南京大都市千篇一律的高樓
林立、車水馬龍不同，湖州的街景無處不透著江南水鄉特有的嫵媚
和溫柔：窄窄的街巷，低垂的楊柳，林立的店鋪，以及古風尚存的
小橋流水⋯⋯湖州舊名吳興，自古以來就是富庶的魚米之鄉，有「絲
綢之府」的美稱，更是人文薈萃之所。能在這樣的地方頤養天年，
我想就是換作神仙也沒人願幹吧！

　　在湖州中學站下了車，我一下子就被那濃蔭環繞的運動場吸引
了。隔著精緻的鐵柵欄望去，只見二、三個孩子正在操場邊玩著器
械。除了他們，靜靜的校園再無旁人。校門極氣派，「浙江省湖州中
學」幾個大字金光閃閃──沒說的，這一定是當地最好的中學，不
是百年老校就是省級重點，或者兩者兼而有之。正琢磨著，一輛紅
色麵包車忽然駛到了校門口，並打招呼似的響了兩聲喇叭。我定睛
一看，一位老人正打開車門向我招手。我在紀錄片《尋找林昭的靈
魂》中看到過沈先生，此時此刻，這位老人的頭髮雖然更少，而且
全白了，我還是一眼就認出：他可不就是沈先生嘛！等我跑到跟前，
沈先生熱情地一把握住我的手，說了聲：「上車吧！」

　　因為林昭，因為我父親也是詩人和「右派」，我們一見如故。

　　我問：「怎麼，您現在還在上班嗎？」

　　他說：「是啊，秋天學校要搞五十周年校慶，現正在編輯校史。
他們讓我擔任終審，我最近每天都要到學校來，上半天班！下學期
他們還要我帶課呢！每星期四節課！」

　　我嘖嘖連聲：「您身體真棒啊！」

　　他似乎有些得意：「反正思維很清晰，身體也還說得過去。給年
輕人上上課，自己也會感覺年輕些。你父親身體怎麼樣？他多大了？」

　　我告訴他父親趙愷今年整 70，除了多年的糖尿病，其他還好，
今年 5 月還曾代表中國遠赴以色列參加國際詩歌節：「昨天他給我發
短信，說最近正在研究林庚先生呢。」

　　沈先生笑了：「林庚先生是我的老師。要不是 1957 年，我可能就會
成為林庚先生的助手了。當時我最大的願望就是跟林庚先生學詩⋯⋯」

這個話題似乎有些傷感，我接口道：「我父親19歲成為『右派』。他跟你們不同，他在基層，並沒有你們的那些言行，可以說是莫名其妙成為『右派』的。基層劃『右派』有很多個人恩怨的因素在裏面。」

他說：「是這樣！往往是報私仇、洩私憤！落井下石者有之，故意栽贓者有之……否則哪會有55萬的『右派』呢！」

說話間，已到了沈先生的樓下。司機把我們送到馬上就走了，沈先生介紹說：學校每天都派車接送他上下班，校領導對他這個老教授挺關照。沈先生家在二樓，進了門，是一個正常裝修的寬敞套間，大概三室兩廳的樣子。我記得紀錄片裏，沈先生的蝸居似乎在一條里弄，家十分擁擠，密密麻麻，全是書堆。沈先生說：對，那是靠近學校的一處房子，52平米。他在那兒住了很多年，7年前好不容易獲得新房，終於擁有一處像樣的家。一個清秀的小姑娘聞聲出來向我們打招呼，沈先生說這是保姆的女兒，今年已經考上湖州師院中文系，開學就是他的學生了。小姑娘給我們倒了水，不一會兒就出門了。

我說：「這些孩子真幸福，能聽您老給他們講課。」

沈先生說：「我也願意給他們多指引幾扇門，以後進哪扇門鑽研，就靠他們自己了。我們當年也是這樣，老師儘量多地讓我們開闊眼界。我們當年的老師可都是一流學者，陣容非常齊整，後來的碩士博士也未必比得上我們！」

我問：「您是哪一屆的？」

沈先生答：「我本來是53屆的，1953年考上北大西語系。我當時的理想是像五四時代學者一樣，精通一、二門外語，並在文學上有造詣。誰知第二年，西語系主任、著名詩人馮至先生特意找我與另兩位同學談話，說我更適宜從事文學，勸我轉到中文系。於是1954年我又重新到中文系一年級就讀，我在1班，張元勳在2班。我本來就喜愛文學，而西語系偏重語法、語音訓練，與我的作家夢有距離，所以轉系也正如我願。只是後來經人提醒才明白，人家讓我們

轉系是因為我們家庭成份不好，將來不宜做外交人才，馮至先生恐怕也是十分無奈才婉轉地說出那番話……」

我問：「那您家是什麼成份呢？」

沈先生解釋道：「我家在湖州算小康吧。父親是湖州汽車站站長，六代單傳，沈家沒有什麼勢力。但我母親陳氏，是湖州的一個大家族。明代時陳氏家族在江西義門聚族而居，人數多達四千，為中國歷代之冠。後來皇帝得知有此『國中之國』嚇了一跳，硬是找了藉口把這個家族拆散了。於是，一支陳氏遷居到了湖州。民國初年，陳氏家族出了個孫中山的鐵桿兄弟陳其美。陳其美對孫中山赤膽忠心，又一手提攜了蔣介石，所以孫中山和蔣介石都對陳其美非常敬重。我母親是陳其美視如己出的堂侄女，是陳果夫、陳立夫的堂妹。陳立夫先生還是我的義父。我舅舅陳祖東先生曾做過上海龍華機場的總工程師。國民政府東渡臺灣前夕，陳立夫讓祖東舅舅和他乘同一輛小車撤到廣州，在即將登上海輪的最後一分鐘，祖東舅舅突然決定留在大陸不走了。解放後，他在清華大學水利系擔任教授。他的兒子、我的表弟陳旭，後來成為中科院古生物研究所所長，中科院院士。他就住在南京，我去年還曾去看望他。」

沈先生說著起身進了書房，轉而拿出一疊厚厚的打印稿：「這是我寫的回憶錄，25 萬字，目前還未能出版。你想知道的大概都在裏面，包括林昭。」

我說：「太好了！我看過張元勳先生的回憶錄《北大一九五七》……」

沈先生打斷我的話說：「那本書問題不少！寫回憶錄最重要的是真實，要像盧梭寫《懺悔錄》一樣，敢於剖析自己的靈魂。自己的燦爛輝煌要寫，走麥城也要寫，而且絕不能『愛者欲其生，惡者欲其死』。我希望對我的文字字字負責，為此我走訪了很多老同學，並請他們就書稿提意見。反正當事人大都仍然健在，是就是是，非就是非，不容混淆。」

　　沈先生又說：「我當年之所以在全校大會上檢討，是因為父親和舅舅要求我必須一人做事一人當。當時誰知道『反右』會走到哪一步啊？誰知道這是一個精心策劃的『陽謀』呢？包括林昭，我們當時都是真心熱愛共產黨、熱愛新社會，都是把毛澤東視為父親的。既然這樣，孩子向大人認個錯有什麼要緊！父親來信說，第一張大字報是我寫的，第一把火是我放的，影響和連累了這麼多同學，現在就應當由我來帶頭認錯，帶頭收回影響。還說我是《廣場》副主編，我應當主動承擔責任而不能把它往下面推，否則怎麼去面對那麼多同學和他們的家長？舅舅還說：『就算共產黨委屈了你，你也應該服從；現在黨要求你承認錯誤，就應當承認錯誤。你如果能勇敢地擔起責任來，帶頭認錯，受你影響的同學責任就會輕一些，認錯也會容易一些，不至於有太多的人受你牽連。要是你們固執到底，矛盾一旦變成對抗性的，後果將不堪設想！』」

　　沈先生接著說：「張元勳最偉大的事是後來到獄中探望林昭！那是他一生中最大的輝煌！說到林昭，她當年暗戀我，我開始並不知道，後來她主動找人跟我說。這事張元勳和一些同學都知道。林昭是北大第一才女，瘦弱、文氣、有思想，我對她非常敬重，視她為學姐，但我覺得我們的性格並不相合。她平時比較憂鬱、沉默，而我當時比較喜歡那種『陽光女孩』。我功課全優，連續兩年作為校級優秀生受表彰；我大學時是熱愛體育，曾獲過北大跳高冠軍；我酷愛唱歌，是北大合唱團的領唱；我還熱衷寫詩……有一天，我在一段湖畔小路上放聲唱起了劉半農的《教我如何不想她》。一曲終了，發現一、二十米的對面林昭正巧向我走來，她臉上飛起紅云，神色與往常有異。我反應遲鈍，並未在意，簡單問候之後便擦肩而過。這樣一次邂逅，這樣一個偶然的細節，被我忘得精光，林昭卻記住了許多年……要是早知道林昭會有如此悲慘的結局，我肯定會接受她對我的感情。後來，她與譚天榮一起在校園裏勞動。再後來就是張元勳以『未婚夫』的名義探監——林昭在北大時，和她交往最多、互相影響的有我、張元勳、譚天榮等三人。」

　　談話至此已是中午時分，沈先生非要請我出去吃飯。他說平時都是保姆燒飯燒菜，今天保姆有事外出，我又是遠道而來，他理所當然應該請客。出門時，我順口問他兒女是否不在身邊？沈先生當即笑道：「兒女？我一輩子沒有結婚，哪來的兒女喲……」一句話說得我心裏隱隱作痛。一路上，沈先生邊走邊介紹那幾位難兄難弟的近況：「譚天榮是從青島大學物理系退休的，現在恐怕沒什麼事了，孤身一人住一間 40 多平米的宿舍。他比我強，80 年代改正後還曾有過一次短暫的婚姻，後來就一直獨身。張元勳的老婆比他年輕很多，雖然文化偏低，但對他真的照顧得很好。他們有個兒子，現在大概也有二十五、六歲了，我上次到曲阜還在他們家吃了飯。當時張元勳的回憶錄已經快出版了，可他見面時卻連一個字也沒提起……唉，大家都經歷了那麼磨難，現在行將就木了，還爭什麼榮耀呢？」

　　我問：「張元勳為什麼還沒畢業就逮捕了？您後來到了哪兒？坐過牢嗎？」

　　沈先生答：「張元勳被捕是因為他試圖『叛逃』，並且還參與過一個『西山會議派』，決不僅僅是因為寫大字報和辦《廣場》。我 58 年畢業後，被打發到陝西的一個邊遠鄉鎮，在那兒一待就是 11 年。後來因為寫詩，被抓起來批鬥、坐牢，然後打回原籍。1969 年我回到湖州時，一沒工作，二沒財產，36 歲的人了，還要靠父親微薄的退休金生活。在湖州打了十幾年零工，什麼髒活、累活都幹過。80 年代『右派』改正，才漸漸有了工作，有了安身立命的場所……」

　　我問：「這些您在回憶錄裏都寫了嗎？」

　　沈先生答：「這些記憶我都留在回憶錄裏了。給你看的回憶錄主要是針對 1957 年的，尤其是關於『五・一九』運動的前前後後。當初我曾猶豫是否以事實為依據寫一部小說？後來我否定了這個想法，仍然決定寫一部紀實作品，因為我覺得中國太需要真相了。我的回憶也許並不是絕對的真實，因為畢竟年代久遠了，而且經過兩次抄家，我手上幾乎沒留下什麼資料，連一張當年的照片都沒有，

但這些事實都是我留在腦子裏，是我認為最接近真相的東西。多年來，我一直把最重要的東西保存在頭腦裏，我的詩、文章，我的記憶，我的情感……腦子裏的東西是他們剝奪不了的！所以，我的記憶力要比一般人強些。」

這話讓我想起了索忍尼辛。獄中八年，索忍尼辛醒裏夢裏都在寫詩，他把所有的詩句都刻在腦海裏。寫作上百萬字的《古拉格群島》，索忍尼辛卻沒有機會把文稿聚集在一起，總是東塞一章、西藏一節。為了寫作，索忍尼辛有相當長時間不敢結婚，因為他害怕身邊人洩露自己的驚天秘密！天哪，沈先生是中國的索忍尼辛嗎？中國現在還有索忍尼辛嗎？孕育索忍尼辛，到底是中國的榮耀還是恥辱呢？從索忍尼辛我又想到林昭，我問沈先生：「如果沒有索忍尼辛忍辱負重、苟且偷生，世界上就不會有《古拉格群島》。《古拉格群島》不是索忍尼辛一個人的，是那個時代的。無論如何，林昭的人生都過於慘烈了，否則也許我們也會有中國的《古拉格群島》？」

沈先生歎息道：「這就是各人的命運不同了，他們的意義也各有千秋。中國人的苦難決不亞於俄國人，中國一定會有自己的索忍尼辛、自己的《古拉格群島》！」

在小區附近的小餐廳落座，沈先生為我點了三個菜：生炒黑魚片、油爆湖蝦、番茄蛋湯，都是水鄉的特色。菜上得快，口味也相當不錯。沒有其他客人需要服務，老闆和老闆娘轉而盯起了電視。電視上正在直播奧運會比賽，中國似乎又收穫了金牌。以精彩賽事為背景，我和沈先生興之所至，邊吃邊聊。

我問：「據您所知，像您這樣寫回憶錄的多嗎？」

沈先生答：「或多或少有一些，但總體來說還遠遠不夠！張元勳和我是寫了書的，陳奉孝、譚天榮他們陸陸續續寫了文章。我早說過，北大至少應該出一百本這樣的回憶錄，中國應該更多！對『右派』，我提出了『平反』、『賠償』兩個問題。為此，我做出了自己的努力，發出了第一聲吶喊。我希望有更多的『右派』加入其中，每個人都切實、平和地爭取自己的權利，勇敢地承擔起歷史的重任。」

我說：「是啊，如果你們不留下第一手資料，我們後人還如何瞭解歷史呢？現在大家都已是垂暮老人，時不我待啊！」

沈先生說：「若干年前，有一次我在北大演講，問在場的北大男、女生和青年教師，知不知道許多年前就在北大，發生過一場驚天動地的悲劇？下面一片驚訝的聲音：誰都不知道！也難怪這些小師弟小師妹一問三不知，沒有人告訴他們啊⋯⋯只可惜真正能反思的人太少了。有的人沒有這個能力，有的人身體狀況不允許，還有的人甚至已經失去了勇氣。除了這本，我還會有第二本回憶錄，下面這本我會寫到第二次牢獄生活⋯⋯」

我沉默良久，又問：「您覺得在您一生中，哪段歷程是最艱難的？」

他輕描淡寫地答：「都差不多，沒有最艱難的。我一直沒有放棄過。」

沉吟片刻，他忽然說：「我曾寫過一首詩，〈我被押進土牢等待處決〉。你聽，是這樣的。」說著，他深情款款地朗誦道──

> 我被押進土牢等待處決
> 西塞娜熱淚交流前來探監
> 法官，她父親慌忙趕來阻攔
> 痛罵女兒竟敢愛上一個囚犯
>
> 爸爸，她說，你總把那樣的人送上斷頭臺
> 姑息、縱容真正的惡棍
> 你信奉的從來就不是法律
> 還自以為執法如山濟世救民
>
> 是的，爸爸，我愛他如同熱愛真理
> 他愛這個國家這些黎民
> 我知道你既不相信更不會改
> 我只能用生命為他作證
>
> 說完，她雙手捧下了頭顱
> 我聽見處子的血潮水般從大地流過

他說：「我就是那個囚犯，那個永遠的囚犯！而有人自以為是嚴明的法官，殊不知由於法律本身千瘡百孔、矛盾百出，他們越是嚴格執法，越是會傷害正直善良的人。還有一首〈今夜，請一起守護這盞燈〉，你聽！」他又接著朗誦道——

今夜，請一起守護這盞燈
讓我們用生命的油膏供養它
只要這盞燈還亮著
世界就不會永遠由黑夜看管

請緊緊依偎在我胸口
那樣，寒冷就無法走近
我們將更真實地感知
黑暗中自有珍貴的生命

他們都是我們的姐妹兄弟
從最大的行星到最小的花朵
大家以光芒和芬芳相愛
縱然有的輝煌有的微弱

黎明到來時我可能已經沉沉睡去
西塞娜，請你別忘了把我喚起

他說：「『黎明到來時我可能已經沉沉睡去』，意思是我可能已經死亡。『西塞娜，請你別忘了把我喚起』，就是『家祭無忘告乃翁』的意思。」

我默默地點點頭，心裏流淌著無聲的血淚。我對捨生取義一直情有獨鍾，自從有了驚天地、泣鬼神的林昭，更對「寧為玉碎、不為瓦全」五體投地。「人生自古誰無死，留取丹心照汗青」，既然我們可以選擇壯烈，為什麼我們還要說「不」呢？可是，就在我諦聽老人吟詩的剎那，我忽然意識到：活著絕不比死亡容易，只要你不

放棄！道理我早懂，但這一剎那，我卻是那樣地感同身受、刻骨銘心！許多年前，冰心老人在我父親紀念冊上寫過：「年輕時會寫點詩的都是詩人，是不是真正的詩人，要看他年老的時候。」眼前這位老人是不是真正的詩人？你看你看，他正對我深情款款地吟詩，他的頭顱雪一樣白，他的眼睛星一樣亮，他的詩歌火一樣熱啊……我差點流下淚來。

　　餐畢回家，我驚訝地發現沈先生居然沒有鎖門。他不以為然地說：「沒人會光顧，也沒什麼值得拿的！」他從臥室裏取出兩本新出的詩集送給我和我父親：《西塞娜十四行》，2008 年 1 月灕江出版社新版，屠岸先生序。他在扉頁認真題了字，並蓋上一枚鮮紅的印章。他說現在出版很難，這本詩集是自費出的，終審後出版社非要他換掉四首詩，經反覆爭取，最後保留了兩首。他說這輩子大概寫了近千首詩，記得起來、能搜集起來的，只有三分之一左右。這本詩集出版後，還準備再整理一部詩集。他說：「一輩子兩本詩集，夠了。」

　　我將沈先生的回憶錄拷進優盤帶走，然後請他為林昭寫點什麼。他想了想，在我本子上寫道：「關於林昭：作為個體生命林昭的一生太慘痛，慘痛到我不願意細說的程度。但作為一個有良知和勇氣的北大學生，她是我們中一個最偉大的代表，在她身上記錄著一個國家、一個民族的最深重的苦難。作為一個實有的象徵，她是使所有志在推進中國民主化的志士仁人的一個永垂不朽的榜樣。而榜樣的力量應該是無窮的。沈澤宜 2008.8.20。」

　　我想翻拍一張他年輕時的照片。他說所有照片都蕩然無存，只有一張保存在親戚那兒，後來親戚又轉送了回來。不一會兒，他居然在臥室找出那張兩寸的黑白照片。我想翻拍，他說送給你吧，照片是在陝西拍的，大概 28 歲左右，跟大學時差不多。沈先生邀我在湖州逗留一晚，說既然來了就是我的客人，明天再回去吧。我一再謝絕，這次他沒有堅持挽留，但堅持一定要送我到公交車站。在車站，我們終於找到一位姑娘幫我們合了影。最後，沈先生詳細向我指點了公交線路，我們該告別了。這時，沈先生一下子張開臂膀擁

抱了我，他說：「小趙，謝謝你！再見了！」我又一次差點落淚，依偎他彷彿依偎父親，我感到無比溫暖和安全。我說：「回去就發照片給您，我會再與您聯繫的，您多保重！」他點點頭，揮手告別後轉身離去。可不一會兒，他又折轉回來，掏出兩枚硬幣硬塞給我：「有零錢坐車嗎？拿著吧！」

望著老人遠去的背影，我想：叨擾了這老半天，該我謝他才對啊，怎麼他老人家反而謝我呢？是謝我大老遠趕來看他，為他寂寞的晚年增加了些許亮色？還是謝我研究林昭，決心把林昭的故事傳播得更遠？是謝我沒有像千千萬萬年輕人一樣漠視他們的苦難？還是謝我尊重他們的人生歷程，並渴望像他們一樣理解生命的意義？是謝我終於鼓足勇氣叩響歷史之門？還是謝我總算能夠心平氣和地傾聽老人的聲音？──噢！我親愛的父親！你們的苦難何嘗不是我們的苦難？你們的尊嚴同樣也是我們的尊嚴！我們是你們的子子孫孫，只要你們一天不自由，我們就一天飽受奴役，無論我們的身軀行走在天涯還是海角！

回到南京的當天夜裏，我在電腦上閱讀沈先生 25 萬字的《北大，五月十九日》。有一段關於泰山日出的回憶讓我過目難忘。那是 1957 年暑假，經過全校大會上自殺式的「沉痛檢討」，沈先生一度萬念俱灰。回家途經泰安，同學相約登泰山看日出，於是他們一行四人連夜登頂，並在大自然的純淨中拯救了自己：「這次泰山日出對我的意義非比尋常。在命運大逆轉的此後歲月裏，無論在陰森的牢獄、戴了手銬被猴子般從一個市集遊鬥到另一個市集的日子，還是情感驟遭毀滅性打擊、手腳冰涼地躺在床上直抖的瀕臨絕望的生死關頭，這輪我青年時代的太陽就會在心中緩緩升起，以它的無窮熱力溫暖我受創的靈魂，徐徐打開我頭頂的天空，讓我重見它的遼闊、自由和美麗。這是我九死一生、決不言敗的最深刻原因之一。」

我又打開散發著油墨芳香的《西塞娜十四行》，沈先生在後記中寫道：「我一生多難，情感生活也連帶備受創傷，不忍回首。但作為一個詩人，如果不敢公開自己的情感隱秘，乃是一種自私行為，是

對讀者的不信任，剝奪了他們從一個至關重要的視窗眺望我內心世界的可能性，這是不可以的。」「既然一生都只是一場空白等候，那麼就讓我把原本應該奉獻給一位女性的讚美與感激之情，轉而奉獻給所有我始終仰望卻無法接近的女性群體，讓這永恆女性的救贖之光撫平我創傷，潔淨我靈魂，引領我上升。這就是一部《西塞娜十四行》的來由，它就是我吐出的絲。」關於「西塞娜」，沈先生解釋：這是一個呼告語，她是一個中國女孩的名字，她生長在西塞山前的廣漠水陸地區。「西塞」採自唐代湖州詩人張志和的「西塞山前白鷺飛」，作為複姓；「娜」採自蒲松齡《聊齋志異》中狐女嬌娜的名字，「嬌娜既為我所熱愛，又為我所崇奉。」

> 今夜，請一起守護這盞燈
> 讓我們用生命的油膏供養它
> 只要這盞燈還亮著
> 世界就不會永遠由黑夜看管

　　再次吟誦這首詩，我終於淚如雨下。那一代人已經漸行漸遠了，但他們的背景仍然沒有走出我們的視線。我想告訴遠方的老人：我就是你的西塞娜啊，我的父親！

附件四
她是那麼鮮活的一個人──上海拜訪倪競雄

趙銳

　　臨行前，我鄭重其事地囑咐不足 6 歲的女兒：「到上海後，我要先工作至少半天，然後才能陪你，知道嗎？拜託你一定要聽話，我也一定爭取早點完成工作！」

　　女兒鄭重其事地點頭說「嗯」，卻又問：「你不是放假嗎？怎麼到上海還要工作呢？」

　　我說：「媽媽在寫一本書《林昭傳》，必須要到上海採訪一位老奶奶。這位老奶奶已經 80 歲了，她是林昭的同學、好朋友，她知道很多林昭的事情。我一直想採訪她，卻一直沒有時間。現在正好我們倆都有假，跑一趟，你感受了火車、見識了上海，我完成了採訪，這不是『兩全其美』嘛。告訴你，我們要坐的『動車』可是最好的火車，快得不得了噢！」

　　女兒問：「林昭是誰？」

　　我說：「林昭是 50 年前北京大學的一個女學生，很聰明。後來因為堅持一些她認為正確的想法，不肯『認錯』，1968 年被槍斃了。當時才 37 歲，比媽媽還年輕呢。」

　　女兒歎息：「這麼可憐啊！那她到底有沒有錯呢？」

　　我說：「她沒有錯。當時很多人都假裝認錯，就像《皇帝的新裝》裏很多人假裝看見了新衣服一樣。只有林昭堅決不肯，她就是那說真話的孩子，憋不住地要喊：『皇帝什麼衣服都沒穿！』所以，她後來吃了很多苦，直到被殺……過了很多年，才給她平反，承認她其實並沒有錯。」

　　女兒問：「林昭要是活著，現在多大年紀呢？」

　　我說：「跟上海這位老奶奶差不多吧，也快 80 歲了。她比外公大！」

女兒驚歎：「那也是老奶奶了！」然後，她再次鄭重其事地點點頭道：「好吧，那你到上海就先抓緊工作吧，等你工作完了再陪我玩！」

我感激地摟著女兒親了又親。這些年難為她經常陪我工作，無論這工作多麼乏味，她都像個「小尾巴」似的如影隨形，你說我不溺愛她、不補償她行嗎？於是我討好地對她說：「好！一定！我們去看東方明珠！去野生動物園或科技館！」

──就這樣，2008 年 8 月 26 日，我和女兒起了個大早，趕著 8 點 02 分的動車直奔上海。之前已經與倪競雄老人聯繫再三，她幫我們預訂了一家離她很近的招待所。

最早獲悉倪競雄老人，是通過胡杰的紀錄片《尋找林昭》。片子裏她看上去也就 60 來歲的樣子，一頭黑髮，身輕如燕。我對她那平靜的語氣和表情印象很深，始終只是有節制地敘述著、引領著，哪怕將胡杰的鏡頭重新帶回上海茂名南路的林昭故居，哪怕鏡頭裏的時間、空間將我們的心攪成了亂麻，她也仍然一臉的從容澹定。完成《林昭傳》初稿後，我與她取得聯繫。老人開始在電話裏顯得既冷靜又警惕：「你為什麼要寫林昭？」她的清晰、簡潔和乾脆即便是隔著電波，我也能感覺得到。面對這樣的質疑，我一時不知如何對答。將初稿打印成冊寄往上海後，我就沒再與她通話，直到 8 月中旬準備前往滬上面見。「好呀，我等著你。」她清晰、簡潔而乾脆地說，然後就在電話裏詳細指點路線。

一路無話。中午時分，我和女兒安抵競雄老人為我們預訂的招待所。下午兩點，我們按照約定的時間前往倪家。果然近在咫尺，幾乎一出門就到。在三幢高層建築中，我很容易就找到老人的家。「來了！」有人回應我的電鈴。不一會兒，門開了。面前的老人一頭花白短髮，背有些傴僂，但舉手投足都是輕快便捷的──她就是林昭的「閨密」倪競雄了。

這是一處裝修簡單、結構緊湊的三居室套房：老人和一位安徽阿姨各居一小間，還有一小間算是起居室吧。一進老人臥室，我就

在門邊幾櫃上看到了林昭的照片。照片上的林昭紮著一對白蝴蝶結，穿著一身敞開懷的軍便服，側著身子，叉著腰，微笑著。照片六、七寸的樣子，放在一個木質相框裏。相框前有一隻玻璃珠串成的粉色小貓，就是近年來流行於中年婦女中的那種珠串工藝品。我沒想到這麼快就與林昭邂逅了，這讓我意識到：在倪競雄的時空裏，林昭其實是無處不在的。

「我和林昭都喜歡貓，可以說是一對貓癡！」老人對我解釋那只粉色珠貓，「是一位熟人編了送給我的，我就放在林昭像前了。」

沒想到，女兒對這類小玩意一向情有獨鍾，我還未及搭話，她已一把抓住珠貓，並興致很高地向老人炫耀道：「我家也養了一隻貓！一隻小草貓，花的！」

我趕緊低聲喝斥女兒，讓她馬上把珠貓還歸原處。女兒似乎不捨，遲遲不肯聽從我的指令，而這時候老人卻接口道：「你也喜歡貓是吧？這個喜歡就送給你吧，你拿去玩吧！」

我尷尬極了。祭奠林昭的工藝品怎麼能給小孩子隨便當玩具呢？況且我深知我女兒，從來只有三分鐘熱度，不管什麼奇珍異寶，轉臉就不知所蹤。這樣有意義的紀念品若是歸了她，還不跟那些缺衣少鞋的芭比們一個下場？然而此情此景我不便發作，而且為了儘快與老人對話，我還必須想法讓小傢伙立馬安靜下來。也許競雄老人也是同樣的想法吧，她一口咬定要把珠貓送我女兒，而小傢伙聽到這話，竟真的同意自己一邊玩會去了。

「沒關係，可以再請人家幫我編一隻！」老人一邊寬慰我，一邊邀我坐下。

我拿出紙筆靜靜坐著，等待著老人的回憶。

老人似乎正在搜索一個起點，遲疑了一會兒，她歎息道：「在你們的眼中，林昭有這樣那樣的思想、才華，那麼不平常的人生，那麼了不起的舉動……可在我眼中，她就是那麼活生生的一個人。睜眼閉眼，音容笑貌都在面前……這麼多年了，好像一點沒變……」

頓了一會兒，老人接著說：「我跟林昭不一樣，她是那樣一個家庭出身，有那樣不同尋常的父母。我家是草根，父母都是沒有文化的。爺爺奶奶把我養到 14 歲才把我送到上海父母身邊，用現在的話說，我父母當時在上海是『打工』的，勉強維持生活。48 年春，父親對我說：『我們把你養這麼大了，不能再養了……』他的意思是趕我出門。林昭是自己逃離家庭，我和她不一樣，我是因為家裏窮，被父親趕著離家的。所以，雖然我這個人這輩子做事算不上積極，作為一個離休幹部，卻沒有入過黨，但我對新社會、對共產黨是衷心擁護的，所以我不會像林昭那樣思考那麼多。」隨即，老人向我介紹了她的舊事，一個那個年代貧困家庭的辛酸。當說起早逝的妹妹時，她的心顯然至今仍在隱隱作痛。

1949 年，倪競雄與林昭相識在蘇南新專。「當時新專是 8 個男生、2 個女生一個居住區，我與林昭的宿舍隔壁隔，但在校時沒什麼交往，我們兩人互相有些看不慣。」競雄老人說，林昭喜歡拋頭露面，在新專是個風雲人物，而自己性情沉靜一些，跟她有些不一樣。「有一次林昭寫了一出方言劇，我是這出戲的主演，但即便這樣，我們當時還是沒什麼交情。」

「您當時不喜歡她是嗎？」我問。

老人搖頭道：「不太喜歡。我覺得她有時有些做作、不愛衛生……她愛哭，講話尖刻，愛與人鬥嘴；愛喝酒，酒量又不大，一個人喝醉了躺倒在田埂上；嘴饞，沒錢會向人借錢買吃的……跟你講啊，她整天風風火火的，每天一大早出去，到很晚才回宿舍，弄得一身汗津津的。因為天太晚了，可能不及時換洗衣服吧，她就把汗濕的衣服隨便搭在一個什麼地方，先找件乾的換了。第二天一早又出去，晚上又是很晚才回來，然後再把昨天晾乾的衣服穿上，再把身上這件濕的再掛起來……這麼兩件髒衣服輪著穿，她就能做得出來！……」

「她不講究穿著嗎？我看很多資料說她很愛打扮啊，平時還紮蝴蝶結。」我問。

　　老人依舊搖著頭：「她呀，什麼都隨著她的性子。打扮起來也是講究得不得了，但大多數時候她是顧不了這許多的。她長得不算漂亮，彭令範漂亮。記得 1959 年吧，我到北京為滬劇改編《蔡文姬》搜集資料，她當時在人民大學資料室。有一次我約她出去玩，看到她脖子上黑乎乎的，像是沒洗乾淨，我說她：『你呀怎麼脖子修煙囪管呢！』她略顯不好意思地說：『你這促狹鬼！』——她呀，就是這麼不注意小節，所以當時有些女生不喜歡她。不過呢，我跟她也差不了多少，我也是個對穿著打扮大大咧咧的一個人。在土改隊時，有一次我的鞋子穿破了，腳趾都露出來，我們組長就指著我說：『你看看你，一個大姑娘家，就穿這種鞋子啊？真是冤枉做了個女孩啊！』——我和林昭心思好像都不在這方面，經常注意不到。」

　　「那您和林昭是如何成為朋友的呢？」我問。

　　「我與她的緣分啊，是後來土改下鄉以後。1950 年，蘇南新專畢業，我和林昭都報名參加了土改隊。本來要分配我到上海《海員報》的，我沒去。林昭本來可以分配去文聯的，她也沒有去。我們當時都有作家夢，這是我和林昭志願參加土改的一個與眾不同的理由。當時我們都希望通過土改，能寫一部像丁玲《太陽照在桑乾河上》那樣的作品。52 個人，無錫團一半，蘇州團一半。我和林昭都在蘇州團，我們一齊來到吳縣，由吳縣縣委接待。縣裏呢，就把我們安排在一間倉庫裏，讓我們在有很多小蟲的稻草上打地鋪。那天晚上，我和林昭的地鋪正好挨在一起。我們從發牢騷開始越說越投機，第二天一早，竟都有相識恨晚的意思！我們就這樣成了朋友！後來分組下鄉，我在甪直，她在滸關，我們開始通信。她肺不好，經常咳嗽。有一次，我不知道從哪兒弄來一點魚肝油，就夾在一般信封裏寄給她了，傻乎乎的。她收到後大為感動！我們的友誼越來越密切了！」

　　「您說您與林昭的性格、出身、觀點都不盡相同，那你們友誼的基礎是什麼呢？」我問。

「我也說不清。她有點怪，我也有點怪，可能在別人眼裏，我們是一對怪人。我們在一起無話不談，那個年紀，我們的共同話題之一是戀愛。有一次回無錫休整，她非要在一片油菜花地裏照相。後來知道，那片油菜花地可能留下了她一段情感記憶。」

「當時你們都在戀愛嗎？」我問。

「可能她覺得自己是在戀愛吧。她同她的組長接觸較密切，認為人家對她很關心，雙方已經是戀愛關係。但人家後來明確回答沒有，只因為自己是組長，才與她走得近些。我後來為這事專門當面問過這位組長，那已經是退休以後的事了，人家還是搖頭。她經常會這樣，自己的感覺來了，就以為是那麼回事。我和她都熱愛文學，我是非常非常理解她這種狀態。土改時，有一個記者追求她，給她留了很多郵票，讓她專門用來寫信給他。有一次她告訴我：『你猜怎麼著？我就想寫一封信，把所有郵票全貼上去，一次性全還給他！後來我想樂得留下自己用，一封信也沒有寄給他。』說完她那個得意啊！就像小孩子惡作劇成功了似的！我當時與一位同學確定了戀愛關係，後來到土改結束時也結束了，很痛苦。林昭因此經常為我打抱不平，有一次，她當著那位同學的面趾高氣揚地說：『倪姐什麼都好，就是眼睛長得不好！看人看走了眼！』她就這麼當面譏諷他為我出氣，人越多她越來勁，罵完了自己還特別得意。」

「經常不讓人下臺階是嗎？所以大家都覺得她刻薄？」我問。

「是啊，她說話是只管自己痛快，不管別人受不受得了的。包括對我們隊長，也會當面挖苦人家，人家也拿她沒辦法。我當時跟她也差不了多少啊，有一次我們隊長在當眾講話，好像在講解政策什麼的。我也不知怎的，忽然就站起來說：『你說的也未必是真理啊！』組長當時就愣在那兒了，後來他氣得罵我：『你就不能會後找我單獨說啊？！』唉，我現在要是從頭再活一遍，肯定會比那時候聰明得多！」

「那林昭後來被當眾點名批評，是不是就因為這些小節呢？」我問。

「因為她得罪了頂頭上司啊。我們隊長為人寬厚，沒有為一、二句話與我們過不去，林昭沒我幸運。」

「批評她的陳部長是誰？」我問。

「蘇南區黨委組織部部長啊。」

「那也算高層領導了。陳部長不可能認識林昭吧？難道林昭真有那麼嚴重的問題值得在上千人的總結大會上批評？」我問。

「還不是她頂頭上司彙報的嘛，要不然陳部長哪會知道有個林昭！當時不是剛解放嘛，很多幹部喜新厭舊，看到城裏漂亮姑娘就想把自家農村老婆換掉。我和林昭都特別反感這個，人前人後說了些抨擊此類現象的話，讓這些頭頭們記恨在心了。林昭的頂頭上司也是，看中一個姑娘，人家已經有男朋友了，非橫刀奪愛不可。林昭對此深惡痛絕，曾公開表示了氣憤，這應該是她與頂頭上司結怨的一個重要原因。我一直認為，土改總結大會上被當眾點名批評，對林昭的影響不亞於 1957 年『反右』！當時我真擔心她會想不開啊……」

老人告訴我，林昭平時情緒容易波動，她是個非常敏感而脆弱的人，文學氣質很濃，遇到什麼不開心的事情就哭，她說過「如果我滑進水裏也沒人知道真相」之類的話。那天總結大會後，她想方設法要見林昭都沒能如願。最後，她只收到一張林昭的字條和照片。老人說，林昭其實是 1931 年生的，屬羊，比自己小兩歲。因為母親許憲民覺得女孩子屬羊不吉利，就把歲數改了一年，但現在似乎已經將錯就錯了。

正聊著，女兒忽然跑過來賴到我懷裏，她開始不耐煩了：「你還工作完了？我們走吧！」

我覺得與競雄老人意猶未盡，但一看時間，居然已經傍晚了。唯恐老人身體不適，我想還是及時剎住才好。「我明天上午再來好嗎？您身體吃得消嗎？」我問。

「可以。明天我再想想跟你談些什麼。」說著，她起身送我們出門。

　　女兒似乎想把那只粉色珠貓帶走，被我發現後當即制止。競雄老人仍然堅持：「送給你啦！」我說反正明天還要來呢，明天再說吧。女兒還算識趣，只帶走一袋奶奶送的牛肉乾。

　　第二天一早，我再次按響競雄老人家的門鈴。

　　女兒熟門熟路，一進門便再次拿起那隻粉色珠貓──我暈！

　　再次遷就，女兒再次讓我與老人靜談。

　　競雄老人戴起眼鏡，拿起本子對我說：「昨晚我想起幾個問題，必須跟你說一下。一是，林昭被處決後許憲民的反應。這個是馮英子的夫人嚴倩麗對我說的。當天夜裏十二點鐘左右，當時大家都已經睡下了，許憲民一個人跑到馮英子家，往床上一坐，一聲不吭。他們再三追問，許憲民才說：『蘋男被槍斃了。』然後失聲痛哭。」

　　據介紹，林昭妹妹彭令範工作後一般住宿舍，偶爾回家看望母親，許憲民平時一直與兒子彭恩華住在茂名南路159弄。1949年後，因為接二連三遭遇變故，林昭一家變得傷痕累累，每個人都曾經歷不可想像的煉獄，每個人都曾忍受難以描繪的磨難。於是，這一家人的恩恩怨怨、曲曲折折，也是我們常人不可理喻地複雜和怪異。經過競雄老人不厭其煩的解釋，我總算大致明白許憲民晚年為什麼如此淒涼，也總算弄清楚林昭及其父母的骨灰如何會失而復得──天哪，林昭背後的故事決不比林昭本身更簡單！那是一個巨大時代投射下來的巨大陰影，且不說我們的父輩，即便是我們，又哪裡容易走得出噢！

　　競雄老人告訴我：「2000 年，得知林昭骨灰下落後，我和小許（指許宛雲）專門跑到息園驗證。我們找到了骨灰盒，打開後，是一個黃色的、那種仿絲綢的布包。再打開，有一個紅布口袋。紅布口袋裏是骨灰，還有一根骨頭，那麼長（她比劃了一下），好像是臂膀上的。」

　　我點點頭：「胡杰的紀錄片裏有這個鏡頭，他還拍到頭髮……」

　　「胡杰是後來自己去的，是我告訴他的。紅布袋旁邊有一個用當年《解放日報》包裹著的一把頭髮，差不多半是白髮……那頭髮

很粗。我知道林昭的頭髮是很粗的……以前有一次她哭鬧著要我幫她剪去三千煩惱絲，她髮絲是很粗的……」競雄老人回憶最後一次與林昭見面，是 1962 年她保外就醫的時候，當時林昭還沒有一根白髮。

「土改結束後，您與林昭聯繫多嗎？她後來去了常州，您到哪兒了？」我問。

「她到常州報社工作，我到了南京交通廳。因為不喜歡這工作，還是想當作家，1953 年我就考了中央戲劇學院，學編劇。林昭 1954 年參加高考，當時我老公還幫她復習迎考。她上北大後，我們在北京經常見面，星期六我常到北大去，睡在她宿舍。她進城很少，一般都是我去。1956 年中戲領導要我們深入生活，把我們這屆提前畢業了，我被分配到上海滬劇院當編劇。要不是正好提前畢業，我 1957 年肯定也跑不掉的。1959 年，我到北京為滬劇改編《蔡文姬》搜集資料，大概是端午節前後吧，在北京待了一個月，和她經常見面。當時她在人大資料室，已經是『右派』了。但當時她情緒一直很好，很輕鬆，她還在咖啡館裏讓我見了甘粹。我當時沒把這事當真，覺得是完全不可能的，她呢也沒有細說。然後就是 1962 年上半年在上海，她忽然來亭子間找我。當時她燙了頭髮，看上去挺精神，在樓下就問我：『我從哪種地方來，你害不害怕？』我說：『老同學了，怕什麼。』那段時間我們見面不少，她還告訴我到《解放日報》找胡子衡，罵老胡沒教我們怎麼做人。後來老胡跟我抱怨，說林昭在辦公室拍桌子打板凳，不管不顧什麼話都說，他都怕死了……再後來，大概是 1962 年下半年吧，有一次我到茂名南路找她，彭令範開的門，她一見我就說：『你怎麼還來？你再也不能來了，她又進去了。』我問：『這次怎麼樣？』她說：『比上次更重。』我一聽就明白了，後來就再也沒有找過她。她被判 20 年的消息，還是文革中紅衛兵小將告訴我的。」

「彭令範不願意您上門是嗎？」我問。

「她唯恐連累我吧。其實許憲民一直是想看住林昭的，誰找林昭她都不高興，恨不得把林昭鎖在家裏，她以為只有這樣才能不出事。每次到她家，許憲民臉色都不太好，現在彭令範既然這麼說，我自然不好再上門。文革中紅衛兵小將找到我後，我不得不毀掉一批書信，包括林昭『反右』前後的一批書信。真是非常可惜！除了這批信件，她給我的其他信件我都收得好好的。」

「您與林昭交往了這麼長時間，您覺得她到底是個什麼樣的人？她對情感有什麼看法？您當時已經結婚生子，她是否對這種正常的家庭生活表示過嚮往呢？」我問。

「她這個人啊，比較率真、熱情，一根直腸子，這點像她媽媽。脾氣，像她父親，認死理。會使小性子，但還是講道理的。情感方面，她是受文學影響太深了，追求浪漫，感情來得快，可以有很多的激情。1953 年我上中戲，是帶著肚子去，後來生了個兒子。在上海坐月子期間，她跑到我家來陪我。我家房子很擠，有媽媽、老公還有一個哇哇哭的小寶寶。她也不嫌煩，非要打地鋪睡在我家。她這個人很『普羅』的，可以睡在地上，可以與老百姓打成一片。不像彭令範，有貴族氣息……他們家人脾氣有些怪。80 年代，我曾和蘇州的新專同學張學群一起尋訪她爸爸的遺蹤。當時好多舊房子都拆了，我們好不容易找到幾位老鄰居。彭國彥和許憲民離婚後居無定所，後來就住在一個小棚棚裏，在一條小河旁……一個 80 多歲的念佛老太太說，彭國彥最後為混口飯吃，就跟著她們一起東家跑西家跑念佛。這種狀況了，他還跟人家吵架，弄得念佛老太太都趕他走。彭國彥孤傲乖戾，命運多舛。彭恩華則是另一種類型，許憲民留有遺書〈我為什麼被親生兒子毒打九次〉……有人把林昭〈給人民日報編輯的信〉散出去了，還有什麼人傳出有關林昭的資訊，彭令範就來信或來電質問我，好像什麼事情都該由我負責似的。從知道確切資訊後找到令範，到一起到北京參加林昭追悼會，再到 1984 年 12 月令範出國為她送行，我都把令範當作妹妹，她也當我姐姐。出國後一直通信到 2004 年，不知為什麼，她最後那封信上說曾與我

有過一『緣份』，但『情緣二字怎分別，情與天地共存，緣則有時而滅』，可能是緣盡而情滅了，所以今年 5 月她回國掃墓來上海會友，連個電話也不打，我已足 80 歲老人了⋯⋯」

我越發無語。

「林昭就是這樣一個真實的人。你說她有這樣問題也好，那樣毛病也好，她的光輝也是誰也掩飾不了的！她確實是一個求真的人，為真理不惜生命！有不少人試圖將她神化，把這樣那樣的光環套到她頭上，我是很不以為然的。還有人更惡劣，試圖利用林昭嘩眾取寵，甚至不惜虛構一些情節⋯⋯」

我十分贊同：「我認為應該儘量還原真相。事實上歷史已經是不可能完全還原的了，哪怕就是當事人，他的回憶也可能有誤差，更何況他的感受、他的觀點也在不時地變化。正因為還原是如此困難，我們才需要做出很多努力，將覆蓋在史實上的塵埃一點點清理乾淨。」

「所以，你寫林昭傳要仔細核實資料，不能完全相信當事人的回憶。」

停了一會兒，競雄老人忽然問我：「你怎麼看待林昭信教的問題？」

我說：「我覺得她是一個感性的人，她的信仰也是感性的，並不是一般基督徒的那種，也不是教會常規理解的那種。」

競雄老人點點頭：「她的基督教是她自己的基督教。基督教也未必就代表真理，西方中世紀的黑暗不就是基督教會帶來的嗎？那殘酷、那血腥，也不亞於其他專制勢力吧？所以，後來有教會的人來找我，向我瞭解林昭作為教徒的情況，我都一一謝絕了。信不信教並不是重要的，重要的是林昭找到了一個精神支點，堅持了真理。」

我問：「您剛才說了第一個問題，昨晚您還想到什麼問題呢？」

競雄老人又戴起眼鏡、拿起本子看了一眼，說：「第二個問題，林昭為什麼對柯慶施產生幻想？我覺得這個問題很重要，也回避不掉。她在獄中寫了數十萬的文字，自比柯慶施的『未亡人』，這不是簡單可以回避的。這個問題我想了很多年，也沒有想通。也許是許

憲民給林昭透露過資訊，讓林昭對柯慶施給她平反充滿希望？許憲民是個能量很大的人，她後來為解救林昭可謂挖空了心思，不排除搭上柯慶施這條線的可能。否則林昭在獄中，消息隔絕，憑什麼知道柯慶施？憑什麼對柯慶施有那麼多的激情？」

我點點頭說：「這些只有等林昭的檔案解禁才能真相大白。」

競雄老人也點點頭說：「檔案反正在那兒，五十解禁也罷，一百年解禁也罷，反正白紙黑字在那兒了，改變不了。這些我是不擔心的，我擔心的是活人這塊。陳偉斯先生看過林昭的檔案，後來好多東西還沒來得及寫，人就走掉了，我好後悔當初沒有盯他盯得更緊些。現在許覺民也走掉了，下面還不知道由誰來整理林昭的資料。這些年我還一直有個夢想，就是想把林昭搬上舞臺！我覺得林昭這個形象太適合芭蕾表現了！為此，我曾找到舞劇的編導，向他介紹林昭。他開始非常感興趣，後來瞭解得多了知道這事麻煩多，就不肯再繼續下去了。你覺得林昭要是上了舞臺，是不是很精彩呢？」

這時，女兒又回來了。她剛才和阿姨在樓下玩，被蚊子咬了個包，趕緊跑來給我看。我給她擦了風油精，安慰兩句，想勸她再給我一點時間。競雄老人趁隙起身離去，不一會兒轉來，手裏多了個小瓶。「這是林昭的骨灰。」她說，「那天悄悄收了一點。」我請她舉著小瓶讓我拍張照，她同意了，一個古稀老人手舉亡友骨灰小瓶的照片讓我顫慄！她又拿出一隻小塑膠袋，裏面有一朵枯黃的乾花：「這是林昭追悼會上的花。」我把這朵乾花放在案上。當鏡頭對著它時，我想當初它一定嬌嫩欲滴吧。競雄老人還把張學群的文章給我看，張學群先生亦為蘇南新專林昭同學，後供職於蘇州圖書館、蘇州文史館。因為工作的便利，張先生有幸見識過彭國彥、許憲民的許多檔案，他還不辭勞苦多方查找資料，對林昭父母的生平進行了比較準確的梳理，寫成〈一家兩代碧血鳴啼——記林昭姐妹的雙親〉一文。可惜這篇文章至今沒有機會公開，以至於人們對林昭父母至今仍有許多訛傳。

　　時至中午，競雄老人留我們午飯。為抄錄一些資料，我聽從了她的安排。

　　「您和林昭，平時一般說上海話還是普通話啊？」我問。

　　「我們是想起什麼就說什麼，有時是上海話，有時是普通話，有時是蘇州話。她平時講話是蘇州口音的普通話。」競雄老人歇了會，又說：「今年是林昭殉難 40 周年，本來想在蘇州靈岩組織集體活動的，後來障礙重重，不得不取消了。」競雄老人取出幾張照片，「我去了。我看到墓地上有很多鮮花、輓聯、輓幛什麼的，顯然很多人自己慕名而去了。我還看到有很多年輕人，20 來歲的年輕人，大學生，他們也去了。看到年輕人關心林昭，我真的很高興！一些年輕人沒想到還有我這樣的老人去掃墓，他們問我是誰，與我拍照。你看就是這照片。」

　　我看到競雄老人面色淒涼地坐在墓邊，那一臉深刻的悲哀、孤獨和執著，讓人看一眼就冷到心裏去！可憐的老人啊！

　　「在墓地上，我哭了……以前我給她掃墓哭得不多，但這次我忍不住哭了。你知道為什麼嗎？我覺得委屈，林昭委屈，我自己也委屈……」她不住地搖著頭說。

　　我簡直聽不下去了！幸虧還有女兒偎在懷裏，她溫暖的身體、嬌美的面容提醒我：必須保持理性！必須保持距離！

　　「昨晚我躺在床上，忽然想到幾句話，就隨手記在本子上了。我說林昭啊林昭，你做什麼都做到了極致：做朋友，你把我們逼到了極致；做囚犯，你把對手逼到了極致；做兒女，你把父母逼到了極致，你真是大大的不孝啊……」競雄老人欲哭無淚。幾櫃上的林昭默然微笑著，彷彿在對老人說：呵呵，倪姐，還是你最瞭解我呢！

　　「媽媽，我們走吧！我累了，想睡覺啦！」女兒忍耐不住，開始發動總攻擊了。

　　我向競雄老人告辭。這一上午的對話，實在是太辛苦！這幾小時難道是整整 40 年的高度濃縮嗎？得知即將離開，女兒竟然又把視線投向了那隻珠貓——她一直念念不忘呢！競雄老人當即明白了：

「說送給你就送給你了，拿著！」她不由分說，把那隻珠貓塞進女兒手裏。女兒大喜，還興高采烈地提出新的要求：「讓我在那些貓前拍張照吧！」原來，她又看中了競雄老人貼在一個櫃子上的群貓圖。於是，我又等她在群貓圖前擺了個 POSE，順便又請女兒幫我和競雄老人合了影。說起貓，競雄老人又道：「我為貓犯起癡來，那也是少有！曾經有隻貓走失了，我特意跑到上海的貓市，一個攤子一個攤子地找，拜託貓販子幫忙……林昭愛貓不亞於我……」

競雄老人堅持要送我們下樓，她說必須天天沾點地氣保證健康。好在有電梯，上下樓非常方便。在小區裏發現運動器械，女兒看到了就不肯走，非要把每種器械都玩一遍不可。競雄老人就陪在旁邊，一邊與我閒聊，一邊輕描淡寫地描述了她的大半輩子：兒子剛剛學步，丈夫就另有所鍾鬧著離婚。1957 年，丈夫成了「右派」，被發配到邊遠地區，他們的婚姻也就此解體。而母親當時又患癌症，自己找遍熟人借貸才讓母親多活了幾十年，子孫三代就這麼相依為命挺過來了，現在孫子已經 25 歲。可悲的是，等到 80 年代平反改正時，孩子父親已經精神失常，晚年過得很淒慘，前年已逝世……

當天下午，我帶著女兒在招待所休息了好久，才感覺稍稍恢復了元氣。然後我們去南京路。在燈火輝煌的黃埔江邊，我和女兒第一次看到東方明珠，我們都很開心，我們很晚才趕回去睡覺。第二天清晨，我迷迷糊糊被房間的電話吵醒，沒想到是競雄老人打來的。「你們昨晚出去玩了是嗎？我打電話你們不在，我又想起幾個問題要告訴你。」接著，她依舊用清晰、簡潔而乾脆的語氣，對我解釋了一些事情。我不喜歡製造離別之情，所以當她問我們何時離滬時，我趕緊說：「我會再給您打電話的，回去就把照片寄給您。如果需要，我過段時間再來。」

果然不出所料，還沒等回到南京，女兒就已經把珠貓忘到了爪哇國。在上海科技館瘋玩一天，我和她都眼花繚亂、筋疲力盡。面對高科技、全仿真的非洲大陸、熱帶叢林，我只覺得腦子一片空白，完全失重般不知今夕何夕！直到回家，直到把粉色珠貓放在案頭，

我才又找回那種心臟在胸腔裏跳動的感覺——這才是真正活著的感覺。我向女兒討要珠貓，她一點也沒猶豫就答應了。面對這個不同凡響的紀念品，我不由地對女兒謝三謝四。女兒卻得意地說：「幸虧我看中了吧。喜歡就送給你好，誰讓你是我媽媽呢！」

附件五

「我從來不贊成秀才造反」
——當事人朱紅追憶「林黃反革命集團案」始末

趙銳

　　朱紅，原名朱弘。1936 年 10 月生，蘇州市人。揚州師專畢業，早年任教於蘇北泗陽縣中心小學、洋河中學。中國作家協會會員，曾任蘇州市作家協會副主席、蘇州市詩歌學會會長。現任《蘇州雜誌》副主編。1981 年榮獲首屆全國中青年詩人優秀詩歌獎，詩歌代表作有〈那時我正年輕〉、〈初夏〉、〈晚播者之歌〉等。出版的作品有：《裝鬼的故事》、《初夏的鳳蝶》、《剪影者的世界》、《尋找蘇州》、《話本蘇州簡史》等。

　　1962 年夏，朱紅先生在蘇州北局邂逅保外就醫的林昭。後在朱紅介紹下，林昭又結識黃政。1962 年 8 月，朱紅離開蘇州去北京等地，其間林昭與黃政共同起草了一份《中國自由青年戰鬥聯盟》綱領，提出八項政治主張等。1962 年 11 月，林昭再度入獄。1963 年 10 月 3 日，黃政被捕，後以「反革命罪」獲刑 15 年。1968 年「清隊」時，朱紅被定為「林黃反革命集團漏網分子」，監督勞動，直到 1979 年 6 月平反。迫於歷史原因，朱紅先生多年來保持沉默。2008 年 10 月 1 日，朱紅先生在蘇州家中正式接受筆者採訪，首次詳細追憶與林昭交往的前前後後，以及黃政先生蒙冤入獄的鮮為人知的細節。

　　關於這一舊事，黃政先生亦曾寫有〈林昭第二次被捕前後的一段往事〉一文，收錄於香港明報出版社有限公司 2006 年 2 月初版的《走近林昭》（許覺民／編）一書中。二位先生的回憶總體脈絡一致，但細節方面仍有諸多差異，筆者把這些差異標注出來附於文中。因年代久遠，朱紅先生不能保證所有回憶都準確無誤，且存此留待後

人考證。本訪談已經朱紅先生審定。以下對話朱紅先生簡稱「朱」，筆者簡稱「趙」。

趙：您是土生土長的蘇州人吧？

朱：對。我從小生長在蘇州。解放前我雖然年紀還小，但還是深切感受到國民黨統治的腐敗。抗戰勝利後，我們淪陷區百姓本來是盼星星、盼月亮盼國民黨回來，可國民黨回來後反而更加民不聊生。我就記得母親叫我去買米，遲一步那價格就變了，一天派三次，這日子還怎麼過？所以，蘇州老百姓絕大多數都是擁護共產黨、盼望解放的，這就是當時的歷史背景。我算是長在紅旗下的，1949 年至 1952 年在蘇州中學就讀，接受的是黨的教育，還入了共青團。那時候也有一些政治運動，像「三反」、「五反」什麼的，但跟我關係不大。對我這一生影響深遠的就是 1957 年的「反右」運動。

趙：那您是如何成為「右派」的呢？

朱：高中畢業，學校推薦我列入留蘇預備生名單。經政審，發現我的社會關係有問題，於是改到揚州師專，畢業後在淮陰泗陽縣中學、洋河中學任教。1957 年「反右」時，我是洋河中學的教師。當時我喜歡寫東西，到處投稿。有一個《寓言四則》，發表在安徽的《江淮文學》上。《江淮文學》的主編叫戴岳，沒想到，1957 年《光明日報》發表文章點名批判戴岳及其主持的《江淮文學》，指責《江淮文學》發表了一系列「毒草」，我那個四則小寓言也名列其中，我就在劫難逃了……

（黃政回憶：朱紅先生是「因為在大鳴大放中對蘇聯老大哥有些做法提了意見，以反蘇言論被戴上右派帽子送來勞教的。」）

趙：打成「右派」後您被勞教了是嗎？您與黃政就是在勞改農場認識的？

朱：是的，我被送勞動教養。開始沒有時間期限，只說什麼時候改
造好什麼時候解教，實際上改造了三年半。1958年在東台弶港
農場，就與黃政認識了，但當時我們關係一般。1959年至1961
年11月，我們又被發配到濱海的潮河農場，與各類刑事犯分散
編組，「右派」在農場的地位連刑事犯都不如。在潮河農場，我
與黃政同在三大隊二中隊，黃政任一個組的組長，我任中隊統
計。1960年是饑餓最嚴重的一年，農場差不多天天死人，最多
的一天能餓死十幾個！我們當時是睡在一個大坑上，每人只有
45公分寬的鋪位。經常一覺醒來發現旁邊的人不動了，再一拉，
原來是死了！我們當時還嘀咕：是不是上面有計劃地要把「右
派」餓死啊？話傳出去，農場領導居然沒有上綱上線，反而專
門跑來跟我們解釋，說是國家遇到了「自然災害」，「蘇修」又
逼債，全國人民都吃不飽飯……我們這些活下來的，可謂是九
死一生。

（黃政回憶：「開始，我們分別在兩個工棚，只是認識而已。後
來在1959年3月間，勞教人員愈來愈多，人滿為患，有一批人被調
押到濱海大有農場四分場。我和朱紅都編在二中隊，同住一間五十
多米長的大工棚裏，勞動中接觸多了，彼此瞭解也多了。我們都喜
歡看書，很談得來。他是中學教師，身體較瘦弱，文弱書生模樣。
我身體較扎實，在勞動中儘量幫助他。我倆成了知心朋友，莫逆
之交。」）

趙：您本來的名字是「弘」，後來聽說就是在農場改成「紅」的，為
什麼？

朱：一個中隊副不認識「弘」嘛，每次點名都叫不出，乾脆把我名
字改了，還說你們這些人只專不紅，應該又專紅又專！

趙：1961年您與黃政一起被摘了「右派」帽子，你們一起結伴回到
了蘇州是嗎？

朱：我們的勞教本來都是無期限的，但 1961 年形勢有所緩和，「右派」開始分批摘帽，1961 年 11 月，我和黃政都獲得了自由。開始我們都很興奮啊！可一回到蘇州，殘酷的現實又給了我們當頭一擊：沒有工作，我們只能靠打短工過活。我挖過河泥，鋪過馬路。我家有 9 人，我是長子。我母親是家庭婦女，沒有收入，全家就靠父親一人的薪金撐著，非常艱難。

（黃政回憶：「61 年 12 月 28 日，我和朱紅同一天被釋放離開農場，回蘇州途中，我們一起遊玩了揚州瘦西湖、鎮江伯勛公園等地後回家。」）

趙：您回蘇州後在黃政家門口擺舊書攤生活是嗎？
朱：黃政父親解放前擔任國民黨偵緝隊長，解放後死在勞改農場。繼母是被捕的共產黨員，跟黃父結婚才活了下來，解放後開除回家，在居民生活服務站工作。黃政回蘇州後沒地方住，經繼母求人，居委會同意他在生活服務站裏勉強擺個床鋪安身。那生活服務站位於北局，是蘇州的鬧市區，離我家也不遠。1962 年六、七月間，我實在找不到工作，就把家裏的舊書搜羅到一起，在那個生活服務站門口擺了個攤。我有個手藝，會剪影，北局人來人往的，我剪個紙、賣個書，勉強混口飯吃吧。那時候擺攤設點還不受控制，很多人這麼做。

（黃政回憶：「我家住在觀前街鬧市區，是沿街房，我回家時看到朱紅在我家門口擺了一個舊書攤。母親告訴我：『朱紅沒有工作，家中弟弟妹妹又多，父親退休工資不高，母親是家庭婦女，他不能長期靠家裏養著。他求我讓他在我家門口擺個舊書攤，混口飯吃。我看他可憐，同意了。』母親心善，我講義氣，當然就支持了他。又哪裡會想到隱伏著危機呢！」）

趙：您就是在書攤上認識林昭的嗎？是什麼時候，前後經過是怎樣的呢？

朱：大概是 1962 年六、七月間吧，有一天，一個女的來到我書攤前，穿著改良的旗袍，燙著頭髮。她在那兒翻了會書，然後對我說：「你像個學生，你是不是遭遇什麼挫折？」我說這個說來話長，我現在做生意，你要有興趣就等我收攤再說。收攤後，她果然又來找我，我就跟她一起到公園邊走邊談。她告訴她叫林昭，是北大「右派」學生等等。她有一次還告訴我她母親叫許憲民什麼的，許憲民是蘇州名人，我早就知道的。其實林昭當時跟我講話時，書攤旁還有一個矮個子的男人，只不過當時我並沒有在意。

趙：你們在一起談了些什麼呢？

朱：和林昭第一次談話十分愉快，後來林昭就經常來找我，於是我每天一收攤就跟她走了。我們有時候到公園，有時候到公墓，自以為神不知鬼不覺的，談話可以盡興，根本沒想到後面一直有「尾巴」。後來我被抓，公安當即拿出一個本子讀給我聽：「某年某月某日，朱紅和林昭幾點鐘到公墓，幾點鐘離開……」就這樣！我們在一起主要是議論時局啊，「大躍進」、「三年自然災害」，什麼都談，不過我與林昭的觀點並不相同。

　　我對自己成為「右派」其實很不理解，你想啊，我一直是受黨的培養，對黨是一腔熱誠，結果卻吃了三年半的官司，受了那麼多苦。我是瞭解黨史的，我想黨在歷史上也走過許多彎路，一會兒反「左傾」，一會兒反「右傾」，沒准現在也是在走彎路吧。無論如何，我還是相信黨的高層領導的，對毛主席、對那些元帥將領啊，都十分崇拜。我想他們能把江山都打下來，不會不意識到當前的這些問題吧？黨遲早會改正錯誤，尤其是基層執行方面的偏差，我想總會甄別糾偏的。我對「反右」等問題的態度主要是這樣。

　　林昭卻不然。她認為「反右」就是取消民主，這樣下去毛澤東就會走獨裁之路。「大躍進」是「反右」的直接結果，因為沒有監督，什麼錯誤都可能發生，這是制度出了毛病。她認為

毛澤東就是學了史達林的獨裁！林昭說什麼都是一針見血。對
於人民公社，我們當時都認為農民有組織了，吃飯有食堂，醫
療有保障，挺好啊！她卻說這是一種奴役制度！你剝奪了農民
的土地，限制了農民的流動，讓農民的依附性更嚴重，實質上
等於把自由農民變成了農奴──你看看，她居然那個時候就能
有這樣的見解，而且敢於表達出來！

　　還有個不同，就是我們一般發牢騷啊什麼的，只敢談談現
象，決不敢往深裏說的。講到毛澤東，我就不敢。林昭敢！她
說對於獨裁只有兩個辦法，一個就是等，等他死掉，像史達林，
死掉了才有可能鬆動；還有一個辦法就是推翻，像希特勒，用
武力解決。她認為現在老百姓已經忍無可忍，大家應該起來推
翻統治，解放自己。這個我是不同意的，我就勸她：「無產階級
專政很屬害的，現實不是你以為的共產黨管不住了、失控了，
而是管得相當嚴密。共產黨是搞群眾運動出身的，連居委會都
發動起來了，我們都逃不脫的。」我還告訴她共產黨當年搞革
命有共產國際的大力支持，金錢、武器、人力，無所不包。你
現在秀才造反一無所有，不僅沒有一點用處，反而會把自己弄
得很危險，何苦呢？所以呢，我就勸她成個家，先把日子過起
來，慢慢等著。她不同意，她認為共產黨已經失去了民心。

趙：林昭與您談過對婚姻的態度嗎？

朱：我聽她說「反右」後她有過結婚的想法，所以勸她找一個「愛
　　你的人」結婚成家，看看再說。林昭說：「凡是愛我的人都是不
　　幸福的。」她根本沒有結婚成家的念頭，她一心就想革命。我
　　勞教了三年半，吃過了苦頭，下面就想安安生生過日子，不想
　　折騰什麼事。

趙：林昭跟您提到過張春元嗎？

朱：提起過。她說現在就有職業的革命家，比如春元大哥。她對張
　　春元很佩服，說他正逃亡在外。

趙：大概過了多久您把林昭介紹給黃政認識？

朱：沒過多久，大概不到半個月吧。是這樣的，生活服務區旁邊有
　　個理髮店，店裏人看我每天都跟一女的約會，就傳言我談戀愛
　　了。這話傳到黃政耳裏，他也來問我，我就把林昭跟他說了。
　　我說林昭很有思想，你們肯定也談得來。介紹他們認識後，我
　　們三個人經常一起談話。黃政很贊成林昭，認為林昭分析的對，
　　要行動。我說服不了他們，而且總感覺有什麼不對頭的地方。
　　有一天晚上林昭離開我家，我見天晚了要送她，她不要送。送
　　她出門時，我發現巷子口有兩個人。你說這麼晚了，哪來的兩
　　個人守在巷子口啊？（趙：您跟林昭說了嗎？）我沒說。因為
　　林昭對此一直不以為然的，我怕說了她反而會怪我疑神疑鬼。
　　她覺得只要沒證據就行，說話不被別人聽見就好了。

　　（黃政回憶：「就在當年七、八月間，一天傍晚回家，看見朱紅
　　書攤上站著一位燙髮的穿白底藍花旗袍的年輕女子在翻著書籍，幾
　　天後又看見她穿著白上衣，黑綢長褲正在與朱紅聊天。之後有幾天
　　朱既不來擺攤不知去向。之後見了朱紅問及那女子是誰，朱紅告訴
　　我：『她叫林昭，北大新聞系學生，也是右派，她與北大右派譚天榮、
　　人大右派林希翎都認識。她對時政不滿，思想很激烈，許多觀點與
　　你很相似，我已將你的情況向她介紹過了，她很想認識你，我想你
　　們一定會談得來的。不過，我沒有徵求你的同意，你不會見怪吧。』
　　數日後，朱紅收攤後將林昭帶進我的居室。那天，林昭穿的旗袍，
　　頭上戴著小白花。」）

趙：林昭與黃政認識後，你們的分歧越來越大？
朱：是的。當時我與林昭之間詩信往來很多的，後來都失散了。有
　　一首詩至今還記得，也就是1962年七、八月間吧，我給林昭寫
　　了一首詩：「……心靈的創口好容易癒合／不再想接受刀刃的親
　　吻／你說是筆尖會抱成火焰／我卻知鎖鏈聲鏗鏘動聽／可以浪
　　跡天涯四海為家／也能困居小樓固窮安貧／你看這小天地有多
　　安謐／洋溢著醉後朦朧的溫馨／你若知醒後痛苦的逆喀／又何

苦噗水來把我噴醒。」我還在這首詩上蓋了個自製的圖章:「謹慎小心」。林昭也回了一首詩,這詩後來給公安搜走了,原詩我不記得,主要意思是不管如何都一樣是死,最後一句是「因為你有該死的靈魂」。她用紅筆劃了個圖章,是篆字的「大吉祥」。你看,我們的分歧在詩裏表達得一清二楚!

趙:後來您就到北京去了是嗎?您到北京是為了逃避林昭他們,還是別有原因?

朱:我到北京主要是為了尋找出路。因為當時聽說新疆什麼的,不要戶口也能找工作,很缺勞力,我就想離開蘇州四處看看。因為有個兄弟在北京,就想一路蕩到北京找他商量一下再說。我不是會剪影嘛,也能打零工,心想混口飯吃應該不成問題。8月份,我告訴林昭、黃政我要離蘇,林昭前來告別。就在那天晚上,她才告訴她是有案在身,現在保外就醫。之前她只說是北大學生「右派」,坐牢什麼的根本沒提,可能是怕嚇著我們。她說是看了鐵托的演說,寄希望於南斯拉夫,寫了一份什麼東西被抓的。她仍然決心抗爭到底,她說:「我要學習我舅舅,幹革命是不能怕犧牲的。」她思想的確很超前,太超前了!

(黃政回憶:「朱紅正式向我介紹了林昭,我們從此相識了。當天沒有多談什麼,奇怪的是幾天後朱紅忽然對我說:『在蘇州生活總有困難,我大弟弟在北京工作,我去投奔他,生活不會有問題,這樣也可以減輕蘇州家中負擔。』朱紅要走,我感到意外,他從未對我說起過有個弟弟在北京。朱紅又說:『你和林昭已經見面認識了,以後她會來找你的。』此後,朱紅不見了,到北京找他弟弟去了。)

趙:您離開蘇州後,林昭與黃政就起草了一些政治文件。黃政說後來都寫信告訴您了,你們之間通信多嗎?

朱:我一路邊走邊看,發現外面的情形並不是傳說的那樣,到處都管得很緊,工作也並不好找。大饑荒的時候,河北一個村子餓死半村人,為什麼?就是因為不准村民外出乞討!連討飯的自

由都沒有，還談什麼工作呢。流動根本是不可能的。我大概 9 月底才到北京，因為我記得參加了當年的國慶大典，我還寫信告訴黃政在天安門廣場看到了毛澤東、劉少奇。廣場上放煙花，那煙花有白綢子的降落傘，白綢子比手帕還大，大家都去搶！黃政回信說，蘇州統戰部在給摘帽「右派」安排工作，你趕快回來吧。我接信就馬上回來了。我和黃政通信也就二、三次吧，不可能多，因為我不寫信他也不知道我地址嘛。我還記得在北京剪影，被派出所抓了。幸虧我口袋裏還有一個洋河中學的工作證，跟他們解釋說學校解散，要自謀出路，公安才放了我，讓我趁早回家。

（黃政回憶：「朱紅從 62 年 8 月至 11 月底，一直在北京弟弟處，這段時間我與他一直保持著通信，因為我信任他，所以我和林昭在蘇州的活動情況，全都在信中告訴給他，他也從沒有在回信中表示過反對或勸阻，而且所有林昭交給我的檔材料以及我們的綱領計畫統統打成紙包，蠟封好後交給朱紅的妹妹保存。只有一次朱紅來信中說起過：他弟弟曾拆閱過一封我寄去的信，他弟弟有責怪之意，經他解釋後也就過去了。」）

趙：回到蘇州是什麼時候呢？當時是什麼情況？

朱：我 11 月底回蘇州的，當時黃政已經在服裝廠工作。我到統戰部一問，人家說現在政策變了，統戰部不管「右派」分配的事了，統一由公安局管。我垂頭喪氣，只得繼續打零工混飯吃。林昭當時已經回上海歸案了，林昭一走黃政也沒什麼事，再加上他有了工作，我們也難得碰頭。

（黃政回憶：「有一天朱紅神秘兮兮地對我說：『林昭曾經送過我幾本北京大學出的《紅樓》刊物，是林昭參加編的，我與林昭接觸中，很知心，我曾向她求過婚，她沒有同意。』他這是什麼意思呢？我當時想無非表示他與林昭關係比我與林昭更深吧。」）

趙：林昭和黃政他們有一包材料，後來是寄存在你們家的是嗎？

朱：對。我回來後黃政告訴我，我走後他與林昭談得很投機，都認為要推翻毛澤東政權。他給我看了他們起草的「自由聯盟」綱領。我看了吃了一驚，第一感覺這是「秀才造反」、「以卵擊石」，第二覺得這東西要惹禍，有危險，因此勸他們銷毀。我說你們紙上談兵，你光棍一個，無牽無掛，我一家9口，我又是長子，我可比不得你。黃政在生活服務部只有一個床鋪，那兒人來人往的，不可能安全。1963年上半年，黃政想把一包東西放我家，其中有三樣東西：一是「綱領」，二是他的日記，三是林昭在法庭的辯護書。我想黃政要是出事，我肯定也跑不掉，就同意了。我把那包東西藏在我家後院堆雜物的一個旮旯裏，一般人不可能找到。

（黃政回憶：這包材料包括「綱領」、「行動計畫」、「初期組織形式」，給張春元的一封信，林昭自製的一些揭露和抨擊時政的漫畫、卡片，以及七、八個原北大、蘭大「右派」同學的名單和通信處等。）

趙：後來您讓黃政把東西取走，但過了一陣子又拿回去了，這是為什麼？

朱：1963年6月，居委會給我介紹了工作，在印花廠當臨時工。我很高興，天天工作什麼事都不想了。我進廠不久，有一天休息，忽然兩個公安到我家來，一個是我們的片警姓朱，另一個是我們廠的警察姓仲。他們說你以前擺過舊書攤，我們來幫你清理一下是否有反動黃色書籍？說著不由分說就進了我房間。我看他們只查我的房間，而且翻得很仔細，讀書筆記都拿起來翻看，我就疑心是黃政那包東西出事了。後來他們拿走兩本書，一本《老殘遊記》，一本《永安月刊》。拿《永安月刊》可能是因為上面有一幅世界名畫的裸女，拿《老殘遊記》就不知道為什麼了。事後我跟黃政講這事，我說你肯定跟別人走露了風聲。他

說沒有，不會有事。我還是覺得不安全，讓他把東西拿走。黃政也的確拿走了，但他沒存放在生活服務部，而是寄存在一位女同事家。

（黃政回憶：「1963 年初夏的一天，朱紅臉色緊張地告訴我：『昨天某某派出所把我叫去查問，說有人檢舉我買賣黃色書刊，經過我解釋才放了我。』之後不久，他就被安置到一家塑膠印花廠搞花樣設計工作，挺不錯的。我為他祝賀之餘，想到過一點疑問：朱紅這樣一個外地開除的摘帽右派，解教分子，能允許他在蘇州鬧市區公開擺書攤不交稅、不納捐……難道僅僅是『給出路』的政策嗎？有否其他原因呢？我當時可沒有往更深處想，如果想了，也許……」

黃政又憶：「1963 年 9 月初一天，朱紅很緊張地對我說：公安局已到我家樓上搜查我的書櫃，翻找什麼黃色書刊，結果沒有查出什麼來，幸好沒有到中間那間房內搜查，就走了。『你那包東西再藏在那裏就很不安全，你就快點想辦法搬回去，另外再找個地方藏起來才好。』」……那包紙包在朱紅那裏藏了一年，取出來時那紙包上紮線已斷裂重新接過，原來蠟封印記已被拆碎散開了。問及朱紅：『怎麼開封了？』他說是老鼠啃了紮帶上的蠟封。」）

趙：然後又發現了什麼事呢？

朱：過了幾天，我在上班路上被一個穿便衣的男人攔住。他說：「你認識我嗎？有位同志有重要的事要找你談談。」我說我要上班，我也不認識你。他說：「我們已經跟你廠長富惠英打過招呼了。」說著他掏出一個證件，在我面前晃一下。我沒辦法，只好跟著他走。在豆粉弄一間民房前停住，讓我進去。我有些害怕，不肯進，他就把我推了進去。我看見那房裏放著一張桌子，幾把椅子，有一個男人已經在裏面候著，也穿著便衣。

　　這個男人說：「你認識我嗎？」我搖搖頭。他說：「你仔細看看，你那個書攤我去過多次，林昭看書我就在旁邊。」後來我知道這個人姓王，是公安局的科長。剛才那個路上攔住我的

姓殷，是王的手下。王科長讓我交待，我說我們是發過牢騷，因為「右派」摘帽，你們也不給安排工作，幾乎沒飯吃，所以想法總歸有點的，但現在我和黃政都有了工作，大家都忙，見面也很少了。王科長說：「恐怕不是那麼簡單吧。你知道林昭是怎麼回事嗎？我來說給你聽。」於是他詳細講述了林昭的入獄經過，並表示凡是林昭接觸的人公安都掌握得清清楚楚。說著，王科長拿出一個本子，把跟蹤我們的記錄一五一十地一一報來。我聽得目瞪口呆！王科長說：「這個事情很嚴重。你是一時糊塗，跟他們交了朋友。他們在搞反革命組織，你不要把自己跟他們綁到一條船上。林昭到一個地方就要搞反革命組織，害了不少人。你要好好交待！」

談了一上午，我沒有交待。中午，他們買了麵條來給我吃，下午接著談。我在壓力下，不得不如實交待了。我說他們也僅僅是紙上談兵，據我所知，林昭和黃政的這個組織沒有人，就他們兩個。現在林昭入獄了，黃政有了工作，他也不瞎跑了。王科長不信：「你不要為他們狡辯，再說，你窩藏反革命檔案有沒有罪？你知情不報是立場模糊，我們要輓救你，你要不交出來問題就更嚴重了。」我說東西不在我這裏，已經退還給黃政了。事後我得知，黃政還給別人看過「綱領」，一個姓蘇的後來也跟我一樣被抓起來審問過，因為查無實證又放了。

公安為什麼會到我家搜查呢？又為什麼先審問我呢？其實林昭一直是處於公安監控當中的，她自己並不知道，她到哪兒公安都盯著。公安以為林昭背後有一個龐大的、系統的、全國性的「反革命組織」，所以想通過林昭拔出蘿蔔帶出泥，把這個組織來個「一網打盡」，可沒想到林昭入獄黃政就沒行動了。我和黃政另外還有個熟人，姓周，是在農場認識的，和我們有來往。1963 年上半年，這姓周的因收聽「敵臺」被抓，他交待說黃政和朱紅有秘密活動，這是我事後聽公安局的人說的。

下面，我就被控制了。王科長要求我：寫書面材料把問題交待清楚，然後要立功贖罪。王科長說：「今後你要與黃政繼續保持接觸，不要驚動他，他要做什麼你都順著他，不要反對。你下面將歸殷同志指揮。」以後直到黃政被捕，我的行動都是按照公的佈置做的。

趙：然後您就向黃政要回了那包文件？您從來沒有動員他毀掉這包東西嗎？林昭入獄，黃政也不想繼續做什麼，保留這包東西還有什麼意義呢？

朱：我沒有動員他毀過。之前因為覺得那是他自己的事，裏面有他的日記，還有林昭託他保管的一些資料。公安攤牌後更不敢毀了，因為那是罪證，他要是毀了很可能就全是我的事，我吃不了兜著走！後來，我就去找黃政，勸他繼續把那包東西藏在我家。他也覺得藏我家最好，就又拿來了，我仍然把它藏在後院的旮旯裏。公安要求我不准動那包東西，他們擔心黃政回來查看，發現破綻。

（黃政回憶：「拿回這包東西以後，我費盡心思，幾經周折，自己家處於沿街鬧市區，根本不能藏，只好暫存在女友處，放了幾天又怕連累女友又取回來，放到自己工作的廠裏木箱中。過了半個月左右，朱紅忽然又對我說：『我家已安全了，你把紙包交給我吧，我把它藏在後院破牆洞裏，誰也不會知道的。』當時我就產生一種被愚弄的感覺，本來早有這個打算，又何必讓我拿來拿去瞎折騰呢，雖然心中不悅，但出於無奈只好再把紙包交給了朱紅收藏。1963年9月，我單位廠領導忽然免去我統計員的工作，調我去學徒車間，學車工、當工人。原來當統計員可以滿廠跑來跑去，去學車工不可能離開車床，限制在小小的空間裏行動不自由了，我有一種不祥預感。」）

趙：上海的林昭獄友張姑娘是怎麼回事呢？她是先與你們誰聯繫的呢？

朱：1963 年 7 月，張姑娘給我和黃政都寫了信，說是林昭的獄友，剛被放出來，受林昭之託要來蘇州看望我們。黃政收到信就告訴我了。我呢，沒收到信，因為信是寫著我妹妹的地址，林昭常來我家，與我妹妹也熟的。我妹妹看到這封信莫名其妙的，以為是誰騷擾她，當即就撕了，根本沒跟我說。聽黃政一說，我不希望他與林昭再有聯繫，這不是節外生枝嘛。我不想見張姑娘，黃政非要去火車站接站。我只好出了個主意，陪他一起去。在火車站，我們看到張姑娘下了火車。我看她十八、九歲的樣子，皮膚稍黑，圓臉，中等身材，氣色非常好。我當時感覺不對，就對黃政說：「我看她不像獄裏剛放出來的樣子。你看林昭坐過牢，面孔多蒼白啊。這張姑娘氣色太好啦！像個女八路！」黃政給我一說，也不敢貿然上前相認。沒想到，我們剛回到我家，張姑娘居然找上門來，一下子三個人就碰了頭。張姑娘說第二天就要回滬，她是受林昭之託前來看看，並說林昭在獄中很好。

（黃政回憶：「1963 年 7 月下旬一天廠休日，我在公園外報欄看報，朱紅突然在幾米外大聲喊我：『黃政，上海有人來信啦！』當時我對他在大庭廣眾毫無顧忌地喊叫很不滿，當場責怪了他，他卻嬉皮笑臉地將上海來信給我看並說：『上海有人要來看我們，還要帶來林昭的口信呢！』看信封發信地址是上海郊縣某某廠 C 某某。從信中知道，來者是林昭在牢裏的獄友，由朱紅給她回了信，並約好在車站接她的暗號。7 月 27 日上午，我和朱紅在車站南面的面攤上等候，發現有二、三個人面孔似曾相識，正朝我們望著，感覺不對，改在車站出口處等。一會兒見有一個圓臉女青年，紮著羊角辮子，手提一隻網籃，上面放著一本《紅岩》，我們知道就是要等的人，但又不敢馬上招呼，返身離開車站，準備回朱紅家中等候，因為那女子知道朱紅家地址。當時車站出來還沒有直接公交車可乘，決定由朱紅打車先回家，我步行趕去。在走到平門橋時，見那女子坐著黃

包車進城了。待我趕到朱紅家中時，那姑娘已經和朱紅談過了。朱紅從樓上下來單獨對我說：『來人可信，是林昭獄中難友，帶有一首林昭親筆詩詞作證明，確系林昭筆跡。』我匆匆看了一眼那張小紙條，朱紅就收回了，我也未曾多想。朱紅又對我說：『我已和張姑娘談過了，叫她下來和你見面，你們可以到外面找個園林多談談，我就不陪你們了。』……這位姑娘當天下午就回轉，這是她第一次來。從這位姑娘來的那天起，朱紅對『組織活動』表現得很積極，但有些異常。」）

趙：黃政回憶說，這位張姑娘來蘇州不止一次，她反覆探問黃政做了些什麼事，並督促他繼續採取行動，您對張姑娘的這些細節有記憶嗎？

朱：我不記得張姑娘到底來蘇州幾次，好像就兩次吧。她跟黃政談了什麼我不知道，反正她沒跟我說過這些話，第一次說了一些話就走了，第二次她在蘇州待了一個晚上再加一個半天。我們三個人並沒有一直在一起，她有時候是單獨與黃政在一起的。

趙：人們懷疑張姑娘是公安的「臥底」，林昭後來得知受騙，曾氣得破口大罵，精神受到很大刺激，您對這些情況瞭解嗎？

朱：我不瞭解。張姑娘是什麼身份，我至今不敢確認，但我的確當時就覺得她不像剛從獄中釋放出來的囚犯。

趙：那張姑娘離蘇後，又發生了什麼事呢？

朱：張姑娘離蘇之前的晚上，黃政又想起印傳單的事。我會刻鋼板，黃政不會，63年上半年他就想要我幫他刻鋼板，我堅決不幹。現在公安不是要我順著他嘛，這次我就沒有阻攔。我說我想想吧，一會兒告訴你。當時已經天晚了，我拿不定主意，只好悄悄打電話問公安怎麼辦。殷同志把我叫過去，王科長親自當面佈置，要我按黃政的意思辦。他要刻什麼就刻什麼，只是務必要黃政自己留下筆跡，唯恐他把責任全推到我身上。

　　當天晚上，我們就在黃政棲身的生活服務部刻鋼板。半夜三更，我說我累了，要黃政刻幾個字。黃政不肯，說字難看。

我沒辦法，只好繼續刻。一直到最後該落款了，我說我也不知道如何落款，還是你自己刻吧。黃政這才動手刻了一行字，算留下了證據。

（黃政回憶：「張姑娘來蘇州之後朱紅對我說：『以後要加強組織活動，搞點宣傳，以擴大組織影響。印傳單、編印宣傳小冊子，搞地下印刷機。』他又熱心地提出：『我家獨門獨院，前院第二進有間東屋，天井內有口枯井，我們可以把井中破磚碎瓦清除掉，再向四周邊上挖大些，就是一間真正的地下室，放台印刷機就可以大力開展活動了。』他認真地領我去他家東屋天井察看那口枯井……」

黃政又憶：「朱紅表現出異常的積極性，提出成立三人小組，即他與我以及上海的張姑娘，開始行動，寫傳單搞宣傳材料，為求得統一意見，發信通知張姑娘在國慶日前再來蘇一趟，碰頭共商大計。9月30日，張姑娘如約而來，還帶了一盒月餅送給我們，因為當年10月2日是中秋節。我們三人商定印發傳單，在國慶期間用郵寄方式在蘇、滬兩地散發，寄發對象是社會團體、企事業單位以及知名人士。傳單內容三人討論後由我執筆起草，張姑娘當天住蘇州的旅館裏，等傳單印好後她帶上20份回上海去散發。10月1日，我伏案起草傳單，朱紅陪張姑娘逛街，順便購買油光紙、油墨、橡皮刷子、蠟紙等物品。沒有錢買油印機，朱紅拍胸由他解決，他說他家裏有鋼板鐵筆，不用油印機也會想辦法印出來的。」）

趙：黃政刻鋼板準備印傳單嗎？傳單上有什麼內容？他準備做什麼呢？

朱：他就是要印傳單啊。他的想法很簡單，想多印些傳單，發動群眾。傳單上無非是一些鼓動的話，對時局的批判什麼的。他準備自己散一部分傳單，交一部分給張姑娘，讓她分頭散發，以為散發得一廣，公安不知道源頭在哪兒，會引起全國影響。

（黃政回憶：「10月2日，傳單稿子我還在修改，張姑娘與朱紅又上街談些什麼我不知道，我寫的兩份傳單〈給統治者的一封公

開信〉、〈告人民大眾書〉給朱紅與張姑娘看了都表示同意，沒有提出任何意見，表示通過。其實傳單內容也不過是向政府提幾條意見而已。當天黃昏時分，我考慮自己家在鬧市，夜裏刻蠟紙印刷不安全，向朱紅提出他家深宅大院晚上在他家刻印比較妥當。朱紅一口拒絕說，家中弟妹多不方便，他建議到另一位朋友家去結果那位朋友也不敢答允，最後只好仍在我家中連夜刻印。朱紅很熟練地又刻又印，到半夜十二點，我們都累了，我叫朱紅回家休息，他臨走看了我一眼說：『你很窮一直沒有錢，現在我有點錢了，給你點吧。』我不好意思接受他的錢，但當時很受感動。」）

趙：然後呢？

朱：做完這些事我就離開了。一出服務社的門，我就看到周圍全是公安。他們放我走了，等我一走，就動手抓捕黃政……

（黃政回憶：「朱紅走後，我也休息了。10月3日晨7點多，我正在沉睡中，忽聽有人叫姓黃的接公用電話。我起身去接電話，外面陰冷天氣，我出門又回家添了件衣服。剛走出不遠，就被三、四個從背後竄出來的人抓住左右臂，立即被反銬上了。接著被押上公安局的吉普車，直開到看守所。」）

趙：黃政就此認為您出賣了他是嗎？

朱：黃政被抓後，有一次家屬探監，他問朱紅在哪兒。家屬說朱紅在外面，好好的。他就認定是我出賣了他，甚至認為一開始我就和公安局有聯繫。文革中清理階級隊伍，公安內部出現分歧，有人把我的材料提供給廠裏，我被打成「林黃反革命集團」成員，在廠裏監督勞動，差點沒被整死。我要是公安的人，他們哪會這樣對我？

趙：林昭事件後來還給您什麼影響？

朱：1963年上半年林昭在獄中時，有一次我出差上海，黃政要我到林昭家中探問情況。我不大想去，就以時間太緊推脫過去。後來黃政非拉著我一起去不可，我們一起來到上海茂名南路林昭

家，見到林昭妹妹彭令範。彭令範告訴我們林昭在法庭上抗爭，母親當場昏倒。黃政當時是很佩服林昭，願意跟林昭冒險的。我後來就沒有林昭消息，直到穆青文章發表之後，才得知她遇害。我開始了反思，對她堅持真理、敢作敢為的精神也是十分景仰，我寫了組詩，後來發表在《詩刊》上。

（黃政回憶：「朱紅告訴我，在林昭回上海之後這段時間裏，他曾去過林昭在上海的家，他說：『林昭家規矩蠻大，有傭人，見過她妹妹，她妹妹架子很大，不理我，我沒有打聽到林昭在獄中的情況，很無奈，也很生氣。』朱紅為什麼要去呢？）

　　1985 年，我獲全國新詩獎後，詩刊社組織出版獲獎詩人詩集。當時我另外還有一本詩集計畫在南京出版。可等了很久，書稿被退了。我很驚訝，一打聽才知道有人告發我，說我 1963 年有「問題」，具體說法我不知道。我寫信給省作協黨組請求調查，省作協黨組為此專門派了一個調查組到蘇州來。調查後詩集就順利出版了，調查組對我說：「你只是被迫作了交待。」

趙：您平反後沒有找黃政解釋嗎？

朱：1979 年 3 月，我「右派」改正。1979 年 6 月，公安到廠裏找到我，在政工科宣佈「林黃反革命集團成員」不成立，所有檔案全部銷毀。當時全部銷毀是怕產生影響，現在看來還不如保留檔案的好，是是非非一目了然。黃政是 1978 年出獄的，坐滿了 15 年牢，可惜平反對他太遲了些。平反之後，我知黃政已回蘇州，便想告訴他內情，但不知是否允許。到公安局一問，負責此案的人都調離了，沒有答覆。後與一位姓許的公安幹部有工作接觸，他知道此事。我告訴許公安報上有文章紀念林昭，他說上級對此事還沒有正式的說法，並問我是否與黃見過面，兩人說了些什麼。據此跡象，我覺得還是不要找黃為好。還有一件事順便說說，黃政被捕後要我寄點錢給他，我準備送去，王科長認為這是沒有徹底劃清界線的表現，為了教育我，便透露了黃政的交待。黃政說

林昭是朱紅介紹給他的，他是被拖入水的，主意都是朱紅出的云云。當然，如果黃政真的這樣說，也是不得已的。

（黃政回憶：「我在審訊中這樣回答：『我之所以走這條道路，一切都是你們培養、教育的結果。認識林昭是朱紅介紹的！』他們急忙制止說：『朱紅的事我們清楚，不用你講，你只談自己的事！』」）

自上世紀80年代起，林黃案逐漸浮出水面，有人疑我作了告發。老實說，這是高估了我的「覺悟」。當時我的思想與林黃有不少共鳴，根本不可能有告發之念，我被抓就是因為「知情不報」。但我不贊成他們與黨和政府對抗，搞什麼組織綱領。因此我自恃「清白」，把交往經過作了交待。在當時「千萬不要忘記階級鬥爭」的形勢下，我也不可能有別的選擇。2000年後，陸續有人向我瞭解此事，有兩位還是林昭的老同學。我雖不知公安局的態度，但我年事已高，再不說要帶進骨灰匣了。作為知情者，也該對歷史有個交代，所以都據實以告。不過我對此案也不是全清楚，比如我與林昭在1962年8月分別後再未見面，林黃在蘇州搞聯盟綱領時我在外地，根本不知情，為何公安不抓黃而先抓我？黃把日記等一包東西交我密藏，不久就有兩名民警來查抄，說明公安已偵知。此線索何來？我曾懷疑與一個姓周的有關，他與我們有交往，因收聽敵臺被拘，釋放後就不見人影了，接著就是我家被查抄。80年代我到上海找到了他，問他始終不吭聲。不知他是為保密所限，還是不想告訴我。還有張姑娘第一次來有林昭寫的條子，第二次來不知為什麼，黃政被捕後就此音訊全無。她到底是什麼角色？這些疑問恐怕要等檔案解密後才能知道。

2008年10月5日完稿
2008年10月23日修改

附件六
林昭是為我們去死的
──胡杰回顧林昭紀錄片的拍攝

趙銳

　　胡杰，1958 年生，祖籍山東濟南。當兵 15 年，曾任空軍某部飛機機械師、連指導員等。1995 年拍攝第一部紀錄片《圓明園的藝術家》，後又陸續推出《遠山》、《媒婆》、《平原上的山歌》等反映底層生活的紀錄片。1999 年起，胡杰開始以獨立製片人的身份挖掘林昭故事，歷經 4 年、輾轉上萬公里，自費採訪七、八十位知情人士。2003 年 9 月 8 日，紀錄片《尋找林昭的靈魂》在北京民間小範圍試映，很快不脛而走，影響遍及海內外。林昭成為胡杰的里程碑，從此，他開始搶救性地採訪 20 世紀五、六十年代的歷史故事，拍攝了《為革命畫畫》、《我雖死去》、《國營東風農場》、《糧食關紀念碑》等紀錄片。2008 年 12 月 26 日，筆者在南京胡杰先生家中進行了訪談，正巧他的夫人江芬芬女士也在。胡杰先生介紹了自己的經歷以及拍攝林昭的前前後後。以下對話，筆者簡稱「趙」，胡杰簡稱「胡」，江芬芬簡稱「江」。本訪談已經胡杰先生認可。

趙：胡老師，感謝您接受訪談，更感謝您為復活林昭所做的貢獻！毫無疑問，如果沒有您的傑出工作，林昭很有可能就被歷史長河無情淹沒了。我知道您為人一向非常低調，只願向世人展示作品，而不願意過多地展示自己。現在有這樣一個訪談機會，我想好好問問您，您究竟有過怎樣的經歷，促使您拍攝了《尋找林昭的靈魂》？

胡：我當兵 15 年，應該說這 15 年對我的影響是非常大的，首先是對生活的態度方面。1976 年當兵之前，我是個工人。1982 年，

我在軍隊上加入了中國共產黨。我入黨算比較晚的，因為他們
對城市兵一般都會有一些偏見，認為他們耍小聰明、不能吃苦，
革命意志不夠堅定。需要比農村兵多一些考驗。那時有個可笑
的事：1978 年的時候，全國已經恢復高考，我偷學英語的事被
同屋告發，結果指導員在全連面前質問我：是不是要投敵叛國！
所以我是經過長時間的考驗，先提為軍官再入黨的。那時的觀
念是：一個人的政治生命比生命本身還重要。我那時也非常的
嚴肅，我認為入了黨就是加入了敢死隊，責任大於生命。我篤
信「全心全意為人民服務」。這不僅是中國人民解放軍的宗旨，
也和我的精神信仰是一致的。我現在依然相信這個宗旨，因為
它的本質是公義。

　　我在連隊一待就是 8 年。從士兵到機械師到分隊長。1985
年，我就考了上海空軍政治學院。後來我又當了連隊指導員。

趙：您的家庭是怎樣的呢？家庭成員中有「右派」或其他受打擊的
　　什麼「分子」嗎？

胡：我的家裏沒有「右派」。我父母都是醫生，父親是部隊醫生，母
　　親是地方醫生。因為母親的出身不好，所以她特別積極工作，
　　一輩子都在要求入黨。她說：是為了將來孩子們不受氣。父母
　　在政治上都沒有給我什麼影響。我從小喜愛畫畫，這是受我外
　　公影響。他的山水畫畫得非常好。1949 年前當過法官，1949 年
　　後就「失業」了。我舅舅是一個有思想的人，文革時被打成「牛
　　鬼蛇神」。他對現實的思考對我影響較大。

　　（江：我覺得他受父親這方面影響不大，因為他父親在部隊，
長年在外面。他主要是受母親這方面，而且主要是人文方面的影響。）

趙：這就是說，您早期的生活一直處於正常軌道當中。您什麼時候
　　接觸紀錄片的呢？

胡：上海空軍政治學院畢業後，我不是當了指導員嘛，算是接觸到
　　宣傳工作了，有更多的機會可以畫畫、攝影、讀書。1989 年底，

我考上了解放軍藝術學院的油畫進修班，在北京學習了兩年，認識了一批北京的自由藝術家。1992年我從部隊轉業，在江蘇農墾搞廣告宣傳。但很快我就辦了停薪留職，1993年又回到北京。當時圓明園地區聚集著一批畫家，形成一個有名的「畫家村」，我當時也住在那裏，搞油畫。

（江：他是從來不顧家的，在部隊時一有假，就跑到西藏啊、青海啊、三峽啊什麼地方。調回南京後，還是經常往外跑。在南京也閒不下來，有一次，他騎著自行車去看戰友，居然從市區一直騎到龍潭，有五十公里呢，他就能那麼騎過去，很晚很晚才回來！）

是的，我喜歡一個人東奔西跑，可以感受很多東西。1981年我利用第一次探親假一個人走了三峽。在這個過程中，接觸到很多底層的人群，看到那麼多貧困、痛苦。有一天下大雨，我來到長江邊一個農民家。那個家真是窮啊，那天夜裏突然下起了大雨，到處都漏雨，大的哭、小的叫，亂成了一團糟。他們把家裏僅有的一床新被子給我蓋，他們全都蓋破破爛爛的被子。家裏沒有吃的，他們要到鄰居家借麵、挖野菜給我做飯吃。當時我很震驚，因為現實跟自己以前所接受的教育反差太大，而且這種貧窮不是個別現象。第二天，我給他們留了錢，還到村裏唯一的小賣店買點食品。沒想到小店可買的只有糖，我只好為他們買了點糖。在長江邊，我還看到很多很多那些拉縴人、搬運工，就像過去黑白片裏看到的「萬惡的舊社會」。我要拍照，他們還阻止我，說你這不是丟社會主義的臉嗎？我當時也相信拍這些片子是丟社會主義臉，我舉起相機時心裏就咚咚地跳。但我當時沒有思考的資源，我崇尚批判現實主義的作品，所以我一開始就把鏡頭對準了底層人。

趙：您的第一部片子是如何誕生的？後來您就專心拍片了嗎？

胡：我在圓明園認識一個搞紀錄片的朋友叫季丹，她鼓動我拍紀錄片。1995年初，我妹妹為我買了部家用的小攝像機，第一部片

子拍的是《圓明園的藝術家》。拍這個片子比較湊巧，當時北京市有個驅除圓明園畫家的行動，那時我已經在村子裏住了兩年了，手上正好有新買的攝像機，就順便拍了。村子裏有兩百多畫家，我就拍了幾個比較熟悉的，拍他們的搬家的經歷和後來他們的漂泊生活。沒想到這個片子後來變得很重要，因為當時有攝像機的人不多，能夠記錄中國當代藝術那個重要「點」的就更少。大家看了，覺得很珍貴。

圓明園的畫家被驅散後，我也沒有住的地方了。我想到哪兒去呢？我想起在解放軍藝術學院時，有一次去青海寫生，見過一幫煤礦工人。他們給我的印象非常深刻，他們全是黑黑的，不洗澡，因為他們那兒沒水。當他們從煤洞裏爬出來時，你會覺得他們是從地獄裏爬出來的。他們不僅對我構成強烈的視覺衝擊，而且感到人性的屈辱。所以我就過去了。這次是真正有意識地去拍一部紀錄片，我拍得也不順利。我不能天天到那個煤礦上去，礦上的管理人員習難不讓拍，我只能白天躲在礦工的住地或別的什麼地方，想好了怎麼拍，然後避開礦上的領導去偷拍。當時一個錄影帶要 100 多塊錢，我是完全自費，當時拍了 5 個小時的素材，還沒有把我的計畫拍完就被追殺出來，後來編了 40 分鐘，這部片子就是《遠山》。這次經歷加深了我對現實與電影的理解。回來以後，我就拍了挺多的片子，比如《媒婆》等，還拍了一系列農民工進城打工。

（江：他那時候拍了城市拆遷的、撿破爛的、農村到城市打工的……很多，都是邊緣的、社會底層的故事。）

趙：您是如何接觸到林昭故事的？後來為什麼辭職？是因為拍攝林昭辭職的嗎？

胡：1999 年的上半年，在與朋友的閒聊中，我聽說了林昭。朋友說她在監獄中是用自己的血寫詩的，我很震動。用血寫詩，這種方式我特別能理解，因為我是個藝術家。但又是什麼原因要用

「血」這樣極致的方式去表達呢？她一定有一種我們常人無法知道的而且是極端徹骨銘心的、決絕的、超越了肉體的東西。另外，她是在監獄中。這個監獄不就是我們這些年輕的軍人，我們的戰友們盡心盡責拿著自動步槍站崗警衛的地方嗎？她如果沒有大冤情、大真誠、大徹悟，她值得用血寫詩嗎？我覺得要拍這個紀錄片。

（江：如果要算歷史片，這是他的第一個。）

辭職是這樣的。1997 年我應聘到新華社江蘇分社，在那裏的《領導參考》影視編輯部工作。1999 年 6 月 15 日，分社的一個領導找我談話，說我有兩個選擇，辭職或開除。具體為什麼？他不告訴我。他問：「你覺得你這樣做值嗎？」我說：「值。」他說：「那就好。」他還有點抱歉地說：「我們頂不住。」我覺得我要有尊嚴地離開這裏，我選擇了辭職。現在回想起來，我覺得這恐怕真是上帝的安排，我怪異地被這個體制拋了出來，拋到了一個專制制度的體驗場，我像一個角鬥士一樣不得不接受這個狀態。這就是上帝的安排，我擁有了自由和時間，可以咬緊牙關專心地去拍攝林昭了。

趙：您拍攝林昭那麼多年，有什麼樣的心理感受呢？

胡：當時我就感覺到，我從事的是一個非常危險的事情，它完全顛覆了你的歷史知識。有些人拒絕我的採訪，他們不敢說。我採訪的是一些被抓起來過的人，是些「右派」，而且他們都是很有思想和才華的人，這逐漸讓我理解了那個極權社會的荒謬以及林昭的高尚。尤其是當我找到了林昭在監獄中寫的詩歌與信件，不僅她的思想讓我驚心動魄，她的文筆也讓我驚心動魄。她深厚的思想和勇烈的文筆都站在了中國歷史的地平線上。

（江：他那個時候呢，回來什麼也不講。我是後來幫他打字時，幾盤磁帶打開來，你就能感覺到的確是非常危險。）

這個歷史是我過去根本不瞭解的歷史，他們每一個人都在講述著自己的經驗，每一個都講得那麼沉重。我就是從這些採訪中開始瞭解 1949 年之後的歷史，我感覺到這不僅僅是紀錄片的工作，這個紀錄片它推開了一扇封閉的歷史之門。

我意識到它比我的生命還重要，可能當局知道了就會把我投進監獄。那時，我就在這種狀態下工作著。現在回想起來，這是一個有利於創造的氣氛，不要說沒有功利色彩，就是其他的想法你都沒有。你只是覺得這個歷史太重要了。每次我平安地回來，我就覺得很幸運，這一天過得很幸福。同時還有個念頭，就是這個片子要儘早地出來、儘早地出來。所以這個片子拍到我認為可以編輯的時候，我就趕快地去編。

（江：那時候他還沒有編輯機，他是跟母親借了四萬錢，跟我借了一萬，然後就買了台編輯機。買完以後他就抓緊編，編完之後我才知道他在做什麼。）

編完之後，我鬆了口氣。我想我要把它保留到朋友家，有了這部片子，哪怕我死了都值！

趙：林昭片子第一次公映是在哪裡？

胡：後來我就拿到北京去。朋友何楊是北京電影學院畢業的，經他聯繫，2003 年 9 月 8 日，我在北京電影學院教授崔衛平家裏，首次放映了這個片子。崔衛平當時請了幾個朋友，包括錢理群、丁東、郝健，還有張獻民等七、八人，還有何楊的朋友王奕。

（江：他當時剛編出來，沒有朋友，沒有圈子，自己知道它重要，但同時也希望別人能提點意見。）

看完片子討論時，觀點衝突非常激烈。尤其是幾個年輕人，他們大都從技術角度來講，說你技術粗糙，說你太煽情不是紀錄片……但丁東先生、王奕女士充分肯定了這個影片的意義。很快討論就戛然而止，因為崔衛平接到一個電話，她抱歉地說要我們

馬上離開。後來，崔老師告訴我：不是因為知道了在他們家放映
這個片子，而是她剛自費出了一本《哈威爾文集》，被說成是非
法出版物，要到他們家查。因為這個電話，結果大家就迅速撤離。
當時對他們提的一些意見，我認真思考並進行了修改。其實我當
時處在這種非常悲涼的情緒當中，你不知道你的情感與觀眾交流
時會有多大差異，觀眾是帶著批判的眼光看的。

趙：片子就是這樣傳播出去的嗎？

胡：後來丁東拿著片子到了香港，在香港中文大學播放。從那開始
就傳出去了。我當時拿出去給別人看還有另一個想法：只有傳
播出去，才能獲得更多的線索。後來中山大學的教授艾曉明看
了這個片子，就邀請我到了廣州，她在中山大學性別教育論壇
上舉辦了一個「婦女影像與紀錄片」的放映周，放了我的幾個
片子，其中一個就是《尋找林昭的靈魂》。那天她請了很多很多
人，其中包括廣東美術館館長王璜生。這個人很有魄力，放映
結束後，他當眾宣佈邀請我去廣東美術館放映。那天禮堂坐得
很滿，他還邀請了幾個老北大的人，其中就有林昭的同學。在
傳播的過程中，有一些人會給我來電話，提供資訊，也認識了
很多人，包括譚蟬雪，也是後來採訪的。2004 年，有一位老人
說他在獄中見過林昭，就是後來我畫的罩著面罩的那個場景。
2005 年，我又編輯了一次。如果有時間，我還會再編一次。

趙：拍攝林昭給您帶來了什麼？您是否從此就成為歷史的搶救者？

胡：我不敢說我是什麼歷史的搶救者，我只是通過紀錄片呈現了在
那個歷史中的一個真誠的、敢於面對暴政獨立思考、敢說真話、
敢說常識的一個個體生命。也使我理解了這個燦爛的靈魂，這
個靈魂啊，讓沒有人性的、殘暴的、屈辱的歷史有了一絲希望
的光芒。在這麼黑暗的時代，她活的太精彩了。通過這個片子，
給我帶來的最大的東西是找到了生命的意義。我在拍攝時，總
覺得林昭是為我們去死的。她用她的獨立思考、用她的生命在
拯救我們，告訴我們人的含義是什麼？

（江：今年我們應邀出訪美國，得知美國有個歷史學分支，叫作影視史學。我覺得胡杰做的就是這樣的工作。）

所以，後來我又拍了《我雖死去》、《國營東風農場》、《糧食關紀念碑》等等，我想那個歷史急需生命細節的見證。

2009 年 1 月 6 日改定

劃不上的句號

趙銳

2008 年 2 月 7 日，農曆大年初一。

當我為這本不同尋常的傳記劃上最後一個句號時，心中忽然充滿莫名的惶惑：我不知道自己是否有資格為林昭作傳？我不知道這部作品能否展現林昭燦爛的一生？我不知道還有多少秘密深鎖在法院檔案室？我不知道還有多少人不敢直面人性的黑暗，寧願把恥辱帶進火葬場，也不肯張開緊閉了四、五十年的一張薄唇？……

決定寫作林昭傳是在 2006 年下半年。

2007 年我 36 歲，正是林昭殉難的年紀。

毫無疑問，如果不曾邂逅紀錄片《尋找林昭的靈魂》，我根本不會逼迫自己進行如此艱辛的心靈之旅；如果不是正巧與胡杰先生同居南京，我也未必會有機緣繼續追尋林昭的一生。所以，當我在 36 歲這年完成林昭傳時，我不得不承認冥冥中似乎自有天意。

材料當然是有限的，而且非常零亂。研讀、梳理這些材料花費了數月，最終整理出數萬字的《林昭年譜》。以此為脈胳，我草擬出提綱，並在 2007 年上半年開始寫作。然而，儘管早已將現有的材料爛熟於胸，儘管早已有勇氣承擔一切的痛苦，但是當寫作三萬餘字後，我還是不堪現實和內心的壓力，將林昭傳放到了一邊。

所謂現實的壓力，是指我賴以謀生的工作。2006 年歲末年初，突如其來的報業改革讓我入不敷出、走投無路，根本無法養育年僅四歲的孩子。鼓足勇氣敲遍所有領導的大門，在那一間間寬敞豪華的辦公室裏，我再一次感受到觀看《尋找林昭的靈魂》時的寒冷。我想：林昭的悲劇怎麼可能不發生呢？如果人類不努力確保制度的

公平正義，那麼，僅憑個人的道德自律、良心發現，我們何時能避免這樣那樣的野蠻和殘酷？

所謂內心的壓力，是指林昭帶來的壓抑。越研究林昭我越絕望難當，無論從成長經歷還是從性格特徵來看，林昭都實在是個單純透頂的人，她的心真好比是水晶做的！我不懂這樣的人為什麼就不為世容？況且她其實是那麼地年輕氣盛，她的言行自始至終都帶著極其鮮明的青春色彩！這樣的人就算任她「反抗」又能怎麼樣呢？就憑她的羸弱之軀，就憑她的熱血激情，她撼得動「巨無霸」的國家機器嗎？容不下這樣一個弱女子，到底是誰的錯！

林昭的血淚控訴讓我一次次毛骨悚然！正銬、反銬、毆打、辱罵、強姦、下毒……這一個個恐怖詞語讓我聯想到中國古代的凌遲、歐洲中世紀的火刑，聯想到納粹德國將獄太人的皮膚製成藝術品，聯想到國民黨劊子手將一根根竹簽刺進江姐的手指……噢噢，令人髮指的暴力啊！令人髮指的黑暗啊！是的，林昭的被虐殺決不僅僅是那幾個施暴獄警的恥辱，甚至也不僅僅是提籃橋監獄、上海司法部門的恥辱。這是中國的恥辱！是 20 世紀 60 年代的恥辱！是包括你我他在內的全人類的恥辱！是的，只要偌大地球還有一寸土地見不到文明之光，我們身而為人就將永遠蒙羞！

除了羞辱還有慚愧。過去，我曾在很多場合引用過馬丁‧尼莫拉（Martin Niemoller）神父的話：「在德國，起初他們追殺共產主義者，我沒有說話──因為我不是共產主者；接著他們追殺猶太人，我沒有說話──因為我不是猶太人；後來他們追殺工會成員，我沒有說話──因為我不是工會成員；此後他們追殺天主教徒，我沒有說話──因為我是新教教徒；最後他們奔我而來，卻再也沒有人站起來為我說話了。」可是現在面對林昭，我卻再也沒有重述神父名言的勇氣。林昭為真理在所不惜，我卻會忍不住偷偷溜出這樣的念頭：與孩子相比，真理又算得了什麼？生為母親，我寧願委曲求全！我知道與林昭的偉大相比，自己問心有愧，但我仍然必須坦白承認：我做不到，我恐怕真的做不到……

春去冬來，轉眼到了 2007 年年末。大半年時間，我沒有寫作林昭傳。這大半年裏，我忙生存、忙孩子、忙應付，也忙裏偷閒地忙著思考那些讓林昭、也讓我困惑的種種問題。時間讓我獲得了足夠的從容和鎮定，當我重新打開電腦審視年初的寫作提綱時，我發現自己終於可以以一個傳記作者的心態面對林昭——我得救了！

於是白天上班晚上寫作。

於是五天上班兩天寫作。

於是平時上班節日寫作。

——兩個月不到十五萬字完成，一個我從未有過的新紀錄誕生！

初稿寫就，我已經安然度過 36 歲本命年。在電腦上翻閱著這部作品，我惶惑之餘不由得深深感動了。當我劃上全書最後一個句號，當我與農曆丁亥年揮手告別時，我覺得自己終於是長大了。感謝林昭陪伴我走過這酸甜苦辣的一年，感謝林昭給予我堅持下去的勇氣、智慧和信念。林昭女士，2008 年 4 月 29 日，您殉難整整四十周年了！我很自豪很欣慰，能為這個特殊日子獻上祭品。待到春暖花開之日，我願前往蘇州靈巖山，我願跪在您的墓前獻上一束白菊，我願將這部作品化作紙錢祭奠您的英靈⋯⋯

當然，說到底，這部作品的句號其實是劃不上的。首先是資料有待進一步完善，其次是人類的黑暗也許會與日月共存。解決第一個問題的辦法是公佈我的信箱。我希望任何瞭解林昭資訊的讀者給 chinazhaorui@yahoo.cn 發送郵件，以便我今後有機會修訂、完善這部作品。解決第二個問題的辦法是期待更多人寫更多抗爭黑暗、驅散黑暗的書。毫無疑問，光明多一點，黑暗就少一點；人性多一點，野蠻就少一點；文明多一點，殘暴就少一點。人類就是這麼著一代代逐步趨向理性、趨向文明的。

需要說明的是，仿照司馬遷撰寫不朽詩篇《史記》的方法，我在一些章節採取了虛構和描述的手法，合理虛構的部分如下：林昭投奔革命前與許憲民的對話，甘粹與林昭的部分對話等。這主要是出於行文生動的考慮，敬請讀者理解。但全書絕大部分場景、細節

和對話均出自當事人回憶，決非作者想像。此外，寫作本書得到了以下諸位師友的幫助和鼓勵，他們是：胡杰先生、紫竹先生、許紅健女士、徐憶農女士、范泓先生、邵建先生、夏蓓女士、石灣先生、彭明亮先生、王昕女士、倪競雄女士、張學群先生、朱紅先生、甘粹先生、潘翠英女士、潘華露先生、尤岩女士、黃惲先生、王少磊先生，在此我深鞠一躬表達謝意！父母的支持也給了我很大力量，謝謝你們！參考引用資料如下，一併列出以示感謝：

(1) 《林昭，不再被遺忘》(許覺民／編，2000 年長江文藝出版社出版)；

(2) 《走近林昭》(許覺民／編，香港明報出版社有限公司 2006 年 2 月初版)；

(3) 摩羅先生草編〈林昭年譜〉；

(4) 胡杰先生草編〈林昭年譜〉；

(5) 《北大一九五七》(張元勳／著，香港明報出版社有限公司 2004 年 12 月版)；

(6) 《北大，五月十九日》(沈澤宜／著，待出版)；

(7) 《北大魂》(甘粹／著，未公開)

(8) 胡杰拍攝紀錄片《尋找林昭的靈魂》；

(9) 張學群〈一家兩代碧血鵑啼──記林昭姊妹的雙親〉；

(10) 彭令範〈廿載生死兩茫茫〉(原載 1996 年《蘇州雜誌》2 期)；

(11) 彭令範〈和外婆一起度過的日子〉(原載《蘇州雜誌》1996 年 3 期)；

(12) 〈林昭胞妹彭令範訪談錄〉(自由亞洲電臺 2004 年 9 月 4 日訪談)；

(13) 1930 年前後《吳縣日報》；

(14) 1930 年前後《蘇州明報》；

(15) 亦明〈無恥的嘴臉貪婪的心〉；

(16) 趙雷〈未名湖畔之夢〉；

(17) 陳奉孝〈我所知道的北大整風反右運動〉；

(18) 梁麗芳〈林昭與甘粹的愛情〉(原載《開放雜誌》2005 年 2 月號)；

(19) 祭園守園人〈情觸「鐵一號」──林昭與甘粹緣中緣〉

(20) 穆青、郭超人、陸拂為〈歷史的審判〉（原載 1981 年 1 月 27 日《人民日報》）；

(21) 金鐘〈巴爾的摩之行——寫在訪問彭令範之前〉；

(22) 中國第二歷史檔案館館藏國立東南大學相關資料；

(23) 《吳縣黨務沿革史略》（薄公雷／輯，民國十九年十二月版）；

(24) 《吳縣教育一覽》（吳縣教育局民國二十三年編印）；

(25) 《吳縣縣政》（胡瀚、何子競／編述，民國二十一年七月）；

(26) 《吳縣》（吳縣縣政府社會調查處民國十九年編印）；

(27) 《中共江蘇黨史大事記（1919——1949）》（中共黨史資料出版社 1990 年 6 月 1 版）；

(28) 《光輝的戰鬥歷程——中國共產黨在江蘇》（江蘇人民出版社 1991 年 6 月 1 版）；

(29) 《蘇州市志》（江蘇人民出版社 1995 年 1 月版）；

(30) 《邳縣誌》（中華書局 1995 年 2 月 1 版）；

(31) 陳堅〈歷史上的華中新聞專科學校〉；

(32) 林昭〈給人民日報編輯部的信〉等遺稿若干；

(33) 若干網路資料等。

全文若有不當之處，敬請大家指正！因為這本書的句號是劃不上的。

寫到這裏，忽然想起除夕夜偶然看到一組電視節目。是中央電視臺電影頻道播放的「2007 年世界電影回顧」。讓人驚訝的是，美伊戰爭似乎還是昨天的事，美國導演居然已經拍出好幾部反思戰爭的電影。而韓國藝術家也對轟動一時的「光洲事件」進行了真實的還原，推出令人回味無窮的歷史大片。解說員說，這體現了藝術家高度的使命感和責任感，也為人們思考過去、現在和未來提供了獨特的角度。這一片斷讓我一下子聯想到正在寫作的林昭，我想：林昭案已經是近半個世紀前的陳年往事了，可仍然有很多人沒有勇氣讓它大白於天下，那麼多發黃發脆的紙張到底還要塵封多久呢？中華民族如果只能以回避、遺忘的態度面對歷史，那還能指望子孫後

代以什麼樣的態度面對未來嗎？多麼希望我們能一個一個地給歷史事件劃上句號啊！可我們能夠做到嗎？……

2008 年 2 月 9 日 23：23 於南京御河苑

國家圖書館出版品預行編目

祭壇上的聖女：林昭傳 / 趙銳著 · -- 一版. --
臺北市 :秀威資訊科技 , 2009.03
　　面 ； 公分. -- (史地傳記類 ；PC0072)
BOD 版
ISBN 978-986-221-194-6 (平裝)

1.林昭　2.傳記　3.中國

782.887　　　　　　　　　　98003838

史地傳記類　PC0072

祭壇上的聖女
——林昭傳

作　　者 / 趙　銳
發 行 人 / 宋政坤
執行編輯 / 藍志成
圖文排版 / 黃莉珊
封面設計 / 陳佩蓉
數位轉譯 / 徐真玉　沈裕閔
圖書銷售 / 林怡君
法律顧問 / 毛國樑　律師
出版發行 / 秀威資訊科技股份有限公司
　　　　　台北市內湖區瑞光路 583 巷 25 號 1 樓
　　　　　電話：02-2657-9211　　　傳真：02-2657-9106
　　　　　E-mail：service@showwe.com.tw

2009 年 3 月 BOD 一版
定價：500 元

讀者回函卡

感謝您購買本書，為提升服務品質，請填妥以下資料，將讀者回函卡直接寄回或傳真本公司，收到您的寶貴意見後，我們會收藏記錄及檢討，謝謝！
如您需要了解本公司最新出版書目、購書優惠或企劃活動，歡迎您上網查詢或下載相關資料：http:// www.showwe.com.tw

您購買的書名：＿＿＿＿＿＿＿＿＿＿＿＿＿＿＿＿＿＿＿＿＿＿

出生日期：＿＿＿＿＿年＿＿＿＿＿月＿＿＿＿＿日

學歷：□高中 (含) 以下　　□大專　　□研究所 (含) 以上

職業：□製造業　□金融業　□資訊業　□軍警　□傳播業　□自由業
　　　□服務業　□公務員　□教職　　□學生　□家管　　□其它＿＿＿

購書地點：□網路書店　□實體書店　□書展　□郵購　□贈閱　□其他

您從何得知本書的消息？

　□網路書店　□實體書店　□網路搜尋　□電子報　□書訊　□雜誌

　□傳播媒體　□親友推薦　□網站推薦　□部落格　□其他＿＿＿＿＿＿

您對本書的評價：(請填代號　1.非常滿意　2.滿意　3.尚可　4.再改進)

　封面設計＿＿＿　版面編排＿＿＿　內容＿＿＿　文／譯筆＿＿＿　價格＿＿＿

讀完書後您覺得：

□很有收穫　□有收穫　□收穫不多　□沒收穫

對我們的建議：＿＿＿＿＿＿＿＿＿＿＿＿＿＿＿＿＿＿＿＿＿＿

11466
台北市內湖區瑞光路 76 巷 65 號 1 樓
秀威資訊科技股份有限公司　　　收
BOD 數位出版事業部

....

（請沿線對折寄回，謝謝！）

姓　　名：＿＿＿＿＿＿＿＿　年齡：＿＿＿＿　性別：□女　□男

郵遞區號：□□□□□

地　　址：＿＿＿＿＿＿＿＿＿＿＿＿＿＿＿＿＿＿＿＿＿＿

聯絡電話：(日) ＿＿＿＿＿＿＿＿＿ (夜) ＿＿＿＿＿＿＿＿＿

E-mail：＿＿＿＿＿＿＿＿＿＿＿＿＿＿＿＿＿＿＿＿＿＿